민주주의 입법과정론

민주주의 입법과정론

인　쇄: 2016년　2월 23일
발　행: 2016년　2월 29일

지은이: 노재석
발행인: 부성옥

발행처: 도서출판 오름
등록번호: 제2-1548호(1993. 5. 11)
주　소: 서울특별시 중구 퇴계로 180-8 서일빌딩 4층
전　화: (02) 585-9122, 9123 / 팩　스: (02) 584-7952
E-mail: oruem9123@naver.com

ISBN　978-89-7778-458-1　　　93340

민주주의 입법과정론

노재석 지음

Democratic Legislative Process

Jae-Suk Noh

ORUEM Publishing House
Seoul, Korea
2016

머리말

입법과정은 법을 만드는 과정이다. 좀 더 광의로는 입법부인 의회의 입법과 관련된 모든 활동을 의미한다고 볼 수 있으며 보다 확대하여 정의하면 민주주의 의사결정과정이라 할 수 있을 것이다. 이와 같이 입법과정의 의미가 다양하고 광범위하기 때문에 연구를 위해서는 법학, 정치학, 정책학, 행정학 등 다양한 분야의 연구자들이 학제적으로 동원되어야 한다.

필자는 입법고시를 통해 국회사무처에 입사한 이후 30여 년간 입법과정에 관여하였지만 재직 중에는 매일매일 부딪히는 현안의 해결에 매몰되어 입법과정에 내포되어 있는 의미를 간과하고 지냈다. 이후 대학에서 입법과정론을 강의하면서 입법과정이 갖는 의미에 대해 진지하게 성찰할 기회를 갖게 되었다

본서를 민주주의 입법과정론이라 명명한 이유는 입법과정론이 민주주의 국가의 대표적인 의사결정방법이라는 의미를 강조한 것이다.

현대국가는 대의제 민주주의를 정치원리로 채택하고 있다. 국민이 선거를 통해 대표를 선출하고 대표가 국민의 의사를 대신 표출하고 국민의 이익을 위해 공적 행위를 수행하는 통치형태를 통해 대표의 행위에 공공성을 부여하며, 국민주권을 유지하는

제도이다.

대의제민주주의의 설계자들은 파당의 해악을 제거하고 공동의 선을 지켜내기 위해 공화제적인 정치원리를 민주주의에 접목시켰다. 권력을 분립하고 선거제도와 대표의 임기를 제한하여 정권을 교체하게 하였다. 권력분립과 법치주의를 도입하여 자의적인 국가권력의 행사를 막고 모든 국민이 법 앞에 평등하게 인간으로서의 존엄과 가치를 보장받게 하였다.

국가권력과 국민을 지배할 법을 국민의 대표로 구성된 입법부가 제정하게 함으로써 민주주의 기본원리인 인민의 지배가 실현되게 하였다. 입법부와 법을 제정하는 일이 바로 민주주의 실현의 핵심과업이라 할 수 있다.

제1장 민주주의 개념에서는 입법과정과 민주주의 관계를 설명하기 위해 직접민주주의와 대의제민주주의 기본원리와 개념을 기술하였다. 민주주의 제도의 취지는 '인민의 지배'이며 이를 실현하기 위한 제도적 고안으로 선거와 권력분립이 도입된 것이다. 현대사회의 복잡성, 다양성으로 야기된 대의제 민주주의의 한계성에 관해 언급하였다.

제2장에서는 입법과정의 의미, 연구대상 그리고 입법과정이 추구하는 가치, 이념을 설명하고 보다 상위의 관련개념인 법의 이념 및 입법의 지도원리를 함께 설명하였다. 입법과정은 좁게는 법을 만드는 과정 즉 입법절차라 할 수 있다. 따라서 입법과정 연구에서 관심을 갖는 연구대상은 의회에서 국민의 대표들이 결정하는 실정법이며 국내법이다.

입법과정이 추구하는 가치 즉 이념은 민주성, 효율성, 합리성이다. 민주성은 입법과정을 통해 국민 다수의 의사가 가장 잘 반영되어야 한다는 의미이며, 효율성은 입법이 적기에 적합한 형태로 이뤄져서 국가적 과제해결에 기여해야 한다는 뜻이다. 합리성은 입법의 결과인 법이 실효성, 타당성을 갖기 위해서는 법률을 제정하는 과정이 합리적인 절차를 거쳐야 한다는 것이다. 민주주의의 국가에서는 민주주의의 의사결정의 경험을 통해 절차의 합리성을 제도화하여 왔다. 토론, 비판, 검증을 거쳐 합의와 타협을 시도하고 최종적으로 다수결의 방식으로 의사를 결정하는 방식이 바로 절차적 합리성의 제도화의 귀결이라 할 수 있다. 입법과정은 궁극적으로 법을 창조하는 과정이다.

법이 추구하는 궁극적 가치인 정의, 합목적성, 법적안정성에 관해 설명하고 이러한 법의 이념을 실현하고 입법을 정당화할 수 있는 기준으로서 법의 형식과 내용이 갖추어야 할 원칙으로 평등의 원칙, 비례의 원칙, 신뢰보호의 원칙, 적법절차의 원리에 관해 기술하였다.

제3장에서는 민주주의 역사가 오랜 외국 의회의 입법과정을 살펴보았다. 민주주의 원리는 동일하지만 이를 실현하기 위한 구체적 실천원리는 각국의 역사적·정치적 경험과 환경에 따라 각각 독특한 형태로 나타났다. 미국은 국왕과 같은 한 국가권력의 자의적 지배를 회피하기 위해 철저한 삼권분립제도를 채택했지만, 영국은 국왕은 군림하되 통치하지 않는 전통을 확립하고 의회주의를 실현하였다. 프랑스는 다양한 정치적 경험을 통해 대통령과 의회를 직선제로 구성하고 의회에서 내각을 선출하는 이원집정부제라는 독특한 형태의 민주제를 창안하였다. 독일은 연방과 지방의 이익이 상호조화를 이룰 수 있는 권력분립형태를 채택하였다. 일본은 입헌군주제하에서 의회주의로 운용되고 있으며, 관료우위의 오랜 관행과 자민당의 오랜 집권에 의해 관·정혼합체라는 특유의 당정 조정제도를 확립하였다.

제4장에서는 우리나라 국회의 입법과정을 주로 제도적·법적 관점에서 기술하였다. 우리 헌법은 정부에게 법률안 제출권을 부여하였고 국회는 상임위원회 중심주의로 운영되는 특징을 보이고 있다. 법률안 제출권자(의원 또는 정부)에 따른 법률안의 입안과정부터 상임위원회, 법제사법위원회, 전원위원회, 본회의 단계적인 심사과정을 설명하였다.

제5장에서는 입법의 한계와 통제에 관해 기술하였다. 입법자의 입법권행사는 헌법에 의한 기본권 제한의 한계, 법률전속사항 이외에는 광범위하게 자율성이 부여되어 있다. 그러나 자율성에는 헌법과 국회법이 정하고 있는 절차상 한계가 있으며 이를 준수하지 못한 입법의 경우 정당성이 의심을 받게 된다. 헌법은 헌법수호기관으로 헌법재판소를 설치하였다. 헌법재판소는 헌법이 정한 국민의 기본권을 보장하고 국가기관의 권력작용이 적법절차에 따라 행사되는지 감시하기 위해 헌법의 명문규정은 물론 법의 이념, 입법의 지도원리 등 일반적으로 확립된 헌법규범에 위배되는지 여부를 위헌법률심판, 헌법소원심판, 권한쟁의심판, 탄핵심판을 통해 심판한다.

제6장에서는 행정입법의 한계와 통제에 관해 기술하였다. 현대복지국가행정에서 행정입법의 중요성은 널리 인정받고 있다. 행정입법의 근거가 헌법과 법률이기 때문

에 행정입법은 헌법과 법률에 의해 위임된 범위 내에서 행사되어야 하는 한계를 가지고 있다. 행정입법권이 권력분립과 법치주의 원리 하에서 위임받은 범위 내에서 행사되는지 국회, 법원, 헌법재판소의 통제가 이뤄진다.

제7장에서는 우리나라 국회의 성립과 발전에 관해 기술하였다. 우리나라의 입법과정을 바로 이해하기 위해서는 국회의 입법권이 헌법의 개정과 정치상황에 따라 어떻게 제한되고 신장되었는지 즉, 우리나라의 민주주의가 어떠한 과정을 거쳐 발전되어 왔는지에 대한 이해가 병행되어야 하기 때문이다.

제8장 우리국회의 입법심의 현황과 과제에서는 국회입법기능의 효율성 측면의 문제점에 관해 검토하여 보았다. 의원발의법률안의 급증은 국회의 입법활동이 일반의 우려와 같이 통법부에 그치지 않고 국민일반의 기초적인 요구를 수렴하고 있다는 측면에서 긍정적이나 법률안의 발의 건수가 지나치게 증가하여 법률로 성립하는 가결률이 낮아지는 문제점을 드러내고 있다. 이 장에서는 이러한 문제점과 대책에 관해 논의하였다.

세상 모든 일이 그러하지만 이 작은 책의 집필과정에도 주변의 많은 분들의 도움이 있었다. 어려운 환경에서 공부해야 했던 대학시절의 은사님이신 서울시립대의 윤재풍 교수님과 박사학위과정을 마칠 수 있도록 지도해주신 고려대 행정학과의 김영평 교수님께 감사드린다. 늦깎이 교수를 늘 격려해주신 공주대 행정학교 동료 교수님들께 감사드린다. 집필에 필요한 자료제공과 조언을 아끼지 않은 국회사무처 이정은 과장, 오세일 서기관, 최유순 서기관, 국회도서관의 서연주 사무관께 감사드린다. 촉박한 출판일정에도 불구하고 최선의 공을 들여 주신 도서출판 오름의 부성옥 대표님, 최선숙 편집장님과 편집진 여러분께 감사드린다. 끝으로 집필과정에 큰 관심과 격려를 아끼지 않은 가족 및 친지들께 감사의 마음을 전한다.

2016년 2월
공주대 연구실에서
저자

차 례

제**1**장

민주주의의 개념

I. 아테네 직접민주주의

고 대 그리스의 도시국가 아테네에서 탄생한 민주주의(democracy)는 인민이 스스로 지배하는(dêmos: common people+kratôs: rule) 정치체제이다. 즉 인민의 의사가 권력의 원천이라는 것을 나타내고 있다.[1]

고전적 직접민주주의의 모델로 삼고 있는 아테네 민주주의에서는 모든 시민이 재산, 지위, 종교, 교육수준에 관계없이 평등하고(isonomia), 동등하게(isegoria) 법의 제정에 참여했다. 시민들은 지배자인 동시에 피지배자였고 공동선의 형성과 실현에 관심을 갖는 공적(public) 시민이었다.

아테네 참여민주주의의 정치기제는 민회(ekklesia)와 법정(dikasteria)이었다. 아테

---

1) 김주성, "심의민주주의인가, 참여민주주의인가,"『왜 대의민주주의인가』, 서병훈 외(이학사, 2012), p.48.

네의 자유로운 시민이면 누구나 이곳에 참여할 수 있었고 이곳에서 아테네의 중요한 정치적 결정이 이루어졌다. 민회에는 3만에서 5만으로 추산되는 아테네의 시민 가운데 6,000명 정도가 민회에 참석할 수 있었다.[2]

아테네에서는 인민의 의사에 따라 민회에서 정책을 결정했지만, 추첨으로 뽑힌 평의회의 위원들이 의제(議題)를 설정했다. 그리고 민회에서 수행하지 않은 대부분의 기능을 추첨을 통해 선출된 시민들 즉 행정관에게 위탁했다. 아테네 행정부를 구성했던 700명가량의 행정관 가운데 600명 정도가 추첨을 통해 충원되었다(마넹, 2007: 26-27).

이처럼 정책은 인민들이 직접 결정했지만, 결정된 정책을 선임된 행정관들이 집행했던 것이다. 인민들은 직접 정책을 집행하지 않았으면서도 자신들이 100% 지배하는 정치체제로 믿고 있었다. 그들은 행정관과 일체감을 가지고 있었기 때문이다. 인민과 행정관을 동일체로 볼 수 있었던 근거는 행정관의 선출방식에 있다. 아테네에서는 제비뽑기(kléros) 방식을 통해서 임기 1년짜리의 행정관들을 선임했다. 제비뽑기로 뽑았기 때문에 이론적으로 누구나 행정관으로 뽑힐 가능성을 똑같이 가지고 있었다. 이런 사실로부터 아테네에서는 추첨으로 뽑힌 행정관과 전체 인민의 존재 동일성이 추정되었다.[3]

이러한 직접적이고 참여적인 아테네 민주주의는 기본적으로 상호간에 심의가 가능한 '면 대 면 사회(face to face society)' 내의 소규모 동질적인 시민들로 구성된 도시국가 공동체에서 가능한 민주주의였다.[4]

아테네 이후 민주주의는 로마에서 공화주의적인 형태로 이어졌으나 제국의 시대로 접어들면서 민주주의는 사라졌다. 민주주의가 다시 부활한 것은 아테네 민주주의가 사라진 지 2000년 지난 후인 근대에 들어서면서부터였다. 웨스트팔리아(Westphalia) 체제로 불리는 영토적 민족국가체제로 국제정치 질서가 바뀌면서 소규모 도시국가에서만 가능했던 아테네 민주주의는 수정이 불가피하게 되었다.

고전적 민주주의는 방대한 영토와 엄청난 규모의 인구를 가진 근대 영토국가에서는

---

2) 김주성, 앞의 글, p.37.

3) 김주성, 앞의 글, pp.46-47.

4) 임혁백, "대의제 민주주의의 대의성: 일반의사, 부분의사, 그리고 더 나은 대의를 위한 제도 디자인,"『왜 대의민주주의인가』, 서병훈 외(2012), p.80.

실현이 불가능하였다. 고대 아테네처럼 시민들은 '면 대 면(面 對 面)'의 직접적인 의사소통이 가능한 공간 내에 살고 있지 않았고 종족·종교·언어·교육수준·소득수준이 다른 이질적인 시민들의 이익은 조화롭기보다는 충돌하고 갈등하는 관계에 있었기 때문이다.

　이러한 문제를 해결해준 제도적 혁신이 '대의제(代議制)'이다. 대의제민주주의는 선거라는 수단을 통해서 시민들이 집단적 의사 또는 공공선, 일반의사를 확인하고 그 집단적 의사를 시민들의 대표를 통해 실현하려는 것이었다(임혁백, 2000: 159). 인민이 지배하나 대표를 통해 간접적으로 지배하는 대의제민주주의는 민주주의 이념을 근대적인 정치 환경에서 실현하기 위한 위대한 정치적 발명이었다.5)

II. 대의제민주주의

1. 개념

　오늘날 가장 바람직한 정치형태가 인민주권 이념을 기반한 민주주의라는 데는 이견이 없을 것이다. 그러나 민주주의를 행하는 방식에 있어서는 인민이 직접 참여하여 정책을 결정하는 직접민주주의에 비해 인민의 대리자가 정치적 권리를 행사하는 대의민주주의가 보다 효율적이고 유용한 것으로 간주되어왔다.

　정치공동체의 규모가 커짐에 따라 혹은 정치에 탁월한 능력을 가진 별도의 사람들이 있다는 등의 이유로 대의민주주의는 직접민주주의의 적절한 대안으로 받아들여져 왔다. 이런 대의제는 근대 민주주의와 관련하여 서양 근대지성사의 산물로 간주되어 왔다. 18, 19세기의 버크(Burke), 벤담(Bentham), 밀(Mill) 등은 대의민주주의를 이론화한 대표적인 사상가들이다.

　인민의 지배라는 민주주의 이념을 '대의제'라는 비민주적 실제와 결합시킴으로써 전적으로 새로운 형태와 차원의 민주주의가 가능하다는 것을 인식하기 시작한 것은

---

5) 임혁백, 앞의 글, pp.79-81.

18세기가 되어서였다. 이를 인식한 대표적 학자가 존 스튜어트 밀(John Stuart Mill)
이다. 밀은 소규모 단일 마을의 규모를 넘어서는 공동체에서는 고대의 직접민주주의
가 불가능하다고 생각하였고 현실에서 가능한 최선의 정치체제는 인민이 그들 자신이
정기적으로 선출하는 대표자를 통해 궁극적 통제권을 갖는 대의제민주주의라고 주장
하였다(Mill, 2006: 107-108). 이로써 도시국가의 소멸과 더불어 시들었던 민주주의는
18세기 들어서면서부터 대규모의 근대 영토적 국민국가(modern territorial nation
state)에서도 이상적인 정치체제로 부활할 수 있게 되었다(Dahl, 1989: 68-72).

근대적 의미의 대의제는 대표가 인민의 의사를 대신 표출하고 그들의 이익을 위해
공적 행위를 수행하는 통치형태, 즉 전 국민이 합의하에 자신이 갖고 있던 주권적
권한을 대표자에게 위임하고 이를 통해 대표자의 행위에 공공성을 부여하며, 인민주
권을 유지하는 제도이다.[6]

18세기 대의제 설립자들은 권력의 원천을 인민에게 두었던 것이 사실이다. 그렇지
만 그들의 정치구상은 공공이익을 실현할 수 있도록 권력을 제한하는 자유주의적 공
화제였다.[7]

그것이 바로 대의제 구상인데 대강을 본다면 3가지로 나눠볼 수 있다. 첫째, 국민이
선출한 대표가 의회를 구성하고 의회에서 정책을 심의하여 결정토록 한다. 둘째, 권력
을 분립시켜 서로 견제와 균형을 지키도록 한다. 셋째, 국민의 대표도 국민의 기본권
을 침해하는 정책을 결정할 수 없다.[8]

---

6) 이화용, "서양 중세의 대의사상: 대표성의 실체에 대한 비판적 검토," 서병훈 외, 앞의 책, pp.
147-148. 이화용은 이 논문에서 "대의제가 근대 정치의 산물이라 할지라도 대의 자체는 서양 근대
의 전유물이라고 할 수 없다. 중세시대에도 이미 누군가 무엇을 대신하여 전면에 나서는 대의
행위가 있었다"라고 주장하며 중세 대의제가 근대 대의제의 역사적 기원인가 하는 문제에 대해
두 시대 대의제의 연관성에 대한 설명을 시도하였다.
7) 김주성(2012: 48-49)은 "그리스어인 민주주의(democracy)는 인민이 지배한다는, 달리 말하면 인민
의 의사가 권력의 원천이라는 것을 나타내고 있다. 라틴어인 공화정(republic)은 이와 달리 권력의
목표를 나타내고 있다. 공화정의 어원적인 의미는 공공의 것 또는 공공의 것을 다루는 일(rés:
affair, matter, thing+pública: public)이다. 따라서 공화정이란 모든 사람 또는 모든 계급의 이익
을 실현하려는 정치체제인 것이다. 민주정에서는 인민의 의사라는 권력의 원천이 공공이익이라는
권력의 목표보다 우선한다. 민주정에서는 어떠한 이유로도 인민의 결집된 의사를 제한할 수 없다.
그러나 공화정에서는 권력의 원천보다 공공의 이익이라는 권력의 목표가 우선한다. 공공이익을
달성하기 위해서 권력의 원천에 제한을 둘 수 있다. 권력의 원천이 군주라면 군주의 의사에 제한을
둘 수 있고, 권력의 원천이 인민이라면 인민의 의사에 제한을 둘 수 있는 것이다"라고 주장한다.

대의제 설립자9)들은 인민의 의사를 쫓는 민주정치보다 공공의 이익을 실현할 수 있는 심의정치를 더욱 중요시했다. 국민의 대표를 추첨이 아닌 선거로 선출하여 자율적으로 정치 사안을 심의하도록 하고, 정부 기관들의 견제와 균형과정에서 훌륭한 정책이 성안(成案)되어 시행되도록 했다. 정부의 가장 기본적인 정치목표를 기본권보장에 두고, 어떤 경우에도 기본권은 침해되지 않도록 헌법으로 보장하였다. 기본권을 가장 중요한 공공선으로 규정함으로써 자유주의적이면서 동시에 공화주의적인 정치제도를 구축했던 것이다(김주성, 2012: 55).

2. 대의민주주의의 기원

1) 근대 민주주의 태동

민주주의가 고대 그리스의 정치문화의 유산임은 아무도 부정하지 않는다. 고대 그리스의 도시국가에서는 자유시민인 성인 남자들이 도시국가의 문제를 투표로 결정하는 방식의 정치제도를 운용하였으며 이를 인민의 지배(demokratia)라 불렀다. 이러한 고대 아테네식 민주주의는 로마제정의 성립 이후 자취를 감추었다. 그러므로 오늘날 민주주의를 논의할 때는 현대 민주주의의 모체로 200년 전 형성되어 자유주의와 결합된 형태로 발전된 근대 민주주의를 그 대상으로 삼는다. 근대 민주주의는 절대왕권의 전제적 지배에 대한 신흥 시민계급의 도전으로 시작되었다. 상공업의 발달로 형성된 신흥계급이 군주와 귀족, 승려 등의 특권계층의 지배로부터 자신들의 정치적·경제적 이익을 보호하기 위한 시도였으며 그리스도교의 평등사상과 정치계몽주의의 이념적 지원을 받아 근대 민주주의가 탄생되었다. 근대 민주주의 태동에는 외관상 서로 모순되는 것처럼 보이는 로크(J. Locke)의 국민주권이론과 루소(J. J. Rousseau)의 사회계약론, 로크의 국민대표이론과 몽테스키외(Montesquieu)의 권력분립이론 등이 사상적 근거가 되었다.10)

---

8) 김주성(2012), p.49.

9) 18세기 설립자들은 대의제와 민주주의를 대립적으로 이해하고 있었다. 미국 정치체제의 위대한 창안자인 매디슨은 대의제를 민주주의라고 부르지 않았다. 아테네의 민주제와 구별하기 위해서 공화정(republic)이라고 불렀다(Hamilton, Madison and Jay, 1961: 81-82). 두 정치체제를 민주주의의 직·간접형태로 여기는 현대의 인식과 아주 다르다(김주성, 2012: 46).

근대 민주주의가 국가의 형태로 발전하는 데 역사적 계기가 된 사건들로는 미국에서 인권이 헌법적으로 보장된 1776년의 독립선언, 프랑스에서 자유·평등·형제애를 헌법적으로 요청한 1789년의 대혁명과 그를 집대성한 1791년의 헌법으로 나타나게 된다. 1791년의 헌법에는 프랑스혁명의 3대 구호는 물론 18세기 정치계몽주의 정수 (精髓)라 할 수 있는 인권·권력분립 그리고 민주주의가 구현되어 있다.[11]

2) 중세 대의제의 영향

많은 학자들이 근대의회(대의제)의 연원을 중세 특히 12세기 말이나 13세기 초의 중세의회에서 찾는다. 그 이유는 중세군주의 권한이 당시의 스페인의회(cortes), 영국 의회(parliaments)와 프랑스의회(États-Géneraux) 등을 통하여 법과 공동체에 의해 제한되었다고 보았기 때문이다.[12]

그러나 피트킨(Pitkin, 1967: 241-252)과 맨스필드(Mansfield Jr., 1968: 55-82)는 이 두 의회 간의 대의제 이념과 관행의 연관성을 부인하였다. '누가 대표할 권한을 부여하는가'와 '누가 그 권한을 위임받는가'라는 대의 주체와 대상 면에서 중세의회와 근대의회는 근본적으로 다르다는 것이다. 이들의 주장에 의하면 중세유럽에서 정치적 대표자는 군주와 대표회의(representative assembly)라 할 수 있다. 그러나 군주나 대표회의는 인민의 합의나 인정에 의해 선출되고 대표성이 인정된 것이 아니다. 당시에는 정치적 권위의 정당성이 인민에게 있다(인민주권 개념)는 사회적 인식이나 합의가 없었기 때문이다. 오히려 중세 때의 개념에서 군주는 국가를 대표하는 대표자이나 이러한 위임은 공동체 구성원인 '인민'이 아닌 '신'으로부터 부여 받은 것으로 이해하였다.

또 하나의 대표자로 언급되는 대표회의에 대해서는 당시 왕의 권력이 의회에 의해 상당히 제한되었으며, 의회 구성원이 정치적 권한을 가진 계급(classes)만을 대표한다 하더라도 일반적으로 전 인민을 대표하는 것으로 간주된다고 하는 주장(Lord, 1930:

---

10) 강정인(2012: 118)은 "『통치론』에서 로크(Locke)가 자유주의적 대의제 정부를 제시한 데 반해 『사회계약론』에서 루소(Rousseau)는 급진적인 직접민주주의를 제안한다"고 보았다.

11) 홍성방, 『법학입문』(신론사, 2011), p.116.

12) 대표적으로 서양 중세정치사를 체계적으로 저술한 카알라일(carlyle and carlyle, 1903-1936: 464-474)이나 메킬웨인(Mcllwain, 1936: 679)은 중세의회가 근대의회의 전례임을 주장한다(이화용, 2012: 149).

125-126; 이화용, 2012: 155)이 있다. 그러나 중세의회를 오늘날 의회처럼 시민의 대의기관으로 보는 것은 시대착오적인 이해이다. 대표회의의 구성원인 기사(knights)와 도시민(burgesses)은 군주의 자의적인 권한 행사를 제재하기보다는 군주의 제안과 결정을 동의함으로써 왕의 행정적·정치적 편의를 위하여 기능하였다. 이러한 의미에서 왕이 결정한 과세에 대해 공동체 수준에서 동의하거나 세금, 입법, 외교관계들의 문제를 사전에 상의(consultation)하기 위해 구성된 '왕신의 조정(Curia Regis)'이라 불리기도 했으며(박동권, 2004: 13; 이화용, 2012: 156), 대표회의가 의회(council)라 불리는 경우라 하더라도 군주가 보좌 없이 결정하기 어려운 일에 대해 관료나 가신의 조언을 구한다는 것이지 여러 사람이 모여 논의한다는 의미는 아니었으며 1200년 카스티아(Castilla), 1232년 시칠리아(Sicilia), 1275년 영국(United Kingdom), 1302년 프랑스(France)에서 이러한 대표회의 특성이 나타난다는 것이다(Cam, Marengiu and Stoki, 1949: 6-7; 이화용, 2012: 156).

이상에서 언급한 바와 같이 중세의 의회는 전 공동체를 대신하는 권한을 지니지 못했으며 인민을 위한 역할을 수행할 수 없었다. 그뿐만 아니라 대표회의가 지닌 대의의 권한도 인민이 아닌 군주로부터 군주를 보좌하기 위하여 주어진 것이었다. 이러한 연구결과로 볼 때 중세 대표성은 근대의회의 대표성과 다르게 이해되어야 할 필요가 있다.[13]

3. 대의민주주의의 제도적 이상

1) 민주주의 제도의 틀

루소(Rousseau)의 주장처럼 규모의 제약 때문에 현대사회에서 대의민주주의가 불가피하다는 인식이 하나의 상식처럼 퍼져 있다. 그러나 대의민주주의가 처음 씨앗을 틔우기 시작할 무렵 대의민주주의자들의 눈은 한결 높은 곳을 지향하고 있었다. 규모의 제약이라는 단순한 물리적 이유 때문에 대의민주주의를 받아들인 것이 아니라, '완전한 정부의 이상적인 형태'라는 생각에 대의제를 주창했던 것이다. 이와 관련하여 대의민주주의자들은 두 가지 쟁점을 부각시킨다. 첫째, 보통사람과 구별되는 대표의

---

13) 이화용, 앞의 글, pp.148-157.

'탁월한 능력'에 주목한다. 유권자의 뜻을 복창하는 '대리(代理)'가 아니라 독자적 판단 능력을 가지는 '대표(代表)'가 대의민주주의의 출발점이 된다. 둘째, 그들은 '탁월하고 독자적인' 대표를 통해 공공선에 관한 심의(審議)를 잘할 수 있다고 기대한다. 한마디로 심의가 대의민주주의의 존재 이유라는 것이다. 이점에서 직접민주주의자들과 확연히 대비된다.

프랑스의 시에예스(Emmanuel Sieyes)는 근대 상업 사회의 특징인 노동 분업이 정치세계에도 적용될 수밖에 없다고 보았다. 통치도 하나의 '특수한 직업'이 되어야 하기 때문에 시민의 의지를 잘 해석해내고 일반이익을 잘 인식해낼 수 있는 능력 있는 사람을 지명하는 것이 대의제의 관건이다(홍태영, 2012: 256; 서병훈, 2012: 17-18). 같은 맥락에서 밀(Mill)은 '전문성'이라는 변수 때문에 직접민주주의가 불가능하다고 말한다. 정부의 각 부서가 하는 일은 숙련된 전문기술을 요구한다. 미국의 매디슨(Madison)은 '현명한' 대표가 인민 자신들보다 공공의 이익을 더 발전시킬 것이라고 단언하였다. "국민의 대표를 통한 대중의 목소리는 같은 목적으로 소집된 국민 스스로의 의견보다 공익에 더욱 일치될 수 있다"는 것이다(임혁백: 106; 서병훈: 18).

김주성(2012)은 대의제가 본래 인민을 대표해서 정치의사를 결정하는 심의체제로 구상된 것이라고 주장한다. 직접민주주의에서는 이성적 심의보다는 감정적인 선동으로 지배되기 쉬우며 '다수에 의한 소수의 지배'가 불가피해진다는 것이다. 그러나 대의민주주의에서는 인민이 정부의 일을 직접 담당하기보다는 자신이 정기적으로 선출하는 대표자를 통해 궁극적 통제권을 갖고(임혁백: 82), 대표자들로 의회를 구성하여 그곳에서 모든 이해관계와 생각이 허심탄회하게 검토되고 논의되게 하였다(서병훈: 21).

2) '대의(代議)'의 내용에 관한 논의

임혁백(2012)은 대의제민주주의가 무엇을 대의하느냐(what does representative democracy represent for)에 대해 대립적 입장에 있었던 루소(Rousseau)와 슘페터(Schumpeter, Joseph)의 견해를 소개하고, 이 두 입장을 통합적으로 해석한 매디슨(Madison)의 주장을 분석하였다.

루소는 인민의 의사(일반의사)가 선험적으로 존재하며, 대의민주주의는 개인의 다양한 의사들을 통합(aggregate)하는 것이 아니라 이미 선험적으로 존재하는 일반의사를 발견하는 과정으로 보았다. 반면 슘페터는 모든 인민이 합의할 수 있는 의사는 존재하지 않을 뿐만 아니라 가변적이기 때문에 대의제민주주의는 인민의 의사가 아닌, 정당 또는 대표의 의사가 지배하는 체제라고 보았다.

(1) 루소(Rousseau)의 진리 발견적 민주주의

루소는 일반의사는 투표에 의한 다수의 의사로 확인할 수 있으며(이러한 루소의 민주주의를 학자들은 '진리 발견적 민주주의'라고 부른다), 이 경우 투표는 개인적 선호의 표현이기보다는 일반의사 또는 공동선에 대한 판단의 표현(Cohen, 1987: 33)이기 때문에 진리 발견적 민주주의를 실현하기 위해서는 올바른 판단력을 보유한 시민이 다수를 형성하고 있어야 한다. 이를 위해 루소는 시민적 덕성을 강조하고 이를 키울 수 있는 시민교육을 강조한다. 그러나 일반의사와 개인적 선호가 서로 다른 경우 인민은 일반의사 보다는 개인적 선호에 따라 투표하려는 경향이 강하며, 루소의 진리 발견적 민주주의 이론은 일반의사에 대한 판단에 따라 투표할 수 있는 충분한 유인을 제공하지 못하면 실현가능한 이론이 되기 힘들다(Cohen, 1987: 36; 임혁백, 2012: 91).

(2) 슘페터(Schumpeter)의 최소 강령적 대의민주주의

오스트리아 출신 정치경제학자 슘페터는 『자본주의·사회주의·민주주의(*Capitalism, Socialism and Democracy*)』에서 18세기 철학자들의 민주주의 이론을 고전적 민주주의 이론(classical doctrine of democracy)이라고 이름 붙이고 이들의 민주주의 개념을 "인민의 의사를 수행하기 위해 모인 개인들(대표들)의 선출을 통해 인민들이 스스로 문제를 결정함으로써(자치) 공동선(common good)을 실현시키려는" 정치적 제도로 정의하였다. 그리고 다음과 같은 이유로 이러한 정의가 비현실적이라고 비판한다.

민주주의란 대표들이 인민 다수의 지지를 얻어 정치권력을 획득하기 위해 경쟁하는 제도이다. 따라서 대표들은 인민 다수의 지지를 얻기 위해 인민이 원하는 것을 제공해야 한다. 이 과정에서 대표들이 확인하는 의사는 다수의 의사일 뿐이지 인민의 의사는 아니다. 즉 진정한 공동선은 존재하지 않으며 존재한다 하더라도 민주적 과정을 통해 발견할 수 없다(Przeworski, 2006: 20; 임혁백, 2012: 95)는 것이다.

대표들이 발견한 다수의 의사는 정치인에 의해 제조된 의사이며 즉, 대표는 인민의 의사를 읽는 것이 아니라 인민의 의사를 설득, 광고, 선전 등을 통해서 만들어 낸다.

민주적 정치과정은 주어진 인민의 선호를 집합하는 과정이 아니라 인민의 의사를 변형시키는 과정이 된다(Elster, 1986: 104; 임혁백, 2012: 97).

슘페터는 대의제민주주의는 특수의사를 가진 정치가에 의해 움직이는 체제이며, 선거, 정당, 의회가 존재할 때 정치인의 지배라는 대의제민주주의가 성립하고 민주주의에서 인민의 역할은 바로 정부를 만드는 것에 그칠 뿐이라는 것이다. 그는 유권자들이 정당을 통해 정치적 권력을 획득하려는 정치 리더(경쟁자)를 선택하는 경쟁적 엘리트주의(competitive elitism)를 현실적으로 작동 가능한 민주주의의 모델로 보았다. 민주주의가 평화적 정권교체를 포함해 정치인들 사이의 경쟁을 보장하는 제도로 기능할 수 있다는 가능성을 보여주었다는 점에서 중요한 의미를 갖는다고 주장한다.

이러한 민주주의 정의는 정부를 통해 인민들이 자신들의 공공선을 발견하고 실현한다는 민주주의 목표와 가치에 대한 해답은 빠져 있다는 점에서 수단으로서의 민주주의의 일면을 보여준 데 불과하다는 비판을 받고 있다(임혁백, 2012: 93-102).

(3) 매디슨(Madison)의 제안: 대의민주주의 완결성 추구

루소(Rousseau)는 사회구성원의 공동이익의 존재 즉, 일반의사의 존재를 전제로 민주주의 제도하에서는 정치과정을 통해 이를 발견할 수 있다고 판단하였다. 반면 슘페터(Schumpeter)는 루소의 민주주의 관(觀)을 이상향으로 간주하고 이의 실현은 불가능한 것으로 보았다. 슘페터가 『자본주의·사회주의·민주주의』를 쓴 시기는 나치즘(Nazism)이라는 1940년대 병리적인 대중심리가 지배하던 시기로 전 세계에서 대의제 정부 정치체제를 갖춘 나라는 12개국에 불과하였고, 누구도 미래에 민주주의가 보편적인 정치체제로 자리 잡을 것을 예상하지 못하였으며 오히려 파시즘(fascism)이나 공산주의가 인류의 미래로 여겨졌다 한다(Hobsbawm, 1994: 141; 임혁백, 2012: 103). 이러한 시대적 상황하에서 슘페터는 민주주의를 그것 자체가 목적이 아닌 정치적 수단으로 보았으며, 그 결과 대의제민주주의는 현실적으로 '인민의 의사'를 대의하는 인민주의적 민주주의(populist democracy)가 아니라 '나쁜 정부를 축출할 수 있는 기회'를 갖는 자유민주주의(liberal democracy)라 보았던 것이다(Riker, 1982; 임혁백, 2012: 103). 다시 말하면 민주주의의 기능은 부분 이익을 대표하는 정치인(정당)들의 경쟁을 통해 최소한 평화적 정권교체를 가능하게 할 수 있는 제도로 보았다고 할 수 있다. 미국의 건국의 아버지들(founding fathers) 중 한 명인 메디슨은 슘페터보다 한 세기 반 전에 이미 대의민주주의가 '파당의 해악(mischiefs of factions)'에 의해 공공선을 지향하는 데 방해를 받을 것임을 예견하고 아테네식의 이른바 순수민주주의(pure democracy)가 아닌 공화제의 원칙(republican principles)을 기반으로 하는 국가를 세우자고 주장했다. 매디슨의 대의제 공화국 개념은 "'18세기의 민주주의자들'이 가지고 있었던 공공선의 존재와 지혜와 공적인 덕성을 갖추어 선출된 대표들을 통해 그것을 알 수 있고 이들은 공공선에 따라 행동하게 될 것을 믿었다(Dahl, 2005: 442; 임혁백, 2012: 105)"는 것이다. 매디슨은 인간은 본성인 자유 때문에 적대적이고 경쟁적으로 특수이익을 추구하는 파당(factions)을 구성하는 것이 불가피하므로 파당의 해악을 통제할 수 있는 제도의 도입을 통해 이를 해결하려 하였다.[14]

이러한 문제점의 해결책으로 그가 구상한 공화주의적 헌정체제의 제도적 방법은 연방주의 국가(광대한 공화국), 잦은(frequent) 주기적 선거 실시, 임기제한, 권력분립이라는 제도적 디자인이다. 매디슨은 광대한 영토를 가진 국가 일수록 다양한 이익 사이에 상호견제와 균형이 잘 이뤄지며, 대표에 대한 선택 시 주 단위 이익에 억매이지 않고 전체 연방단위에서 생각할 수 있는 인물이 뽑힐 가능성이 높아 국지적 이익에 의해 국정이 운영될 가능성을 낮출 수 있으며 또한 선출된 대표가 특정이익을 위한 대리자로 기능할 수 있으므로 대표들이 너무 많은 자유를 갖지 못하게 하고 전체의 이익을 위해 활동할 수 있도록 주기적으로 선거할 것을 제안했다. 정부의 존립을 국민에 의존하게 함으로써 정부에 대한 통제가 가능하지만 이외에도 권력분립의 도입을 주장하였다. 매디슨은 루소와 같이 시민의 교육을 통해 이상적 민주주의의 실현이 가능하다고 보지는 않았지만 슘페터의 현실적 민주주의를 지지한 것도 아니다.

매디슨의 민주적 공화주의는 전통적 민주주의 이론을 근본적으로 수정하는 데 영향을 주었으며 근대성이 요구하는 현실과 더 가까워지게 하였으며(krouse, 1983: 206; 임혁백, 2012: 109) 그가 대의민주주의 발전에 기여한 점은 근대 민주주의에 내제하는 '규모의 제약', '파당의 해악' 그리고 '이기적 개인과 집단적 공공성의 충돌'의 문제를 제도적으로 해결한 것이다.

매디슨이 공공선을 실현하려는 민주적 공화주의는 소규모 영토에서만 가능하다고 생각했던 고전적 민주주의 개념을 거대한 영토와 인구를 가진 국가로 확장하였으며, 루소와 같이 참여와 교육을 통해 사람들의 의식을 개혁하는 방식이 아니라, 연방주의·

---

14) 반면 루소와 몽테스키외는 사회적 동질성과 도덕적 합의를 통해 정치적 파당의 원인을 제거하려 했다(krous, 1983: 202; 임혁백, 2012: 106).

주기적 선거(임기제한)·권력분립 등의 제도적 방법을 통해 실현가능한 것으로 만들었다.

실제로 매디슨의 대의제민주주의제 제안 이후 150년이 지난 후에 등장한 민주주의 이론가들은 슘페터의 최소 강령적 민주주의 이론을 받아들이면서도 이 이론이 갖는 한계와 오류를 수정하기 위해 매디슨의 유산을 받아들이고 있다. 특히 달(Dahl, 1956: 5; 임혁백, 2012: 111)은 매디슨을 미국 정치체계에 기본적인 이론적 근거를 제공한 인물로 평가하며 그의 이론을 적극 수용했다.[15]

4. 대의민주주의 한계와 과제

현대사회에서 대의민주주의를 뺀 민주주의는 생각할 수 없다. 이것이 현실이다. 물리적인 이유에서 그런 것만은 아니다. 그보다 훨씬 깊고 높은 뜻이 있다. 존 스튜어트 밀(John Stuart Mill)은 대의민주주의를 통해 참된 민주주의를 구현할 수 있다고 믿었다. 대의제와 민주주의는 서로 모순어법(oxymoron)이 아니며 대의제가 '오히려' 민주적 참여를 확대해 준다는 주장들을 주목해야 한다(Urbinati, 2006: 4; 서병훈, 2012: 14).

사람들은 흔히 이런 대의제를 '시대의 산물'로 생각한다. 오늘날 정치체제가 너무 커져서, 그리고 정치 구성원들 사이에 동질성을 확보할 수 없어서 아테네식 직접민주주의 대신 차선책으로 대의제를 받아들일 수밖에 없다는 것이다. 이런 '규모의 제약'을 가장 먼저 피력한 사람이 바로 장 자크 루소(Jean-Jacques Rousseau)이다. 루소는 직접민주주의의 열렬한 신봉자였다. 그는 『사회계약론』에서 다음 세 가지 이유로 대의제를 거부했다. 첫째, 일반의지와 주권은 양도할 수 없고, 따라서 대표자에게 위임될 수 없다. 권력은 위임될 수 있지만 의지는 그렇지 않다는 것이다. 루소는 이런 이유에서 대의원(deputies)이 인민의 대표자가 될 수 없고, 그저 대리인에 불과하다고 단언한다. 둘째, 루소는 오직 지속적인 정치 참여만이 시민들에게 도덕교육과 도덕적 자율을 제공한다고 생각했다. 그가 볼 때 대의제는 시민들의 지속적인 참여의 기회를 빼앗고 그 결과 시민들을 노예로 만드는 것이나 마찬가지다. 그가 남긴 유명한 말, 즉 "영국 국민은 자유롭다고 생각하고 있는데 그들은 크게 착각하고 있다. 그들이

---

15) 임혁백, 앞의 글, pp.103-111.

자유로운 것은 오직 의원을 선출할 때뿐이며 일단 선출이 끝나면 그들은 노예가 되고 아무것도 아닌 존재가 된다"는 이런 배경에서 나온 것이다. 셋째, 루소는 대의제가 정치의 사사화(私事化)를 야기한다고 보았다. 정치적 무관심을 조장하고 정치가 사적인 이익추구에 의해 훼손되는 것을 참을 수 없었던 것이다. 결국 "애국심의 약화, 사적 이익의 활성화, 국가의 광대함, 정복, 정부권력의 남용, 이 모든 것이 국가의 의회에서 인민의 대리인이나 대표자를 두는 것을 편리한 장치로 생각하게 만들었다"는 것이다. 그로서는 대의제를 극단적으로 꺼려할 수밖에 없었던 것이다. 그러나 이런 루소도 대의민주주의를 전면 뿌리치지는 못했다. 아테네식 민주주의는 제네바(Geneva)와 같은 도시국가에서나 가능한 것이고 규모의 제약을 가지고 있는 근대국가에서는 현실적으로 실현 불가능한 이상적 민주주의라고 한 발 뒤로 물러나고 있는 것이다(강정인, 2012: 132-140; 서병훈, 2012: 15-17).

이 시점에서 당연히 의문을 갖게 되는 점은 '대의제에서의 대표'는 국민의 뜻을 그대로 옮기는 대리인(delegate)이어야 하는가 아니면 국민의 이익을 위해 그들의 뜻을 거스르는 것도 불사하는 수탁자(受託者, trustee)여야 하는가이다. 즉 대통령이나 국회의원 등 국민의 대표가 어느 정도 정치적 자율성을 발휘하는 것이 좋을까에 관한 주장이다. 오향미(2012)에 따르면 '대표'는 단순한 재현이나 모방이 아니라 전체의 드러나지 않는 성질, 특성을 보다 '잘' 보여주는 것이다. 그래서 정치적 대표란 정치 공동체를 작동하게 하는 권위와 권력을 눈에 띄게 드러내 보여주는 것이다. 이에 반해 '대리'란 다른 사람이나 집단의 이해가 고려되도록 돌보는 것이다.

오늘날 대의민주주의에 대해 불신하는 사람들, 특히 대의정치가 대중의 정치 참여를 봉쇄하기 위한 기제(機制)로 고안된 것이라고 믿는 사람들은 대체로 대리인 개념을 선호한다. 이에 반해 대의민주주의를 지지하는 상당수 이론가는 자율권을 가진 수탁자 쪽으로 기운다. 대의민주주의가 원활하게 작동하기 위해서는 대표가 상황을 종합적으로 판단하고 심의하는 권한을 가져야 하며, 따라서 국민의 뜻을 앵무새처럼 반복하는 대리인이 되어서는 안 된다는 것이다. 수탁자론을 주장했던 밀(Mill)은 대의정부에서 의원들이 수행해야 하는 역할의 성격에 대해 상반된 두 주장이 대립되고 있으며 두 이론이 각각 타당한 주장의 근거가 있음을 인정하였다. 이른바 '대표의 위기'가 당시 이미 제기되었던 것이다.[16]

---

16) 서병훈, 앞의 글, pp.19-20.

혼히 대의민주주의가 '대표의 실패'로 말미암아 위기에 몰려 있다고 진단한다(서병훈: 26). 이 대표의 실패에 대해서는 두 가지 서로 다른 견해가 존재한다. 먼저 대표의 기능 중 대리기능의 실패라고 보는 참여주의자들의 주장이다. 다른 하나의 견해는 김주성(2102)과 같이 심의 기능의 실패로 보는 입장이다. 이들은 대표는 국민들의 선호를 추종하여 단순히 대리하기보다는 사심 없이 공공선을 추구하는 심의기능에 충실하여야 한다는 것이다.

제**2**장

입법과정의 의의

I. 입법과정의 개념

1. 입법과정의 의미

법은 인간의 생활을 규율하는 규범이다. 그래서 로마시대부터 "사회 있는 곳에 법이 있다"는 법언(法諺)이 있다. 또한 예링(Rudolf von Ihering)은 법이란 "사회의 생활 조건이다"라고 규정하였다. 법을 "인간사회의 공동선을 위하여 명령, 금지, 허용, 조직 등을 내용으로 정당한 절차에 따라 국가에 의하여 제정되고 실현이 보증되는 사회규범"으로 정의할 수 있다.[1]

오늘날 법은 그 존재형식 또는 인식근거인 법원(法源)에 따라 성문법과 불문법으로 나뉜다.

---

[1] 홍성방, 앞의 책, pp.37-39.

성문법은 문장의 형식으로 표현된 법으로서 권한 있는 기관이 문서의 형식을 갖추고 일정한 절차와 형식에 따라서 제정·공포한 법으로 제정법이라 한다.

성문법원에는 헌법, 법률, 명령, 규칙, 지방자치규칙이 있다.[2] 이 중 헌법은 한 나라의 기본법으로 "인간의 존엄을 실현하기 위하여 정치적 통일과 정의로운 경제질서를 형성하는 국가적 과제의 수행 원리와 국가 내에서의 갈등을 극복할 절차 및 국가작용의 조직과 절차의 대강을 규정하는 국가의 법적 기본질서"라고 정의할 수 있다. 법률(法律)은 입법부가 헌법에 규정된 일정한 입법절차에 따라 심의·의결하고 대통령이 서명·공포함으로써 효력이 발생하는 헌법의 하위규범을 말한다.

불문법은 성문법 이외의 법, 곧 문장의 형식으로 표현되지 않았으며 특정한 제정기관에 의하여 일정한 절차에 따라서 제정되지 않고 별도로 형성된 법을 말한다. 불문법에는 관습법과 판례법 및 조리가 있다.[3]

오늘날 문명국가는 원칙적으로 성문법을 기본으로 하고 불문법은 보충적으로 존재한다.

입법과정을 법을 제정하는 과정이라 정의할 때 입법과정의 대상으로서의 법은 실정법을 의미하며, 실정법 중에서도 헌법에 의해 국가의 법제정 권력을 부여받은 입법기관이 제정(개정의 의미를 포함)할 수 있는 국내법만을 의미하고 국제조약 등 국제법은 제외한다. 이때 국내법체계에는 헌법, 법률, 명령, 조례, 규칙 등이 포함된다. 그러나 좁은 의미로 입법과정을 이해한다면 그것은 입법의 중심적 기능을 행하는 의회에 의해 제정되는 법률을 그 연구대상으로 하여 법률안을 작성하는 입법의 사전절차에서부터 헌법 및 법률에서 정한 절차에 의거 의회에서 발의(제출)되어 심사 및 의결되고 공포되는 일련의 과정만을 의미한다.

---

2) 오늘날 일반적으로 인정되는 켈젠의 "법질서의 단계구조론"에 의하면 국가의 법규는 평면적으로 병존하는 것이 아니라, 입체적으로 상하의 종적·단계적 질서를 이루면서 하나의 법질서를 구성하고 있다고 한다. 즉 법질서의 단계구조는 상위의 법으로부터 하위의 법으로 구성되어 있어서 하위규범은 상위규범의 위임을 받아 정립되어야 하위규범의 타당성이 인정된다. 켈젠은 실정법 질서는 "법을 제정할 수 있는 가장 높은 권위의 소재를 가리키는 국가의 정치적 근본원리인 근본규범(根本規範, 이 근본규범을 법논리적 의미에서의 헌법이라고 한다)을 정점으로 하여 그 밑에 실정법적 의미의 헌법, 법률, 명령, 각종 처분의 순으로 이루어졌다고 본다. 그리고 이렇게 단계적으로 배열된 다수의 법규범은 정적(靜的)으로는 법의 타당성(妥當性)관계에, 동적(動的)으로는 법 '창설'의 관계에 있다고 한다(홍성방, 앞의 책, pp.84-85)는 것이다.

3) 홍성방, 앞의 책, pp.134-135, p.146.

2. 입법과정 연구에 관한 접근방법

입법과정을 이해하는 견해는 크게 세 가지로 구분할 수 있다. 첫째는 입법과정을 입법기관의 입법의사형성의 과정과 그를 둘러싼 인간과 조직의 입법행동을 의미하는 것으로 파악한다.[4] 즉 입법과정을 법과정의 관점에서 정의한다면 "법률을 제정하고 행정부를 감독하며 국민을 대표하는 입법부(Parliamentary bodies)의 모든 기능과 활동뿐 아니라, 입법활동에 참여하는 한에 있어서 입법부 이외의 정치적 행위자들, 즉 선거구민, 압력단체, 로비스트, 집행부, 행정관료, 정당 등이 의회의 장을 중심으로 입법을 둘러싼 운동이나 작용을 영위하는 총과정"으로 파악할 수 있다.[5]

이러한 관점에서 입법과정은 민주주의 국가의 의사결정과정으로서 국회의원, 행정부 관료, 이해관계집단, 시민단체, 언론 등 참여자와 환경이 법과정에서 대립, 갈등, 협의, 조정의 과정을 거쳐 영향을 주고받으며 그 영향력의 강도와 방향은 어떠한지를 연구한다는 의미에서 광의의 입법행동론적·정치학적·동태적 접근방법이라 할 수 있다.

또한 이러한 관점은 입법과정을 ① 착상(inspiration), ② 숙의 및 조문화(deliberation and formulation), ③ 정당화(legitimation) 3단계로 구분해 보았을 때 정당화 단계로 이해할 수 있다. 여기서 정당화란 해당 법률이 관계 규정에 따른 소정의 절차를 거쳐 성립되었을 뿐만 아니라(합법화, legalization) 국민이 국가의 입법행위를 받아들이고 또한 그에 따를 것을 보장하는 것을 의미하는 것으로 보았다.[6]

둘째, 입법과정을 입법의 사실과정이라 보고 이 사실과정을 동태적이며 정치학적·사회학적·심리학적으로 즉 사회과학(社會科學)의 시각에서 해명하려는 태도이다. 그 연구대상과 범위는 당연히 입법의 사실과정에 관한 실증적 연구에 한정된다. 따라서 이 같은 시각에서 입법과정은 "어떤 특정 국가의 어떤 특정 시기에 어떤 특정의 법률안이 어떠한 사회적 요구에 의하여 발안되어 어떠한 갈등·투쟁을 겪고 의회의 심의·수정·표결을 거쳐 그 법률안의 운명은 어떻게 되었는가를 실증적으로 연구하는 개별

---

4) 박영도, 『입법학 입문』(법령정보관리원, 2014), pp.269-270.

5) Malcolm E. Jewell·Samuel C. Patterson, *The Legislative process in the United States*, 3rd ed. (New York, 1977), p.3; 우병규, 『입법과정론: 한국과 구미와의 비교』(일조각, 1970), p.7 재인용.

6) 박영도, "의원입법의 타당성·효율성에 대한 검토," 국회법제실 등 주최, 입법과정의 현황과 개선방안에 관한 학술대회 발표요지(2005), p.116 참조.

적·구체적 분석과 그로부터 도출된 귀결인 추상화·일반화된 결론(법률이라 이해됨, 저자 주)의 제시" 등이 기본적인 연구대상이라 이해할 수 있다.[7]

이와 같이 법현상에 관한 사회과학적인 연구대상으로서의 법현상에 관한 실증적 분석을 통해 법적 과제를·추출하고 이를 협의의 제도적 입법절차에 투입·산출하고 환원하는 일련의 과정에서 발생하는 참여자·관찰자 간의 영향관계까지 연구·분석하는 일련의 동태적 접근태도라 할 수 있다.

셋째, 좁은 의미의 입법절차 즉, 형식적 의미의 법률 제정절차에 한정하여, '어떻게' 법률이 생겨나고 최종적으로 법률로서 성립되어 가는지를 탐구하는 입법의 절차적 과정(legislative procedure)으로 파악할 수도 있다.[8]

이러한 태도의 입법과정 접근방법은 법학적·제도적·정태적 접근방법이라 할 수 있다. 헌법·국회법 등 입법절차에 관련된 법규를 해석하고 적용하여(법학적) 이미 만들어진 제도의 역할과 기능에 맞게 입법을 추진하고(제도적) 이러한 과정에 참여하는 의원, 정부기관 등에게 법규에 의해 부여된 공식적 권한과 역할을 연구(정태적)하는 접근 방식을 의미한다. 이러한 맥락에서 입법과정은 '법률안의 입안·제출·심의·의결·공포라는 일련의 공식적이고 제도적인 과정을 통해 법률안이 법률로 전환되는 체제,' 또는 의회라는 입법기관을 중심으로 입법작용이 이뤄지는 일련의 형식적 절차를 포괄하는 의미로 이해할 수 있다.

입법의 목적이 문제의 해결에 있음에 비춰볼 때 입법에 관한 연구방법이 동태적·정치학적·사회학적 접근방법이나 정태적·제도적 접근방법 어느 한 방법에 한정되어서는 안 될 것이다. 법 문제의 파악과 성립된 법률의 효과적 시행을 위해서는 법사실에 관한 사회과학적 분석이 필요하며(동태적 접근방법), 적법절차에 맞춰 입법이 이뤄졌을 때 법적효력이 담보되는 합법성이 인정된다는 점에서 정태적·제도적 접근 또한 무시할 수 없을 것이다. 따라서 법환경을 둘러싸고 발생하는 병리현상의 파악에서부터 정책의 기초라 할 수 있는 법률안 입안, 입법체계 내에서의 심의·의결 그리고 입법과정의 결과물인 법률의 시행과 환원(개정)이라는 일련의 법과정에서 정태적·제

---

7) 岩井奉信, "立法過程と 立法過程研究 ― 立法過程の政治學," 『法律時報』(1992.10.23), p.28; 박영도, 앞의 책, p.276 재인용.

8) 김승환, "입법학에 관한 연구: 입법의 주체·원칙·기술을 중심으로," 고려대 박사 논문(1987.7), p.34.

도적 접근방법과 함께 동태적·정치학적 접근방법이 사용될 때 바람직한 법률의 제정이 이뤄질 수 있을 것이다.

3. 입법과정의 특징

입법과정이 하나의 국가작용으로서 다른 국가작용인 사법·행정작용과 구별되는 특징이 있다.

첫째, 입법과정은 정치적 목적을 가진 법률의 제정과정이다. 정치적 과정으로서의 입법과정은 사회 여러 다양한 집단이나 세력 간에 권한과 이익을 균형있게 배분하며 그들의 필요와 욕구를 충족시키는 기능을 한다.

둘째, 입법과정은 사회적 병리해결이나 기능증진을 위한 새로운 정책 목표나 수단 즉 전문가의 지식에 의해 고안된 처방을 법이라는 그릇에 담는 일이다. 즉 전문적 지식을 법적 형태로 전환시키는 작업으로 전문적 영역과 법적영역이 결합하는 장(場)이다.

셋째, 입법환경이 항상 불안정하며 동태적이어서 예측이 어렵다는 점이다. 입법환경에서 벌어지는 갈등과 경쟁, 투쟁은 작용과 반작용을 되풀이하기 때문에 항상 불안정하며 동태적이고 예측불가능하다. 따라서 일정 시점에서 최선의 입법이 시간의 흐름에 따라 개정, 재개정, 폐기라는 입법과정을 통해 법의 사회적응 노력이 계속된다.

넷째, 현대사회의 다양성·복잡성·전문성으로 인해 입법에도 다양한 분야의 전문가의 참여가 필수적이다.

다섯째, 입법과정은 시간성을 가지고 있다. 입법의 흐름은 일정한 단계적 구조 속에 진행되며 일정 시점, 즉 시행일에 완료된다. 그러므로 시행일로부터 새로운 입법과정 즉 환원이 시작된다.

법을 정립하는 적극적 형성작용으로서 입법과정은 존재하는 법을 해석, 적용하는 사법과정과 대비할 때 그 특징이 더욱 뚜렷해진다.

첫째, 입법과정은 사법과정과 달리 미래에 대한 전망과 예측은 필요하나 법적 판단을 위한 사실관계의 입증은 필요하지 않다.

둘째, 입법과정은 선거구민, 이해관계자, 시민 등으로부터 끊임없이 압력과 비판이 가해짐으로써 외부의 힘에 영향을 받는다. 그러나 사법작용은 외부의 영향으로부터 보호받고 오직 법관의 양심에 따라 재판해야 한다.

셋째, 법관에 의한 입법 즉 판례법의 형성은 국민에 의해 선출된 대표로 구성된 대의기관에 부여된 본래적 의미의 입법권의 작용이 아니라 법률에 의해 임명된 권력인 사법권의 행사에 파생되는 보충적 입법작용이다.

넷째, 사법작용은 구체적·개별적 사건에 관한 법해석 적용이므로 개념적·논리적 사고가 필요하다. 입법과정은 추상적·일반적인 법원칙을 정립하기 위해 법제정의 목적성과 기술성이 강조되며, 광범위한 형성의 자유가 부여된다.9)

4. 입법과정의 기능10)

입법과정은 단순히 법을 제정하는 법적절차라는 형식적 의미에 그치는 것이 아니라 국민의 대표로 구성된 의회에서 헌법이 부여한 입법권을 행사하여 시민의 권리와 이익을 신장하고 국익을 보호하는 정치과정의 한 부분이다.

현대사회에서 국가의 기능이 국가의 안전과 질서의 유지를 넘어 의식주 각 분야에 걸쳐 국민의 기초적인 삶의 조건의 확보(최저생활수준)는 물론 의료·문화 등 복지를 소득수준을 불문하고 균형있게 공급하여 국민의 행복을 추구할 권리를 보장하여야 하는 수준으로까지 발전하였다.

IT산업의 발달에 의한 정보화의 급속한 진전, 전통적 산업구조의 붕괴, 도시화와 세계화의 진전에 따른 사회적·경제적 구조 변화는 대량실업 초래, 빈부의 격차 확대, 소외 계층 확산에 따른 사회·심리적 병리현상 중대 등으로 심각하게 나타나고 있다. 국가적 문제해결을 위해 경제·과학기술 분야에 전문성을 갖춘 행정부 관리의 정책기획 및 대응능력이 긴요하게 되었다.

---

9) 박영도, 앞의 책, pp.270-271 참조.

10) 임종훈 교수는 입법과정의 기능을 민의수렴 기능·갈등해결과 통합화 기능·정치과정으로서의 기능을(임종훈, 『한국입법과정론』(박영사, 2012), pp.6-8), 박영도 박사는 갈등의 처리와 정치사회의 통합화 기능, 국민의 정치참여의 기회보장, 입법과정을 통한 소수자 보호를(박영도, 앞의 책, pp.272-275), 박수철 수석전문위원은 법률형성기능과 정책심의·결정기능, 참여기능, 커뮤니케이션과 민의수렴 기능, 사회갈등관리와 사회통합화 기능, 정치과정으로서의 기능(박수철, 『입법총론』(한울, 2012), pp.58-71)으로 분류하고 있다.

이러한 시대적 상황변화로 말미암아 국가기능의 힘의 축이 근대국가의 입법권 우위에서 현대국가에의 행정권 우위로 이전되고 있다. 입법에서도 심의와 결정에 장기간이 소요되고 한번 확정되면 개폐(改廢)가 용이하지 않은 경직적인 의회입법보다는 법운용의 유연성과 시의성을 고려한, 위임에 의한 행정입법이 유행하게 되었다.

이러한 시점에서 입법과정이 갖는 기능과 의미에 대해 음미해볼 필요가 있다.

1) 갈등해소와 사회통합 기능

입법과정의 접근방법에서 살펴본 바와 같이 입법의 사전 준비단계에서부터 사회적 병리현상 파악이라는 작업 즉 법사실에 관한 사회과학적 연구가 선행되며 이러한 문제점 인식을 위해 시민, 이해관계자, 전문가의 참여와 토론이 공청회·토론회·여론조사 등의 방식으로 이뤄진다. 다양한 이해관계와 문제의 복잡성으로 인해 문제의 인식에 공감대를 형성하기도 쉽지 않다.

다수가 공감하는 문제의 인식으로부터 출발하여 입법절차에 의한 입법추진 단계에서도 직접 참여자인 의원과 정부관료는 개인적인 신념이나 정치적 소신과 무관하게 선거구민, 정당, 시민단체, 이익집단의 단체와의 끊임없는 타협과 협상(거래)에 의해 의사의 차이를 해소하고 이로 말미암아 야기되었던 갈등을 해소하려는 노력을 게을리하지 않는다. 국민의 대표자로서 의원과 위임에 의한 대표인 정부관료는 국민적 토론·합의의 장(場)인 의회를 중심으로 전면에 서서 조정과 합의를 이끌어 낸다.

이와 같이 입법과정은 조정과 타협을 통해 이견을 좁히고 개인적·사회적·지역적 갈등을 해소하며, 시민, 이해관계자, 관계전문가의 이익을 배분하는 사회통합 기능을 수행한다.

2) 국민의 정치참여를 통한 민의수렴 기능

정치과정은 정당의 정권쟁취를 위한 투쟁과정이다. 정권의 획득은 국민의 선거에 의해 결정지어지며, 선거는 민심이 결정한다. 입법과정은 국민의 정치참여를 통한 민의수렴 기능을 한다. 입법기관인 국회는 국민의 선거에 의해 선출된 대표자로 구성되었으며, 대표자인 의원은 임기 중 의정활동을 수행하는 내내 국민의 의사에 귀 기울이며 민의의 수렴에 노력한다. 대의제 국가에서 선거를 통한 주권의 행사가 민의전달의 주요 기회이기는 하지만 국민 특히 선거구민은 차기 선거에서 의원의 신분유지를 결정할 권한을 가지고 있기 때문에, 평소에도 끊임없이 대표자인 의원을 통해 국가작용인 입법과정에 자신들의 의사를 전달한다. 민주주의가 성숙한 나라일수록 대표자인 의원은 시민의 목소리에 민감하게 반응한다. 의원을 통한 의사전달이 간접적으로 입법과정에 참여할 수 있는 방법이지만 시민, 전문가, 이해관계자들은 정당의 집회, 입법공청회, 세미나, 각종 시위 등을 통해 보다 적극적으로 의사전달을 시도하기도 한다.

국민이 입법과정에 적극 참여하려는 것은 국민의사를 입법과정에 수렴함으로써 입법의 전문성·타당성과 내용적·절차적 정당성을 확보할 뿐만 아니라 법률시행에 따른 국민의 저항감을 줄이고 법률 순응도를 높여 입법 실효성이 담보되는 효과가 있다.

입법과정은 국가작용의 하나로 국민의 정치적 참여를 유도하고 민의를 수렴함으로써 국민에 의한 정치라는 민주국가의 이념실현에 기여하게 된다.

3) 소수의견의 존중

민주주의 국가에서 국가의 의사결정 방식은 다수결 제도를 채택하는 것이 일반적이다. 선거에 의한 국민의 대표선출과 의회에서의 법률안 의결을 비롯한 각종 주요 의사의 결정, 각종위원회, 단체의 의사결정도 이 방식에 따른다. 다수결원칙이 일반적 의사결정 방식으로 채택된 것은 의사결정에 구성원 다수의 의사를 반영하는 것으로 간주되어 구성원으로부터 결정의 정당성을 인정받기에 가장 용이한 수단이기 때문이다.

그러나 다수결 방식 채택을 위한 조건은 최종적인 의사결정 전에 토론에 의한 대화와 타협을 통해 소수자의 의견이 토론의 장에 원활하게 전달되고 소수의견과 다수의견 사이에 충분한 경쟁이 이뤄졌음이 인정되어 최종결정에 대한 소수자의 양해와 승복이 이뤄질 수 있어야 한다는 것이다. 또한, 민주국가에서 입법과정에서 소수자의 의견이 존중받는 이유는 주기적인 정권교체에 의한 다수자와 소수자의 교체가 빈번하기 때문이다.

입법과정에 소수자에 의한 무제한토론 등 의사진행지연까지 허용하는 것은 소수자 보호라는 민주주의 이상 실현을 위한 제도적 고안으로 보인다.

4) 정책결정기능

민주주의 국가에서의 입법과정은 정책결정과정으로서 기능을 수행한다. 민주국가에서 정책은 국민의 대표기관인 의회에서의 입법을 통해 법률로 표현되고 확정되는 것이 일반적 과정이다. 따라서 입법과정은 가장 중요한 정책결정과정이다. 대통령이나 국회의원은 선거공약으로 자신들의 정책의지를 밝히고 국민의 표심을 얻는다. 그리고 당선되면 공약의 실현 정도에 의해 재임 중 성과를 평가받는다. 선거공약 정책화의 수단이 바로 입법이다. 선거공약의 입법화 실적으로 선출된 공직자의 능력이 평가받는 이유이다. 따라서 선출직 공직자는 입법과정을 주도하기 위해 노력한다. 의원은 관심사안에 대해 법률안을 발의하고, 상임위원회 법안심사과정에서 자신들이 지지하는 정책의 입법화에 노력하며, 대통령은 법률안 제출권 활용과 거부권 행사 이외에 정부·여당과의 정책공조로 입법과정에 주도권을 행사하여 정책실현을 시도한다. 이와 같이 입법과정은 중요한 정책결정의 통로의 기능을 한다.

II. 입법과정의 이념

대의민주주의 국가에서 입법과정은 입법기관인 국회에서 국정의 통제와 감독, 예산심사와 함께 의정활동의 주요 분야를 이루고 있다. 따라서 입법과정의 이념은 국회운영에서 추구해야 할 가치와 불가분의 관계에 있다 할 것이다. 즉 입법과정의 이념은 국회운영의 목적과 치환될 수 있을 것으로 보인다.

대의제 국가의 의회의 운영에서 추구해야 할 가치는 다수 국민의 의견을 가장 잘 반영하고(민주성), 가장 작은 비용으로 적시에(효율성) 필요한 의사를 결정하는 것이라 할 수 있다.

그러나 입법과정이 추구해야 할 양대 가치인 민주성과 효율성은 실은 서로 모순의 관계라 할 수 있다. 민주성을 추구할수록 효율성이 떨어지며 효율성을 중시하면 민주성이 희생되어야 한다. 이는 과거 권위주의 정부하에서의 효율성을 중요시했던 의정경험이 이를 말해주고 있다.[11] 성숙한 민주주의 사회에서는 민주성을 강조하는 추세이나, 또한 대화와 타협을 통해 효율성을 추구하는 지혜를 발휘하고 있다.

우리 국회법 제1조에서는 " … 국민의 대의기관인 국회의 민주적이고 효율적인 운영에 기여함을 목적으로 한다"고 규정함으로써 입법과정이 추구해야 하는 가치를 민

---

11) 5·16군사정변 이후 '국가재건최고회의,' 유신 이후 '비상국무회의,' 12·12사태 이후 신군부에 의한 '국가보위입법회의'가 비상입법기관으로 기능했다.

주성과 효율성으로 밝히고 있다. 그러나 입법과정의 산출인 법률은 추구하는 정책목표를 가장 잘 실현할 수 있도록 정책목표와 수단이 조화를 이루어 합리적으로 입법되어야 할 것이다. 법률의 합리성은 합리적인 입법절차의 운영으로 가장 확실하게 보장받을 수 있다. 입법과정의 합리성이 강조되어야 할 이유이다.[12]

1. 민주성

점차 다원화되고 있는 현대사회에서 어떤 입법사안에 대하여 다양한 견해가 제시되며 크고 작은 견해차가 존재한다. 민주국가의 입법절차에서 이러한 견해차이를 조정하여 합의를 이루는 것이 중요하다. 입법이란 조직화되고 절차적으로 질서가 잡힌 협동 작업을 위한 인위적 도구이자 제도이다.[13] 이를 위해서는 입법과정에서 국민들의 의사가 충분히 대변되고 반영될 수 있는 제도가 갖추어져 있어야 한다.[14]

한 국가사회가 공통적으로 해결해야 할 문제는 수없이 많다. 그러나 한 국가사회가 동원하여 이용할 수 있는 인력과 자원은 한정되어 있기 때문에, 제기되는 문제들은 그 국가사회의 문제해결 능력을 초과한다.

모든 인간은 불완전하며 모든 문제해결을 위한 결정은 틀릴 가능성이 있다. 민주주의는 어느 개인이나 집단의 가치에 우선권을 부여하지 않는다. 오직 자기주장의 정당성을 제시하여 다른 주장보다 더 우세함을 보일 때만 받아들인다. 주장하는 사람에게서 정당성을 찾기보다는 주장의 내용에서 정당성을 찾는다. 민주주의는 결정의 정당성을 확보하는 방법이다.

어떤 정치적 결정에서도 정당성이 분명하게 드러나는 경우는 희소하다. 결국 그것을 밝히려면 토론과정을 거쳐야 한다. 공개적 토론과정을 통해서만 각각의 주장이 왜 그럴듯한지(plausible), 왜 다른 주장보다 우수한지 비교할 수 있다. 그러므로 토론

---

12) 임종훈은 "합리성은 입법안을 마련하거나 심의하면서 고려해야 할 요소로서 입법의 내용에 관한 것으로 입법과정 자체와는 직접적인 관계가 없다"고 보았다(2012: 15).

13) 이성환, "입법과정에 있어서 국민참여," 국민대학교 법학연구소, 『법학논총』 제21권 제2호(2009), p.157.

14) 홍완식, "의원발의법안 폭증에 따른 대응과제," 국회입법조사처·입법학회, 「국회입법의 발전방향과 주요과제」, 학술세미나 제3주제 발표 자료(2012).

과정에서는 자기의 주장을 옹호하는 수단으로 다른 주장을 비판할 수 있어야 한다.

그러나 공개적 토론과정을 거친다고 항상 분명한 결론에 도달하는 것은 아니다. 이해관계 때문에 이성적 토의가 어렵거나 가치판단의 대상이어서 토론자의 세계관 또는 전문지식에 따라 주장이 달라지기 때문이다.

만일 토론과정에서 어느 주장이 정당화될 수 있는지 가리기가 어려우면 더 많은 사람이 옹호하는 주장을 임시로 선택한다. 민주주의가 다수결에 의한 결정방법이라고 보는 견해는 바로 이러한 경우만을 강조한 것이다. 다수결에 의한 결정방법은 이성적 토론으로 결말이 나지 않을 때 쓸 수 있는 정당성의 마지막 근거이지 최선의 근거는 아니다.[15]

이렇게 보았을 때 의회결정의 정당성의 기준으로서 민주성을 확보하기 위해서는 공개적 토론과정에서 이성적 토론과 비판을 거쳐 합의에 이르는 것이 제1의 조건(토론과 합의)이며, 이성적 토론을 거친 후 합의에 도달할 수 없는 경우 많은 사람이 옹호하는 주장을 선택하는 다수결원리에 의한 결정이 제2의 조건(다수결원리)이라 할 수 있다. 다수결의 방식이 항상 최선의 근거는 아니지만 자기가 내린 결정에 대해 기속되고 스스로 책임을 진다는 민주주의 자기결정원리와 맥락을 같이한다는 점에서 민주성의 최후의 근거가 될 것이다.

입법과정에서 민주의 의미를 다수정(majority-rule)으로 볼 경우 법률안은 다수의 의사대로 결정된다. 이것이 바로 다수결원칙의 근본원칙이다. 이와 동시에 다수정 민주는 1(소수)인에 의한 지배도 반대한다. 1인(소수)의 지배란 1인(소수)의 의사가 적극적으로 반영되는 형태뿐만 아니라 1인(소수)에 의하여 소극적인 거부권이 행사되는 것도 의미한다. 즉 다수정 민주는 1인에 의한 결정(decide)과 1인에 의한 결정의 거부(veto) 둘 다를 반대하는 것을 의미한다.[16]

그러나 입법과정에서 다수결의 원리가 실제로 실현되려면 '소수의 영향력'과 '다수의 영향력'이 상호작용을 하며, 정치과정(입법과정)의 결과는 두 영향력 중 어느 것이 상대적으로 더 강한지에 따라 달라진다. 정치과정에서 어떤 경우에는 소수의 이익집단이 의사결정과정을 지배하지만, 또 어떠한 경우에는 다수의 힘이 소수의 힘을 압도

---

15) 김영평, 『불확실성과 정책의 정당성』(고려대학교 출판부, 1991), pp.4-6.

16) 조원용, "대의제의회 입법과정에서 민주의 의미에 관한 일고찰," 『한국헌법학연구』 제20권 제3호 (2014.9), p.310.

하고 결과적으로 공익에 기여하는 입법을 생산하게 된다.

민주주의 입법과정에서 다수결의 의미는 충분한 토론과 숙의를 통하여 합의에 도달하지 못한 경우 채택하는 최후의 의사결정과정이라는 점에서 참여자의 '상호존중'이 전제되어야 한다는 점이다. 이러한 정치과정에서 소수와 다수가 상호작용하는 가운데 소수의 영향력이 과도하게 미치면 '소수의 횡포(minoritarian bias)'가 되고, 다수의 영향력이 과도하게 작용하게 되면 '다수의 횡포(majoritarian bias)'가 된다.[17] 전자의 예는 소수당의 물리적인 의사진행 방해 등 입법지연 전술에 의한 입법지연이며 후자의 예는 의사일정 합의 없이 다수당에 의한 법률안 강행처리이다. 양자 모두 입법과정의 민주성이 지켜지지 않아 정당성이 문제되는 경우이다.

입법과정에서 민주성이란 입법과정이 특정세력에 의해 좌우되지 않고 국민 다수의 의사를 충실히 반영하여 입법내용이 결정될 수 있도록 제도화되는 것을 말한다.[18] 즉 민주주의 입법과정은 대의기구가 단순히 다수결의 원리에 따라 의사결정을 함을 의미하는 것이 아니라 대다수의 국민이 공감할 수 있는 정책대안을 국회의원들의 숙의과정을 거치며 모색하는 과정이며,[19] 이러한 과정을 통해 입법과정의 민주적 정당성이 제고된다.

민주성은 다수의 의사가 입법과정에 잘 반영되었느냐의 여부에 관한 척도이다. 입법과정의 민주성의 척도는 참여의 기회균등과 다른 의사를 수용할 수 있는 열린 토론이다. 참여의 기회 균등은 민주주의 국가에서의 선거과정에서 참여를 제외하더라도 입법의 대상이 되는 정책 의제의 선정에서부터 시작된다. 언로(言路)가 일부 계층에 닫혀있고 시간적·공간적으로 토론의 장에 접근이 용이하지 않다면 참여의 기회균등은 이뤄지기 어렵다. 입법기관인 국회에서의 심의에 방청의 자유가 허용되고 공청회·세미나·입법청원 등의 의사전달 통로가 제공되며 회의가 공개되고 회의록이 배부되는 것은 이러한 입법과정에 참여기회를 확대하려는 취지이다.

참여기회가 보장되어도 다른 의견을 수용할 수 없는 닫힌 토론이라면 참여기회 보장은 형식적 절차에 불과할 것이다. 정당이 특정이념이나 특정세력의 이익추구를 맹

---

17) 임종훈, "입법과 경제적 효율성: 침구사제도의 입법에 관한 비교제도 분석을 중심으로," 『홍익법학』제10권 제2호(2009년 6월), 홍익대학교 법학연구소, p.162.

18) 임종훈, 앞의 책, p.16.

19) 임종훈, 앞의 책, p.23.

목적으로 추구하거나 의회의 다수당이 정당의 강령이나 지침으로 입법주관자인 의원을 구속한다면 다른 의견이 입법과정에서 수용되기 힘들 것이다. 다수결원칙의 조건은 다른 의견 특히 소수의견의 존중이 전제되어야 한다는 것이다. 다른 의견의 열린 수용을 위해 중요정책을 결정하는 법률안에 대해 무기명투표를 실시하거나 의원에게 소속정당의 의사에 기속(羈束)되지 아니하고 양심에 따라 투표하게 하였다(국회법 제114조의 2).

2. 효율성(efficiency)

효율성은 경제성, 생산성으로 이해될 수 있으며 투입된 비용 대비 산출물의 가치로 정의할 수 있다.

의회도 헌법에 의해 입법권을 부여받은 국가기관으로서 그 기능을 수행함에 있어서 적기에 필요한 입법을 산출하여 국가 운영과 국민생활에 불편을 초래해서는 안 될 것이다. 현대국가에서 사회와 산업의 다양화·복잡화·전문화에 따라 입법수요 또한 다양하고 복잡하며 전문화되었다. 입법환경인 사회와 기술변동의 유동성이 높아질수록 입법 또한 유동적이고 신속하게 이뤄져야 할 필요성이 점증하고 있다.

어느 조직에서나 그 조직 활동의 효율성여부가 그 조직의 생존능력과 직결되는 것처럼 입법과정에서의 입법체계 특히 입법부인 의회도 입법과정에서의 저비용·고효율 체계가 담보되지 않는다면 명목적인 입법부로서 남아 있을 수밖에 없다. 따라서 입법과정이 효율성을 결여한 경우에 발생하는 문제점과 그 파장은 민주적인 절차가 흠결된 경우에 못지않게 크다는 점에서 입법과정에서의 효율성을 증진시키는 노력이 필요하다.[20]

입법과정에서의 효율성을 계량화하기는 용이하지 않다. 왜냐하면 투입비용과 산출 가치의 평가요소 선정과 수치화가 다른 공공정책과 마찬가지로 쉽지 않기 때문이다. 가장 기본적으로 입법과정에서 발생되는 비용과 산출의 요소를 분류해보면 비용측정 요소로서 심사 소요기간 및 위원회 개최 횟수와 소요경비를 들 수 있고 법률안 가결건 수와 가결비율, 원안의결비율과 수정의결비율은 산출 측정요소로 분류할 수 있다.

---

20) 임재주, 『국회에서 바라본 미국의회』(한울, 2012), p.253.

그러나 가결된 법률안이라 하더라도 제정법률안인가 또는 일부개정법률안인가 혹은 전부개정법률안인가에 따라 산출가치가 같을 수 없으며 심사의결한 조문의 분량이나 정책의 중요도에 따라서 산출가치의 비중을 다르게 평가할 수 있다. 이와 같이 입법과정의 효율성을 측정하기 위한 최적의 방법을 모색하기에는 많은 노력과 시도가 있어야 할 것이다.[21]

입법과정의 효율성이라 함은 입법과정이 필요 이상으로 지연되지 않고 적정한 심사과정과 심사기간 내에 완료되어 적절한 시기에 법률이 시행될 수 있도록 함을 의미한다. 입법은 적절한 시기를 놓쳐 버리면 입법에 의한 국가적 효력이 보장될 수 없는 경우가 발생할 수 있으며, 이로 인하여 국가 운영의 효율성이 저하되거나 법적 안정성이 침해되는 경우도 발생할 수 있다.[22]

후술하는 바와 같이 정책의 정당성은 절차적 합리성에 의존한다는 주장에 동의한다 하더라도 정책결정의 절차와 규칙의 선택에도 갈등이 나타난다는 점은 주지의 사실이다. 별로 중요하지 않은 정책에 많은 비용을 들여서 절차적 합리성을 확인하는 것은 현명한 일이 아니다. 결정절차의 갈등을 해결하기 위해서 결정절차의 선택에 대한 정당성을 찾아야 한다면, 논리적으로 무한회귀(infinite regress)에 빠질 위험이 있다. 이러한 딜레마(dilemma)를 벗어나려면 정책의 정당성과 결정의 비용을 함께 고려해야 한다.[23]

절차의 선택의 정당성을 경제학적으로 표현하면 '기존 절차(status quo procedures)의 개선에 드는 한계비용이 그로부터 얻는 한계이익과 일치하는 점에서 균형이 형성된다'고 할 수 있다.

정책결정의 정당성은 문제해결에 도움을 주지만, 그것을 위한 노력의 비용이 부담으로 작용한다. 절차의 선택도 하나의 결정이기 때문에 절차의 선택에 대한 비용의 고려도 이론적으로는 정책의 정당성에 대한 토론과 다르지 않다. 정책결정 비용은 다양한 요소에 의하여 결정된다. 정책결정에 참여하는 사람의 수가 많을수록, 상충하

---

21) 최근에 도입된 입법평가는 입법과정의 평가보다는 법률상의 정책을 실시하기 위하여 필요한 비용, 해당정책을 실시하는 때에 정책의 수범자에 미치는 영향, 나아가 널리 사회에 미치는 영향 등이 고려된다(박영도, 앞의 책, p.574).

22) 박인수, "입법지연 및 갈등극복에 관한 연구," 『공법학연구』 제8권 제4호(2007), p.264.

23) '정책의 정당성'을 절차적 합리성에서 찾는 김영평 교수의 논지는 입법의 정당성을 입법과정의 합리성에서 찾을 수 있다는 주장과 연결되어 있다고 본다(저자 주).

는 이해관계가 이질적일수록, 문제의 복잡성이 클수록, 이해당사자들의 자율적 결정권이 클수록, 그리고 결정규칙에 대한 갈등이 심할수록 결정비용은 증가할 것이다.

한계결정비용이 한계결정이익을 초과하면 정당성의 범위를 벗어난 노력이다. 그러나 동태적 상황에서 그것을 확인하는 일은 간단하지 않다. 결정의 정당성이 결정절차에 의존한다고 상정할 때 어떤 절차를 운영한 경험이 늘어날수록 절차운영기술이 개선될 것이다. 따라서 그 절차에 의한 결정비용은 시간이 지남에 따라 체감하게 되거나, 그 절차에 의한 정당성 향상, 즉 결정이익이 증가하거나, 또는 두 가지가 함께 일어날 수 있다.

개별적인 정책에서 결정비용과 결정이익의 균형점을 찾아낼 수 없다 하더라도 결정비용이론은 결정비용과 이익을 염두에 둠으로써 부적절한 결정절차의 선택을 방지하거나 부당한 결정절차에 대한 강변(强辯)을 억제할 수 있다. 끝으로 결정비용을 고려하면 정책의 정당성과 불확실성의 해결이 거의 언제나 불확실한 논쟁이라는 것을 분명하게 만든다. 왜냐면 정책결정은 항상 결정비용이 허용되는 범위 안에서 불완전하지만 어쩔 수 없는 선택이었기 때문이다.

민주적 정책결정 절차로서의 입법과정은 결정비용과 결정이익 사이의 균형 안에서 입법이 되어야 할 것이다. 그러나 민주적 절차와 사회적 압력은 정책결정의 정당성 개선에 대한 관심보다는 결정비용의 삭감에 더 관심이 있는 관료제의 실증적 행태와는 달리 결정 정당성 개선에는 유리한 대신, 결정비용의 중요성은 간과하는 성향을 보인다.

서로 상반된 성향이 부딪히는 입법과정에서 정책결정 비용이론이 적용되기 위해서는 제도화에 기반을 두어야 한다. 정책의 결정이 정당성을 얻기 위해서는 객관적 분석만으로 충분하지 않고 참여자들이 주장을 통한 설득과 반론을 통한 비판을 통해 합의를 이뤄야 한다.

주장과 반론이 제도화된 것이 변론과정이다. 변론은 증거채택의 법칙(the law of evidence)이 지배하는 제도 속에서 의미있는 정보를 생산할 수 있다.[24]

입법과정은 바로 이러한 변론의 과정을 통해 의미있는 증거를 채택하고 이를 근거로 법률을 제·개정하는 절차이다. 변론의 제도화로서의 입법과정에서 최적의 결정비용이 고려되는 결정을 내릴 때 입법의 정당성이 확보될 수 있다. 또한 입법과정에

---

24) 김영평, 앞의 책, pp.31-36.

비용요소를 적극적으로 고려해야 할 필요성이 있을 때 실제로 입법과정의 효율성을 강화하는 방안으로는 신속을 요하는 법률의 경우에는 국회 내 정상적인 입법절차와 다른 간소한 절차(촉진룰)를 마련하여, 적시에 필요한 법률이 입법될 수 있도록 하는 방안을 생각해 볼 수 있다. 문제는 갈등과 논란의 소지가 있는 법률에 신속입법절차를 적용하려는 시도를 차단하면서도 이견이 없고 신속한 통과를 요하는 법률에만 신속입법절차를 적용할 수 있는 제도적 장치를 마련하는 일이다.

소위 민생입법이나 이견이 없는 경제입법은 적시 처리가 필요하므로, 법안분류제도를 도입하여 분류에 이견이 없고, 원내교섭단체의 합의가 있는 법안에 대해서는 토론을 신속히 종결하는 절차를 마련하거나 무토론 투표 등 단축심의제도를 마련하는 방안을 고려해볼 필요가 있다.[25]

3. 합리성[26]

하나의 정책이 정당성(justifications)[27]을 인정받는 근거는 합리성이다. 이때의 합리성은 행동대안과 거기서 기대되는 귀결(歸結)사이의 관계에 관한 것으로서 "철저하게 목표에 적절한 수단의 선택"이라 정의할 수 있다. 어느 정책이나 선택된 행동노선이 바람직한 결과를 확보할 수 있다는 기대 가능성을 가질 때 합리성을 인정받을 수 있는 것이다. 합리성은 두 가지 준거(references)가 있다. 내용적 합리성(substantive rationality)과 절차적 합리성(procedural rationality)이 그것이다.

1) 내용적 합리성

내용적 합리성은 정답(correct solution)에 도달하기 위한 수단과 목표를 이어줄 수 있는 인과관계에 관한 믿을 만한 지식이 있어야 한다. 의사결정자가 무엇이 가장 잘 검증된 지식인지를 알고 있을 때에만 내용적으로 합리적인 결정을 할 수 있다는 말이

---

25) 홍완식, 앞의 책, p.379.

26) 김영평, 앞의 책, pp.10-23.

27) 정당성이란 자기의 결정이 이치에 맞는다는 것을 보여준 것이다. 즉 다른 사람에게 받아들여지게 하는 노력이다. 과학자들이 자신의 주장을 입증하기 위해 동원하는 과학적 방법론의 요건과 동등하다(김영평, 앞의 책, p.12).

다. 그러나 적절한 이론이 없이도 행동을 선택하거나 정책을 결정할 수밖에 없는 경우도 허다하다. 시간적 한계와 가용자원의 제약은 물론 인간의 능력도 한계가 있어서 모든 행동대안의 귀결을 계산하기도 어렵고, 이용가능한 정보를 고려하기도 어렵다. 그래서 사람들이 의도에 있어서 합리적이고자 하더라도, 완전한 내용적 합리성에 의하여 정책의 정당성이 수용되기는 거의 불가능하다.

2) 절차적 합리성

절차적 합리성은 정책 문제에 내재된 불확실성이 정책결정 방법이나 절차에 의하여 해소(resolve)될 수 있는 경우를 일컫는다.

절차적 합리성은 문제해결에서 내용적 합리성이 즉각적으로 분명하지 않을 때 등장하게 된다. 만일 우리가 이용할 지식의 타당성에 의문이 있을 때에는 '어떤 결정이 더 그럴듯한지'를 정하는 결정규칙을 채용하는 것이 더 이치에 닿는 결정방법이라 할 수 있다. 결정절차는 토론의 질서를 통하여 많은 사람들의 지식, 경험, 이해를 동원할 수 있다.

인간은 불확실성을 극복하기 위하여 수세기에 걸친 경험의 소산으로 의회절차, 행정절차, 재판절차, 투표절차 등 정교한 준칙(codes)을 갖추고 있다. 마조네(Majone)의 말대로 민주주의 정부의 역사란 공공적 토론을 제도화하는 장치를 고안해낸 다양한 절차의 역사라고 하여도 과언이 아니다. 모든 결정절차가 저절로 결정의 정당성을 보증하는 것이 아니다. 결정절차가 합리적일 수 있는 전제조건이 있다. 비판의 제도화, 절차의 공개성, 절차의 공평성, 절차의 적절성이 바로 이 조건에 해당하는 것으로 볼 수 있다.

① 비판의 제도화: 정책결정 절차는 비판활동(criticism)이 제도화되어 있는 만큼 합리적이다. 비판은 이성적 판단의 출발점이다. 비판을 통하여 설득력이 없는 주장을 지적하고 따라서 잘못 연결된 추론을 회피할 수 있다. 비판활동의 제도화는 정책오차[28]를 사전적으로 또는 최단 시간에 탐지할 수 있게 한다. 그러므로 절차적 합리성

---

28) 정책오차라 함은 모든 정책은 바라는 결과와 예상하지 못한 결과가 함께 나타나는 경우가 보통이다. 이때 바람직하지 못한 귀결(결과)을 지칭한다. 그중에서도 일정한 '허용한도(level of tolerance)'를 넘는 것만을 일컫고 있다. 따라서 정책오차는 사이먼(H. Simon)이 말하는 만족수준(satisfying level)과 밀접한 관련이 있다(김영평, 앞의 책, pp.10-11).

은 최선의 방안을 찾는 방법이 아니라 틀림없이 틀린 방안, 즉 최악의 방안을 걸러내는 방법이다. 선진국에서는 법률이 바로 정책이라 할 수 있다는 점에서 입법과정은 법률의 합리성을 찾는 과정이며, 입법과정에서 비판의 제도화는 필요적 요소라 할 수 있다.

② 절차의 공개성: 절차적 합리성은 토론의 공개성을 내포한다. 이성적 토론이란 바로 증거에 의존한 주장의 전개이다. 증거만이 논쟁에서 힘을 발휘할 수 있는 조건이 절차의 공개이다. 절차가 공개되지 않으면 예컨대 사회적 권위, 물리적 강요, 경제적 회유 등 증거 이외의 힘이 토론의 결론을 이끌어 낼 수 있다. 주장의 전개가 증거에 의존하면 절차는 공개된 것이다. 절차의 공개성이란 특정인의 의도에 따라 토론의 결론이 유도되는 것을 방지하기 위한 조건이다.

③ 절차의 공평성: 정책결정의 절차가 참여의 범위와 방법에 관한 것이더라도 참여가 공평하게 이뤄져야 한다. 서로 다른 주장의 전개가 질서 정연하게 이뤄지려면 절차에 대한 참여자들의 개괄적인 동의가 있어야 한다. 그 동의의 기반이 절차의 공평성이다. 절차의 공평성은 참여자들이 의견을 개진할 수 있는 기회가 균형있게 제공되는 것을 말한다. 절차의 공평성은 '법의 지배' 원리에서 적법절차(due process)라고 표현된다. 적법절차에서는 의견을 개진할 수 있는 기회가 균등한 것도 중요하지만 증거를 채택하는 방법도 간과할 수 없다.

절차의 공평성은 경쟁적 의견들을 동등하게 대우하는 것이 아니라, 논쟁의 결론을 미리 알 수 없는 절차에 의존하는 것을 말한다. 절차의 공평성은 때로는 주장의 타당성을 밝히는 데 방해가 될 수도 있다. 그러나 이 원칙이 중요한 이유는 그것이 없으면 타당성 없는 주장이 채택될 가능성이 더 크다는 것이다. 절차적 합리성은 현명한 결정을 보장해주는 장치가 아니라, 틀림없이 그릇된 결정을 배제시켜주는 논증방법이다.

④ 절차적 적절성: 정책결정 절차들이 모두 정책오차를 발견하는 데 똑같이 유효한 것은 아니다. 어떤 결정절차는 다른 결정절차보다 정책오차를 확인하는 데 더 유리하다. 그러나 결정절차의 유효성을 결정하는 보편적 기준이 있는 것은 아니다. 불확실성의 특성에 따라 서로 다른 절차의 유형이 서로 다른 유효성을 나타낸다. 결정절차의 선택은 부분적이고 점진적이다. 경험이 확장되면서 절차의 다양성이 증대되고 레퍼토리

들(repertories)이 확장되면서 불확실성의 유형에 따라 더 편리한 절차들을 활용한다.

⑤ 정책의 정당성과 합리성의 선택

구체적 정책결정에 있어서 정책의 정당성은 내용적 합리성에 의존해야 하는가? 아니면 절차적 합리성에 의존해야 하는가?

절차적 합리성이란 경쟁적 대안들의 존재를 전제로 한다. 내용이 배제된 절차란 아무짝에도 소용이 없고 공허한 것이다. 불확실한 상황에서는 문제해결을 위해서 다양한 가설적 대안들이 제기된다. 이들 중 가장 그럴듯한 대안이 어느 것인가를 결정할 수 있으려면 그것을 검토하여 선정하는 방법에 의존할 수밖에 없다. 선정방법이 합리적이면, 그 방법에 의존한 선택도 가장 그럴듯한 대안일 것이라고 받아들인다. 이것이 절차적 합리성이다.

정책결정 절차는 경쟁적 대안들을 비교하기 위한 토론과 선정규칙이다. 그 절차를 통하여 불확실성을 제거한다. 그러나 이러한 절차에 의해서도 제거할 수 없는 불확실성에 대해서는 포괄적(generic) 절차들, 예컨대 설득, 타협, 동의, 동맹 등에 의존하여 참여자들이 간주관적으로 해소할 수 있는 방법을 찾는다. 절차적 합리성에 의한 정책결정은 불확실성을 안고 있는 대안의 잠정적 선택에 불과하다. 실제적 정책결정의 정당성에서는 내용적 합리성과 절차적 합리성이 서로 교차적으로 제시된다.

현대 민주주의에서 입법과정은 정책선택의 과정이다. 정책을 법의 형식에 담는 것이 입법과정이다. 법치주의 국가에서 정책을 법으로 규정하는 것은 당연한 일이다.

입법과정의 정당성은 정책결정에서의 절차적 합리성에 닿아 있다고 볼 수 있다. 즉 정책이 합리성을 가질 때 정당성을 인정받을 수 있으며, 인간의 인지능력의 한계로 그 합리성을 찾는 방법은 내용적 합리성보다 절차적 합리성에 크게 의존하고 있다. 민주주의 의회의 주요의사 결정과정인 입법과정도 절차적 합리성을 추구하는 과정이 되어야 할 것이다. 입법과정의 지도이념으로서 민주성과 효율성은 합리성 개념으로 통합될 수 있다.

III. 법의 이념과 입법의 지도원리

모든 개별법이 각각 그 법에 의해 달성하려고 하는 목적, 즉 제정동기를 가지고 있듯이 모든 법이 공통적으로 추구해야 하는 법의 이념(목적)은 전체적으로 법의 존재 이유를 설명해주고 수많은 법규들이 체계적 통일을 이룰 수 있도록 하는 이성적 원리 내지 규범적 원리로 정의할 수 있을 것이다.

독일의 법철학자 라드브루흐(Gustav Radbruch)는 법의 이념을 "정의, 합목적성, 법적 안정성"의 세 가지 요소를 포함하는 것으로 보았다.[29]

1. 법의 이념

1) 정의

라드브루흐는 정의의 핵심은 평등사상이라 하고 아리스토텔레스의 정의론에 따라 평균적 정의와 배분적 정의로 구분하였다.

평균적 정의는 병렬관계에 있는 정의로서 사법상 정의이고, 그 본질은 재화들 사이의 절대적 평등이라 한다. 배분적 정의는 상하관계에 있는 정의로서 공법상 정의이고 그 본질은 인격들을 취급하는 비례적 평등이라 하였다. 평균적 정의는 평등한 개인 상호간의 정의이므로 그 전제로서 우선 배분적 정의가 적용되어 당사자를 평등한 입장으로 만들어 주어야 한다고 주장하였다. 따라서 배분적 정의가 정의의 근원적 형태이고 법의 가치 기준이고 입법의 목적이라 하였다.[30]

오늘날 산업혁명의 결과 생겨난 사회적 대변혁의 결과에 대한 요구로서 사회적 정의가 특히 문제되고 있으며 '사회적'이란 말은 인간의 존엄에 걸맞지 않는 절대적 빈곤으로부터의 자유라는 의미로 이해될 수 있다. 정의의 구체적 표현인 평등원칙은 단순히 형식적이고 순수하게 법적인 평등만으로 충분치 않으며, 사회적 정의 요컨대, 물질적 균등화를 위한 역할도 담당하고 있다. 그러므로 평등원칙은 국가에게 '약자에

---

29) 홍성방, 앞의 책, p.92.

30) 홍성방, 앞의 책, p.100.

대한 지원과 강자에 대한 제한'의 임무를 부여하고 있다.[31]

2) 합목적성

합목적성이란 일정한 목적을 지향하는 활동에 있어서 그 목적을 달성하는 데 유용한 사물 또는 활동에 대하여 가치를 부여하는 것을 의미한다. 법의 합목적성은 사회의 가치관에 따라 달라지는 상대적 개념이며, 합목적성은 법이 요구하는 가치관에 따라 법의 목적을 현실화하는 데 있다. 홍성방은 무엇이 합목적적인가는 상대적이기 때문에 각자의 신념과 확신의 문제로 귀착된다고 보면서, 헌법에 따르면 우리국민은 민주주의를 국가생활의 기본적 지표로 선택했으며, 민주주의의 이념은 자유와 평등이므로 민주주의의 가치는 결국 평등한 자유를 통해 확보되는 인간의 존엄이라 보았다.[32]

3) 법적 안정성

법적 안정성이란 법에 의한 사회의 안정과 법 자체가 개정되거나 폐지되지 않고 오래 법으로 존속하면서 그 효력을 갖는 것을 의미한다. 법의 안정성이 보장될 때 개인들에게 미래에 대한 예측가능성과 과거에 대한 신뢰가 보호되게 되어 사회질서의 안정성도 보장되는 까닭이다.[33] 법적 안정성이 유지되기 위해서는 먼저 법이 확정되어야 하며 둘째, 법이 함부로 자주 변경되어서는 안 되고 셋째, 법의 실행은 실제로 확실히 행해져야 하며 넷째, 법은 국민의 의식에 적합해야 한다. 법의 확정성은 법의 의미 내용이 객관적인 것으로 확정되어야 하는 의미이며, 불확정 개념을 사용하는 일반조항의 사용을 피해야 하며, 법률불소급원칙이 지켜지는 것이 바람직한 것이다.

2. 입법의 지도원리

입법의 지도원리는 "입법을 정의에 맞게 만들며 법으로서 정당화할 수 있는 기준 내지 원칙"[34]이라거나 "이상적인 내용의 법률을 제정하기 위하여 입법자가 입법에 있

---

31) 홍성방, 앞의 책, p.104.

32) 홍성방, 앞의 책, p.115, p.117.

33) 홍성방, 앞의 책, pp.120-121.

34) 최대권, 『헌법학: 법사회학적 접근』(박영사, 1989), p.355.

어서 반드시 준수하여야 할 일정의 원칙"35)이라고 정의한다.

이와 같이 입법의 지도원리는 법을 정의에 합치되게 만들며, 정당성을 확보하게 하며, 이상적인 법률을 만들기 위해 입법자가 지켜야 할 준칙으로 이해할 수 있겠다.

법의 이념과의 관계에서 보면 입법의 지도원리는 법이 추구할 최고가치인 법의 이념을 실현하기 위한 실천원리이며 수단적 가치로 이해할 수 있다. 구체적으로 법의 이념을 실현한 국가의 최고 가치규범인 헌법의 기본이념 또는 가치에서 이 원리가 유래한다.

입법의 지도원리에 대해서는 여러 가지 견해가 있으나,36) 일반적으로 평등의 원칙, 비례의 원칙, 신뢰보호의 원칙, 적법절차의 원칙을 들 수 있다.

1) 평등의 원칙

헌법상 원칙으로서 평등의 원칙은 "'국가가 본질적으로 동일한 것을 평등하게, 상이한 것은 불평등하게' 대우함으로써 인간의 존엄과 가치 및 개성 신장을 실현하고 정의를 실현하는 원리이다. 그 중심 내용은 기회의 균등한 보장과 본질적으로 동등한 것을 불평등하게 대우하거나 상이한 것을 평등하게 대우하는 것을 금지하는 '자의의 금지(恣意의 禁止)' 및 '비례원칙(比例原則)'에의 합치성을 보장하는 것이다"37)라고 정의한다. 평등의 원칙은 인간의 존엄과 정의 실현의 원리이며 그 내용은 기회의 균등, 자의의 금지, 비례원칙이라 할 수 있다.

우리헌법도 제11조 제1항에서 "모든 국민은 법 앞에 평등하다"라고 평등의 원칙을 보장하고 있다. 따라서 국가는 입법을 함에 있어 이 원칙을 준수하여야 할 것이다.

---

35) 김승환, 앞의 글, p.83.

36) 입법의 지도원리에 관하여 신봉기(36-46)는 행정법의 일반법원칙으로 "신의성실의 원칙·평등의 원칙·비례의 원칙, 신뢰보호의 원칙·부당결부 금지의 원칙"을, 한견우는 행정법의 일반법 원칙으로 "평등원칙, 자기구속의 원칙, 신뢰보호의 원칙, 비례의 원칙, 부당결부의 금지 원칙"을, 박수철(78-87)은 입법과정에서의 이념과 지도원리로 "합헌성 원리, 국민대표성원리, 민주성원리, 효율성원리, 전문성 원리"로, 임종훈(15)은 입법과정분석의 틀(이념과 가치)로 "민주성, 효율성"을, 박영도(155-181)는 입법의 지도원리로 "평등의 원칙, 비례의 원칙, 신뢰보호의 원칙, 적법절차의 원칙"을 들고 있다.

37) 정종섭, 앞의 책, p.430.

2) 비례의 원칙(과잉금지의 원칙)

비례의 원칙(과잉금지의 원칙)이란 법에 정한 목적을 실현하기 위해 그 목적과 수단 사이에 적정한 균형이 유지되어야 한다는 것을 의미한다. 플라이너(F. Fleiner)가 적절히 표현했듯이 참새를 잡기 위해 대포를 쏘아서는 안 된다는 의미의 실천적인 행위준칙이 일반법원칙으로 승화된 것이라 할 수 있다.[38]

비례의 원칙은 일반적으로 경찰행정작용의 영역에서 경찰권의 한계의 법리로서 발전된 원리라고 보고 있으나, 오늘날은 헌법상의 원칙으로 입법을 포함한 모든 국가행위를 포괄하는 주요준칙으로 승인되고 있다.[39]

비례의 개념을 광의의 개념과 협의의 개념으로 구별하기도 한다.[40] 광의의 비례원칙은 적합성·필요성·상당성의 원칙을 그 내용으로 한다. 협의의 비례원칙은 상당성의 원칙만을 의미하기도 한다.

(1) 적합성의 원칙

이 원칙은 행정기관이 취한 조치(공권력 행사)가 의도하는 목적을 달성하는 데에 적합하게 행사되어야 한다는 원칙이다(목적과 수단 간의 적합성). 여기서 적합하다는 의미는 선택하는 조치가 목적 달성을 위해 유용한지 여부에 관한 것이다.

(2) 필요성의 원칙

행적목적상 명백하고 현존하는 필요성이 있는 경우에 한하여 권리 또는 자유의 침해가 가능하며 이 경우에도 선택하는 수단을 상대방에 대하여 고려될 수 있는 다른 어떠한 수단보다도 부담을 주지 않는, 침해가 최소화될 수 있는 수단을 선택하여야 한다는 것이다(최소 침해수단의 선택).[41]

(3) 상당성 원칙

이 원칙은 국가권력의 적량원칙으로서 행정작용을 함에 있어서 공익상의 필요(목적)와 권력(수단) 사이에는 서로 정비례되어야 하는 것을 말한다. 이 원칙의 적용에

---

38) 신봉기, 『행정법개론』(삼영사, 2012), p.39.

39) 박영도, 앞의 책, p.164.

40) 한견우, 『현대행정법신론 1』(세창출판사, 2014), p.70.

41) 신봉기, 앞의 책, p.39.

있어서는 선택하는 수단에 의해 보호되는 법익과 그 침해의 정도를 상호 비교형량하지 않으면 안 된다(선택된 수단의 공·사익 간 비례성 원칙). 비례원칙은 실제 재판에서 가장 많이 원용되는 원칙이다.[42]

3) 신뢰보호의 원칙

이 원칙은 개인이 법률·행정청의 조치 등에 대해 또는 그 존속성에 대해 가지고 있던 신뢰가 보호할 만한 가치가 있는 경우 이를 보호해야 한다는 원칙이다. 이 원칙의 이론적 근거를 종래에는 신의칙설(信義則說)을 주로 했으나 지금은 법적 안정성설이 유력하다.[43]

현대국가에서는 급속한 법환경의 변화에 따라 법규칙이나 행적작용도 이에 맞춰 급속한 변동이 일어난다. 기존의 법규나 행정조치를 믿은 신뢰가 공공이익과 비교형량하여 보호받을 가치가 있는 것인가의 문제이다. 특히 입법상의 신뢰보호원칙으로 소급입법의 적용이 문제된다.

이 경우 국민에게 권익을 부여하거나 부담을 제한하는 수익적 소급법률에는 신뢰보호원칙은 적용되지 않으나 국민의 권익을 침해하거나 의무를 부과하는 부담적 법률에는 이 원칙이 적용된다 할 것이다.[44]

이와 함께 진정소급효와 부진정소급효의 입법 문제에 관하여 새로운 법률의 효력을 과거에 종결된 사실에 적용시키는 진정소급효입법은 금지되나, 과거의 사실이나 법률관계지만 아직 종결되지 않고 진행 중인 때에 새로운 법률의 효력을 적용시키는 부진정소급효입법은 허용된다고 할 것이다. 법률의 제·개정 당시 이미 진행 중인 사실에 대하여 부칙으로 경과규정을 두어 신법과 구법 적용에 혼동을 예방하는 조치를 취하고 있다. 경과 규정으로 국민의 신뢰이익을 보호할만한 조치를 취하여야 할 것이다.

4) 적법절차의 원리

이 원리는 입법·사법·행정의 모든 국가 작용이 절차상의 적법성을 갖추어야 한다는 원리로서, 입법부는 입법형성에 있어서 고유의 권한과 입법재량을 가지고 있으나

---

42) 신봉기, 앞의 책, p.40.
43) 신봉기, 앞의 책, p.41.
44) 헌 1995.12.28-95헌마196.

그 권한의 행사는 임의적인 것이 아니라 적법절차원리를 충족시키는 것이어야 한다.[45] 이와 같이 국회의 입법절차도 적법절차원칙의 적용을 받는다. 적법절차의 원리는 미국헌법사에 있어서 인권보장을 위한 가장 중요한 헌법적 도구로서 사용되어 왔으며, 그 목표는 국가권력의 자의적 행사로부터 개인의 자유와 권리를 보장하려는 데있다. 원래 형사절차상의 적정에 관하여 출발한 것이지만 절차 일반의 적정의 문제로전개되었고, 그 후 자유와 재산에 관련된 권력행사의 적정의 문제로 발전하였다.[46]

헌법재판소는 이 원칙이 기본권 제한에 관련되든 아니든 모든 입법작용에 적용되는것으로 해석되어야 한다[47]고 본다.

적법절차의 구체적 내용에 관하여는 일종의 불확정 개념으로서 이를 포괄적으로정의하는 것은 어려우나 입법을 포함한 모든 국가작용이 헌법과 법률이 정한 절차에적합할 뿐만 아니라 실체적 내용에 있어서도 합리적이고 정당할 것을 요구하는 원칙으로 이해되어야 할 것이다.

---

45) 홍완식, 『입법학연구』(피앤씨미디어, 2014), pp.293-294.

46) 박영도, 앞의 책, p.178.

47) 헌 2001.11.29-2001헌바41.

제3장

외국 의회의 입법과정

민주주의가 성숙한 주요 외국의 입법과정은 각국의 역사적·문화적 전통과 유산이며 정치제도적 경험에 따라 나라마다 나름의 독자성은 있으나, 국민주권과 선거에 의한 정부 구성이라는 민주주의 원리에 따라 입법과정도 민주성과 합리성을 추구하기 위한 제도를 창안하여 발전시키고 있다는 공통점을 가지고 있다.

입법과정은 결국은 각국의 국가 구성과 통치구조의 한 부분을 차지하고 있다. 입법과정은 의회를 중심으로 이뤄지고 있으나 현재 세계 각국이 채택하고 있는 권력분립 구조하에서는 행정, 사법권과의 관계에서 그 역할과 기능 및 절차가 구조화되어 있다.

행정부와의 관계에서는 행정부가 대통령제인가 의원내각제인가 또는 이원집정부제인가에 따라 정부의 법률안제출권 유무 등 입법 관여권이 결정된다. 미국의 경우 엄격한 삼권분립제도를 채택하고 있어 대통령의 법률안제출권이 인정되지 않고 소속 정당의 의원을 통해 정부가 의도하는 법률안이 제출되는 데 비해, 영국과 같이 의원내각제를 채택하고 있는 나라에서는 정부가 직접 법률안을 제출할 수 있을 뿐만 아니라 의원 발의법률안보다 우선 처리되는 관행을 가지고 있다.

또한 각국의 입법과정은 그 나라 의회의 구조에 따라 차이가 있다. 상하 양원제의 회인가 단원제인가에 따라 각 원(院)의 권한이 다르며, 의회 운영이 본회의를 중심으로 이뤄지는가 또는 상임위원회를 중심으로 이뤄지는가에 따라 차이가 있다.

양원제의회를 채택한 나라는 국민의 조세부담과 관련된 세입·세출 관련 법안은 하원이 심의의 우선권을 갖는 것이 일반적인 경향으로 보인다. 미국하원의 세입관계 법안심의, 영국과 프랑스 하원의 재정 관련 법률, 캐나다 하원의 지출법안, 호주의회의 지출 및 조세 법률안에 관한 심사에 하원이 우선권을 갖는다는 점이다.

미국의회에서는 위원회중심주의를 채택하고 있어 의회의 법률안심의 시 위원회에서 실질적이고 구체적인 토의와 결정이 이뤄지며 본회의에서는 위원회 심사결과를 최종적으로 확인하는 형식으로 의회가 운영되고 있다. 반면 영국의회에서는 본회의 중심주의를 채택하고 있어 본회의 독회과정에서 법률안의 존폐와 주요 내용이 결정되며, 위원회 심사과정에서는 실무적이고 기술적인 내용이 심사되고 있다.

이와 같이 민주주의 원리에 따라 정부를 구성하고 있지만 역사적 배경이나 정치·문화적 경험에 따라 입법과정에 차이가 있음을 알 수 있다. 민주주의의 역사와 각국의 민주정부 운영의 수준에 따라 의회의 역할과 기능이 다르다.

삼권분립이 균형을 이루지 못하고 민주주의가 성숙되지 못한 국가에서는 정부 또는 집권여당에 의해 입법과정이 일방적으로 주도되고 헌법규정이나 의회의 입법과정은 집권자의 정치적 의도를 정당화시켜주는 장식적 정치과정으로 운영되는 사례가 있다.

Ⅰ. 미국의 입법과정

1. 미국의 의회제도

1) 기원

미국에서의 전국대표자회의(National representative assemblies)는 1774년 9월 5일 발족되었으며, 그날 첫 대륙의회(the First Continental Congress)가 필라델피아에서 개최되었다. 조지아를 제외한 각 식민지(12개주)는 대표단을 파견하였으며 각 대표단은 온건 왕당파, 존 디킨슨(John Dickinson) 같은 중도파, 새뮤얼 애덤스(Samuel Adams)나 폴 리비어(Paul Revere) 같은 급진주의자 등 다양한 집단이 포함되어 있었다. 점진적으로 반영 감정이 응집되더니 의회는 각 식민지가 한 표를 행사한 투표로 일련의 선언문과 결의안을 통과시키고 드디어 영국을 상대로 전쟁을 선포하게 되었다. 대륙의회가 10월 22일 폐회한 후에 영국왕 조지 3세(George III)는 식민지가 반란을 일으켰음을 선언하고, 식민지에 복종이나 독립 중 하나를 선택할 것을 위협하였다. 첫 번째 대륙의회가 식민지인들에게 집단적 의사결정을 경험하게 했다면, 두 번째 대륙의회는 영국에 대한 독립을 선언하였다. 1775년 5월 10일 개최된 두 번째 대륙의회에서는 다수가 전쟁을 피하려 하였다. 따라서 조지왕에게 보내는 평화적이고 영구적인 화해를 요청하는 청원을 채택하였다. 영국은 반란상태를 선언하고 이를 진압하려는 조치를 취하였다. 식민지 독립의식이 고양되는 가운데 1776년 7월 14일 대륙의회에서는 토마스 제퍼슨(Thomas Jefferson)이 기초한 "연합식민지는 자유와 독립 상태이며 마땅히 그럴 권리가 있다"는 결의문을 채택했다. 이 두 대륙의회는 이 나라에 전국적인 정치활동의 시초가 되었다.

헌법제정회의에서는 의회의 구조와 권한이 핵심의제가 되었다. 이 문제에 관해서 필라델피아 집회에 모인 55인 대표들의 의견이 서로 달라서 결론에 도달하기까지 3개월 이상이 걸렸다. 그 결론은 삼권분립형 정부로 요약되며 헌법의 맨 앞부분을 의회가 차지하였다. 이러한 계획은 1787년 9월 17일 합의·서명된 일련의 협정문이다. 연방주의자와 반연방주의자의 이익, 큰 주와 작은 주, 북부와 남부 주를 모두 만족시켜야 했다. 논의 결과 공화제적인 대의제 원리와 제한 정부에 기반한 단일국가와 연방국가형이 혼합된 독특한 정체가 형성되었다.

헌법은 각주와 독립적으로 기능하는 활동적인 중앙정부라는 국가주의자들의 목표를 만족시켜주었으며 아울러 다양한 기관에 의해 공유되는 제한된 권한의 주(州)의 권리 원칙이 허용되었다.[1]

2) 특징

미국의 정부 구성의 기본 원칙은 연방헌법에 규정되어 있다. 연방헌법은 몽테스키

---

1) Roger H. Davidson & Walter J. Oleszek, *Congress and Its Members* (Washington D.C.: Congressional Quarterly Inc., 1996), pp.15-17.

외의 삼권분립론에 영향을 받아 최초로 대통령제를 규정하는 등 독특한 특징을 가지고 있다. 연방 헌법 제1조는 입법권을 연방의회에 부여하고 있고, 제2조는 행정권을 대통령에게 부여하며, 제3조는 사법권을 연방대법원 및 연방의회가 설치하는 하급법원에 부여하고 있다.2)

미국의 헌법기초자들은 강력하고 효과적인 중앙정부를 원하면서도 동시에 개인적 권리나 사적재산권을 위협할지도 모를 강력한 권력을 중앙정부에 부여하기는 꺼려했다. 미국헌법에는 메디슨이 언급한대로 보조적인 경고문구인 '견제와 균형'이나 '권리장전'과 같은 표현이 명시적이거나 암묵적으로 채워져 있다. 그들은 정부의 권한을 제한하는 것은 중앙정부의 입법, 사법, 행정 3부 사이에 그리고 연방과 주정부 사이에 권한을 배분함으로써 가능하다고 믿었다. 권한의 배분은 정책의 갈등과 협력을 보장해준다. 왜냐하면 권한의 배분은 공무원들이 몇 가지 분야에서 서로 다른 고객, 업무, 그리고 공공복지 인식에 대응하게 만들기 때문이다. 그들은 입법, 행정, 사법의 모든 권력을 한곳에 모아두는 것은 바로 전제정(tyranny)의 개념을 표명하는 것과 같다고 생각했다. 실제적 헌법기초자들은 조지왕 3세와 총독의 권력남용을 직접 겪었다. 그들은 또한 자신들 정부의 입법부가 선출된 독재로 흐를 가능성을 피하려 하였다. 행정권 또는 입법권의 과잉 권력에 대한 우려 때문에 그들은 영향력 있는 정치이론가 특히, 권력분립, 견제와 균형, 인민에 의한 정부지배를 강조한 로크와 몽테스키외의 저술을 집중적으로 연구하였다.

미국헌법기초자(The framers of the constitution)들은 이론적 통찰력과 실천적 경험을 조합하여 국가정부를 독립적인 3부로 나누어서 어느 한 기관이 통치권을 독점할 수 없게 하였다. 그들의 목표는 이중적이다. 첫째는 권력을 분립시킴으로써 어느 한 기관의 권력을 억제하려는 것이다. 둘째, 효과적인 정부가 되기 위해서 협력이 필수적임을 분명히 하려했다는 점이다. 로버트 잭슨 대법관이 1952년 대법원 판례에서 (Youngstoum Co.v.Sawyer, 343 U.S. 579, 635) 밝힌 바와 같이 헌법이 국가권력을 분산시킴으로써 자유를 확보하기에는 유리하지만 실행을 위해서는 분산된 권력을 통합해서 정부가 기능할 수 있도록 해야 한다는 점을 고려해야 할 것이다.

그들은 대표자회의에 속한 입법권에 특별한 호의를 가지고 의회를 최고의 국가정책 결정기구로 간주하였다. 헌법은 의회를 정부의 제1부로 지명하고 모든 입법권을 부여

---

2) 임재주, 앞의 책, p.68.

하였으며, 소위 헌법 제1조 8항의 탄력조항(so-called elastic clause: section 8 of Article1)을 통해 명시적이고 함축적인 책임을 허용하였다. 이 조항은 의회에 집행에 필요하고 적당한 법률을 제정할 수 있도록 그 권한을 열거하거나 특정하였다. 이와 대조적으로 제2항과 3항에서는 행정부와 사법부를 창설하면서 간략하게 구조와 기관의 책임을 기술하였다. 권력의 분립은 의회는 입법을, 대통령은 이를 집행하고, 대법원은 법률을 해석하도록 하는 의미를 내포하고 있지만, 헌법 기초자들은 이러한 엄격한 업무분담을 의도한 것은 아니다. 요약하면 헌법은 분리된 기능을 수행하는 별개의 기관을 제도화한 것이 아니라 기능을 공유하는 개별기관을 만든 것이다(그리고 권한을 행사하면서 영향력을 선점하도록 경쟁하도록 하려는 것이다). 권한의 중첩은 국가적 의사결정의 기본이다. 기초자들은 각 부(府)에 어떤 특별한 책임을 부여한 것이 아니라 예를 들면 어느 공무원이든 하나 이상의 부에서 동시에 일할 수 없도록 함으로써 각 부의 분립을 보장하고 있다. 기초자들은 견제와 균형의 제도를 통해서 각 부를 연결하였다.3)

20세기 들어서 많은 사람들이 행정부 권력의 비대화와 의회의 역할의 축소를 논하고 있으나, 실제로 입법부와 행정부 사이의 상호작용은 정태적(精態的)이라기보다는 동태적(動態的)이라 할 수 있다. 한 예를 들면 104회 미국의회(하원)의 초기 100일 동안은 빌 클린턴(Bill Clinton) 대통령이 아닌 뉴트 깅그리치(Newt Gingrich) 하원의장이 그의 '미국과의 계약(contract with America)'이라는 슬로건 아래 국가적인 의제 설정자였다. 어느 기관이 주도적으로 보일 수 있으며 따라서 여러 시기별로 '의회의 정부기간' 또는 '대통령의 정부기간'으로 특정지어지기도 한다. 이러한 표현은 다른 분야 국가권력의 전략적 중요성을 과소평가 할 수도 있다. 그러나 한때 혹자들에 의해 강한 대통령으로 간주되었던 존 F. 케네디(John F. Kennedy) 대통령은 자신이 상원의원으로 일할 때보다 대통령의 자리에서 볼 때 의회가 훨씬 강한 권력을 가진 기관임을 인정했다. 백악관에서 의회의 집합적인 권력을 관찰하고 의회의 중요성을 발견한 것이다. 요약하면, 미국의 정치제도는 대체로 의회의 또는 대통령의 정부이다. 또는 역사가 폴 존슨(Paul Bede Johnson)이 언급한 바와 같이 영국헌법을 의회 민주주의로 볼 수 있으나 미국의 헌법은 의회의 또는 대통령의 민주주의라 부를 수 있다.

---

3) Walter J. Oleszek, *Congressional Procedure and the Policy Process* (Washington D.C.: Congressional Quarterly Inc., 1996), pp.2-3.

　　미국의회의 강력한 힘과 독립성은 다른 민주주의 국가의 입법부의 위상과 매우 대조적이다. 대부분의 국가들에서는 입법부에서 일반적으로 선출되고 다수당의 지도자들인 수상이나 각료의 손에 입법권이 장악되어 있다. 따라서 수상과 각료의 정책이 입법부에 의해 승인되는 형식을 띠게 되며, 정당별로 투표행태는 엄격히 달라진다. 반면에 수상이 의회의 신임투표에서 부결되면 사임하고 후임 정부를 선출하기 위해 총선을 치르게 된다. 이와 대조적으로 미국의회는 대통령과는 별도의 선거로 선출되며 독립적인 정책결정권을 가진다. 따라서 미국의 정책결정에 관한 연구는 의회의 심사절차를 분리하여 보아야 한다.

3) 의사규칙과 절차의 기능

　　의회를 포함하여 어떤 의사결정기구도 그 기능을 하기 위해서는 일련의 규칙, 절차, 관행, 공식적 또는 비공식적 사례 등이 필요하다. 이러한 규칙과 관행이 절차적 맥락에서 의회 전체와 의원의 개개인 모두의 정책결정 행위와 태도를 결정한다.

　　의회의 경우에는 헌법이 상·하 양원에 각각 자체적으로 절차에 관한 규칙을 정할 수 있도록 권한을 부여하고 있으며, 헌법에도 대통령의 거부권 행사에 대해 의회가 이를 거부하는 절차 등 의회의 기본절차에 관해 직접 규정하고 있다. 토마스 제퍼슨(Thomas Jefferson)은 부통령으로서 미상원의회 매뉴얼을 처음으로 편찬하면서 모든 입법기관에 대해 규칙의 중요성을 강조했다. "규칙의 존재보다 규칙이 지켜지는 것이 훨씬 중요하다. 의장의 자의적 결정이나 의원들의 임의적인 결정에 얽매이지 않는 업무처리 절차에 일관성이 있다는 의미이다. 질서, 품위, 규정이 권위있는 공식기구에서 지켜지는 것은 매우 중요하다." 어떤 조직에서건 규칙과 절차는 매우 중요한 기능을 한다. 그것들은 조직의 안정성을 가져다주고 의사결정을 정당화하며, 책임을 분산시키고 갈등을 잦아들게 하며, 권한을 분점한다. 이러한 기능은 학교나 대학의 운영사례에서 드러나고 있으며, 의회에서도 이러한 기능이 입증되었다.[4]

　　어떤 조직이든지 조직의 과업을 효과적이고 책임감 있게 수행하기 위해서는 업무의 분담이 필요하며, 규칙으로 조직에 다양한 업무영역을 배분한다. 의회에서는 위원회가 입법절차의 핵심이다.

---

4) Walter J. Oleszek, ibid., pp.4-5.

4) 미국의회의 구조

미국의 연방의회는 모든 입법권을 행사하며 상원(Senate)과 하원(House of Representatives)의 양원으로 구성되어 있다. 양원제(bicameralism)는 미국 건국과정에서 인구가 많은 주와 작은 주 간에 주의 대표성에 관한 타협으로 이뤄졌다. 즉 각 주는 인구 규모와 관계없이 2명의 상원의원을 선출함으로써 동등한 대표권을 인정받게 되었고, 대신 하원은 인구수에 의해 의원 수를 할당받음으로써 대표성의 차이를 받아들였다. 상원의 의원정수는 100인이며 각 주에서 2인씩 선출하고 임기는 6년이다. 다만 2년마다 3분의 1씩 개선하는 특징이 있다. 상원의장은 부통령이 겸임한다. 상원의원은 제헌헌법 당시에는 주의회에서 선출했으나 1913년 수정헌법 제17조에 의해 주민의 직접선거로 선출하게 되었다. 하원의원의 정수는 435명이며 하원의원선거는 각 주의 지역선거구에서 실시하고 임기는 2년이다. 각 주의 하원의원 수는 10년마다 산정한 인구수에 의해 할당된다.

미국의회는 의원만 법률안을 발의할 권한을 가지고 있으며 대통령에게는 의회에서 의결한 법률에 대한 최종적인 법률승인권을 부여함으로써 권력분립 차원에서 입법과정의 견제와 균형을 위한 수단을 부여하였다.

미국의 상·하 양원은 입법활동을 위한 지위와 권한에서 동등한 권한과 책임을 진다. 다만 연방헌법 제1조 7항에 의하면 세입법안은 하원이 먼저 발의할 수 있으며, 아울러 세출법안은 전통적으로 하원에서 발의된다.

세입 관련 법안발의는 헌법상 보장된 하원의 특권이므로 상원이 세입 관련 법안을 발의하거나 비세입 하원 법안에 상원에서 세입 관련 수정안을 포함시킬 경우 이를 하원의 특권을 침해한 것으로 간주하여 다시 상원으로 보낸다. 반면 상원은 하원이 가지지 않은 조약에 관한 비준동의권과 고위공직자 임명에 대한 인준권을 보유한다. 하원은 다수결주의를 의사운영의 기본원리로 신속한 의사진행을 선호하지만 상원은 개별의원과 소수당의 입법권한을 존중하는 관행으로 인해 의사진행이 느리다. 특히 상원에서는 장시간 발언이나 수정안 제출 등을 통한 의사진행의 지연이 허용되는 반면, 하원은 이를 엄격하게 제한하고 있다.[5]

---

5) 임재주, 앞의 책, p.195.

〈표 3-1〉 상·하원의 특징과 차이점 비교

구분	상원	하원
의원 수	100명(각 주에서 2명)	435명(인구비례로 선출하되, 각 주에서 최소 1명) • 최대의원 주(53명): 캘리포니아 • 최소의원 주(1명): 알래스카, 델라웨어, 몬태나, 노스다코타, 사우스다코타, 버몬트, 와이오밍 등 7개 주
임기	6년	2년
선거	짝수 연도에 1/3씩 개선	짝수 연도에 전원 선출
선거일	11월 첫 월요일이 속한 주의 화요일 실시	상원과 동일
선거구	넓은 지역, 다양한 구성	좀 더 적은 규모
피선거권	30세 이상, 9년 이상 시민권 소지, 선거주에 거주	25세 이상, 7년 이상 시민권 소지, 선거주에 거주
의사규칙	제약 약함, 소수의 권리 중시	제약 강함, 다수결주의 중시
본회의 토론	신속하지 않음	매우 신속함
본회의 수정안	수정안 제출에 제한이 없음	수정안 제출에 상당한 제한이 있음
언론관계	밀접함	비교적 낮음
의원 간 권한	비교적 균등	비교적 불균등
정책적 전문성	일반 상식인	정책전문가
보좌관 활용	보좌관 많음, 의존도 높음	보좌관 적음, 의존도 비교적 낮음
권한	공직자 인준권, 조약비준 동의권, 탄핵심판권	세입법안 발의권, 탄핵소추권
기타	최초 헌법에는 각 주의회에서 선출하도록 했으나, 1913년 헌법개정으로 국민이 직접 선출함	서사모아, 워싱턴 D.C., 괌, 미국령 버진아일랜드는 각각 델리게이트(Delegate) 1명, 푸에르토리코는 레지던트 커미셔너(Resident Commissioner) 1명을 하원에 파견함. 이들은 본회의 표결권이 없다는 점을 제외하고는 하원의원과 동일한 권리와 의무 행사

자료: Oleszek(2010); 임재주, 앞의 책, p.194

2. 입법과정

1) 법률안 입안과 제출

미국의회는 의원만 법률안을 발의할 권한이 있으며 이 경우 의원이 단독으로 발의할 수 있다. 대통령이나 행정부는 법률안제출권이 없다. 그러나 대통령은 매년 연두교서(State of Union)를 통해 정부의 주요 입법제안에 관한 골자를 밝히고 이어서 몇 주 또는 몇 달 후에 대통령은 특정 분야에 대한 자신의 제안을 구체화한 특별서한을 의회에 보낸다. 정부의 계획이 포함된 법안은 정부부처에서 입안한 것이며, 주로 상임위원장에 의해 양원에 동시에 동반법안(companion bills)으로 제출된다. 대통령이나 행정부 공무원이 아닌 오직 상하 의원에 의해서만 법률안이 발의된다. 대통령이나 행정부가 법률안을 제출할 수는 없으나 행정부가 입법을 원하는 법안을 대통령이 속하는 정당의 의원을 통해서 제출할 수 있다.[6]

정부의 입법의견이 소관위원회로 회부되면 위원장 또는 소수당 간사가 이를 법안으로 발의하는 형식을 취한다. 하원에서 법안을 제출하려면 본회의장 연단 우측 직원석에 있는 법률안 접수함(hopper)에 법률안을 투입한다. 상원의 경우에는 본회의장 의장석 옆에 직원에게 법률안을 제출하거나 본회의에서 직접 제안취지를 설명하고 발의하기도 한다.

제출된 법률안은 본회의에서 법률안의 제명(題名)을 낭독하지 않고 의회공보(journal)나 회의록(Congressional Record)에 기록된다. 접수된 법률안에 대해서는 법률안 번호가 부여되며, 소관위원회로 심사회부된다. 법률안을 발의하는 의원은 대표 발의자(primary sponsor)라 하며 공동 발의 의원은 공동 발의자(co-sponsor)가 된다. 공동 발의자 수에는 제한이 없다. 행정부 또는 어떤 단체의 요청에 의해 발의된 법률안의 경우에는 '누구의 요청인지(by request)' 밝혀 제출할 수 있다. 법안이 발의되면 하원의장과 상원의 의사관(presiding officer of the senate)은 소관 상임위원회에 이를 회부한다. 발의된 법률안이 어느 위원회 관할에 속하는지에 관하여는 각 원의 규칙이 적용된다. 그러나 이 업무는 이들을 대신하여 의회직원들에 의해 수행된다. 법안이 적절한 위원회에 회부될 수 있도록 입안하는 기술이 법안의 운명을 결정하며, 토론을 피할 수 있게 하는 장점이 있다.[7] 법안의 내용이 여러 위원회의 소관에 걸쳐 있을

---

6) Walter J. Oleszek, ibid., p.94.

〈그림 3-1〉 미국의회 입법과정

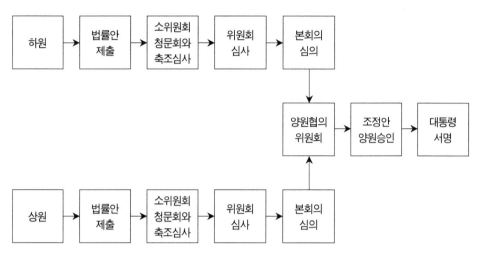

자료: Walter J. Oleszek(2013), p.15; 국회도서관, 『OECD국가 의회제도: 한눈에 보기』(2014), p.108

경우 2개 이상의 위원회에 회부되는 경우도 많다. 이와 같이 다수의 상임위원회에 회부하는 경우 그 법안을 주관하는 주관위원회(primary committee)와 관련위원회(additional committee)로 나누는데, 관련위원회에 대해 의장은 심사기간을 정할 수 있다. 하원의 경우 회부에 중요한 실수가 있는 예외적인 경우를 제외하고는 개별의원이 소관위원회 결정건을 본회의에 부의 요구할 수 없다. 그러나 상원에서는 관할권을 둘러싸고 이견이 심할 경우 의원이 본회의에서 표결로 소관을 결정할 것을 요구할 수 있으나 이런 사례는 발생하지 않으며, 비공식적으로 소관 결정의 문제를 해결한다.8)

2) 위원회의 심의

법률안은 상원 또는 하원 어느 원(院)에서 먼저 심의하여도 관계가 없으나 상원의원은 상원에 법안을 제출하고 하원의원은 하원에 법안을 제출하므로 통상적으로 발의한 의원이 소속한 원에서 먼저 심의하고 그 심의를 마친 법률안을 다른 원에 송부하여 심의하는 절차를 거친다. 그러나 동일하거나 유사한 법안이 양원에 동시에 제출되어

---

7) Walter J. Oleszek, ibid., pp.96-97.

8) Ibid., p.99.

병행 심의되는 경우도 있다.[9]

위원회는 법안에 대한 광범위한 심의 권한을 갖고 있다. 위원회는 최종적인 정책 결정권을 갖고 있지는 않지만 각 원의 본회의에 제출할 심사의견을 주도한다. 법안이 위원회로 회부되면 위원회에서는 먼저 관계 정부 부처의 의견을 듣는다. 행정부에서는 관련 부처의 의견을 백악관의 관리예산처로 보내 조율한다.

위원회에서 주요 법안을 다루기로 결정하면 먼저 전체위원회에 상정한다. 그러나 위원장은 대부분의 경우 연구와 청문을 위해 그 법안을 소위원회로 회부한다. 소위원회는 일반적으로 법안에 관한 공청회를 열고 관심 있는 공적·사적 증인들로부터 증언을 청취한다. 때로 소위원회는 행정부 공무원이나 이익집단의 반대가 심한 경우 청문회를 열지 않을 수도 있다. 청문회를 마친 후에 소위원회는 수정절차를 거친다. 이 단계에서는 위원회 심사결과를 보고하기 전에 조문별·항별로 법안에 있는 특정용어의 의미 등을 심사한다. 소위원회는 이 법안을 원안대로 인정할 것인지, 수정할 것인지, 전문개정할 것인지, 폐기할 것인지를 결정할 수 있다. 그런 후에 위원회 전체회의에 심사결과를 보고한다. 위원회가 이 결과보고를 받으면 소위원회에서 거쳤던 절차를 전부 또는 일부 반복할 수도 있고 또는 소위원회의 활동결과를 그대로 받아들이기도 한다. 위원회에서 이 법안을 상원 또는 하원 본회의에 부의하기로 결정하면 위원회 활동결과를 입증하는 문서인 '심사결과 보고서'를 법안과 함께 제출한다.

중요한 입법제안의 경우 위원회 모든 심사절차가 몇 차의 회기에 걸쳐 이뤄지기도 한다. 이런 법안에 대해서는 매 회기마다 동일하거나 유사한 내용의 새로운 법안이 제출되기도 한다. 예를 들면 이민 개혁조치의 입법에 관한 논쟁은 서너 번의 연속 회기 동안 계속되었다. 실제로 어떤 법안이 의회를 통과하기까지 십수 년이 걸리기도 한다. 반면 이 절차가 초 단기간에 끝나는 경우도 있다. 1991년 전국철도파업을 막기 위해 노사 간에 중재기간 연장을 명령하는 입법조치는 24시간 내에 양원을 통과하여 대통령이 서명하기에 이르렀다.

이하에서는 중요법안에 관한 위원회 심사의 주요 단계인 청문·수정·보고에 관해 설명한다.[10]

---

9) 임종훈, 앞의 책, p.96.
10) Walter J. Oleszek, ibid., pp.105-106.

(1) 청문회

청문회는 주로 사실 확인수단으로서 매우 중요하다. 행정부, 관심있는 의원들, 이익단체 대변자, 학술적 전문가와 지식있는 시민들이 청문회의 증인이 되며 입법안의 장단점에 관한 그들의 의견이 제시된다. 청문회를 통해 위원회의 위원들은 입법에 필요한 정보를 얻게 된다. 청문회에서 위원들은 신법이 필요한지 또는 현행 법률의 개정으로도 문제를 해결하기에 충분한지 결정하는 데 도움을 얻는다. "입법만이 항상 유일한 답이 되는 것은 아니다. 여러 분야에서 가장 중요한 결함 요인은 바로 관심이다. 문제에 대한 관심의 증폭도 청문회의 성공적인 결과라 할 수 있다"고 상원의원이자 부통령을 역임한 앨버트 고어(Al Gore)는 진술한 바 있다.

청문회가 열리기도 전에 이미 많은 정보를 얻을 수 있다. 중요 법안은 일반적으로 공중 토론이나 신문, 방송의 주제가 된다. 행정부나 특정한 이익집단의 입장은 이미 잘 알려져 있으며, 마찬가지로 행정부 관료들과 압력집단의 로비스트들은 이미 청문회 전에 그들의 견해를 위원회 위원이나 보좌진에게 전한다. 위원 자신들도 종종 그 법안에 관해 강한 당파적 입장을 가지고 있으며, 따라서 청문회에서 어떤 추가적인 정보가 드러나든지 아무런 관심이 없을 수도 있다. 때로 위원들의 청문회 출석률이 저조하고 본회의 투표나 정족수를 채우기 위해 중단되는 것이 다반사이다.

이러한 청문회는 위원회 전체회의 또는 법안을 회부 받은 소위원회에서 개최할 수 있다. 증인은 위원회 또는 소위원회 의결로 채택할 수 있으며, 소수당 의원들도 청문회 기간 중 적어도 하루 동안은 자신들의 증인을 소환할 권리가 있다.[11] 통상 증인이 준비한 문서를 읽음으로써 자신들의 의견을 개진한다. 모두 진술이 끝나면 위원들이 증인에게 서열에 따라 신문(訊問)을 한다. 하원에서는 최소한 5분의 질문시간을 위원에게 부여하며, 상원에서는 이러한 규정이 없다. 대신 각 위원회별로 내부절차를 규정한 규칙을 가지고 있다. 상·하원의 전통적인 증인신문방식에서는 증인과 위원 간에 관점의 차이를 분석하거나 한 증인의 의견을 다른 증인으로 하여금 심층적으로 조사하게 하는 것과 같은 추가적인 의견교환은 허용하지 않는다.

요즘은 많은 위원회에서 쟁점에 관한 견해를 청취하는 구조로 청문회 방식을 바꾸거나 어떤 위원회는 다른 견해를 가진 위원과 증인들이 원탁에 앉아 특정 정책의 장단점을 토론하는 패널회의 형식으로 운영하기도 한다. 위원회는 다른 패널 또는 다른

---

11) 임종훈, 앞의 책, p.37.

위원회와 합동 청문회(joint hearings)를 개최하거나 의회 이외의 장소에서 현장 청문회를 열기도 한다.

청문회는 행정부관료, 이해관계자, 전문가, 시민들을 의회의 입법과정에 참여하게 함으로써 그들의 의사를 확인하고 서로 다른 견해를 정책에 조화롭게 반영시킬 수 있게 할 뿐만 아니라 법안의 운명을 좌우하는 중요한 단계로 작용한다. 또한 의회의 입법과정을 시민에게 공개함으로써 시민의 알 권리를 충족시킬 수 있고 입법과정에 관한 시민의 이해와 관심을 불러옴은 물론 나아가 입법을 통한 정책 시행에 예비적 교육기능을 담당한다.12)

(2) 위원회 수정(The markup)

청문회를 마치면 위원회나 소위원회에서는 법안을 수정하기 위한 회의를 연다.13) 이 단계에서 위원들은 입법안을 전면 또는 부분적으로 수정할지 여부를 결정한다. 위원장의 임무는 위원회가 계속 진행할 수 있도록 갈무리하는 일이다. 즉 가능한 많은 조문이 이의없이 만장일치로 처리되도록 하며 조정을 통해 의견차이를 해소하고 일의 완급을 조율하는 일이다.

위원회 위원장은 위원회에서 심사 중인 법안을 지지해줄 리더십을 정상적인 방법으로 강화시킨다. 이러한 작업은 동료위원들의 지지를 끌어내기 위해 특별한 조문을 삽입하거나 수정 여부를 심사하는 위원회에 이익단체나 각 부처 공무원들을 참석시킴으로써 그들의 입장을 고려하는 방식으로 이뤄진다. 위원장은 주요 쟁점사항을 관철시키기 위해 결석한 동료위원 대신 다른 위원이 투표할 수 있게 하는 대리투표를 허용하기도 하였다(대리투표는 상·하원 본회의에서는 금지되어 있으며, 공화당이 주도한 104회 의회에서 하원은 위원회 및 소위원회에서의 대리투표를 금지하였다).

위원장은 입법안 수정을 논의하고 법안에 대한 공감대를 넓히기 위해 사전에 수정을 위한 회의를 열기도 하는데, 이런 비공식적·사적인 회의는 중요법안을 심사하는 위원회에서는 흔히 있는 일이다. 법안수정회의에서는 위원회 위원들이 법안의 일부를 고쳐 쓰거나 새로운 조문을 넣거나 다른 조문을 삭제하고 최종적으로 용어에 관해

---

12) Walter J. Oleszek, ibid., pp.109-112.
13) 수정(markup)의 어원은 입법자들이 법안의 용어나 문장을 바꾸기 위해 표시(marks)한다는 데서 유래되었다.

조율하여 위원회의 최종안을 확정한다. 오늘날 대부분의 수정심사는 공개회의에서 이뤄진다.

공화당이 다수당이 된 104회 의회에서 하원은 위원회 심사보고서를 법률안과 함께 제출하도록 의회규칙을 개정하였다. 위원회 심사보고서에는 수정에 찬성하거나 반대하고 또한 법안을 본회의에 보고하도록 동의한 의원의 성명을 기재하게 하였다. 그러나 여전히 중요한 조치들이(예를 들면 조세, 국방, 예산수권) 언론이나 외부의 간섭없이 사적으로 논의되고 있다.

공개주의자들조차도 위원들이 방청석에 앉아 있는 로비스트들의 눈길을 피해서 쉽게 타협할 수 있거나 어려운 결정을 내릴 수 있다는 점을 인정한다.

위원들은 수정심사기간 동안 다양한 전략을 사용한다. 그중 반대파들이 쓰는 전략으로 수정내용의 조치사항을 강화하는 방식이 있다. 반대로 수정안 지지자들은 이러한 조치를 완화하려고 노력한다. 이 편이 본회의에서 다수 의원들의 지지를 받기에 유리하기 때문이다. 반대파들은 사소한 수정내용들을 수시로 제안하면서 법안을 복잡하고 혼란스럽게 만들어 법안을 집행할 책임이 있는 행정부 직원들로 하여금 집행 불능하게 만든다. 위원회 위원들의 풀뿌리지지자들과 주 또는 지역구민들을 동원하는 것이 수정의 결과에 크게 영향을 미친다. 반대파나 회의주의자들을 설득하기 위해 위원장은 위원회 동료위원들로부터 다수의 수정사항을 기꺼이 받아들인다. 이렇게 하면 위원들은 법안통과에 이해를 함께 공유하게 되어 본회의 투표까지 동지로 남아 있게 된다. 반대전략은 법안에 시행하기 어려운 값비싼 장식물을 첨부시킴으로써 그 입법안이 무게를 이기지 못하고 가라앉게 만드는 것이다.

상원에서 수정전략 중 중요한 것은 소위원 수를 최소 규모로 꾸리는 일이다. 심지어 5인으로 소위원회를 구성한 예도 있다. 그러나 하원에서는 소위원회의 위원 수가 20인을 넘는 경우가 일반적이다. 이것은 지지파를 모으기가 쉽지 않다는 의미이다.

상원에서는 위원회에서 폐기된 법률안을 본회의에서 심의하도록 하는 규칙도 매우 중요한 의미를 갖는다. 상원에서 이러한 기회가 있다는 것이 상·하원의 위원회 심사 절차에 중요한 차이가 있음을 알 수 있다. 그럼에도 불구하고 상원에서 위원회 심사를 받지 않고 본회의에서 바로 심사하는 사례는 많지 않다. 왜냐하면 모든 상원위원들이 자신들이 속한 위원회의 위신이 존중되길 원하기 때문이다.

상임위 수정을 위한 심사과정에서 타협안이 만들어졌다는 것은(물론 입법과정의 어느 단계에서 이뤄지더라도 그렇게 말할 수 있지만) 위원들이 어떤 종류의 입법이 필요하다는 것을 인정한 결과라고 할 수 있다. 수정안의 내용은 거래와 타협과 복잡한 사정을 담고 있지만 완벽함을 반영하는 것은 아니다. 오히려 수정안은 최소한 회의에서 다수의 지지를 받았다는 의미를 나타내는 것이라 할 수 있다.

위원회 수정 단계에서 조문, 용어의 의미에 관한 축조심사는 물론 새로운 조문의 삽입, 수정, 삭제가 이뤄진다. 위원회에서의 수정심사의 결과는 본회의에 원안, 수정안, 위원회 거부의견 등의 형식으로 보고된다.

위원회에서 법률안을 대폭 수정할 때에는 대안(amendment in the nature of substitute)을 원안과 함께 제출하며 어떤 경우에는 법률안을 대폭 수정한 결과 그에 새로운 번호를 붙여 '전문개정법안(clean bill)'이라는 이름의 새로운 법률안으로 보고하는 경우도 있다.[14)] [15)]

(3) 심사보고

수정심사를 통해 주요 쟁점이 정리되면 위원회는 위원회 심사결과를 보고하기 위해 표결한다. 상하원 규칙은 위원회의 표결에서 과반수의 찬성을 요구한다. 그렇지 못하면 본회의에서 이 법안을 위원회로 재회부할 수도 있다.

위원회 표결에서 만장일치로 이의없이 통과한 법안은 본회의에서도 통과 가능성이 높다. 위원회에서 찬반양론이 대립했던 법안에 대해서는 본회의에서도 치열한 토론이 벌어질 가능성이 크다. 위원회에서 표결결과 가부동수인 경우는 본회의에서 부결될 가능성이 크다. 위원회에서 어떤 법안을 본회의에 보고하기 위해 표결하거나 가결하는 경우 몇 가지 선택을 할 수 있다. 수정없이 원안대로 또는 여러 가지 수정하여 보고할 수 있다. 위원회에서 어떤 법안을 대폭 수정한 경우 위원장은 이 수정안에 이른바 전문개정법안(clean bill)으로 알려진 새로운 법안형식을 적용한다. 이 법안은 다시 발의되고 새로운 법안번호를 부여받고, 위원회에 재회부된 후 위원회에서 본회의에 보고하는 형식을 거친다. 물론 상하원 본회의에서만 법안을 최종 수정할 수 있으며, 위원회는 법안의 수정의견을 공식적으로 제시하는 것이다.

이 법안에 적용되는 절차(The clean-bill procedure)에는 이 법안의 본회의 심의를 촉진하는 등 다양한 이유가 있다. 다른 요인으로는 적절성(germaness)이 포함되어

---

14) Walter J. Oleszek, ibid., pp.112-118.

15) 임종훈, 앞의 책, p.37.

있다는 것이다. 기존 법안에 포함된 조항은 사실상 적절성이 이미 심사되었다. 따라서 이 조항은 의사절차(적절성 규칙은 본회의에 수정이 제안된 내용에 적용되고 법안 자체에 적용되는 것은 아니다)에 의해 보호받을 수 있다. 결국 전문개정법안은 위원회 핵심위원들과 행정부 공무원 사이에 이미 합의가 있었음을 반영하는 것이다.

위원회는 법안 보고에 긍정적 의견을 제시하는 이외에도 다른 수단을 취할 수 있다. 위원회는 보고서에 본회의 부결을 권고하는 부정 의견을 담기도 하고 아무런 위원회의 공식적 권고 의견없이 본회의에서 법안의 장단점을 심사하여 결정하도록 허용하기도 한다. 어떤 경우에든 그 법안은 본회의에 보고되고 상정하여 처리된다. 위원회가 입법에 완강하게 반대하면 물론 아무런 조치도 취하지 않음으로써 특별절차 이외에는 어떤 심사도 이뤄질 수 없도록 방해한다. 결국 법안을 긍정적으로 보고하든 부정적으로 보고하든 위원장은 위원회 심사보고서를 작성하도록 위원회 직원들에게 지시한다. 하원규칙은 보고서를 법안에 첨부하여 제출하게 되어 있다. 상원규칙에서는 제출하도록 강요하는 것은 아니나, 대부분 비공식적으로 이를 준수한다.

보고서에는 법안의 목적과 범위를 기술하고 위원회의 수정사항을 설명하며, 현행법에서 변경되는 부분을 요약하고, 일반적으로 관련 정부 부처의 견해를 포함한다. 법안에 반대하는 위원회 위원들은 종종 반대 또는 소수의견을 제출하기도 한다. 어떤 위원이라도 소수의견, 보충의견, 추가의견을 제출할 수 있으며, 이는 위원회 심사보고서에 게재된다. 상·하원규칙은 심사보고서에 일정한 정보를 포함시키도록 하고 있다. 즉 5년간 비용추계치, 감독결과, 규제영향기술서 등이다. 만일 위원회가 이러한 자료를 제출하지 못한 경우 본회의 의사절차상 조치가 취해진다. 어떤 보고서는 천 페이지 분량을 넘기기도 한다.

심사보고서는 상·하원의원들에게 우선 배부되는데, 이는 법안의 본회의 표결에서 위원회 의견에 대한 지지를 얻기 위해 설득하려는 것이다. 이 보고서는 위원회의 결정을 본회의와 공유하는 주요 공식수단이다. 이 보고서는 행정부 공무원들이 애매한 법조문을 해석할 때 입법 취지를 파악하는 데 사용되기도 한다. 연방판사 또한 재판에서 법률에 관한 다툼이 있는 경우 위원회 심사보고서와 청문회, 본회의 토론, 관련 토론회 보고서 등 입법과정에서 일어난 사항을 검토한다.

양원의 의사규칙이나 선례는 위원회의 특권을 강화하고 있다. 몇몇 예외조항이 있으나 일반적으로 의원들은 특별한 절차에 의해 위원회가 약화되기를 바라지 않는다. 따라서 의원들은 위원회 내에서 그들의 다른 견해를 해소하려 노력한다. 위원회 법안

심사단계에서 핵심절차는 청문회, 축조심사, 표결과 심사결과보고이다. 이러한 절차는 주로 소위원장과 위원장에 의해 조정된다. 이들은 입법을 촉진, 지연, 수정할 수 있도록 활용할 많은 수단을 가지고 있다. 위원장은 많은 정치적·법률적 요인들에 대한 당면한 평가와 법안의 장기적인 목표를 고려하여 전략을 구사한다. 최근의 절차 개혁의 영향으로 위원장이 법안심사에 자의적으로 개입하는 경향은 다소 줄어들었다. 특히 위원장 선출에 자동적으로 적용되던 제도였던 다선우선원칙이 폐기된 영향이 크다.

3) 본회의 심의

위원회에서 법안에 관한 심사보고가 제출되면 본회의 심사일정을 기다린다. 위원회에서 안건을 상정하기 위해 중요도를 평가한 것처럼 본회의에서도 제한된 시간 때문에 의사일정을 짜기 위해서 안건의 중요성을 평가한다. 어떤 법안을 먼저 상정할지, 심사에 얼마나 많은 시간을 허용할지, 어느 정도 본회의에서 위원회에 재심사를 회부할지 결정하는 데 중요한 정치적 선택이 내려진다.16)

본회의의 심의과정에 있어서 상원과 하원은 각각 독자적인 토론 규칙을 가지고 있다. 일반적으로 하원의 규칙은 엄격하고 다수파에 유리한 데 반하여, 상원의 규칙은 느슨하며 소수파에게도 토론의 기회를 폭넓게 제공하고 있다.

(1) 하원의 본회의 심의

① 하원의 의사일정 작성

"하원에서 의장의 권한은 의사일정 작성권이다"라고 토마스 오닐 전(前) 의장(1977~1987년 재임)이 진술한 바와 같이 본회의 활동을 위해 의사일정을 작성하는 일은 기본적으로 의장과 다수당 대표의 전권사항이다. 결과적으로 의사일정 작성을 둘러싼 정치적 작용은 법안의 운명에 중요한 영향을 미친다. 언제, 무엇을, 어떻게 그리고 어떤 본회의 의사규칙을 적용할 것인지는 입법절차상 중요한 수단이다. 이 수단을 사용하여 지도자들은 법안을 통과시킬 수 있는 지지파를 모으고, 의원들에게 정치적 보호막을 제공하고 초당적 협력을 끌어내며, 성취기록을 작성하거나 자신이 속한 정

---

16) Walter J. Oleszek, ibid., pp.118-122.

〈그림 3-2〉 미국 연방의회의 법안 심사절차

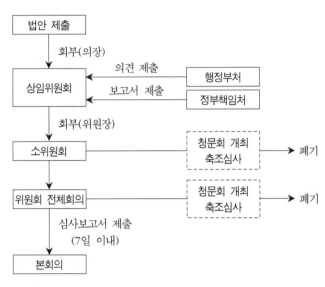

자료: 임재주, 앞의 책, p.266

당의 의제를 실천한다. 하원에서의 입법을 위한 토론일정 작성은 단순하지만 복잡하다. 이 결정에는 많은 요소들이 고려된다. 하원 의사규칙, 예산안 심사일정, 양원의 심사일정, 선거일정, 국내외적인 행사, 행정부의 계획, 지도자들의 정치적·정책적 선호, 규칙 위원회의 활동 등이다. 법안을 본회의에 상정하는 절차는 의회의 역사를 통해 발전되어 왔으며 여전히 지속적으로 바뀌고 있다. 언뜻 보면 이 절차는 매우 불필요하게 복잡하고 번잡하게 보인다. 그러나 이것은 내부적 논리를 가지고 있으며 오랜 세월 동안 의회에서 이를 적용하였다. 법안이 본회의에 상정되기 위해서는 세 가지 주요 의사일정 처리과정의 적용을 받는다. 즉 ㉮ 사소하고 이견이 없는 입법을 신속하게 진행하기 위한 특별 의사일정 처리, ㉯ 일정 유형의 중요법안을 간편하게 본회의에 상정하기 위한 우선 일정(privileges), ㉰ 규칙위원회의 결정이다. 이 위원회에서는 대부분 주요 법안의 의사일정을 작성하는 권한을 가지고 있다.

② 하원의 의안목록 종류

위원회에서 법안이 본회의에 보고되면 하원의 직원에 의해 하원에서 정상적으로 이용하고 있는 다음 네 가지 의안목록 중 어느 하나에 배정된다. 의안목록의 게재순서는 여러 위원회에서 보고된 날짜순서에 따른다. 이 의안목록의 종류는 재정관련법안목록(Union Calender), 비재정관련법안목록(House Calender), 비쟁점법안목록(Corrections Calender) 그리고 사적법률안목록(Private Calender)이다.

금전을 징수하거나, 예산지출권을 부여하거나 비용을 지출하는 내용을 포함한 입법안은 재정관련법안목록(Union Calender)에 배정된다. 금전적 조치를 수반하지 않는 주요법안은 비재정관련주요법안목록(House Calender)에 게재된다. 이견이 없는 법안은 비쟁점법안목록(Corrections Calender)에, 사적인 성질의 법안 즉 일반적으로 적용되지 않으며 특정 개인들이나 소규모 집단을 구제하는 내용을 가진 법안은 사적법률안목록(Private Calender)에 분류된다. 여기에 위원회심사배제의안목록(Discharge Calender)이 추가되는데 이 의안목록(Calender)에는 위원회 심사절차가 배제되고 특별한, 예외적인 성공적인 절차를 통해 본회의에 올라온 법안이 게재된다. 비쟁점의안목록(Corrections Calender)과 사적법률안의안목록(Private Calender)은 특별의사일정 처리기간에 본회의에 상정된다. 재정관련법안목록(Union Calender)과 하원은 비재정관련법안목록(House Calender)에 있는 비쟁점법안에 대해서는 월중 특정일을 지정하여 본회의에 우선 상정할 수 있는 절차를 진행한다. 이것들에는 콜롬비아 특별구(District of Columbia)에 관련된 법안과 하원의사규칙의 적용을 중단하고 바로 본회의에 부의하는 법안이 포함되어 있다. 이와 같이 촉진절차를 적용받는 법안은 비교적 중요도가 떨어지는 입법안들이다. 비쟁점법안목록(Corrections Calender)은 의장의 재량으로 월중 둘째 및 넷째 화요일에 상정된다. 위원회에서 긍정적으로 보고된 비재정관련법안목록(House) 및 재정관련법안목록(Union Calender) 법안은 비쟁점관련목록(Corrections Calender)에 배정될 자격이 있다. 비쟁점관련법안심사일(Corrections Day)의 의안목록에 어느 법안을 포함시킬지는 전적으로 의장의 권한이다.

입법절차의 지름길이며 의장에 의해 의제선정방식으로 용도가 점증하고 있는 방식이 의사절차의 중지(Suspension of the Rules)이다. 이 절차는 중요도가 떨어지는 법안뿐만 아니라 주요 법안에도 적용된다. 3분의 2의 다수표를 얻으면 하원은 그 법안에 대한 정상적인 의사절차를 중단한다. 절차중지에 관한 투표는 동시에 문제 법안에 대한 찬반투표를 겸한다. 표결 전에 40분간 토론하며 찬성파와 반대파가 사용한다. 중지동의가 3분의 2 이상의 득표에 실패하면 그 법안은 다시 정상적인 하원심사절차로 돌아간다. 하원의 의사중지절차는 절대다수의 지지를 받는 법안에 대해 정상적인 절차를 생략하고 신속하게 처리할 수 있게 하였다. 위원회 위원장들도 일반적으로 의사중지절차를 선호하는데 그 이유는 자신들이 지지하는 법안을 본회의에서 수정하거나 의사규칙을 적용받지 않고 통과시킬 수 있기 때문이다. 정당지도자들도 신속비상입법이나 자신들의 관심의제를 동의하기 위해 이 방법을 사용한다. 그러나 이 방식은 실제로 의원들의 입법과정 참여를 제한하는 단점이 있다. 사적법안(Private bills)은 법의 일반적 적용으로부터 역차별을 받는 개인이나 집단을 구제하기 위해 입안된 법안이다. 대부분이 연방정부에 대한 이민 문제나 민원(immigration issues and claims)을 처리하려는 취지이다, 예를 들면 이민법의 일반적인 적용을 면제하여 외국 출생의 운동선수가 신속하게 미국 올림픽팀의 일원이 되게 하려거나 필라델피아 여자가 그리스 남자와 결혼할 수 있게 하려는 취지의 내용이다. 대부분의 사적법안은 상하원의 법제사법위원회에 회부되어 심사되며 다른 법안과 함께 양원을 통과하면 대통령에게 송부되어 대통령은 이를 서명하거나 거부권을 행사한다.

　하원규칙에 의하면 5개 상임위원회는 선정된 법안을 바로 본회의에 상정할 수 있다. 이를 특권법안(privileged legislation)이라 한다.[17] 이 법안들은 본회의에서 다른 현안에 관한 토론이 계속되지 않는 상황에서는 언제든지 본회의에 상정할 수 있다. 특권법안이라 할지라도 의원들이 위원회 보고서를 읽고 검토할 시간을 주기 위하여 본회의 상정 전(前) 3일의 숙려기간이 필요하다. 규칙위원회에서 특별규칙을 적용하면 1일로 단축시킬 수 있다. 그러나 예산결의(budget resolution)에 관한 보고는 본회의 상정 전 10일이 소요된다. 특권법안은 하원이나 연방정부에 특별히 중요한 사안이다.

　주요법안은 위원회에서 곧바로 본회의에 상정될 수 없다. 이 법안들은 매우 중요하고 논쟁이 많아 비쟁점법안목록(Corrections Calender), 만장일치동의, 의사절차중지 같은 방식을 적용받아 본회의에 상정될 수 없다. 대신 이런 유형의 법안은 규칙위원회의 특별검토대상이 된다. 규칙위원회는 이들 법안의 심사절차를 결정한다. 이를 교통경찰 또는 경찰국장의 역할이라 부른다. 이 위원회는 어떤 규칙을 적용할지 결정하는 이외에도 주요 정책 대안이 본회의에서 질서 있게 심사될 수 있게 하거나, 정당의 반대를 봉쇄하거나 또는 우선법안의 입법을 촉진하려는 등의 다양한 목적을 달성하기

---

17) 수권위원회(Appropriation Committee)의 일반수권법안(General Appropriation Bills), 예산위원회(Budget Committee)의 예산결의 및 조정법안, 하원감독위원회(House Oversight Committee)의 하원긴급기금의 결의 및 지출발간, 규칙위원회(Rules Committee)의 의사규칙과 일정, 공무원행동기준위원회(Standards of Official Conduct Committee)의 의원, 공무원, 하원종사자의 행동에 관한 권고결의안이 특권법안이다.

위해 규칙을 고안해 내어야 한다. 공적법안이 위원회에서 심사보고되면 재정관련법안목록(Union Calender)이나 비재정관련법안목록(House Calender)에 보고 순서에 따라 기재된다. 모든 법안이 의사일정에 기재된 순서대로 상정된다면 주요 법안은 회기 말까지 본회의에 상정될 기회를 잃게 될 것이다. 대신에 주요 입법안들은 규칙위원회에 의해 특별규칙의 적용을 받아 선행이 허용되기 때문에 대부분 본회의에 상정할 기회를 갖게 된다.

규칙 위원회에서는 전통적으로 대체토론및수정안제출허용규칙(Open Rule), 수정안제출금지규칙(Closed Rule), 특정조항수정금지규칙(Modified Rule) 세 가지 기본 규칙을 적용한다.

대체토론및수정안제출허용규칙(Open Rule)하에서는 본회의장에서 수정이 허용되지만 법안통과에 걸리는 시간과 예측할 수 없는 많은 수정안을 줄일 수 있다.

수정안제출금지규칙(Closed Rule)은 소관위원회나 다른 위원회에서 제안된 수정안 이외에는 본회의에서 수정할 수 없게 한다. 비판자들은 이 규칙이 입법과정을 파괴하고 민주주의 원칙에 위배된다고 비판하나, 옹호자들은 이 규칙이 로비가 집중된 복잡한 법안 심사에 필요하며, 아울러 국가적인 비상입법이 필요한 때에 이 규칙에 의한 절차로 입법을 촉진시킬 수 있다고 주장한다.

특정조항수정금지규칙(Modified Rule)에는 특정조항외수정허용규칙(Modified Open Rule), 특정조항외수정금지규칙(Modified Closed Rule)이 있다. 전자는 어떤 특정 조항이나 제명을 제외하고는 모두 수정이 가능하며, 후자는 특정조항이나 제명을 제외하고는 모두 수정이 허용되지 않는 방식이다.

면제규칙(Waver rules)은 의사규칙의 면제이다. 이 규칙하에서는 위에서 설명한 세 가지 규칙과 특정 하원절차가 일시적으로 적용이 중지된다. 면제에서는 특정 규칙이나 절차를 제외하거나 현안 심사에 적용되는 모든 의사규칙을 모두 면제하는 2가지 방식이 있다.18)

하원은 과반수인 218인의 의원이 출석하면 개의한다. 그러나 공식적인 이의제기가 없으면 의사정족수가 충족된 것으로 간주된다. 비공식적으로는 정족수에 훨씬 미달한 채 회의를 진행한다. 그러나 토론이나 표결이 시작되면 어느 의원이든 정족수 의사규칙을 주장한다. 하원은 월요일부터 금요일까지 개의한다. 주요일정은 화요일부터 목

---

18) Walter J. Oleszek, ibid., pp.125-143.

요일에 집중되며, 월요일은 일상적인 입법을 위해, 금요일은 의원들의 지역구일정 등을 고려해서 회의업무를 줄여서 운영한다. 본회의 개의 시(時) 업무처리 전에 다음과 같이 예비순서가 진행된다. 규칙과 공식규정에 의해 정해진 의사일정이 배부되고, 개회기도(開會祈禱) 후에 전차회의록 승인이 있고, 충성선서 후 상원이나 대통령으로부터 제출된 메시지를 접수하고, 1분연설과 회의록 게재사항을 보고하고, 일상적인 업무처리에 들어간다. 그러나 업무처리 전에 오전토론(morning hour debate)이 1시간에서 1시간 30분간 열려 다양한 주제로 발언하는 경우도 있다.[19]

하원의 의사결정 절차가 매우 복잡해 보이지만 이러한 절차를 통해 다양한 기관의 관심사와 의원들의 요구를 수용해 나간다. 입법자가 무엇을 할 수 있고 또 할 수 없는가에 대한 수많은 제약이 있다. 회의에서의 성취여부는 자신에게 유리하게 규칙을 적용하는가에 달려 있다. 절차에는 무수한 변형이 가능하다. 그러나 대부분 중요한 법안처리에 적용되는 기본 의사절차는 다음과 같다. ㉮ 규칙위원회에서 적용할 의사규칙을 보고한다. ㉯ 본회의에서 규칙을 채택한다(거부된 예는 거의 없다). ㉰ 전원위원회에서 법안을 심의한다(본회의장에서 의원 전원이 참석하는 위원회체제로 전환하여 법안심사를 촉진한다. 사회는 의장 대신 전원위원회 위원장이 맡는다). ㉱ 전원위원회 대체토론(General debate), ㉲ 5분 규칙에 의한 수정심의, ㉳ 주요수정에 대한 기록표결, ㉴ 전원위원회에서 법안심사가 종료된 후 본회의에 보고, ㉵ 전원위원회에서 수정에 대한 부분별 기록표결(요청이 있는 경우), ㉶ 지침이 있거나 또는 없는 상태로 위원회 재회부 동의, ㉷ 최종의결을 위한 투표.

토론의 강도는 다양하고, 특별규칙의 복잡성은 변동적이며, 다수의 요인들이 논점에 따라 달라진다. 그러나 법안의 범위나 관점의 차이에도 불구하고 기본의사 결정절차는 똑같다.

하원에서 법안이 통과되면 상원으로 이송한다. 상원의 입법과정은 매우 상이하다. 하원에서는 규칙과 의회절차를 엄격하게 준수하는 데 비해 상원에서는 훨씬 비공식적이며, 의원들 간의 합의에 의해 규칙을 무시하거나 제쳐놓고 절차를 변경하기도 한다.[20]

---

19) Walter J. Oleszek, ibid., pp.160-163.

20) Walter J. Oleszek, ibid., p.194.

(2) 상원의 법안 심의절차

① 상원의 의사일정 작성

상하 양원 중 상원의원이 보다 복잡한 과제를 감당해야 한다. 하원의원 수(435인)에 비해 상원의원 수(100인)가 훨씬 적을 뿐만 아니라 지역주민의 수가 훨씬 많기 때문이다. 또한 상원의원은 공중에 노출되는 기회가 많으며 국내외 정책에 대해 발언을 요구받는 경우도 빈번하기 때문이다. 인구 수가 많은 주의 상원의원이 가장 업무부담이 크다. 도움이 필요한 지역구민 수가 많을 뿐만 아니라 이들 주에서는 정치적·경제적 이해관계가 복합적으로 얽혀 있기 때문이다. 이와 같이 상원의원에게 지워진 다중적인 부담에 대응하기 위해 상원은 기관 자체적 필요뿐만 아니라 개별의원의 요구에 대응할 수 있도록 융통성 있는 의사일정 작성제도를 발전시켜왔다. 이러한 제도는 공식규칙의 규정과는 별도로 주로 실용성과 비공식적 관행에 근거하고 있다. 상원의원의 의사일정 지연과 불확실성에 대한 초조감으로 변화가 촉진되었다. 이러한 예로 상원은 월중 3주 동안 개회하고 한 주는 휴회한다. 이 제도는 상원의원은 지역구에 갈 일정을 잡고 거기서 미진한 위원회 일이나 다른 업무를 정리할 수 있어 예측가능한 업무처리가 가능하게 되었다.

하원과 달리 상원에서는 개별의원이 모두 상원의 의사일정 작성에 관여할 수 있다. 이러한 현상은 상원에 널리 인정되고 있는 상호존중(comity)과 상원규칙하에서 개별의원이 가진 권한을 반영한 것이다. 상원 본회의의 의사일정 작성방법은 하원보다 간단하고 비공식적이다. 하원이 다섯 유형의 의사일정을 만드는 데 비해, 상원은 일반법규에 관한 의사일정(Calendar of General Orders)과 행정부 의사일정(Executive Calendar)이라는 두 가지 종류의 의사일정을 갖고 있다. 모든 입법안은 중요성 여부나 쟁점여부를 막론하고 모두 전자에 할당되며, 상원의 권고나 동의를 요하는 조약과 공무원 임명은 모두 후자에 기재된다.

i) 비쟁점 법안

상원에서 비쟁점 법안은 이의유무를 물어 토론 없이 처리한다(상원에서 처리하는 법안의 98% 정도는 이의유무 표결로 처리한다는 통계가 있다). 상원 지도자들과 보좌직원들은 사전에 의원들에게 쟁점이 있는지 여부를 사전에 파악하고 작은 쟁점이라도 해소되기 전까지는 본회의에 상정하지 않는다. 비쟁점 법안들은 상원 통과에 수초 내지 몇 분 내에 처리된다.

ii) 중요 법안

위원회에서 심사 보고된 중요 법안이 본회의에 상정되기 위해서는 만장일치나 개별 동의라는 두 가지 방식 중 하나에 의한다. 이 단계에 도달하기 전에 입법안은 1일 규칙(one-day rule), 2일 규칙(two-day rule), 또는 보류(holds)에 종속된다. 1일 규칙이나 2일 규칙은 위원회 보고 후 본회의 상정을 위해 소요되는 숙려기간을 말한다. 보류는 상원의 독특한 관습이다. 상원에서는 어느 의원이 개별적으로 또는 집단적으로 어떤 법안의 본회의 심의를 중단할 것을 자기 당 지도자에게 요구할 수 있다. 물론 당 지도부는 이를 무시하고 심사를 진행할 수 있으나 의사진행 방해를 당하게 될 위협에 직면하게 될 것이다. 이러한 수단은 공중이나 정치적 관심을 거의 받지 못하는 법안에 대해 제한적인 특별한 목적에 유용할 뿐이다. 필요적 입법은 이 방법에 의해 무산시킬 수 없다.

iii) 만장일치동의 요구(unanimous consent request)

상원에서 모든 규칙이 준수된다면, 상원은 의회의 복잡한 늪에 빠져 버릴 것이다. 대신에 본회의에서는 만장일치동의로 규칙을 제쳐 놓고 신속하게 업무를 처리할 수 있다. 어느 의원이든 만장일치동의에 반대할 수 있다. 일상적인 사안이나 비쟁점 법안 처리에 사용된다. 물론 만장일치동의 합의는 어떤 수정을 금지하고 수정에 시간제한을 부여하고, 시간합의 의사진행 방해를 방지할 수 있다. 따라서 정당지도자들은 본회의에서 일어날 수 있는 다양한 절차적 위기상황을 수용하기 위해 매우 정교하고, 복잡하고, 창의적인 만장일치동의 합의 조항을 만들어 낸다. 요약하면 복합적인 만장일치동의 합의는 상원의원의 가장 중요한 두 가지 특권을 제한하는 효과가 있다. 하나는 무한정의 토론권이며 다른 하나는 본회의장에서 관련 없는 사항에 관해서도 수정안을 제한 없이 제출할 수 있는 권한이다.

iv) 시간 분할제도(The Track System)

비교적 최근에 시작된 제도로서, 상원 본회의 의사일정에 몇 개의 법안을 동시에 상정하고 지정된 시간대별로 이를 심의하는 제도이다. 이 제도는 많은 중요법안이 본회의에 계류 중이거나 특정법안에 대해 본회의에서 갈등이 연장될 때 유효한 방법이다. 이 제도 도입 전에는 의사진행 방해 중에는 상원 본회의에서의 업무처리는 중단되었다. 그러나 시간 분할제도의 도입으로 이러한 장애를 피할 수 있게 되었다. 시간 분할은 때에 따라서는 2중 분할, 3중 분할 또는 4중 분할 형식으로 운영할 수 있다. 만장일치동의 합의나 시간 분할제도는 상원의 자기 통제 수단으로 작용하고 있다.

v) 의사일정 합의 실패

정당지도자들은 만장일치동의 합의하에 법안을 본회의에 상정하도록 노력한다. 만일 상대방이 의사진행 지연을 중단시킬 표결을 보장하지 않으면 당연히 법안상정을 주저할 것이다. 만장일치동의 없는 법안 상정은 입법의 운명을 상대방의 자비에 맡겨두는 것과 같다. 상대방은 의사일정 지연(filibuster)을 포함해서 마음껏 갖가지 의사방해 전략을 구사할 수 있게 되기 때문이다. 당연히 의사일정 합의에 실패하면 법안의 본회의 상정은 미뤄질 수밖에 없다. 하원에서는 규칙위원회로부터 어떤 규칙을 적용할지 확정을 받지 못하면 중요법안이 의결될 수 없지만 상원에서는 융통성으로 인해 다양한 방식으로 법안을 통과시킬 수 있다. 어느 상원의원이든지 상원 일반법규에 관한 의사일정을 본회의에 상정하도록 동의할 수 있다(이러한 동의는 보통 다수당 지도자나 지명을 받은 의원이 하는 일이긴 하지만). 이러한 동의가 정당지도자나 위원회 지도자 그리고 의원다수의 지지를 받는다면 이러한 동의는 본회의 상정을 관철시킬 수 있다. 이 법안이 지도자들의 지지를 받지 못하는 상황이라면 상원의원은 본회의장에서 다른 법안에 대한 연관이 없는 수정안을 제출하는 방법을 쓸 수 있다. 결국 의원은 지도자들이 자신이 원하는 법안을 본회의에 상정시킬 때까지 의사진행을 지연시키거나 만장일치동의 요청에 반대할 수 있다.

vi) 요약

만장일치동의 절차의 비공식성이 결코 상원의 의사절차가 하원보다 덜 복잡하다는 의미가 아니다. 반대로 이 동의 요구는 개별법안마다 독특하기 때문에 주의와 인내를 요하며 때로는 어려운 협상 끝에 얻어내는 것이다.

제도적 특권을 의원개인의 입법에 관한 특권과 어떻게 균형을 맞추는가가 상원 의사일정 작성의 영원한 특징이라 할 수 있다. 양원에서 유사한 점은 의사일정 작성은 다수당의 핵심 기능이다는 점이다. 양원 모두 법안 심사를 상임위원회에 의존하지만 때로는 입법에 충분한 시간이 주어지지 않을 때 다수당 지도자는 위원장에게 심사를 중단할 것을 요구할 수 있다. 하원과 마찬가지로 상원에서도 위원회에서 결론을 내지 못하였거나 심사하지 못한 법안을 바로 본회의에 상정할 수 있다. 상원규칙은 위원회 해임, 규칙중지, 일반법안 의사일정에 상정, 비관련 수정안 제출 동의 방법을 규정하고 있다. 상원에서는 법안에 대한 지지 또는 반대의 강도가 상정을 결정하는 주요 요인이다. 투표 지지층이 크고 입법을 강하게 요구하는 한 결국 어떤 완강한 위원장의 고집도 꺾을 수 있다. 법안에 관한 정치적 공감대가 강하면 법안은 순항한다. 그러나 이러한 공감대가 없다 할지라도 상원규칙은 어떤 심각한 심사중단 국면에도 적용 가능하다. 능숙하게 입법을 하기 위해서는 상원에서의 본회의 심사과정에서 파생되는 절차적 역동성을 이해할 필요가 있다. 입법 주제와 규칙과 개인적 성향이 한데 어우러져 본회의 전략에 영향을 미치며 결국 법률안 산출이라는 결과를 가져온다.[21]

② **상원 본회의 절차**

상원의장은 부통령이 맡지만 가부동수일 경우 결정투표를 행사하는 이외에 일반적으로 부통령은 회의에 참석하지 않으며, 부통령 불참 시 헌법규정에 따라 자체적으로 임시의장을 선출하여 회의를 진행한다. 통상 임시의장은 다수당 소속의 최다선 상원의원이 맡는다. 실제로 매일의 회의에서는 임시 상원의장은 서너 명의 사회자를 다수당 소속 의원 중에서 선임하여 일정한 시간 동안 회의를 진행하게 한다. 따라서 어떤 임시 사회자로는 물론 임시의장도 하원의장과 같이 광범위한 정치적 영향력을 행사하지 못한다. 상원지도자들은 개별의원들과 빈번하게 접촉한다. 상원의원은 하원의원에 비해 일상적인 입법과정에서 입법을 방해하는 데 훨씬 더 큰 영향력을 행사할 수 있다. 상원은 의원 수가 적고 회의진행에 융통성이 많다. 상원은 효율적인 입법절차를 위해 사전에 이를 조율하는 데 많은 시간을 쓰며 따라서 정상적으로 작동할 수 있다.

i) **본회의장에서의 토론**

상원의원은 매우 바쁘고 의사일정 또한 꽉 차 있어서 본회의장에 3분의 1 이상의 의원이 출석하기가 쉽지 않다. 의원들 사이에 대화와 토론이 이뤄지지만 공중이 바라보는 본회의장에서 이뤄지기가 쉽지 않다. 오늘날 토론의 기능은 이슈를 공개하고 지역구민들을 대변하며, 합의점을 확인하고, 상원의 표결에 영향을 미치는 것이다.

---

21) Walter J. Oleszek, ibid., pp.198-225.

그러나 본회의장에서 토론에 의해 견해를 바꾸기는 결코 쉽지 않다. 오히려 토론은 준비된 연설을 읽거나 본회의장에서 연설하는 대신 회의록에 게재하는 형태로 존재한다. 때로는 이해관계가 첨예하게 대립되는 몇몇 의원 사이에 격렬한 토론이 벌어지기도 한다. 인격적인 비방을 면하기 위해 상원에서도 하원과 같이 토론에서 1인칭 언급(first-person references)을 금지하고 있다. 상원에서 토론은 무제한 허용되는 것으로 알려져 있으나, 다음 네 가지 경우에는 그렇지 않다. 즉 첫째, 토론을 제한하는 만장일치동의 시 둘째, 토론종결동의(cloture)가 있으면 시간이 제한된다. 셋째, 토론보류동의(motion to table)는 토론이 허용되지 않으며 본회의장 간사(floor managers)[22]에 의해 토론을 종결시키고 수정안을 부결시키기 위해 사용된다. 그러나 법안 자체에 대한 동의는 거의 없다. 왜냐하면 보류동의가 성립되면 법안 자체가 부결되는 것을 의미하기 때문이다. 마지막 자체적으로 토론을 제한하는 조항이 내재된 규정에 따라 제한하는 경우이다(1974년 예산법은 토론을 엄격하게 제한하는 조항을 다수 포함하고 있는데 예를 들어 합동예산결의(concurrent budget resolution)에 대한 수정안에 대해서는 토론시간을 두 시간으로 제한하고 있다).

ii) 만장일치동의에 의해 심의되는 법안

만장일치동의에 관한 합의 내용을 보면 주로 수정안 수를 제한하고 있으며 지정된 수정안에 대한 토론시간이 한정되어 있으며, 그 시간은 지정된 상원의원에 의해 관리된다. 법안의 최종확정일은 정하여져 있지 않지만 수정안 표결은 진행순서에 따라 행해질 것이다. 어떤 수정안은 보류, 또는 부결 동의에 메이게 된다.

처리절차에 따르면 법안은 3독회를 거친다. 만장일치동의에 관한 합의가 적용되는 법안은 공통적으로 다수당 지도자나 다수당 본회의 간사에 의해 관리된다. 관습적으로 사회자가 합의사항을 간략하게 설명하고 이 법안의 본회의장 간사를 알려준다. 간사는 법안의 내용과 그 취지를 설명하기 위해 소관위원회 또는 소위원회 위원장이 맡는다.

소수당에서도 위원회 또는 소위원회 위원 중에서 본회의 간사를 맡는데 이들도 법

---

22) 본회의장 간사(Floor manager)는 법안의 최종 통과 시까지 운영책임을 진다. 대개 각 당별로 법안을 심사보고 한 위원회 위원 중에서 각각 1인씩 선임하여 두 사람으로 구성되는데, 여러 위원회가 관련된 경우 서너 명이 맡기도 한다.

안 심사 관련해서 간략하게 언급한다. 이렇게 되면 상원은 법안에 관한 수정안을 심사하고 토론할 준비를 갖춘 것이다.

iii) 수정절차

하원과 달리 상원은 수정안 토론에 5분 제한 규칙을 가지고 있지 않다. 상원은 제한 규칙(closed rule)이 없으며, 모든 법안이 만장일치동의 합의로 규칙을 세부적으로 정하지 않으면 자동적으로 무제한 수정안 제안이 가능하다.

하원 전원위원회의 위원들과 달리 상원의원은 만장일치동의 또는 본회의 다수의 승인이 필요하지 않는 상황에서는 자기 자신의 수정안을 제출할 수 있다. 상원의원이 수정안을 제출하려면 사회자의 인정을 받아야 한다. 위원회에서 보고된 위원회 수정안은 자동적으로 본회의장에서 의원들에 의해 제안된 수정안보다 우선권을 갖는다. 상원의원은 언제나 어느 조문에 대해서는 수정안을 제출할 수 있기 때문에 다수당 지도자에 의해 만들어진 최우선 의제가 뒤바뀔 수도 있다. 의원에 의한 수정안 남발을 피하기 위해 다수당 지도자는 법안심의 또는 표결 시 의원들에게 일정한 시간을 할당함으로써 이를 조정한다.

iv) 만장일치동의에 관한 합의가 없는 법안

때때로 정당지도자들은 만장일치동의를 합의할 수 없을 때가 있다. 그 이유는 다양하다. 즉 어떤 상원의원이 격렬하게 그 법안을 반대하는데 의원 다수가 제한 없는 토론과 수정을 요구하는 경우, 몇몇 의원들이 결석한 동료의원의 이익을 대변하기 위한 관여, 정당지도자에 대한 몇몇 의원의 개인적인 감정 등이다. 이렇게 되면 법안 통과는 훨씬 어려워진다. 적어도 토론이 연장되고 수정안이 수없이 제출될 수 있다. 상원규칙하에서 회의진행에 무한정 시간이 소요된다. 더구나 의원 한 사람 또는 그 이상의 반대가 심하면 잘 알려진 무제한 토론(filibuster)이 아주 위협이 될 것이다. 보류동의(case of holds)는 침묵의 무제한 토론(silent filibuster)방법이다. 예정된 정회 시간에 임박해서 또는 회기 말에 이뤄지는 무제한 토론은 특별히 그 효과가 크다. 무제한 토론은 일반적으로 지속되는 연설로 알려져 있으나, 실제적으로는 입법을 지연시키고, 수정하고, 부결시키기 위해 적용되는 의회적인 행동전략인 지연동의가 적용된다.

이러한 전략에 대해 찬반양론이 있으나, 토론할 권리와 결정을 내려야 할 필요 사이에 균형을 찾아야 하는 문제로서 정답을 내리기 쉽지 않다. 필리버스터를 종식시키기 위해서는 토론종결동의, 30시간 상한초과, 대립되는 양측의 조정, 두 번 연설 규칙을 범하는 등 필리버스터 규칙 위반과 같은 방법이 이용된다. 두 가지 서로 연관되고 널리 사용되는 방법은 비공식적 조정 또는 공식적인 토론종결 동의이다. 결론적으로 필리버스터의 종식은 양측의 합의 여하에 달려 있다.

v) 위원회 회피절차(procedures to circumvent committees)

위원회 심사를 거치지 않는(bypassing committees) 방식은 상원에서 흔한 일은 아니나 하원에 비하면 용이하다. 하원에서는 위원회에서 심사가 지연되는 법안을 본회의에 직접 상정할 수 있는 몇 가지 절차가 있다. 이 절차 중에는 수요일 의사일정(calender wednesday)[23] 활용, 위원회 해임 청원, 규칙위원회의 절차단축권, 하원규칙절차중지 등이 포함된다. 상대적으로 논란이 없는 법안에 적용되는 '규칙 절차 중단'을 제외하고는 다른 방법은 거의 적용이 되지 않으며, 성공가능성도 희박하다. 상원에서는 최소한 다음 네 가지 기술적 방법이 활용가능하다.

㉮ 편승자(rider)로 알려진 비관련 수정법안을 이용
㉯ 하원통과 후 상원에 접수된 법안을 바로 일반법안 일정(Calender of General orders)에 등재
㉰ 상원규칙 중지
㉱ 위원회 해임(discharge)절차 적용

㉮번과 ㉯번 절차가 보다 효과적이다.

vi) 요약: 상하원 의사절차 비교

상하원의 본회의 의사절차는 유사점보다는 다른 점이 많다. 이러한 상이점은 주로 상원이 의원 수가 적고 비공식적 합의의 기회가 더 많기 때문이다. 만장일치동의 합의, 회의시간 분할제도, 의사진행 지연과 종결규칙, 비관련성 수정, 조기업무 개시

---

23) 미국 하원에서 수요일에는 어떤 위원회이건 의사일정에 없는 법안을 본회의에 상정요구할 수 있다는 관습.

(morning business), 행정부 업무 회기(executive sessions)와 같은 의사절차는 하원에서는 찾아볼 수 없다. 이에 반하여 5분 발언 규칙, 규칙위원회의 의사절차 결정, Corrections Calendar, 전자투표는 상원에서는 사용하지 않는다.

의원의 수가 많고 복잡한 하원에서는 공식규칙과 선례를 중시한다. 상원에서는 상원의원 간의 상호주의와 상호존중을 중시하는 임시방편이 널리 사용된다.

하원의 의사절차는 우회하는 방식이 거의 없고 비교적 직선적이다. 상원에서는 새로운 비상사태에 대응하고, 의원들을 포용하고, 예상하지 못했던 문제를 해결하기 위해 의사절차를 변경한다. 상원에서도 때때로 공식적인 규칙을 준수한다. 그러나 보다 일반적으로는 만장일치동의로 이 규칙을 면제하고 개별 법안에 맞춰 토론계획을 수정한다.

상원 규칙은 의원 개개인의 영향력을 중시한다. 상원의 규칙은 연기를 원하는 의원들의 편의를 위해 만들어졌다. 따라서 하원보다는 상원에서 가결을 위한 동조 의원수를 확보하기가 더 어렵다. 하원에서는 일반적으로 규칙 적용을 강제하는 원칙 때문에 정당지도자들이 다수파를 형성하고 유지하기가 용이하다. 이러한 상하원의 의사절차상의 상이점 때문에 동일한 정당이 상하원을 지배해도 때론 양원 간에 불일치가 생기기도 한다.

상원에서는 하원보다 본회의에서 법안을 수정하는 기회가 많다. 상원의원은 위원회 심사를 마친 법안에 대해 쉽게 수정안을 제출하는 분위기인 데 반해 하원의원은 위원회의 결정을 존중하는 경향이다. 의원들은 정당의 지도자들이 계획된 일정대로 안건을 처리하기 위해서 온갖 노력을 기울여야 하지만 하원에서보다는 상원이 훨씬 어렵다는 것을 인정한다.

사실상 모든 중요한 입법에 결정적인 입법중재자(legislative arbiter)는 양원협의회(conference committee)이다. 양원협의회는 양원에서 각각 선정된 의원들로 구성된 집단으로 의회의 제3원(third house of Congress)이라고 불리며 상하원에서 각각 통과된 법안의 불일치를 조정하는 역할을 한다.[24]

③ 상하원의 불일치 해소
상하원에서는 의결된 법안이 대통령에게 이송되기 위해서 법안의 내용이 일치되어

---

24) Walter J. Oleszek, ibid., pp.226-267.

야 한다. 통상적으로 법안의 상이한 점은 비공식적인 협의를 통하거나 어느 한 원에서 다른 원의 의견을 수정 없이 받아들이는 방식으로 해결한다. 그러나 주요 입법에는 통상적으로 양원이 견해를 달리하는 쟁점 조항이 포함되어 있다. 양자의 의견 차이는 양원협의회과정을 통해 조정된다. 양원협의회(conference committee)는 입법안을 심의한 양원의 위원회에서 각각 선출된 의원들로 구성된다.

협의회 위원들은 그 법안에 대해 자신들의 위원회나 개인의 의견에도 불구하고 자신들이 소속한 원의 입장을 지지해줄 것으로 기대된다. 때때로 자신들이 소속된 원으로부터 협상안을 지시받기도 한다. 협의회의 협상안은 입법절차 중 어디에선가 있었던 협상내용과 유사하게 된다. 협상과정에 전통적인 조정기술과 로그롤링(logrolling)이 적용된다. 자기가 속한 원과 다른 원이 원하는 것이 무엇인지 아는 것도 또한 중요하다. 그러나 양원 협의절차에 독특한 몇 가지 제한이 있다. 예를 들면 협상자들은 각 원에서 의결한 법안 내용의 범위를 벗어날 수는 없다.

협의회의 보고서는 다음과 같이 세 가지 중요한 이유 때문에 양원에서 받아들여진다. i) 의원들이 입법의 전 과정을 다시 반복하길 원하지 않는다. ii) 양원 합의안은 수정될 수 없다. iii) 때로 합의안은 합의안 통과에 호의적인 일정을 세울 수 있다. 당연히 협상자들은 양원의 승인을 받을 수 있는 합의안을 만들기 위해 노력한다.

입법과정의 마지막 단계는 대통령의 행위이다. 그러나 대통령의 거부권(president's veto)은 입법의 전 과정에 영향을 미친다. 대통령의 거부권을 무력화시키기 위해서는 3분의 2라는 특별 다수가 필요하다는 점이 법안의 발의에서부터 양원에서 동일한 내용으로 통과될 때까지 의회로 하여금 백악관의 입장을 염두에 두고 심사하게 만드는 요인이다. 의회는 때로는 행정부가 핵심적으로 생각하는 입법안에 대통령이 반대하는 조항을 넣어서 어떤 목표를 달성하려 한다.

법안을 입법하는 것으로 입법절차가 끝나는 것은 아니다. 법안이 법률로 성립되면, 연방정부의 새로운 계획에 포함되며, 정부 부처의 역할을 다시 정의하거나 여러 가지 계획 영역에서 연방, 주, 지방정부의 책임을 변경한다. 법에 의해서 발생되는 이러한 모든 활동은 의회가 통과된 법률의 집행과 그 효과를 측정하려 시도하게 되면 바로 의회의 갱신된 조사권의 대상이 된다. 광범위한 의회 활동의 한 영역으로 입법부의 감독(legislative oversight)이라 부른다.[25]

---

25) Walter J. Oleszek, ibid., pp.297-298.

3. 미국의회의 입법지원기구[26]

다선의원의 증가를 배경으로 하는 의회 다선경력우대주의(careerism) 형성과 상임위원회제도의 발달은 미국의회의 입법전문성 향상에 크게 기여했다. 상임위는 청문회 등을 위해 외부전문가의 협조가 필요한데 이들은 특정 이익단체와 연관을 맺고 있거나 편향성을 갖고 있는 경우가 많았다. 이에 대처하는 방안으로 1940년대 중반 이후 미국의회는 전문 입법지원조직의 확보에 노력을 경주하여 현재와 같은 방대한 체계를 갖추게 되었다. 미국의회는 이러한 의원들의 입법활동, 예산 법률 작성, 행정부 감독 활동 등을 보좌하기 위하여 상당한 규모의 의원 개인 보좌관과 위원회 참모진, 상·하원 법제실(Office of the Legislative Counsel), 의회예산처(CBO: Congressional Budget Office), 회계감사원(GAO: General Accounting Office), 의회조사국(CRS: Congressional Research Service) 등을 두고 있다.

1) 위원회 입법지원조직

미국의 경우 개인 보좌관보다 상임위원회 지원조직이 먼저 도입되었다. 상원과 하원의 모든 위원회에는 다수당과 소수당을 위한 보좌관이 함께 있으며, 이들의 법률적 지위는 전문보좌관 및 사무원으로 나뉘며 상하원규칙이나 법률로 정해진다. 위원회 지원조직 규모는 위원회의 역할이나 위상에 따라 다르지만 보통 40~70명 선이다.

위원회 지원조직의 임무는 위원회 운영에 관한 업무를 보조하며 법안의 작성과 관련된 입법보좌 업무, 정보의 분석과 조사, 보고, 청문회의 준비와 진행 등 위원회의 업무와 관련된 일을 보좌한다. 입법보좌의 경우 법안작성 및 수정과 관련한 각종 조사와 의안수정, 위원회 보고서 작성 등이 있다. 개별 의원이 아니라 전체위원회나 위원장이 다루기로 한 법안은 반드시 위원회 보좌관들이 조사·검토한다. 보좌관들은 위원회에 안건이 상정되기 전에 현행 법률이나 법원판례, 법률집행 실태 등을 조사하며, 필요한 경우 관련 지역을 직접 조사하며 해당지역의 이해당사자들의 의견을 청취하기도 한다. 또한 로비스트들과 접촉하는 등 다양한 채널을 가동해 정보를 수집한다. 이러한 조사·검토를 한 후 의원이나 위원회 앞으로 보고서를 제출한다. 위원회에서 심사가 끝날 때에는 회의 결과에 관한 보고서를 작성·제출한다. 소위원회일 경우 전

---

26) 강장석, 『국회제도 개혁론』(삼영사, 2008), pp.321-363.

체위원회에, 위원회의 경우에는 본회의에 제출한다. 이 보고서는 법안심사에 참여하지 않은 의원들의 이해를 돕기 위하여 의원들에게 배부된다.

2) 회계감사원(GAO: General Accounting Office)

우리나라 감사원과 같은 역할을 하고 있는 회계감사원은 정부정책과 사업계획의 진행 평가, 연방기금의 효율적·효과적 사용, 불법적이고 부적절한 사업활동 조사, 법률적 판단 및 여론 쟁점화 등의 기능을 수행한다.

연방정부의 예산 문제만이 아니라 주요 경제현안이나 컴퓨터 관련 보안 문제는 물론 군수물자와 관련된 현안까지 포괄하는 등 회계감사원의 역할은 증대되고 있다. 미국의회가 주요 국정현안이나 인사청문회 등과 관련해서 신속하게 대처할 수 있는 것도 그 밑바탕에는 회계감사원의 조직적 대응이 큰 몫을 차지하고 있는 것이다.

3) 의회조사국(CRS: Congressional Research Service)

미국의회는 '1970년 입법부 재조직법(Legislative Reorganization Act of 1970)'을 통해 '입법참고국(Legislative Reference Service)'을 '의회조사국(CRS: Congressional Research Service)'으로 개칭하고 이 조직의 분석, 연구능력을 확대·개편하였다. 의회는 점차 늘어가는 입법에 대한 요구와 다양한 수요를 충족시키면서도 특정 정파의 이해관계를 대변하지 않으면서, 철저하면서도 객관적이고 전문적인 입장에서 전 국민을 위한 효과적인 공공정책을 수립하기 위한 입법지원조직이 필요했던 것이다.

CRS가 수행하는 역할은 다음 두 가지로 대변된다. 첫째는, 자체의 정책조사기능에 해당하는 '연구, 분석, 정보제공(Research, Analysis, and Information)' 기능과, 둘째는, 의회에 대한 이러한 지원서비스의 홍보 및 교육과 관련된 교육훈련(Program and Training) 기능이다.

CRS의 가장 중요한 특성 중 하나가 바로 정책조사 기능이다. 연방의회 각 부문으로부터의 조사, 분석, 기타 정보제공의 의뢰에 응하는 동시에 그때마다 중요 문제를 해결한 간행물을 발행하여 학제적이고 종합적인 방법으로 정책 문제를 분석하고 있다.

특히 CRS는 입법과정과 관련하여, 새로운 법안이 제출되기 전, 입법 필요성을 평가하는 것에서부터 대통령의 승인 또는 거부를 위해 정부에 이송하기 전 최종합의과정의 기술적 지원에 이르기까지 입법과정의 전 과정에서 양원의 의원, 위원회 및 지도자를 지원한다.

CRS는 미국의회의 의원, 위원회, 직원들로부터 간단한 통계수치부터 심층적 분석을 요하는 것까지 연간 약 100만 건 이상의 자료지원요청에 회답하고 있으며, 의원 1인당 한 해 평균 약 190여 건의 입법질의에 회답하고 있다. 분석 및 조사 업무는 심층정책분석, 배경보고서, 찬반토론, 사실자료, 과학·경제·통계·군사 입법 문제의 분석, 법률연구, 입법연혁 등 의회의 모든 관심 주제에 관하여 다양한 형태로 제공되고 있다. CRS 특유의 결과물인 현안 개요(Issue briefs)는 그 분량이 최대 16페이지로 요약되어 의회의 중요한 입법자료의 하나로 활용되고 있다. 그 밖에도 각종의 CRS 보고서, '정보팩(Info Packs)', '의안초록(Bill Digest)' 등의 서비스가 다양하게 제공되고 있다.

이와 같은 의회조사국의 업무는 의회 회의록, 위원회 보고서, 상·하원 문서와 같은 의회 발간물에 활용되며, 의회조사국의 분석관들은 개인브리핑, 공공세미나 및 워크숍 등을 통해 의원이나 위원회 직원에게 직·간접으로 연구성과를 구두로 제공하기도 한다.

4) 의회예산처(CBO: Congressional Budget Office)

CBO는 1974년 '의회예산 및 집행정지통제법(Congressional Budget and Impoundment Control Act)'의 제정으로 1975년 설립되었다. 미국의회는 재정통제권을 강화하기 위해서 행정부의 관리예산처(OMB: Office of Management and Budget)와 같은 수준의 정보수준과 분석능력을 갖춘 기관을 설립하기로 결정했고 그 결과 탄생한 것이 CBO이다.

CBO는 설립 때부터 거시경제 및 예산 분석을 담당하는 부서(거시경제 분석국, 조세분석국, 예산분석국)와 부문별 사업분석을 담당하는 부서(미시경제 및 금융연구국, 보건 및 인적자원국, 국가안보국)로 분리된다.

CBO의 기능을 살펴보면 경제 예측과 전망을 위해 GDP, 실업률, 인플레이션, 이자율 등을 포함하여 1년 6개월 내지 2년 후의 예측치를 전망하고 2년을 넘는 경제예측은 하지 않는다.

예산의 기준선 추계를 의회에 제공한다. CBO의 예산 전망의 목적은 각종 조세 및 세출 관련 법의 변동으로 인한 영향을 추정하여 의회에 제공하는 데 있다. 또한 대통령의 예산안 제안서를 분석하여 의회에 제출함으로써 대통령이 제출한 예산안이 미치는 영향을 예산위원회 및 다른 위원회가 판단하는 데 도움을 준다. CBO는 상임위원회가 제시한 법안이 예산에 미치는 영향을 지속적으로 추적, 기록하여 전체 예산 규모가 예산결의안의 한도를 넘지 않는지를 점검한다. 연방의 위임명령(federal mandate) 법안이 주정부, 지방정부 등과 민간부문에 미치는 영향을 분석하여 상임위원회에 보고한다.

CBO는 연방예산 및 경제에 영향을 미치는 특정사업이나 정책들을 분석할 의무가 있다. 대부분의 경우 위원회 위원장이나 소수당 간사(Ranking Minority Member)가 요청한다.

CBO 분석관들은 법안을 분명하게 이해하기 위해 위원회 직원들과 긴밀한 관계를 유지한다. 대개 위원회가 법안을 의결하기 전에 법안이 예산에 미치는 효과에 관해서 위원회와 CBO 직원들 간에 많은 토의가 이루어진다.

요약하면 1974년 「의회예산 및 집행정지통제법」으로 의회 예산심의 회계가 강화되면서 1975년 CBO가 설립되었다. 이 법의 핵심은 예산위원회를 두어 의회가 세입·세출예산 총액 증가에 대한 확실한 통제체제를 구축하여 재정건전성을 확립하는 것이다. 따라서 의회는 행정부로부터 독립적인 기구가 추계한 세입·세출 및 재정수지 전망자료와 법안비용 분석 자료를 필요로 했고, CBO가 이 역할을 담당한다. 1970년대 이후 재정적자가 심화되었기 때문에 CBO에 대한 의회의 수요도 커지게 되었다.

II. 영국의회의 입법과정

1. 영국의 의회제도

영국은 입헌군주제 국가이나 '국왕은 군림하되 통치하지 않는다'는 명예혁명 이후의 확립된 관습에 따라 영국의 정부형태는 의원들이 내각을 구성하는 의원내각제를 채택하고 있으며, 국왕은 하원 제1당의 당수를 총리(Prime Minister)로 지명하는 것이 관례이다. 내각의 각료는 집권당 소속 하원의원 중에서 총리가 선임하며 따라서 의회와 행정부의 관계가 밀접한 것이 특징이다. 이러한 관계로 영국의 정치는 '권력융화'로 상징되기도 한다.[27]

그러나 정치과정에서 총리(내각)는 의회 해산권을, 의회는 내각불신임권을 행사함으로써 국가권력 상호간에 견제와 균형이 이뤄지고 있으며 일반적으로 이 과정에서 총선거에 의해 정권교체가 이뤄진다.[28]

영국 의회제도는 국왕의 조세권 행사를 견제하기 위해 1295년 구성된 모범의회(신분제 등록회의) 등으로부터 유래되어 세계에서 그 전통이 가장 오래된 의회주의 국가로 평가되고 있다.

영국의회는 양원제로서 귀족원인 상원(House of Lords)과 서민원인 하원(House of commons)으로 구성되어 있다. 상원은 정원 799인이며 여왕 임명 종신귀족(life peer)이 700명으로 상원의원의 다수를 차지하고 있으며, 대주교(archbishop) 및 주교(bishops)로 구성된 성직귀족 26인, 세습귀족(Hereditary) 92인으로 이뤄지며 임기는 종신직이다.

하원은 650개 지역구에서 1인씩 선출하는 소선구제를 채택하고 있으며, 잉글랜드 519인, 스코틀랜드 73인, 웨일즈 40인, 북아일랜드 18인을 각각 선출한다. 임기는 5년이다. 총리가 유리하다고 판단할 때 언제든 의회를 해산하고 총선거를 실시할 수 있다.

회기는 보통 1년 단위로 나누어지며 10월 말 내지 11월 초에 시작되고 상시국회로 운영되며(하원은 평균 160일, 상원은 평균 140일 정도 개회) 1년에 크리스마스 휴회, 성령강림절 휴회, 여름 휴회 등 5차례의 휴회기간이 있다.[29] 회기불계속원칙을 채택하고 있어 회기 중 휴회할 경우 미결된 안건의 존폐에는 영향을 미치지 않으나 회기가 종료되어 폐회되는 경우 미결된 의안은 모두 폐기되는 것이 원칙이다. 특별히 의결된 경우에는 예외적으로 소멸되지 않고 계속 존치된다.[30] 의회 운영 면에서 영국의회는 미국의회와는 달리 본회의 중심주의를 채택하고 있어 본회의에서 의안에 관해 일반적인 처리방침을 정한 다음 위원회 심사단계에서는 세부적이고 구체적 내용을 심사하며, 위원회 심사를 거친 후 수정안에 대해 본회의에서 최종적으로 심사하게 되어 있다.

---

27) 박수철, 앞의 책, p.101.

28) 제1야당은 총리 등 정부의 내각조직에 상응하는 그림자내각(show cabinet)을 구성하여 집권내각의 정책을 비판하고 감시하며 정책대안을 제시하는 등 국정운영에 참여한다. 총선으로 정권이 교체되는 경우 예비내각이 정권을 수권하는 모체가 된다.

29) 국회도서관, 앞의 책, pp.201-205.

30) 박수철, 앞의 책, p.102.

영국에서도 미국과 마찬가지로 의원만이 법률안을 발의할 수 있지만, 발의자인 의원이 정부각료로서 그 직함을 첨부해서 법률안을 제출하는 경우 정부제출법률안(Government Bills)이 되며[31] 정부각료 이외의 일반의원이 발의하는 법률안은 의원발의법률안(Private member's Bills)이 된다. 법률안은 원칙적으로 상하 양원 모두에서 발의될 수 있으나 실제로 대부분 하원에서 발의되고 있으며, 특히 예산지출이나 세제 등에 관한 법률, 재정법률안(money Bill)은 하원에서만 발의될 수 있다. 또한 양원의 의사가 합치하지 아니할 때에는 하원의 의사가 우선하는 하원 우위의 원칙이 확립되어 있다. 영국에서는 본회의 의사일정을 내각의 수상실에서 작성하고 있으며 따라서 의원발의법률안보다는 정부제출법률안이 우선적으로 심사되고 있다. 의원발의법률안 중 의회에서 법률안 발의권을 추첨으로 할당받아 발의된 법률안(Balloted Bill)은 상대적으로 심의시간 확보에 유리하다.[32]

2. 입법과정

1) 법률안의 입안과 제출

(1) 정부제출법률안 입안

영국의 정부제출법률안은 의사·입법위원회의(Parliamentary Business and Legislation Committee)의 입법계획(legislation plan)에 의해 조정·확정된다. 입법위원회는 각 부처에 매년 회기 초 다음 회기에 제출 예정인 법률안의 등록을 신청한다. 입법위원회에서는 신청된 법률안에 대해 입법의 필요성, 법안의 정치적 내용과 긴급성, 입안 작업의 진척 상황과 향후 방향, 협의(consultation)와 사전심사(pre-legislation scrutiny)를 위한 법률안 초안의 공표여부 등을 고려하여 평가한 후 입법계획의 내용에 관해 내각에 권고한다.

입법위원회에서 부처의 입법계획의 주요 원칙이 승인되면 해당 부처는 타 부처에

---

31) 박수철, 앞의 책, p.105.
32) 추첨과정을 통해 발의된 법률안은 압력단체 등의 제안을 받거나, 정부입법으로 추진하기 곤란하거나, 입안을 위한 시간부족 등의 경우 이 방식으로 발의됨으로 인해 입법화 가능성이 상대적으로 높다(박영도, 앞의 책, p.353).

이를 통보하여 부처 간 협의를 시행함과 동시에 이해집단 등을 통해 의견수렴 절차를 거친다. 각 부처는 입법계획의 시안을 녹색문서(Green paper)로서 발간하여 여론을 수렴한다. 녹색문서(Green paper)는 협의문서(consultation paper)라고 부르며 일반 국민이나 다른 행정기관에 대해 해당 부처의 정책 및 그 실현을 위한 입법구상을 대략적으로 제시하는 것이다. 이 녹색문서(Green paper)에서 제시된 내용에 관한 의견수렴 등을 정리하여 정부의 정책내용 및 그 실현을 위한 구체적인 내용과 입법조치 계획을 담은 백색문서(White paper) 또는 지시문서(Command paper)를 발간한다. 이와 같이 부처의 입법계획이 정리되면 법률안을 기초하기 위하여 내각의 입법 담당관실에 법률안 작성을 의뢰한다. 정부제출법률안에 관한 입법계획이 확정되면 내각사무처(Cabinet office)는 이를 정리하여 매년 의회의 회기 초에 의회에서 행하는 여왕연설(Queen's speech)을 통해 정부제출법률안에 관한 그 대강을 제시 한다.[33]

(2) 의원발의법률안의 발의

일반의원이 법률안을 제안하기 위해서는 첫째, 추첨에 의해 심의시간을 확보하여 법률안을 제안하는 방법이 있다. 이 방법에 의하면 20명의 의원에게 법률안을 발의할 기회가 주어진다. 둘째, 하원의 승인을 받지 않고 사전에 통보만 함으로써 제안할 수 있는 방법이 있는데 이 방법에 의할 경우 의원 모두가 합의하는 법률안이 아닌 한 통과될 가능성은 거의 없다고 볼 수 있다. 셋째, 회의에서 다수표를 획득하는 방법이 있다. 이는 회의 시작 전에 10분간의 연설기회를 활용하여 법률안을 소개한 다음 반대가 있을 경우 표결에서 이기면 정식으로 제출하는 방법이다. 이 방법에 의할 경우에도 법률안이 의회를 통과할 가능성은 매우 적다. 따라서 의원발의법률안이 의회에서 의결되기 위해서는 첫 번째 방법이 가장 효과적이라고 할 수 있다.[34]

---

33) 박영도, 앞의 책, pp.301-308 참조.
34) Paul silk, *How Parliament Works* (London: Longman, 1987), pp.114-119 참조; 임종훈, 앞의 책, p.51 재인용.

3. 법률안의 심의

영국의 입법과정은 법률안의 성질에 따라 그 심의절차를 달리하며 그 심의절차도 매우 복잡하고 다단계과정으로 이뤄지고 있다. 의회에서의 입법과정은 본회의 중심주의로 본회의에서 삼독회제(Three Reading)에 의해 심의되며 상하 양원에서 같은 단계를 거쳐야 한다. 즉 제1독회(First Reading) → 제2독회(Second Reading) → 위원회 단계(Committee Stage) → 보고단계(Report Stage) → 제3독회(Third Stage)의 다섯 단계를 거친다.

영국의회에서의 법률안은 그 성질에 따라 공적법률안(Public Bill), 사적법률안(Private Bill) 및 혼성법률안(Hybrid Bill)으로 나눠진다. 공적법률안은 국가의 일반적인 정책에 관한 내용을 담고 있으며, 주로 사회 전체에 영향을 미치고 있다. 전국을 적용지역으로 한다. 대개 범죄, 건강보건, 도로안전, 산업의 국유화 등과 같은 공공정책과 관련 있는 법률안이다. 공적법률안은 정부가 제출하거나 의원이 발의할 수 있다. 그러나 공적법률안 가운데 재정상의 수입·지출의 개정을 수반한 법률안을 금전 법률안(money bill)이라고 하는데 이는 정부만이 제출할 수 있다.[35]

사적법률안은 개인, 지방공공단체, 사기업 등에 특정의 권한 또는 이익을 부여하는 특수한 의안이다. 사적법률안은 의원이나 정부에 의해 제출되는 것이 아니라 입법을 희망하는 당사자에 의해 사적법률안의 제출허가를 요구하는 청원을 첨부하여 제출되며 특수한 절차에 따르는 법률안이다. 혼성법률안이란 공적법률안과 사적법률안의 성격을 동시에 지닌 법률안으로서 비록 그 법률안이 정부나 의원에 의해서 제출되었다 하더라도 특정한 면에서 개인이나 단체의 사적권리에 영향을 미치는 법률이다. 이러한 혼성법률안은 주로 정부에 의해 제출되나 이러한 법률안을 식별하기는 매우 어렵다. 혼성법률안은 주로 특별위원회(select committee) 등에서 특별한 절차에 의해 심의된다.[36]

---

35) 임종훈, 앞의 책, p.48.
36) 박영도, 앞의 책, pp.382-383.

1) 하원에서의 심의절차

(1) 공적법률안의 경우

i) 제1독회

법률안이 하원에 제출되면 본회의에 회부된다. 제1독회에서는 본회의장 의사관 (clerks at the table)에 의해 법률안의 제명이 낭독되고 법률안에 대한 토론이나 투표 가 없는 형식적인 절차이며 제2독회의 기일을 지정한다. 의원입법의 경우에는 법률안 의 찬성자, 반대자가 각각 10분씩 발언(Ten minute Rule Bill)하는 것을 허용하기도 한다.

ii) 제2독회

법률안에 대한 제1독회가 종료되면 2주 이내에 본회의 2독회에 회부된다. 2독회에서 는 법률안의 취지 및 일반적인 내용에 관한 설명을 하고 정당 간의 논쟁도 벌어진다. 이 단계는 법률안의 가결 여부와 관련하여 매우 중요하다. 법률안의 취지를 달성하기 위한 다른 대안 등 법률안의 원칙에 관한 대체토론이 이뤄진다. 그러나 법률안의 조문 별 구체적 내용에 관한 수정안 토론 등은 위원회 단계 또는 보고단계에서 이뤄지므로 이 단계에서는 논의되지 않는다. 야당이 법률안에 반대하는 경우 2독회에서 반대 투표 를 하거나 반대하는 내용의 수정동의 또는 일정 기간 2독회를 연기하는 수정동의를 제 출할 수 있다. 이 동의안이 가결되면 더 이상 심의절차가 진행되지 않는다. 그러나 제2 독회에서 법률안이 부결되는 일은 거의 없다. 그리고 모든 법률안이 2독회를 거치는 것은 아니다. 즉 문제가 없는 법률안은 토론 없이 2독회를 마칠 수 있으며, 스코틀랜드 나 웨일즈에 전속적으로 관련되는 법률안에 대해서는 전담위원회에서 제2독회를 할 수 있다.[37] 또한 제2독회 토론 후 심의일정 동의안(programme motion)이 정부에 의해 제안되며, 토론 없이 표결에 부쳐지고 거의 가결되는 경향이다.[38] 이는 법률안을 심사 일정 계획에 따라 신속하게 처리하려는 수단으로 도입되었다.

---

37) 이론상 가능하나 실제로 전담위원회가 아닌 하원본회에서 제2독회를 해왔다. 문제풍, "영국의회 의 입법과정," 『국회보』(2005), p.11, p.104.

38) 박수철, 앞의 책, p.107.

iii) 위원회 심사

법률안이 본회의에서 2독회를 통과하면 상임위원회[39] 심사에 회부된다. 위원회 심사에서는 법률안의 조문에 관하여 상세하게 심사하며 문언 등의 수정이 이뤄진다. 그러나 본회의 2독회를 거친 법률안에 대해서는 위원회 차원에서 본회의에서 결정된 원칙을 거슬러 수정하거나 중요한 조문을 삭제할 수 없고 법률안 자체를 폐기시키는 결정을 할 수 없다. 이것이 영국의회가 본회의 중심주의를 채택하고 있는 특징이라 하겠다.

상임위원회 이외에도 의원들의 동의를 의결하는 경우 전원위원회(Committee of the Whole House), 특수상임위원회(예컨대 Scotland Grand Committee) 또는 특별위원회(Select Committee) 등에 법률안을 회부하여 심의할 수 있다. 특히 전원위원회는 의원 전원이 구성원이 되며 주로 헌법적으로 매우 중요한 내용의 법안이나 긴급한 심사가 필요하거나 이의가 거의 없는 법안을 심사대상으로 한다.

iv) 본회의 보고

상임위원회 심사가 완료된 법률안은 본회의에 보고된다. 보고단계에서는 법률안이 법률안 전체로서 논의되며 축조심사되지는 않는다. 그러나 상임위원회 심사에 참석하지 아니한 의원들에게 의견표명과 수정제안의 기회가 주어진다. 보고단계에서 모든 수정안이 처리되고 심의를 마치면 의장은 바로 제3독회 동의를 제안하거나 제3독회 일자를 지정한다.

전원위원회에서 수정 없이 보고된 법률안은 바로 제3독회가 이뤄지거나 제3독회 일자를 정하게 되며, 수정 의결된 경우에는 제3독회 일자를 별도로 정하여 심의하는 것이 일반적이다. 상임위원회에서 보고된 법률안은 본회의에서 날짜를 정하여 심의되며, 특별위원회에서 보고된 법률안은 통상적으로 전원위원회에 재회부된다.[40]

---

39) 상임위원회는 16~50인으로 구성되며 명칭과는 달리 법률안이 제출되는 경우 그 법률안을 심사하기 위해 구성되며 심사를 완료하면 해체된다. 이에 비해 특별위원회는 오히려 어떤 정책을 개발하거나 조사하기 위하여 장기간 구성된다는 점에서 우리나라의 상임위원회 구성과 유사하다. 상임위원회는 2006~2007 의회 회기 때부터 일반위원회(General committee)로 명칭이 바뀌었으며 그 후 공적 법률안 위원회(Public Bill Committee)로 불리고 있다(박수철, 앞의 책, p.107). 그러나 본서에서는 이해의 편의를 위해 상임위원회라 칭한다.

40) 임종훈, 앞의 책, pp.53-54.

v) 제3독회

본회의 및 위원회 단계를 거쳐 수정 또는 원안대로 심사된 법률안에 대해 최종적으로 하원의 의사를 결정하는 단계이다. 제3독회에서는 자구수정(verbal amendment) 이외의 수정은 할 수 없으며, 일반적으로 가부(可否)의 의사를 결정하는 절차로 진행된다. 하원에서 의결된 법률안은 상원에 송부된다.

(2) 사적법률안의 경우

사적법률안은 그에 대한 청원이 제출되면 먼저 청원심사관으로부터 관련 의사규칙에 따라 청원이 소정의 구비요건을 충족시키는지 심사를 받게 된다. 이때 청원인이나 그 대리인은 구비요건에 관한 입증책임을 진다. 청원이 심사를 거쳐 본회의에 제출되면, 제1독회를 거친 것으로 간주된다. 제2독회에서는 청원으로 제출된 법률안에 대한 토론이 이뤄진다. 제2독회에서 반대의견이 없는 법률안은 위원회에 회부되어 심사되며, 이때는 법률안이 공익에 반하는지 여부에 대해서만 심사된다. 반대의견이 있는 법률안에 대해서는 특별위원회에 회부하여 민사재판과 같은 준사법적 절차에 의해 심사가 이뤄진다.

사적법률안에 대한 위원회 심사가 완료되면 제3독회에 회부되고 최종 의결되면 상원으로 송부된다.[41]

2) 상원에서의 심의절차

상원의 심의절차도 3독회를 거치는 등 하원의 심의절차와 유사하다. 그러나 상원에서는 제2독회 후에 법률안을 상임위원회 대신 전원위원회(Committee of the Whole House)에 회부한다. 따라서 상원에서는 전원위원회에서 법률안 또는 수정안에 대한 실질적인 심사가 이뤄진다. 상원에서는 하원과 달리 제3독회에서도 수정안을 제출할 수 있으며,[42] 논쟁법안에 대해서는 토론이 이뤄지기도 한다. 상원에서는 많은 법률안에 대해 수정이 이뤄진다. 대부분 정부의사에 의해 이뤄지며 사소한 내용이어서 하원에서 이를 수용하게 된다. 그러나 상원에서 야당의 수정안을 받아들인 수정안이 의결되고, 하원에서 이를 수용하지 않는 경우에는 하원은 이유서를 첨부하여 상원에 대해

---

41) 임종훈, 앞의 책, pp.54-55.
42) 문제풍, 앞의 글, p.129.

재고를 요구하게 된다. 상원에서 법률안이 부결되는 사례는 거의 없다. 그러나 부결된 경우 하원은 1949년 의회법에 따라 1년 후에 그 법률안을 자동적으로 성립시킬 수 있다. 따라서 상원의 부결은 법률안 성립을 1년간 지연시킬 따름이다.[43] 상하원 간 이송이 되풀이되면, 이른바 양원 간 합의에 실패하면 해당 법률안은 원칙적으로 폐기되나 예외적으로 하원은 상원의 동의 없이 법안 통과가 가능하다.

상원의 심의는 하원과의 관계에서 몇 가지 제약을 받게 된다. 첫째, 하원의 재정특권(Financial privilege)에 따라 재정관계법률안은 하원에서 먼저 심사가 이뤄진다. 세출법률안(supply Bills)에 대해 상원은 수정을 할 수 없으며, 금전법률안(Money Bills)도 하원의장이 지정한 법률안은 1개월 이내에 하원에 반송하여야 한다. 만약 그 기간 내에 상원의 심사결과가 회송되지 않으면 상원의 동의 없이 국왕의 재가를 받을 수 있다. 둘째, 공적법률안이 연속 2회기에 걸쳐서 동일한 내용으로 하원에서 의결되고 적어도 회기종료 1개월 전에 상원에 송부되어 상원에서 부결된 경우에는 상원의 의견에도 불구하고 국왕의 재가를 받아 공포할 수 있다는 점이다. 상원의원은 하원의원과 달리 선거구를 관리하지 않아도 되므로 하원의원에 비해 법률안 심사에 많은 시간을 할애할 수 있다. 따라서 하원에서 먼저 중요 법률이 심사된다. 심사기간의 제약으로 세심하게 심의가 이뤄지지 않은 법률에 대해 상원에서 재검토할 기회를 갖게 되며, 정치적 쟁점이 없는 기술적인 법률에 대해 상원에서 먼저 상세히 검토한 후 하원에 송부하는 경우 하원은 이를 바탕으로 효율적인 심사를 할 수 있다는 점 등이 상원의 존재가 가져오는 제도상의 장점이라 할 수 있다.

3) 법률안의 승인·공포

법률안이 양원에서 의결되면, 상원의장(Lord Chancellor)은 국왕의 승인(Royal Assent)을 받기 위해 국왕에게 송부한다. 국왕은 법적으로는 승인을 거부할 수 있으나 1707년 이후 법률의 승인을 거부한 예가 없다. 법률이 국왕의 칙허장(勅許狀 Letter Patent)에 의해 승인되면 상하원의장은 이를 의원들에게 통지함으로써 입법절차가 마무리된다.

---

43) Evans Paul, *Handbook of House of Commons Procedure*, 4th ed. (London, 2003); 박영도, 앞의 책, p.386 재인용.

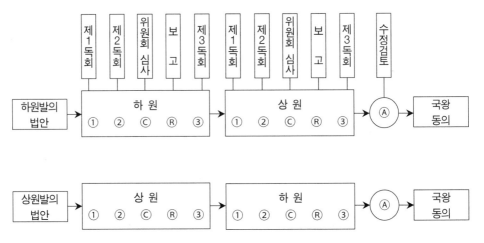

〈그림 3-3〉 영국의회 입법과정

자료: 국회도서관, 앞의 책, p.209

4. 영국의 법제기구

영국의 입법과정에서는 정부제출법률안을 우선적으로 심사하며 의회에서 의결되는 법률의 대부분을 차지한다. 또한 정부제출법률안은 내각과 의회의 여당지도부가 합의하여 입안된 법률안이어서 만약 의회에서 부결이 된다면 이는 의회의 내각불신임으로 간주되고 수상의 의회해산으로 이어지는 여당의 분열을 초래하게 된다. 따라서 내각의 입법안작성은 의원발의법률안에 비해 정교한 검토과정을 거친다.

1) 내각의 법제기구

(1) 의사·입법위원회(Parliamentary Business and Legislation committee)

영국의 내각은 당해 회기에 의회의 심사를 거쳐 통과시킬 법률안의 목록을 입법계획(Legislative program)으로 수립하는 제도가 있다. 이 입법계획은 내각의 의사·입법위원회에서 수립한다. 내각의 입법위원회는 여당과 내각이 일체화된 유형으로서 하원 원내총무(위원장)와 상원 원내총무, 법무부 장관 등 13명으로 구성된다. 내각은 한 회기에 대략 30건 정도의 법률안 목록을 가진 입법계획을 확정한다. 입법위원회는 각 부처로부터 다음 회기에 제출 예정인 법률안의 등록신청을 받고 위원회가 정한 심사기준에 따라 입법의 필요성, 정치적 우선순위, 법안의 준비상황 등을 고려하여 평가하고 입법계획 내용에 대해 내각에 권고한다. 입법위원회는 현재의 입법계획을 내각을 대신하여 관리할 뿐만 아니라 차기 입법계획의 전략적 관리에 대해 내각에 조언한다. 즉 입법위원회는 내각의 법률안 준비에 있어서 언제 법률안을 의회에 제안할 것인지 판단하여 매 회기 전에 이를 결정한다.

(2) 법제관실(Parliamentary Counsel Office)

영국에서 정부제출법률안의 기초를 담당하는 기구는 내각사무처(Cabinet Office)에 설치되어 있는 법제관실이다. 법제관실은 정부제출법률안의 형식, 표현 등 조문작성에 관한 입법기술적인 부분뿐만 아니라 정부의 모든 법률안을 기초하기 때문에 각 부처 상호간의 의견을 통합, 조정하는 기능을 한다. 법제관실에는 법정변호사(Barrister) 또는 사무변호사(Solicitor)의 자격을 가진 법제관(Parliamentary Counsel)이 상근 직원으로 60인 정도의 인원이 채용되어 있다.

법률안을 제출하고자 하는 부처는 법제관실의 수석법제관(First Parliamentary Counsel)에게 법률안 기초를 위한 안내서(instruction)를 발송한다. 이 안내서에는 입법의 배경, 목적, 입법목적 달성을 위한 수단, 입법의 법적·사회적·행정적 영향과 예상되는 문제점 등 입법 자료에 관한 정보가 제시된다. 수석법제관은 2~3인의 법제관으로 팀을 구성하여 당해 법안 기초업무를 배당한다. 각 팀은 내각의 주무부처와 상호 협의하여 법률안을 기초한다.[44]

2) 의회의 법제지원기구[45]

영국의회에는 법률안의 기초와 심사를 전문적으로 지원하는 기구는 두고 있지 않지만, 접수된 공적법률안의 의회 내에서의 심사경과에 따라 보고서를 작성하는 등 진행업무를 담당하는 공적법률안 법제실(Public Bills Office)과 사적법률안 청원이 제출되는 경우 이를 사전에 검토해서 사적법률안 형식의 초안을 작성하는 업무를 담당하는 사적법률안 법제실(Private Bills Office)이 있다.

---

44) 박영도, 앞의 책, pp.330-332 참조.
45) 임종훈, 앞의 책, pp.58-59 참조.

III. 독일의 입법과정

1. 독일의 의회제도

독일은 16개 란트(주)로 구성된 연방국가이며, 연방정부 형태는 의원내각제를 채택하고 있다. 행정부의 수장인 연방총리는 대통령의 제청으로 다수당의 당수가 연방의회에서 선출되며, 연방대통령은 국가를 대외적으로 대표하고, 연방총리지명과 연방공무원 임면권 등 제한적이고 상징적 권한만 가진다. 대통령 선거인단인 연방회의(Bundesversammlung)에서 선출되며 임기는 5년이다.

연방입법권을 연방의회(Der Bundestag)[46]와 연방참의원(Bundesrat)[47]이 행사하는데, 이 두기관은 미국의 상·하원처럼 하나의 입법부를 구성하는 것이 아니라 기본법에 의해 각각 독립된 연방의 최고기관이다.

독일의 입법과정은 연방정부(Busdesregierung), 연방의회(Busdestag), 연방참의원(Bundesrat)과 상호협력하에 이뤄지는 매우 독특한 방식을 취하고 있다. 즉 연방의 법률은 연방의회에서 의결되나 법률이 최종적으로 성립하기 위해서는 연방참의원의 협력을 얻어야 한다. 독일의회의 입법심의 절차는 본회의 중심주의인 영국과 상임위원회 중심주의인 미국의 절충형이라 할 수 있다. 연방의회에서 법률안 심사는 영국의회와 같이 3독회 과정을 거치나, 제2독회 후에 위원회에 회부되는 영국과는 달리 본회의에서 제1독회를 마치면 위원회에 회부된다. 또한 위원회 심사과정이 미국의회와

---

46) 연방의회는 정원 598인으로 299석은 소선거구별 단순 다수제로, 나머지 299석은 16개 란트(州) 단위로 작성된 정당별 비례대표제로 선출한다. 후보자는 지역선거구와 정당명부 비례대표선거 양쪽에 후보로 등록할 수 있다. 연방의회는 입법권 이외에도 연방총리 선출권 및 불신임권, 연방상원의 동의를 요(要)하지 않는 법률안에 대한 재의결권 등을 가진다.

47) 연방참의원은 전체의석 69석 중 16개 란트(州)의 인구 규모에 따라 3석 내지 6석 배분된다. 참의원의 의원은 각 주의 총리나 장관 등 16개 주정부에서 임명하는 인사가 그 역할을 수행한다. 정식참의원(Full members) 이외에도 대체의원(alternative members)제를 인정하고 있어, 대체의원이 표결권 등 정식의원의 권한을 행사할 수 있다. 연방참의원은 각 란트(州)정부가 연방정부나 연방의회의 행정이나 입법에 관여하기 위하여 성립된 기관으로 연방정부가 제출하는 법률안에 대한 우선적 심사권을 가지며, 연방의회에서 의결한 법률안에 대한 거부권 및 이의제기권을 가진다.

같이 실질적으로 중요한 입법과정이다.

2. 입법과정

1) 법률안 발의

독일의 기본법에 의하면 법률안을 발안하여 연방의회에 제출할 수 있는 권한은 연방의 3개 기관 즉, 연방정부, 연방참의원 및 연방의회 의원이 가지고 있다. 법률안 발의와 관련하여 국가 전체의 이익을 고려해야 하는 연방정부와 각 지방의 이익을 대변해야 하는 연방참의원과의 관계가 매우 독특하다. 연방정부가 연방의회에 법률안을 제출하기 위해서는 먼저 연방참의원의 심의를 받아 그 의견을 첨부하여 연방의회에 제출하여야 한다. 연방참의원이 법률안을 발의하기 위해서는 반드시 연방정부를 경유하여야 하며 이 과정에서 연방정부는 자신의 의견을 첨부하여 법률안을 연방의회에 제출한다.

연방의회에 제출되는 법률안의 거의 대부분은 연방정부가 발안하고 있다. 정부가 의회보다 다수의 법안을 발안하는 이유에 대한 설명은 다양하나 독일 헌법이 미국처럼 권력분립의 원리를 엄격하게 적용하지 않고 있기 때문으로 보인다.

(1) 연방정부 법률안

연방정부가 내부 심의를 통해 법률안을 확정하면 먼저 이를 연방참의원에 송부하며, 연방참의원은 담당위원회를 정하여 이를 심의하게 한 후 본회의 표결로 이 법률안에 대한 연방참의원의 의사를 결정한다. 참의원으로부터 결정된 의사를 전달받으면, 연방정부는 의견을 첨부하여 법률안을 연방의회에 제출한다.

연방참의원이 그 법률안에 대해 거부하는 경우 그 의사를 존중하여 법률안을 철회하거나 거부의사에도 불구하고 법률안을 연방의회에 제출할 수 있다. 그러나 연방정부가 연방참의원의 태도 결정에 부합하도록 수정하는 것은 허용되지 않는다.

연방참의원은 연방정부로부터 법률안을 접수받으면 6주 이내(긴급 의사표시의 경우 3주, 기본법 개정안 등 예외적으로 9주가 허용되는 법률안도 있다)에 의견을 표명하여야 하며[48] 이 기간 내의 참의원의 의견표명이 없으면 연방정부는 참의원의 의견표명을 기다리지 않고 스스로 법률안을 연방의회에 제출할 수 있다.

(2) 연방참의원 법률안

연방참의원이 발안하는 법률안은 연방참의원에 대표를 보내고 있는 란트(州)정부에 의하여 작성된다. 연방참의원으로부터 제출되는 법률안의 비율은 연방의회 다수파와 연방참의원의 다수파가 일치하는 경우에는 비교적 적고 그렇지 않은 경우에는 증대하는 경향이다.[49] 연방참의원이 발안한 법률안은 연방정부를 경유해서만 연방의회에 송부할 수 있다. 연방정부는 연방참의원이 발안한 법률안을 송부받은 후 6주 이내에 당해 법안에 연방정부의 의견을 붙여 연방의회에 제출하여야 한다(참의원으로부터 긴급표시가 붙은 법률안은 3주 이내, 기본법 개정안 등 예외적인 법률안의 경우 9주 이내에 제출할 수 있다).

(3) 연방의회 법률안

연방정부나 연방참의원의 법률안 발안권이 기관의 권한인 데 반해 연방의회의 법률안 발의권은 연방의원 개개인에 속해 있다. 연방하원의원이 법률안을 발의하기 위해서는 교섭단체 또는 교섭단체 구성에 필요한 연방의원의 5%(2012년 6월 현재, 31인) 이상의 의원 서명을 받아야 하는데 이는 실현가능성 없는 법률안이 남발되는 것을 예방하려는 데 그 목적이 있다.[50]

2) 교섭단체 사전검토 및 원로평의회의 의견조정

발의된 법률안이 교섭단체에 배부되면, 각 교섭단체에서는 하부조직이나 실무진으로 하여금 이를 사전에 검토하게 한다. 이 사전검토를 통해 해당 법률안의 시급성 여부, 본회의 1독회 회부 시기, 발언자, 보고자 등 법률안 심의를 위한 교섭단체 차원의 대책을 검토하게 된다. 교섭단체에 의한 사전검토가 끝나면, 연방의회 원로평의회에서 본회의 제1독회 회부일자를 결정한다. 원로평의회는 의장, 부의장, 및 각 교섭단체에서 지명한 23인의 의원으로 구성되며, 의장의 원활한 의회 운영을 위해 의사일정 작성, 교섭단체별 위원회 위원 배분 등에 관해 각 교섭단체간의 의견을 수렴, 조정하는 역할을 한다. 원로평의회의 결정이 법적인 구속력은 없으나 대부분 연방의회에

---

48) 박영도, 앞의 책, p.151.

49) 박영도, 앞의 책, p.358.

50) 박수철, 앞의 책, p.149.

의해 수용된다.

3) 법률안의 심의·의결

(1) 연방의회에 의한 제1독회

연방법률은 연방의회에서 의결(기본법 제77조 1항)되며, 연방의회에서는 접수된 법률안에 대해 3독회 등 심의절차를 거쳐 가부(可否)를 결정한다. 본회의 제1독회는 총론적 심의절차이다. 법률안 제출자로부터 취지 설명이 있고 교섭단체에서도 소속 정당의 총괄적 의견 개진이 이뤄진다. 원로평의회, 교섭단체 또는 연방의회의원 5%의 요구가 있으면 1독회에서 일반토론이 이뤄지나, 일반토론에서는 법률안의 기본 원칙에 대해서만 토론하며 수정동의는 이뤄지지 않는다. 따라서 토론의 의미는 자신들의 견해를 관철시키려 하기보다는 오히려 시민이나 여론에 자신들의 입장을 알리려는 데 있다고 볼 수 있다. 제1독회에서는 법률안 자체에 대해서는 어떤 표결도 이뤄지지 아니하고 위원회에 회부할 것인가의 여부만 결정한다.

(2) 연방의회 위원회 심의

본회의 제1독회가 끝나면 그 법률안은 연방의회의 예비적 의결기관인 위원회에 회부된다. 법률안의 내용이 2개 이상의 위원회에 관련되어 있는 경우 주관위원회를 결정하여야 한다(연방의회의사규칙 제80조 제1항). 법률안이 어느 위원회에 회부되는지는 법률안의 성립 여부에 크게 영향을 미치므로 이익단체 등은 관심 법률안이 자신들에게 유리한 위원회에 회부되도록 노력한다. 주관위원회는 본회의에 법률안의 가결, 수정, 부결 등의 의견을 권고하며, 관련위원회는 주관위원회와 협의하여 특정 문제에 관하여 의견을 개진한다.[51]

위원회의 심사는 보고, 일반토론, 축조심사, 위원회심의 결과보고의 순서로 이뤄진다. 위원회는 소위원회를 구성하여 일정한 임무를 부여할 수 있다. 일반토론에서는 연방참의원, 연방정부 구성원 및 그 위임을 받은 자들이 출석, 발언할 수 있다(기본법 제43조 제2항). 일반토론 중에 특별한 안건에 대하여 언론, 이익집단 및 이해관계가 있는 정당 등이 참여하는 공개토론회를 개최할 수 있다. 축조심사에서는 수정안이나

---

51) 박영도, 앞의 책, p.397.

다른 동의안을 제출할 수 있다. 위원회 심의가 완료되면 제2독회에 위원회 심의결과를 보고한다. 위원회 회의는 원칙적으로 비공개이나, 일정한 안건 또는 안건 일부에 대해 공개여부를 결정할 수 있다.

(3) 연방의회에 의한 제2독회

본회의 제2독회에서는 위원회에서 보고된 수정안을 대상으로 심의한다. 위원회의 심의결과를 보고받은 후 이를 그대로 채택할 것인지, 반대할 것인지 또는 수정할 것인지 결정한다. 수정하기로 결정하면 먼저 개별 조문에 대한 축조심사를 하고 이어서 법률안의 제명 및 전문에 관하여 총론적으로 심의한다. 이때 수정동의안이 제출되어 위원회 수정안이 수정되기도 한다. 축조심의가 종료되면 표결이 행해진다. 표결은 수개의 조문별로 또는 전부에 대해 일괄하여 실시할 수 있다. 기본법 제59조의 제2항에 의한 외국과의 조약 및 이와 유사한 조약은 일괄하여 표결에 붙인다(동조 제4항).

(4) 연방의회에 의한 제3독회

제2독회에서 법률안에 대해 아무런 수정없이 의결한 경우 제2독회 종료 후 바로 3독회를 개회하지만, 수정안이 가결된 때에는 새로운 수정안이 인쇄되어 배포된 후 2일 후에 개회된다. 그러나 2독회에서 수정안이 채택된 경우에도 출석의원 3분의 2의 찬성이 있으면 곧바로 제3독회를 개회할 수 있다. 제3독회의 목적은 법률안을 보다 완전하게 수정하고 정당에 대해 최종적으로 일반적인 견해를 표명하게 하려는 것이다. 제3독회에서는 제2독회에서 일반적인 토론이 없었거나, 원로평의회의 권고 또는 출석의원 5%가 요구한 경우 일반적인 토론이 행해진다. 제3독회에서 수정동의는 제한적으로 허용된다. 연방의원이 개별적으로 수정안을 제출할 수 없으며, 원내 교섭단체 또는 연방의회의원 5%의 의원이 찬성한 경우에만 수정안을 제출할 수 있다. 수정동의는 제2독회에서 수정된 부분에 한하여 제출할 수 있으며, 제2독회에서 부결된 수정안도 다시 제안할 수 있다.

제3독회가 종결되면 최종표결이 이뤄지며, 특별한 규정이 없는 한 과반수 찬성으로 의결한다. 연방의회에서 가결된 법안은 연방정부와 연방참의원에 송부된다. 법률안이 연방의회에서 의결되어도 바로 법률로서 성립되는 것은 아니며, 연방참의원의 협력이 필요하다. 연방참의원이 이의를 제기하거나 조정위원회에서 법률안을 수정하는 경우 연방의회는 다시 그 법률안을 처리하여야 한다.

〈그림 3-4〉 독일의회 입법과정

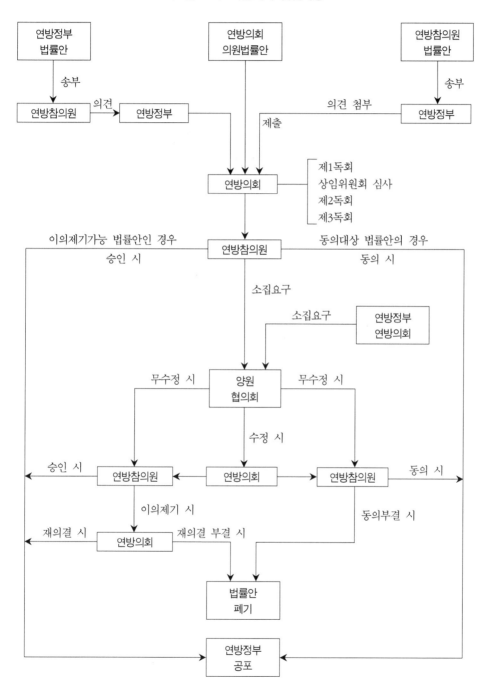

자료: 박수철, 앞의 책, p.154; 국회도서관, 앞의 책, p.76

(5) 연방참의원의 심의와 양원협의회 조정[52]

연방의회에서 의결된 모든 법률안[53]은 연방참의원에 송부되어 심의를 거쳐야 한다. 연방참의원이 연방의회에서 의결된 법률안에 대해 이의가 없이 동의하면 그 법률안은 확정된다.

그러나 연방참의원이 이의를 제기하는 경우 연방참의원, 연방의회 및 연방정부의 어느 기관이라도 그 이견을 조정하기 위해 양원협의회(the meditation committee)의 소집을 요구할 수 있다. 양원협의회 조정결과 수정하기로 합의되면 연방의회는 조정된 내용으로 수정의결하여 연방참의원에 송부한다. 그러나 연방의회가 조정안을 수용하지 않으면 종전 의결된 대로 송부한다. 연방의회가 조정안을 수용한 경우 연방참의원도 동의하겠지만 연방의회가 조정안을 수용하지 않는다면 연방참의원의 동의를 받기가 어려울 것이다. 연방참의원의 동의가 필수적인 법률안[54]이라면 연방참의원의 동의없이는 법률이 성립될 수 없다. 이 경우 참의원은 절대적 거부권을 행사하는 것이다. 법률안의 성립에 연방참의원의 동의가 반드시 필요하지 않은 법률안에 대해서는 양원협의회의 조정 등을 거쳐서도 이견이 해소되지 않아 연방참의원이 계속 거부한다 하더라도 연방의회는 절대 다수결로 그 법률안을 성립시킬 수 있다. 이 경우 연방참의원은 정치적거부권을 행사하는 것이라 할 수 있다. 특히 연방참의원의 동의를 받아야 하는 법률안은 대부분 연방정부가 발안한 법률안으로 발안 단계에서 이미 연방참의원의 의견표명이 있었던 것이다. 따라서 연방의회 심의과정에서 연방참의원의 의견표명이 법률안에 수용된 경우에는 연방참의원의 통과에 문제가 없었을 것이나, 연방참의원의 의견표명이 무시된 경우 참의원은 이를 관철시키기 위해 계속 반대하게 될 것이다. 연방참의원의 의견표명이 중요한 이유이다.[55]

---

52) 양원협의회는 연방의회와 연방참의회의원 각각 16명으로 구성되는 상설위원회이다. 비공개로 운영한다.

53) 이 법률안이 연방의회 의원에 의해 발의된 법률안이면 연방참의원에서 처음 심의되는 것이다. 그러나 연방정부 제출법안이면 이 법안은 이미 연방참의원의 심의를 거쳐서 연방참의원이 의견을 제시했던 법안이므로 참의원입장에서는 이를 재심의하는 절차라 할 수 있다.

54) 특히 독일에서는 연방과 주의 관계나 주의 행·재정에 영향을 미치는 법률은 그 성립에 주의 이익을 대표하는 연방참의원의 동의를 요하도록 하고 있다 이러한 동의 법률이 전 법률의 5~6할을 차지하고 있다(박영도, 앞의 책, p.403).

55) 임종훈, 앞의 책, p.80.

4) 법률안의 공포

법률안이 연방의회와 연방참의원의 심사를 거쳐 연방의회에서 최종적으로 확정되면 연방정부로 이송되어 공포절차를 밟게 된다. 연방의회에서 성립된 법률안은 연방수상 및 그 법률안 소관부처 장관이 부서하고 연방대통령이 연방관보에 공포한다. 법률에 별도의 효력 규정을 정하지 않으면 연방관보가 발행된 날로부터 14일이 경과하면 효력이 발생한다. 독일의 연방대통령에게는 미국이나 프랑스 대통령과는 달리 법률안 거부권이 주어지지 않았다.

3. 독일의 법제기구

1) 행정부의 법제기구

독일에서 행정부 내의 법률안을 담당하는 기구는 각 부처에서 법제업무를 전담하는 전문가들이 일차적으로 법제업무를 수행하고 연방차원에서의 법제업무는 연방법무부가 수행한다. 연방법무부를 통한 심사는 규율내용과 규율형식에 관한 법률적 심사이다. 계획된 규율이 목적달성에 필요한 것인지, 상위법과 일치하는지를 집중적으로 심사한다. 연방법무부는 담당부서 별로 해당 법률안을 소관하는 주무행정기관을 법률안 심사과정에 참여시켜 질문과 답변을 청취한다. 법률안 심사가 종료되면 심사부서는 해당 법률안에 아무런 법적 문제점이 없다는 심사의견서를 발급한다. 법률안 소관부처는 연방법무부의 심사의견서를 명시하여 이를 연방내각처에 제출한다.[56]

2) 의회의 법제지원기구

독일 연방의회의 법제지원기구로는 연방의회사무처 산하의 연구지원처(reference and research service)가 있다. 연구지원처에는 상임위원회의 심사지원, 연구조사, 참고회답업무를 수행하는 전문연구 1·2국, 청원사무를 지원하는 청원국, 문서관리국으로 구성되어 있다.[57]

---

56) 박영도, 앞의 책, pp.336-337.
57) 국회운영위원회 수석전문위원실, 『주요국 의회제도』(2004.8), p.378.

IV. 프랑스의 입법과정

1. 프랑스의 의회제도

프랑스 제5공화국(1958년부터 현재) 정부는 대통령제와 의원내각제가 혼합된 이원 집정부제 혹은 혼합정부형태이다. 대통령은 직선제로 선출되며 임기는 5년이다. 대통령은 국정조정자의 입장에서 법률안 거부권, 의회해산권, 의회다수파의 지지를 받는 총리임명권, 특별사면권을 가지며, 입법이나 정부에 대한 권한으로 법률안 공포권, 비상대권발동과 군통수권, 고위공직자임명권이 있다. 헌법에 따라 외교, 국방, 내치에 걸치는 방대한 권한을 가지며 의회의 불신임으로부터 면제되는 초월적 위치에 있다.

총리는 의회 다수파의 대표이며 내각의 수장으로서 내정을 책임지고 법률을 집행할 권한을 가지고 있을 뿐만 아니라 의회에 대한 권한으로 의회(하원)의 임시회 소집을 요구할 수 있고 법률안제출권을 가지고 있다.

의회는 하원이 다소 우위에 있는 양원제라 할 수 있다. 하원은 예산법률안에 관한 선(先)심의권을 가지고 양원불일치 법률안에 대해 정부의 요구가 있는 경우 최종의결권이 있으나, 상원은 지방자치단체의 구성을 주목적으로 하는 법률안에 대해 선심의권이 있다.[58] 이외에도 상원은 개헌 문제에 관해서는 하원과 동등한 권한을 가지며 대통령의 의회해산권에서 제외된다. 상원은 지역대표성을, 하원은 국민대표성을 상징한다.[59]

상원(Sénat)의원은 선거인단의 간접선거로 선출되며(헌법 제24조), 임기는 6년이며, 3년 단위로 절반이 교체되며, 정원은 348인이다. 선거인단은 하원의원, 지역의회의원, 시의회의원 등으로 구성된다. 하원(Assemblée Nationale)의원은 각 선거구별로 선출하며 임기 5년에 정원은 577인이다. 의회와 행정부(대통령과 수상) 간의 관계에 대해 임종훈(2012: 83)은 "프랑스 제5공화국 입법과정에서 제일 특징적인 요소는 의회의 기본적 권한인 입법권의 행사에 정부가 직접적으로 개입할 수 있도록 하는 한편, 의회 입법권의 범위를 제한함으로써 의회에 대한 정부의 우위를 헌법제도 속에

---

58) 박수철, 앞의 책, p.135.
59) 국회도서관, 앞의 책, pp.336-337.

확립시킨 점"[60]이라고 하였고, 박수철(2012: 134)은 "1958년에 탄생한 제5공화국은 제4공화국(1946~1958) 의원내각제의 정치적 불안에 대한 반동으로 대통령제를 채택했지만, 사실상 '민주적이고 강한 의회'와 '전제적이고 강한 정부'의 장점을 각각 살리려는 시도하에 영국의 '의원내각제'나 미국의 '대통령제'와는 구별되는 정부형태, 즉 이원정부제를 채택하여 현재의 민주정치를 운영하고 있다"라고 평가하였다.

박영도(2014: 405-406)는 "프랑스 입법과정에서 정부의 개입은 매우 강력하다. '합리화된 의회주의'의 이름하에 의회에 대한 행정권의 우위가 확립된 제5공화국에서는 헌법은 법률사항을 한정하고(제34조), 그 이외의 사항에 관해서는 정부가 명령으로 입법할 수 있게 하는 등(제37조), 의회의 입법권은 그 권한을 대폭 제한하고 있다"라고 평가한다.

프랑스 정부형태의 특징은 전형적인 의원내각제나 대통령중심제를 벗어나 '이원집정부'라 불리는 프랑스 정치환경에 적합한 제도를 창안한 것이라 할 수 있다. 이 제도의 특징은 국민의 직접선거로 선출한 대통령에게 국가원수로서의 지위를 보장함으로써 국내 정치상황의 변화에도 불구하고 안정적인 국가체제 유지를 도모하면서 의회를 기반으로 한 내각에 내정권한을 부여함으로써 국민의 요구, 즉 국내 정치상황의 변화에 신속하게 반응하는 탄력적인 정국운용이 가능하게 고안된 제도라 하겠다. 이 제도 하에서도 정부와 의회는 어느 한 부의 독주를 막기 위해 상호 견제와 균형을 위한 기제를 내포하고 있음은 물론이다.

2. 입법과정

1) 법률안의 발의

프랑스 헌법은 총리와 상하 양원의 의원들에게 법률안을 발의할 권리가 있음을 규정하고 있다(헌법 제39조 제1항). 정부제출법률안은 정부 각 부처에서 입안하여 국참

---

60) 임종훈은 이외에도 정부의 법률안 제출권, 입법을 위한 국민투표발의권 및 법률안 재의요구권과 수권 법안에 의해 정부가 입법사항을 법률명령으로 발령 할 수 있게 한 점을 정부우위 체제의 근거로 들고 있으며, 프랑스 입법과정의 특징으로 국참사원(國參事院, Counseil d'Etat)과 헌법평의회(憲法評議會, Counseil Constitutionel)의 기능과 역할을 들고 있다.

사원의 의견을 듣고 국무회의의 심의를 거쳐 양원 중 어느 한 원(院)에 제출한다. 재정법률안과 사회보장법률안은 하원에, 지방자치단체의 구성과 관련된 법률안은 상원에 먼저 제출한다(헌법 제39조 제2항). 의원발의법률안은 자신이 속한 원에 제출하며, 발의 형식은 개별 또는 공동으로 할 수 있다. 의원발의법률안은 몇 가지 제한이 있는데 헌법 제40조는 의원발의법률안이나 수정안이 공공재원의 감소를 초래하거나 공공부담을 신설 또는 가중시킬 것이 예상되는 경우 수리될 수 없도록 규정하고 있다. 또한 헌법 제41조는 정부나 발의의원이 속한 원의 의장은 의원발의법률안이나 수정안이 법률사항이 아니거나 헌법 제38조 규정에 의해 법률명령으로 위임된 사항을 위반한 경우 그 법률안의 접수를 거부할 수 있다. 접수거부와 관련하여 정부와 해당 원의 의장이 견해를 달리하는 경우 헌법평의회에 판단을 청구할 수 있으며 헌법평의회는 8일 이내에 이에 관한 결정을 내린다(헌법 제41조).

2) 법률안의 심의

발의된 법률안은 접수한 원(院)에서 먼저 심의하며 심의를 마치면 다른 원에 송부되어 심의한다. 다만, 재정법률안과 사회보장재정법률안은 하원에서, 지방자치단체의 구성과 관련된 법률안은 상원이 우선 심사권을 갖는다. 심사결과 양원의 의사가 일치하지 않는 경우 양원동수위원회(兩院同數委員會, commission mixteparitaire)를 개최하여 이견을 조정한다.

의회의 의사일정 작성에 관하여는 정부가 우선적 결정권을 가지고 있어 정부가 의사일정 등록을 요청한 순서에 따라 정부제출법률안 또는 정부가 찬성하는 의원발의법률안이 의사일정에 우선 반영된다(헌법 제48조 제1항).

(1) 위원회 심의

각 원(院)에 제출된 모든 법률안은 의장이 소관 상임위원회에 회부한다. 하지만 정부 또는 해당 원의 요구가 있으면 특별위원회에 회부한다. 위원회 심사에서는 미국의 위원회와 달리 법률안 개폐권이 없으며, 법률의 원칙, 문언 및 수정안에 관하여 논의한다.

위원회 심사과정에서 다수 의견의 찬부(贊否)가 명확해지면 위원회는 보고자(Rapporteur)를 선임하고 그 보고자를 중심으로 심사하며 법률안의 가결, 부결 또는 수정의 보고서를 작성하여 본회의에 보고한다. 위원회 심사는 비공개되며, 그 회의록도

〈그림 3-5〉 프랑스의회 입법과정

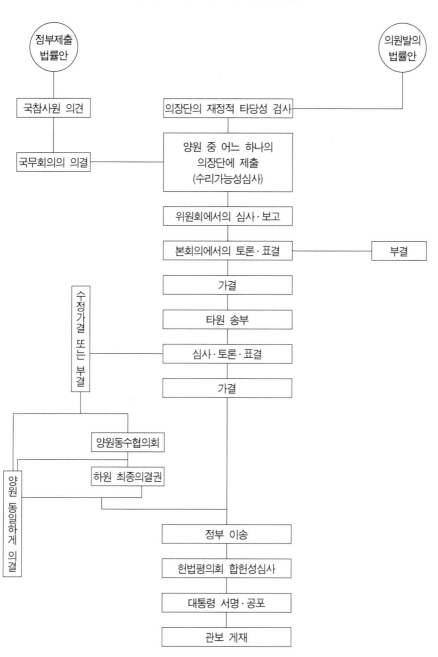

자료: 주영진, 『국회법론』(2011), p.55; 국회도서관, 앞의 책, p.348

공표되지 않는다(하원의사규칙 제86조, 상원의사규칙 제16조, 제19조).

위원회는 법률안을 소관하는 부처의 장관에게 출석을 요구하여 설명을 청취할 수 있으며, 장관 또한 제출한 법률안의 조문이나 수정안에 관하여 견해를 밝힐 수 있다. 위원회의 심사를 마친 법률안은 본회의에 보고한다.

(2) 본회의 심의

본회의에서 법률안을 심의하는 때에 의원발의법률안은 위원회 심사결과 수정안에 대해 심의하는 데 반해, 정부제출법률안은 위원회의 수정의견의 유무(有無)와 관계없이 항상 그 원안이 심의 대상이 된다(헌법 제42조 제1항). 본회의에서의 법률안심의는 일반심의, 축조심의, 최종표결의 순서로 진행된다(하원의사규칙 90조 이하, 상원의사규칙 42조).

첫째, 일반심의순서에서는 정부로부터 법률안에 관한 설명을 듣거나 법률안을 심사한 위원회의 심사보고로 시작된다. 의원은 언제든지 일반심의의 종결을 제안할 수 있으며, 거수표결로 종결여부를 결정한다. 그러나 제출된 법률안이 법률사항이 아니거나 헌법 제38조 규정에 의해 법률명령에 위임된 사항을 제안하는 경우 이것을 확인하는 선결 문제(question préalable)에 대한 토론과 표결이 선행된다. 선결 문제 동의가 가결되면 그 법률안은 부결된 것으로 본다.

둘째, 축조심의에서는 각 조문을 순차적으로 토의한 후 각각 표결에 붙인다. 축조심의가 끝나면 법률안 전체에 대해 표결한다. 출석의원 과반수 찬성으로 가결한다. 의원발의법률안에 대해 소관위원회에서 부결 또는 결론을 내리지 못한 경우 일반심의 종결 이후 즉시 본회의에서 표결로 이에 관한 의사를 결정한다. 소관 상임위원회의 부결(否決)결정에 대해 본회의에서도 이를 채택하면 이 법률안은 부결된 것으로 간주하며, 그렇지 않은 경우에는 축조심의를 시작한다. 소관위원회가 결론을 내리지 못한 경우에도 본회의에서 축조심의 진행여부를 표결로 정한다. 찬성하는 경우 축조심의가 개시되지만 반대하는 경우 법률안은 부결된다.[61] 이외의 경우에는 축조심의가 즉시 개시된다. 수정안은 의원 및 정부가 모두 제안할 수 있으나 의원발의수정안은 법안발의시와 동일한 제한을 받으며, 정부는 위원회 심의단계에서 제출되지 아니한 수정안에 대해서는 심의를 거부할 수 있다(헌법 제44조 제2항).

---

61) 박영도, 앞의 책, p.410.

축조심의의 투표와 관련하여 정부는 정부제출수정안 또는 정부가 선호하는 수정안만을 더하여 심의 중인 법률안의 전부 또는 일부를 한 번의 표결로 의결하는 일괄투표(vote bloqué)를 요구할 수 있다(헌법 44조 제3항, 하원의사규칙 제98조 제1항, 상원의사규칙 제42조 제7항). 일괄투표로 정부가 받아들일 수 없는 모든 수정안을 한 번에 제거하고 정부제출법안 원안의 내용은 그대로 살릴 수 있다는 점에서 행정부에 매우 유리한 특권이라 하겠다.

3) 상원에서의 심의
하원을 통과한 법률안은 상원으로 송부되어 심의절차를 거쳐야 한다. 프랑스의회의 입법과정에서 상원 또는 하원 어느 일방에서 의결되었다고 법률이 성립되는 것이 아니라 양원의 일치된 의결에 의해서만 가능하다. 헌법 제45조 1항에서 "모든 정부제출법안 또는 의원발의법안은 동일한 법령문의 채택을 위하여 의회의 양원에서 연속하여 심의한다"고 규정하고 있다. 이러한 과정을 양원 간의 교대(navatte) 심의라 할 수 있다.

그러나 양원 간의 의사가 계속 불일치하고 입법이 시급한 경우 총리가 양원동수협의회 설치를 요구함으로써 이를 중재할 수 있다.

4) 양원동수협의회(commissions mixtes partitaires)의 심의와 하원의 최종의결
헌법 제45조 제2항은 "양원의 의사불일치에 의하여 정부제출법률안 또는 의원발의법률안이 각 원(院)에서 2회 독회 후에도 채택되지 않거나, 정부가 입법의 긴급성을 선언한 때에(총리의 서한으로 표시) 각 원에서 1회 독회 후 채택되지 않은 경우에 총리는 심의 중인 법률안에 관하여 성안할 권한을 가진 양원동수협의회의 소집을 요구할 권한을 가진다"고 규정하고 있다. 양원동수협의회는 상·하원 대표 각 7인씩으로 구성된다. 양원에서 불일치한 규정을 동일한 문언으로 성안하는 임무를 맡는다.

양원동수협의회가 양원의 의사가 일치하는 단일안을 채택한 경우 정부는 헌법 제45조 제3항의 규정에 의거 승인을 위해 양원에 재차 회부한다. 이 단일안에 대해 정부가 찬성하지 않는 경우 이를 양원에 회부하지 않을 수 있다.

양원동수협의회가 단일안 채택에 실패하거나 또는 단일안을 채택하였으나 그 단일안이 양원의 승인을 얻지 못한 경우에는 정부는 하원 및 상원에 재차 심의를 요구한 후에 하원에 대하여 최종적인 의결을 요구할 수 있다(헌법 제45조 제4항).

하원이 법률안을 최종 의결할 경우에는 양원동수협의회 단일안, 양원동수협의회 구성 전 교대심의과정에서 하원이 최종적으로 가결한 법률안 또는 상원이 수정한 법률안 중 하나를 채택할 수 있다.[62]

5) 헌법평의회의 합헌성심사

헌법평의회는 의회가 제정하는 법률에 대하여 합헌성을 심사한다. 헌법(제61조 제1항)은 양원을 통과한 모든 조직법안은 공포 전에 총리에 의해 헌법평의회에 회부되어 그 합헌성을 심사받도록 규정되어 있으며, 일반법률안에 대해서 공포 전에 대통령, 총리, 상원의장, 하원의장 또는 각원의 의원 60명 이상의 제소가 있는 경우 합헌성심사를 받도록 규정(헌법 제61조 제2항)되어 있다.

프랑스 헌법평의회의 합헌성 심사는 양원에서 의결된 법률에 대해 공포 전에 이를 심사한다는 점에서 사전적·추상적 규범 통제라 할 수 있다. 이는 공포되어 시행되고 있는 법률에 대해 개별적·구체적 사건을 전제로 합헌성 여부를 심사하는 구체적 규범 통제와 구별되는 독특성이 있으며 위헌법률의 시행으로 말미암아 초래될 법적 혼란과 사회적 비용을 사전에 예방할 수 있는 제도로 그 의미가 있다.

헌법평의회에 합헌성심사가 청구되면 그 법률에 대한 공포절차는 정지된다. 헌법평의회는 청구된 법률에 대해 1개월 이내에 합헌성심사를 완료하여야 하나, 긴급한 경우에 정부로부터 요구가 있으면 8일 이내에 심사를 완료하여야 한다.

6) 법률안의 공포

대통령은 양원에서 가결되어 이송된 법률안에 대해 15일 이내에 서명하여 공포한다. 공포방식은 총리와 관계 장관이 부서(副署, contreseing)하고 대통령이 서명하여 관보에 게재한다. 대통령은 이 기간 내에 법률안의 합헌성심사를 헌법평의회에 요구하거나 의회에 법률안의 재의를 요구할 수 있다. 재의요구에는 총리와 주무장관의 부서를 요한다.

---

62) 임종훈, 앞의 책, p.89.

3. 프랑스의 법제기구

1) 내각사무처

프랑스 정부 내의 내각사무처(Le Secretariat Général du Gouvernement)[63]는 수상직속으로 정부조직 상호간의 조정업무를 수행하며, 특히 내각사무처의 법제실(Service législatif)[64]은 각 부서의 법령해석이나 그 지침을 기초하며 법률상 문제점에 대한 회답업무를 담당한다. 아울러 각 부처의 법률안이나 행정입법의 입안, 기초를 보조하고, 법률안의 형식·체계 및 내용적 검토와 관계 부처·자문기관(국참사원·경제사회이사회)과 연락·조정, 법령 등의 각의상정, 국회 제출 및 공포에 관한 사항을 담당하고, 기타 법제도에 관한 연구업무를 담당한다.

2) 국참사원(Conseil d'Etat)

국참사원은 행정부에서 완전히 독립된 국가기관이다. 그 주요 임무는 정부의 입법 및 행정에 관한 최고의 자문기능을 수행하며, 행정소송을 제판하는 최고의 법원으로 사법기능을 담당한다. 국참사원의 입법과정에서의 자문기능은 정부제출법률안, 대통령의 법률명령안에 자구표현 등 형식적 심사뿐만 아니라 헌법 및 헌법적 가치 즉 합헌성을 심사하며 법적 문제와 관련된 중요한 정책, 행정사항을 의무적 또는 임의적으로 심사하여 자문한다.

국참사원의 의견이 법률적으로 정부를 기속(羈屬)하는 것은 아니나 실제로 국참사원의 결정은 정부에 의해 대부분 채택되고 있다.[65]

3) 입법사무처

프랑스의회의 국회(하원)사무처는 의원전체의 입법활동을 전문적으로 지원하는 입법사무처와 의회 관련 행정서비스를 제공하는 행정처로 구성되어 있다.

---

63) 내각사무처에는 사무국(Cabinet du Secrétaire General), 경제문제담당관(Conseiller pour les affaires économiques: 경제사회위원회에 대한 업무수행), 법제실(Service législatif)과 문서실 (Service de Documentation) 등으로 구분되어 있다.

64) 법제실에는 의회절차부(procédure parlementaire), 입법절차부(procédure legislative), 명령절차부(procédure reglementaire) 등 3개 부서가 있다(박영도, 앞의 책, pp.338-339).

65) 임종훈, 앞의 책, p.91.

(1) 입법사무처 연구자료국

연구자료국은 의원들의 입법활동에 필요한 각종 정보를 제공하는 업무를 담당한다.

입법활동 관련 주제에 대한 의원들의 참고질의에 응답하는 업무를 담당하며, 법률안 발의는 물론 구두 또는 서면질의 등 의원의 발언에 대비한 연구조사 업무를 수행하고 있다. 연구자료국에는 문화·노동·보건과, 사회보장과, 경제·재정·경기변동과, 법사행정과 등이 있으며, 각 과에는 1인의 책임전문의원과 3인의 행정관 그리고 1~3인의 행정관보로 구성되어 있다.

(2) 의회과학기술평가국

의회지원조직과 별도의 전문기구를 만들어 의원들의 취약분야인 과학과 기술 관련 법안에 대한 심사를 지원한다. 과학 및 기술 분야의 보고서 작성과 정부와 의회의 과학기술 정책에 대한 평가와 정책입안 및 입법활동을 지원한다. 또한 의원들의 질문 준비 및 의원들과 분야별 전문가의 연결, 과학 및 정보관련 회의 및 세미나를 개최하기도 한다. 평가국 직원의 32명 중 절반인 16인이 국회에서 파견된 전문가로 구성된다.

V. 일본의 입법과정

1. 일본의 의회제도

일본은 국왕이 존재하는 입헌군주제 국가이나 국민주권주의를 표방하며 정부형태로는 의원내각제를 채택하고 있다. 의회는 양원제로 상원에 해당하는 참의원[66]과 하원에 해당하는 중의원[67]으로 구성된다. 의회와 내각 사이에는 내각불신임이나 의회

---

66) 참의원은 정원 242인(지역구 146인, 비례대표 96인)으로 구성된다. 유권자는 1인 2표를 행사한다(지역구후보자와 정당에 각각 1표씩 행사). 지역선거구는 47개 도도부현(都道府縣) 단위로 구성되며 선거구당 1~5인을 다득표순으로 선출된다.

67) 중의원은 정원 480인(지역구 300인, 비례대표 180인)으로 구성된다. 유권자는 1인 2표를 가지고 지역구후보자와 정당에 각각 1표씩 행사한다. 지역구는 300개 소선거구에서 최다득표자 1인을

해산과 같은 상호견제장치가 있으나 대통령제에 비해 권력분립은 약한 편이다.

내각의 존립은 중의원의 신임에 의존하며 총리대신은 중의원에서 선출하고, 국왕이 임명한다. 중의원은 총리선출, 내각불신임, 예산결정, 조약승인에 우월한 권한을 가지며, 참의원은 법률안의결, 헌법개정권한에 관해 중의원과 대등한 권한을 가지고 있다.[68] 법률안 의결 시 양원이 불일치한 경우 중의원 재가결제도와 양원협의회제도를 통해 조정하고 있다. 일본의 법률안 발의권은 양원의 의원과 내각에 부여되어 있다.[69] 이 결과 입법과정에서 의원입법이 매우 적고 관료주도의 정부입법이 압도적 다수를 차지하고 있다.[70] 그러나 정부제출법률안은 여당 정책의 기본구상을 담고 있으므로 입안단계에서부터 여당의 통제를 받고 있다고 할 수 있다.

일본의회 민주주의는 전후(戰後) 점령하에서 도입되었지만 메이지 유신 이래 관료집단의 정책주도 영향으로 60년대 말 내지 70년대 초까지는 의회의 정책결정과정에서의 역할을 중요하게 인정받지 못하였다. 이후 자민당 의원의 정책적 역할이 증대되면서 의원의 정책적 영향력은 의회의 위원회가 아닌 정당위원회 즉 자민당 내 정책기구를 중심으로 행사되었다. 집권당과 내각 간의 정책협의가 중시되는 의원내각제 정부형태하에서 자민당의 일당 지배가 장기간 계속된 결과, 의회 내의 심의기구인 위원회가 아니라 그 이전 단계인 자민당과 관료간의 정책결정기구에서 실질적인 정책결정이 이루어지게 된 것이다.[71]

1) 정무조사회(政務調査會)

정무조사회는 국회의 상임위원회에 대응하여, 그리고 행정부의 국무대신 및 성청에 대응하여 조직된 여당의 정책기관인데 당, 국회, 행정부를 연계하는 기구이다.

여당의 정무조사회는 정책의 조사연구 및 입안을 위해 설치된 기관으로 당의 정책으로서 채용하는 안(案)은 반드시 정무조사회의 심의를 거쳐야 한다. 당의 정책으로

선출하며, 비례대표선거는 전국을 11개 선거구로 나누어 정당별 득표에 의해 180인을 선출한다.

68) 국회도서관, 앞의 책, pp.253-254.

69) 내각의 법률안제출권을 헌법상으로는 헌법 제72조에 규정된 의안제출권 속에 포함되어 있는 것으로 해석하며, 내각법 제5조에 명시적으로 표현되어 있다.

70) 박영도, 앞의 책, p.369.

71) 입법정책연구회, "생산적, 효율적인 입법을 위한 보좌조직의 활성화 방안," 2013.10, 국회사무처 연구 용역보고서, p.53.

공인받는 데 있어서는 우선 정무조사회의 결정이 필요한 것이다. 일본의 정책결정과 정을 보면 행정부의 중앙성청(中央省廳)이 제안한 정책은 먼저 여당 정무조사회의 심의를 거치도록 되어 있고, 이어 당 총무회의[72] 승낙을 얻은 뒤 국회대책위원회를 통하여 국회에 상정하도록 되어 있다. 그러나 실제에 있어서는 정무조사회에서 심의 결정된 정책안이면 거의 모두 총무회의 승낙을 얻어 국회에 상정된다.

실제로 정무조사회는 정책결정에 있어서 여당의 실세 기관이며 '여당=관청혼합체(官廳混合體)' 시스템의 중추적인 역할을 하는 기관이다. 관료가 여당과 밀접한 연락을 취하면서 정책을 입안하는 작업을 할 경우, 정무조사회는 여당 측에서 정책을 검토할 뿐만 아니라 정책을 연구·입안하는 실무기관인 것이다. 따라서 단순한 정책 심의기관을 넘어선 정책결정에 커다란 영향을 행사하면서 실질적 정책결정기관으로 인식되어지고 있다.

정무조사회는 그 기능을 수행하기 위하여, 정무조사회 내의 최종 결정기관인 정무조사회심의회와 성청 및 국회상임위원회에 대응하는 형태로서 관계성청 관료들과 토의의 장을 제공하는 부회(部會)를 설치하고 있고 또 정무조사회장의 관장하에 특별조사위원회를 둘 수 있다.

2) 족의원(族議員)

일본의 정책결정이 '여당=관청혼합체'라고 특징지어지는 시스템에서 이루어지게 되면서 정무조사회를 중심으로 특정 분야에 상당한 수준의 전문적 지식과 실무경험을 가지고 해당 정책분야를 관할하는 행정관청에 일상적으로 영향력을 행사하는 중견의원의 집단을 의미한다.

족의원이 국회의 상임위원회의 정책심의과정을 통하여 미치는 영향력이 공식적이라 한다면, 여당의 정무조사회를 통한 영향력의 행사는 비공식적인 것이다.

족의원으로 성장하는 데 상기(上記) 부회의 활동이 중요하다. 부회가 성청 및 국회 상임위원회에 대응하는 형태로 설치되어 있으므로 부회활동을 통해 정책활동에 필요한 정보, 지식, 경험 및 인적 네트워크를 형성할 수 있기 때문이다.[73]

---

72) 당의 최고의결기관으로서 총무회는 통상적으로 가장 중요한 기관이다.

73) 배정호, "일본형보신화사회와 자민당의 대응," 『일본연구 3』(명지대 일본문제연구소, 1992), pp.98-101.

그리고 이들 족의원들이 특정 중앙부처나 이익집단의 의사를 자민당 내의 이익조정 과정에 반영하여 관련 부처나 지원집단의 이익옹호를 도모하는 압력정치를 '족정치'라고 한다.[74]

2. 입법과정

1) 법률안의 제출

(1) 의원발의법률안

국회법 제56조에서는 의원이 법률안을 발의하기 위해서는 중의원에서는 의원 20인 이상, 참의원에서는 의원 10인 이상의 찬성을 요한다고 규정하고 있으며, 예산을 수반하는 법률안을 발의하기 위해서는 중의원에서는 의원 50인 이상, 참의원에서는 의원 20인 이상의 찬성이 필요하다.

의원발의법률안은 그 안(案)을 구비하고, 소정의 찬성자와 연서하여 이를 발의의원이 소속한 원(院)의 의장에게 제출한다. 예산을 수반하는 법률안에 관해서는 그 법률 시행에 필요한 경비를 명시한 서류를 갖춰야 한다. 법률안이 발의되면 의장은 이를 인쇄하여 의원들에게 배포한다. 또한 다른 원(院)에서 예비심사를 할 수 있도록 제출일로부터 5일 이내에 송부한다(국회법 제58조). 양원에서 검토하게 함으로써 능률적으로 의안 심사를 할 수 있게 된다.

일본의회에서 의원의 의정활동은 정당중심으로 이뤄지고 있으며 의원입법은 기본적으로 정당의 정책을 반영하는 것이기 때문에 법률안 발의도 정당의 통제를 받게 되며 소속정당의 사전 양해나 승인을 얻는 것이 일반적이다. 위원회도 그 소관사항에 관하여 법률안을 제출할 수 있으며, 제출자는 위원장이 된다(국회법 제50조의 2).

(2) 정부제출법률안

내각은 양원 중 어느 원에 먼저 법률안을 제출할지 선택할 수 있으나, 예산관련법률안은 중의원에 먼저 제출하는 것이 관례이며, 중요법률안도 중의원에 먼저 제출하는

---

74) 입법정책연구회, 앞의 책, p.64.

〈그림 3-6〉 일본의회의 법률안 심사

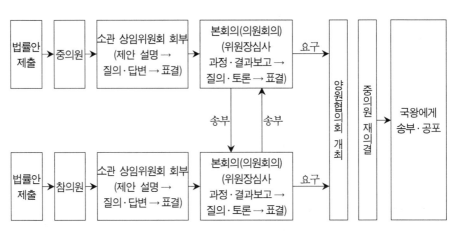

자료: 국회사무처 국제국, 『일본 의회』(국회사무처, 2006), p.19 참조; 박수철, 앞의 책, p.167

것이 관행이다. 정부제출법률안은 먼저 내각의 각 부처에 해당하는 성(省), 청(廳)에서 먼저 자신들의 초안을 작성하고, 이 과정에서 관련 부처(성, 청)의 협의와 공청회 등을 통해 전문가 등의 의견을 수렴한다. 이렇게 자신들의 안을 확정하면 내각법제국의 심사를 받는다. 법제국 심사에서는

① 헌법 및 다른 법률과의 관계, ② 법률안의 표현의 정확성 여부, ③ 법률안 구성의 적정성 및 맞춤법 등에 대해 심의한다.[75] 예산이 수반되는 예산 관련 법률안이면 법제국 심사와 함께 재무성 심사도 받는다. 법제국 심사를 마친 후 사무차관회의 조정을 거친다.

해당 부처장관의 결재를 얻은 법률안은 내각사무처에 제출되어 내각회의에 상정되고 반대없이 통과되면 내각총리는 중의원 또는 참의원에 이를 제출한다.

---

75) 박영도, "일본의 입법과정과 특징," 『공법학연구』 제12권 제1호(2011), p.184.

2) 법률안의 심의

(1) 위원회 심사

① 일반심사절차

법률안이 어느 한 의원(議院)에 제출되면 의장은 그 법률안을 적당한 위원회에 심사를 부탁(付託)한다(우리국회의 위원회 심사회부와 같은 절차이다)(국회법 제56조 제2항).

위원회 심사는 일반적으로 상임위원회에서 이뤄지나 특별위원회의 심사를 거치는 경우도 있다. 즉 의원(議院)이 특히 필요하다고 인정한 안건이나 어느 상임위원회 소관에도 속하지 아니하는 안건에 대해 특별위원회를 설치하고, 회부한 그 법률안이 해당 특위의 소관에 속하는 경우에 그 특별위원회에 심사를 부탁한다.[76]

위원회 심사절차는 일반적으로 취지의 설명과 질의, 토론, 의결의 순서로 진행된다.

먼저, 위원장은 위원회 이사(1명 또는 몇 명)의 자문과 여야 합의로 작성된 의사일정[77]에 의해 상정된 법률안의 제안의 취지를 듣고 위원들로부터 일반적인 질의와 의견을 개진할 수 있다. 제안의 취지 설명은 법률안 작성, 제출의 배경, 동기 및 법률안의 주요 내용을 설명하는 과정으로 정부제출법률안의 경우 국무대신 또는 부대신 등 정부위원이, 의원발의법률안은 발의의원이 행한다.

위원의 질의에 대해서는 국무대신, 부대신 등이 답변한다. 위원회는 심의과정에서 이해관계인, 학식과 경험이 있는 전문가 등의 의견을 청취하기 위해 공청회(국회법 제50조)를 개최할 수 있으며, 소위원회를 구성하여 수정안 등 쟁점사항들에 대한 심층적 토의를 위해 이를 회부하거나 다른 위원회와 협의하에 연합심사를 할 수 있다(중의원규칙 제60조, 참의원규칙 제36조). 소위원회 심사 회부된 법률안에 대해서는 소위심사가 끝나면 다시 위원회에 그 결과를 보고한다(중의원규칙 제90조 등). 위원회 심사과정에서 수정안을 제출할 수 있다. 수정안은 별도의 찬성자를 필요로 하지 않으며 위원 1인의 수정동의로 성립된다. 예산이 소요되는 수정안인 경우에는 소요경비를 산출한 문서를 첨부하고, 내각에 의견진술 기회가 부여된다(국회법 제57조의 3).

---

76) 박영도, 앞의 책, p.414.
77) 박수철, 앞의 책, p.168.

위원들의 질의가 종료되면 토론을 행한다. 토론은 법률안의 표결 전에 찬성과 반대의 의견을 표명하는 과정이다. 토론을 하려는 위원은 사전에 위원장에게 통고하며, 토론 순서에 관해서는 특별한 규정이 없다. 토론이 종결되면 위원장은 해당 법률안에 대해 표결을 선포한다. 수정안이 제출된 경우에는 수정안을 먼저 표결한다. 위원회는 표결로 심사한 법률안의 원안이나 수정안을 채택할 수 있으며, 본회의에 부의하지 아니한다는 결정을 내릴 수 있다. 본회의에 부의하지 아니하기로 결정된 법률안은 폐기된다. 다만 위원회 폐기 결정에도 불구하고 의원 20인 이상으로부터 위원회 결정이 있은 날부터 휴회 중의 기간을 제외한 7일 이내로 본회의 부의 요구가 없으면 법률안은 폐기된다(국회법 제56조 제3항·제4항).

위원회에서 법률안에 대한 심사를 완료하면 그에 대한 보고서를 의장에게 제출한다.

② 위원회 심사 예외

위원회의 심의를 촉진하는 방법으로 위원회 심사 생략제도와 중간보고제도(中間報告制度)가 있다. 일본의회의 법률안 심의는 위원회 중심으로 이뤄지기 때문에 위원회 심사과정이 법률안의 내용에 중대한 영향을 미치며 위원회의 심사가 지체되는 경우 입법절차에 지장을 가져다준다. 따라서 긴급한 입법을 요하는 법률안에 대해 위원회 심사를 뛰어넘거나 제한하는 제도를 마련하게 되었다

위원회 심사생략제도는 국회법 제56조 2항 단서에 의해 특히 긴급을 요하는 법률안 등 의안에 대해 발의자 또는 제출자의 요구와 의원(議院: 본회의를 의미)의 의결로 위원회 심사를 생략할 수 있도록 하는 것이다(중의원규칙 제11조 제1항 및 제3항).

중간보고(中間報告)제도는 국회법 제56조의 3 제2항에 의해 각 의원(議院)은 위원회에서 심사 중인 안건에 대해 특히 필요한 때에는 중간보고를 요구할 수 있다. 중간보고가 있는 안건에 대하여 의원(議院)이 특히 긴급을 요한다고 인정하는 경우에는 위원회의 심사에 기한을 정하거나 본회의에서 직접 심의할 수 있으며, 위원회의 심사 기한을 정한 경우에 위원회에서 그 기한 내에 심사를 마치지 못할 경우에도 의원(議院)에서 이를 바로 심의할 수 있도록 하고 있다. 다만 의원(議院)은 위원회의 요구에 따라 그 심사기간을 연장할 수 있다(국회법 제56조의 3 제3항). 위원회 심의를 중단시키고 본회의에서 안건을 심의할 수 있게 함으로써 위원회 심사절차에 제약을 가할 수 있다.

이러한 중간보고제도는 본회의에서 결정한다는 점에서 의장이 결정하는 우리나라

와 차이가 있다.

(2) 본회의의 심의

의장은 법률안이 위원회 심사를 마치고 그 심사결과가 보고되면 의원운영위원장 및 운영위원회에서 선임한 의사협의원(議事協議員)과 의사의 순서, 기타 필요하다고 인정하는 사항에 관하여 협의할 수 있다.[78] 이 경우 의견이 일치 않을 때에는 의장이 이를 정할 수 있다(국회법 제55조의 2 제1항).

본회의 법률안 심의는 소관위원회의 심사경과와 결과를 위원장이 보고하고, 소수의견이 있으면 의원이 이를 보고한다. 이어서 본회의 제출 수정안[79]이 있으면 이에 관한 취지 설명을 한다. 이어서 본회의에서 질의와 토론이 행해진다. 본회의에서 질의와 토론은 위원회에서보다는 제한된다. 질의·토론의 발언자 수와 순서는 의원운영위원회 또는 의사협의회에서 결정된다(중의원 의사규칙 제137조, 참의원 규칙 제116조).

질의에 있어서는 동일의제에 3회 이상 발언할 수 없으며 의제의 범위를 벗어나거나 사견을 표명할 수 없다(중의원 규칙 제134조의 2, 참의원 규칙 제110조).

토론에 있어서는 먼저 반대자가 발언한 다음 찬성자가 발언하는 교차토론방식으로 운영한다. 찬반토론자가 각각 2인씩 발언한 후에 의원 20인 이상이 토론의 종결을 동의할 수 있다. 의장은 토론이 종료되거나 토론종결동의가 가결되면 토론의 종료를 선포한다.

토론이 종료되면 해당 법률안에 대해 표결한다. 표결은 수정안이 있으면 수정안부터 표결한다. 수정안 중에도 의원발의수정안을 위원회수정안보다 먼저 표결한다. 수정안이 순차적으로 부결(否決)되면 맨 마지막에 원안을 표결한다.

한 의원(議院)에서 가결된 법률안(수정된 경우에는 수정 후의 법률안)은 다른 의원(議院)으로 송부되고, 송부를 받은 의원(議院)은 심의절차를 시작한다.

---

78) 그러나 현재 의사협의회는 운영되지 않고 있으며, 본회의 개의 직전에 열리는 의원운영위원회나 그 이사회에서 협의가 이뤄지고 있다. 중의원에서는 제31회 국회 1958년 12월, 참의원에서는 제100회 국회인 1963년 11월 이후 의사협의회는 열리지 않았다(국회운영위원회 수석전문위원실, 『주요국의 의회제도』(2004.8), p.139 참조.

79) 본회의에서 법률안에 대한 수정 동의는 중의원의원 20인 이상, 참의원의원 10인 이상의 찬성을 요한다(국회법 제57조 본문). 예산의 증액 또는 예산 조치가 필요한 법률안 수정동의는 중의원의원 50인 이상 참의원의원 20인 이상의 찬성을 요한다(국회법 제57조 단서).

먼저 심의한 의원(議院)의 심의결과와 나중에 심의한 의원(議院)의 심의결과가 동일한 경우 법률안은 확정된다.[80] 먼저 심의한 의원의 심의결과를 나중에 심의한 의원에서 수정 의결하면 먼저 심의한 의원에 다시 송부된다. 다시 송부되어 온 법률안을 먼저 심의한 의원에서 동일회기에 이에 동의하면 법률로서 성립한다. 그러나 심의결과가 일치하지 않는 경우 이를 조정하기 위해 양원협의회와 중의원 재의결제도가 있다.

3) 양원협의회와 중의원 재의결

국회법에서 법률안에 관하여 중의원이 양원협의회를 요구할 수 있는 경우는 ① 중의원이 가결하여 송부한 법률안을 참의원이 수정하여 송부하고, 중의원이 동의하지 않을 때, ② 중의원이 가결하여 송부한 법률안을 참의원이 부결한 때, ③ 참의원이 가결하여 송부한 법률안을 중의원이 수정하여 회부하고 참의원이 이에 동의하지 않을 때의 3가지 경우이다(국회법 제84조 제1항). 이 경우 참의원은 거부할 수 없다(동법 제88조). 다만 참의원은 ③의 경우에만 양원협의회를 요구할 수 있고, 중의원은 이를 거부할 수 있다(동법 제84조 제2항). 양원협의회에서는 협의안이 각 의원의 협의위원(양원동수, 각 10인)이 각각 3분의 2 이상이 출석하고, 출석협의위원 3분의 2 이상의 다수로 의결한 경우 성립된다(국회법 제91조, 제92조). 양원협의회에서 성립된 협의안이 양원에서 가결되면 법률로서 성립된다.

헌법 제59조 제2항은 "중의원이 가결하고 참의원이 이와 달리 의결한 법률안은 중의원에서 출석의원 3분의 2 이상의 다수로 재가결한 경우에는 법률이 된다"라고 규정하므로 중의원의 재의결제도를 인정하고 있다.

중의원 재의결제도와 관련하여 국회법은 중의원에의 법률안 환부제도를 두고 있는데, ① 참의원이 중의원이 송부한 법률안을 부결할 때, ② 참의원이 중의원이 회부한 법률안에 대해 동의하지 아니하고 양원협의회를 요구했으나 중의원이 이를 거부했을 때, 또는 양원협의회를 요구하지 아니할 때에는 그 법률안을 중의원에 환부하도록 하였으며(국회법 제83조의 2 제1항 및 제2항), 중의원에 환부된 법률안에 대해 중의원은 재의결제도를 적용할 수 있다.

---

80) 먼저 심의한 의원의 심의결과를 나중에 심의한 의원에서 동일 회기에 의결하지 않고 계속 심의하다가 다음 회기에 의결한 경우 수정이 없더라도 먼저 심의한 의원에 송부되어 다시 그 회기 내에 의결이 필요하다(국회법 제83조의 4).

4) 법률안의 공포

법률안이 국회에서 확정되면 나중에 의결한 의원(議院)의 의장이 내각에 이를 송부하고 관계대신의 서명과 내각총리대신이 연서한 다음 국왕이 공포함으로써 입법과정이 완료된다.

국왕은 법률안이 내각을 경유하여 제출된 날부터 30일 이내에 이를 공포하여야 한다(국회법 제65조, 제66조). 국왕의 법률안 거부권은 인정되지 않는다.

3. 일본의 법제지원기구

1) 내각법제국

내각법제국은 일본 정부제출법률안을 심사하는 심사부와 법률 문제에 관하여 내각 및 내각총리대신, 각 성의 대신의 질의에 대하여 자문하고 의견을 개진하는 의견부가 있다. 내각법제국의 법률안 심사는 사전에 예비심사를 거치고 각 성청으로부터 내각총리대신에게 제출되는 각의청의서를 회부받은 다음 개시되는 본심사로 이행된다.

법률안심사는 독회의 방식으로 진행되며, 내각법제국의 각 부의 담당참사관의 주도로 각 성청담당관이 참석하여 독회방식으로 진행되며, 원안설명, 질의·응답, 토론, 원안재검토, 원안수정 등의 과정을 거친다.

제1독회에서는 주로 정책 목표와 수단의 균형·통합의 문제와 하위법령에의 위임요건과 범위, 법률안 전체의 구성·체계, 각조문의 배열 등이 검토된다. 법률안 심사는 법률안의 중요성, 복잡성에 따라 수회의 독회가 행해진다. 내각법제국에는 내각법제국장을 비롯하여 각성청의 업무를 분담하는 4개의 부를 두고 있다. 각부에서는 부장과 참사관이 있고, 참사관이 각성청의 법률안 입안심사업무를 담당한다.

2) 의원법제국(議院法制局)

의원법제국은 중의원과 참의원에 각각 설치되어 있으며, 의원발의법률안 및 위원회제안법률안에 대해 입안을 위한 자료조사수집, 법률안 기초 및 법률 문제에 대한 자문기능을 수행한다. 이는 내각 내에서 내각법제국의 역할에 상응하는 기능을 의회 내에서 수행하는 것이라 할 수 있다. 법률안의 성안은 주로 의원의 의뢰로 시작된다. 먼저과 단위에서 초안을 기초하면 부·국 단위로 심사의 단계를 높여 계속 검토하며, 이

과정에서 해당의원실과의 의견 조율을 거쳐 최종안을 만들어낸다. 의원법제국은 각 위원회에서 심사 중인 법률안에 대한 검토나 수정안 작성을 지원하는 등 위원회 법제 업무를 지원한다. 이외에도 의원법제국은 의원이나 위원회에서 요구하는 헌법이나 법률의 해석, 기타 법률 문제에 대해 의견을 제시하는 등 자문역할을 수행한다.

3) 조사입법고사국(調査立法考査局)

일본의 국회도서관은 국립도서관으로서 국내외의 출판물을 수집·정리함으로써 의원의 의정활동을 간접적으로 지원하며, 조사 및 입법고사국을 설치하여 의원 및 위원회의 요구에 따라 법률안 등 안건에 대한 자료를 수집, 분석, 평가하여 참고회답을 작성하고 제공함으로써 의원의 의정활동을 직접 지원하는 기능을 한다. 이외에도 각종 현안, 주요 안건에 대해 자체적으로 연구를 수행하고 그 결과를 각종 간행물로 발간함으로써 의원의 입법활동에 방향을 제시하고 여론에 정보를 제공하는 기능을 한다.

제**4**장

우리나라 국회의 입법과정

I. 국회 입법과정

헌법 제40조는 '입법권은 국회에 속한다'고 규정함으로써 국회 입법의 원칙을 선언하고 있다. 대한민국의 모든 법률은 국회의 입법과정을 거쳐 형성되고 소멸된다.

일반적으로 의회의 입법과정을 크게 세 가지 단계로 구분할 수 있다.

첫째, 법률안 준비, 입안 및 제출단계이다. 법률안을 국회에 제출할 수 있는 권한을 가진 자는 정부와 의원이다(헌법 제52조). 정부와 의원은 정치적 필요와 정책수요를 충족시키기 위해 법률안을 준비한다. 이 과정에서 입법 관련 사항에 관한 정보 및 자료수집, 전문가 연구·검토, 이해관계인의 의견수렴, 여론의 추이 등을 분석한다. 정부와 의원은 제각각 입법전문기관의 검토·심사를 거쳐 법률안의 초안을 기초·성안하고 이를 국회에 제출한다.

둘째, 위원회 및 본회의 심사이다. 국회에 제출 접수된 법률안은 소관 상임위원회에 회부되며, 위원회의 심사를 통과하면 본회의에 보고된다. 본회의에서 의결되면 정부에 이송되어 공포됨으로써 효력이 발생된다. 국회는 상임위원회 중심주의로 운영되고 있어 법률안의 실질적 내용심사는 위원회에서 이뤄지고 있으며 위원회 심사과정에서 부결되면 폐기된다.

셋째, 본회의에서 의결된 법률안은 정부에 이송되어 대통령의 재가를 받고 공포됨으로써 효력을 발생한다. 대통령은 거부권을 행사하여 법률의 성립을 거절할 수 있다. 이와 같은 일련의 과정을 입법과정이라 한다.

국회의 입법과정에 영향을 미치는 공식적 참여자들은 국회의원, 대통령과 정부관료, 사법부등 독립기관으로, 비공식적 참여자들은 정당, 이익집단, 비정부기구로서의 시민집단(NGOs), 언론집단, 정책전문가, 정책공동체, 싱크탱크, 일반시민과 여론을 들 수 있다.[1]

그러나 협의의 입법과정이라 할 수 있는 국회의 법률안 심의과정에 영향을 미치는 주요 참여자는 의장, 위원장(간사), 원내교섭단체 대표를 들 수 있으며, 국회의 입법과정을 보좌하는 국회기관으로 국회사무처, 예산정책처, 입법조사처, 국회도서관을 들 수 있다.

1. 국회 심의과정 주도자

1) 국회의장[2]

국회의장은 국회법 제10조에서 "국회의장은 국회를 대표하고 의사를 정리하며, 질서를 유지하고 사무를 감독한다"라고 규정하고 있다. 국회의장은 입법부의 수장으로서 대외적으로 국회를 대표하고, 대내적으로 국회의 통일성과 전체성을 유지하기 위한 통합·조정자의 지위에 있다. 법률안 심의와 관련한 의장의 권한은 주로 의사 정리권과 관련이 있다고 볼 수 있는데 의장은 법률안이 국회에 접수되면 이를 심사할 소관 위원회를 결정하여 회부하며, 의안 회부 시 심사기간을 지정할 수 있다. 소관위원회에서 심사결과를 보고하면 본회의에서 심의할 일정과 순서를 정하는 의사일정을 작성하

---

1) 정정길 외, 『정책학원론』(대명출판사, 2010), p.111, p.165 참조.
　　정책과정 참여자들에 관한 기술이나 입법과정이 중요정책 결정과정이라는 점에서 입법과정 참여자와 동일하다고 보았다.
2) 국회의장은 무기명투표에 의해 재적의원 과반수 찬성으로 선출되며, 임기는 2년이다.

며, 본회의 개의와 산회, 토론, 표결 등 의사진행을 주관하고, 본회의에서 의결한 법률안의 조항·자구·숫자 등을 정리한 후 공포를 위해 대통령에게 송부한다. 대통령이 공포를 회피하는 경우 법률공포권을 갖는다.

이와 같이 의장은 법률안의 접수에서부터 공포에 이르기까지 전 과정에 관여하는 의사절차의 최종적인 주관자이다. 부의장은 2인으로 국회의장이 사고가 있을 때 의장의 직무를 대리하고 의장의 지명에 따라 전원위원회의 위원장이 된다.

2) 위원장 및 간사

상임위원회에는 위원장 1인을 둔다. 본회의에서 무기명투표로 선거하며 재적의원 과반수 출석과 출석의원 다수 득표에 의해 선출된다(국회법 제41조 제2항, 제17조).

상임위원장은 위원회를 대표하고 위원회의 의사를 정리하며, 질서를 유지하고 사무를 감독한다(국회법 제49조 제1항). 위원장은 위원회에 심사회부되어 온 법률안의 위원회 심사일정을 간사와 협의하여 작성하며, 법률안을 심의하는 위원회의 회의를 주관하여 질의, 토론자를 정하며 토론, 표결을 실시한다. 그리고 위원회에서 의결한 법률안에 대한 심사결과를 본회의에 보고한다. 위원장은 위원회 사무감독권을 가지고 있어 위원회 수석전문위원 등을 지휘하여 모든 위원회에 행정사무와 문서를 관리, 지휘, 감독한다.

위원회에는 교섭단체별로 간사 1인을 두며, 위원회에서 호선(互選)한다(국회법 제50조). 간사는 소속교섭단체의 의사를 대변하여 위원회 의사일정의 결정을 위해 위원장과 협의하며, 위원회의 원활한 의사진행을 위해 모든 의사진행상황에 대해 위원장과 협의한다. 간사는 위원장이 사고 또는 결위 시 위원장의 직무를 대리한다.

특별위원회 위원장은 본회의에서 선출하는 상임위원장과 달리 당해 위원회에서 호선하고 본회의에 보고한다(국회법 제47조 제1항). 권한은 상임위원회위원장에 준한다.

3) 교섭단체 대표의원

국회법 제33조 제1항은 "국회에 20인 이상의 소속의원을 가진 정당은 하나의 교섭단체가 된다. 그러나 교섭단체에 속하지 아니하는 20인 이상의 의원으로 따로 교섭단체를 구성할 수 있다"고 규정하고 있다. 교섭단체는 20인 이상의 소속의원을 가진 원내정당이라 할 수 있다. 교섭단체 대표의원은 소속정당의 의원총회에서 선출된 원내대표가 맡으며, 소속의원들의 의정활동을 조정, 통제, 지원하는 역할을 하며 국회의장과 국회

운영 전반에 관하여 협의하는 국회운영 협의권을 가지고 있다. 교섭단체에는 대표의원을 보좌하기 위해 부대표를 두고 있으며, 교섭단체 소속의원의 입법활동 및 교섭단체 운영을 보좌하기 위해 교섭단체 정책연구위원을 두고 있다(국회법 제34조).

2. 국회 심의과정 보좌기관

1) 국회사무처

국회법 제21조 제1항은 "국회의 입법·예산결산심사 등의 활동을 지원하고 행정사무를 처리하기 위하여 국회에 사무처를 둔다"고 규정하고 있으며, 기타 필요한 사항은 "국회사무처법"에서 정하고 있다. 국회사무처 중에서도 입법활동을 직접 지원하는 기구로는 법제실과 위원회 수석전문위원실, 법률안 심의와 관련된 회의진행 등 의사업무와 법률안 접수, 의안정리 등 의안 관련 업무를 담당하는 의사국 등 입법보좌조직이 있다.

(1) 위원회 전문위원실

위원회에는 위원회의 입법활동을 지원하기 위하여 전문지식을 가진 의원 아닌 위원인 전문위원과 필요한 공무원을 두고 있다(국회법 제42조). 위원회에는 수석전문위원 1인과 전문위원, 입법심의관, 입법조사관, 행정관 등이 있다. 수석전문위원을 비롯하여 전문위원, 입법심의관 및 입법조사관들은 위원회에서 의안과 청원 등의 심사, 국정감사, 국정조사, 기타 소관 사항과 관련하여 검토보고 및 관련 자료의 수집, 조사, 연구를 행한다. 이와 같이 수석전문위원 등은 의사진행 및 법률안 심의 시 검토보고를 통한 입법지원 기타 행정사무를 처리하여 위원회 활동 전반을 지원한다.

특히 위원회 전문위원의 "법률안 검토보고서"는 법률안의 체계 정당성, 타당성 및 조항, 법문언 등 법형식에 이르기까지 법률안 전반의 문제점과 수정의견을 제시하는 법률안 심사의 지침서 역할을 한다. 따라서 특별히 직무수행에 정치적 중립성을 요구받고 있다(국회법 제42조 제2항).

(2) 법제실

법제실은 대표적 업무로 의원실로부터 법률안을 입안 의뢰받아 이를 작성하여 제공하는 역할을 담당하고 있다. 2000년 1월 법제예산실을 법제실과 예산정책국으로 분리하여 각각 기능강화를 위해 조직을 확대 개편하였다. 법제실은 특히 민주화 이후 국회의 위상강화에 따라 의원입법이 활성화되면서 이를 지원하는 기능을 하고 있다.

또한 2009년 9월부터 위원회의 의뢰로 행정입법에 대한 분석·평가를 한 후 그 검토결과를 상임위원회에 통보하는 업무를 수행함으로써 국회의 행정입법 통제기능을 지원하고 있다.

이외에도 미국 등 외국의 법제기구와 교류협력하고, 관련 학회등과 학술대회 개최, 법제처와 협력하여 법률표준화 사업, 법률체계 정비사업 등을 실시함으로써 국내외 법제에 관한 연구를 수행하고 있다.

2) 국회예산정책처

16대 국회 들어 2003년 10월 국회사무처 예산정책국이 폐지되고, 다음 해 예산정책처가 별도 독립기관으로 출범하였다.[3]

예산정책처의 주요업무는 예산·결산·기금에 대한 연구·분석, 국가재정운용 및 거시경제동향분석·전망, 법률안 등 의안의 비용추계, 국가 주요사업에 대한 분석·평가 및 중·장기 재정소요 분석, 위원회 또는 국회의원이 요구하는 사항의 조사 및 분석 등이다(국회법 제22조의 2 및 국회예산정책처법 제3조).

이와 같이 예산정책처의 업무 중 예산·결산 분석 및 재정(세수)·경제전망이 주요 임무이나 국회법 제79조의 2에서 의원발의법률안에 대해 국회예산정책처의 비용추계서를 첨부하도록 의무화함에 따라 의원입법에 중요한 역할을 수행하게 되었다. 사후적으로 국가주요사업의 분석·평가를 통해 법률에 의한 정책집행을 점검하는 역할도 수행한다.

3) 국회입법조사처

입법조사처는 2007년 11월 6일 설립되었다. 주요업무는 위원회 또는 국회의원이 요구하는 사항의 조사, 분석 및 회답, 입법 및 정책관련 조사, 연구와 정보제공, 입법 및 정책관련 자료의 수집, 관리 및 보급, 외국입법동향의 분석 및 제공, 의원연구단체에 대한 정보제공 등이다(국회법 제22조의 3 및 국회사무처법 제3조).

국회입법조사처의 주요업무는 개별의원의 조사·분석요구에 대한 업무이며, 현안에

---

3) 강장석, 앞의 책, p.31.

대응한 시의성 있는 각종 보고서 발간 업무도 증가하고 있다. 입법조사처의 업무는 직접적인 법률안 입안업무 즉 법제화에 있는 것이 아니라 입안 필요성, 문제점 등 사전정보, 관련 입법사례, 입법정책의 평가 등이 주요 업무라 할 수 있다.

4) 국회도서관

국회도서관은 국회의 입법활동을 지원하기 위하여 도서, 기타 입법자료에 관한 봉사업무를 수행하는 국회의 조직이다(국회법 제22조 및 국회도서관법 제2조).

국회도서관은 법률도서관, 전자도서관 구축 등으로 입법정보의 수집, 국회의원과 일반국민 등 이용자에 대한 열람봉사기능을 수행하고 있다. 세계 각국은 물론 역대 국회의 입법활동에 관한 문헌자료와 정보를 제공함으로써 간접적으로 입법활동을 지원하고 있으며, 개별의원의 요구에 따라 법률정보의 조사, 번역 등 참고회답 제공으로 보다 적극적인 입법지원업무를 수행한다.

II. 법률안의 입안과 제출

1. 의원발의법률안

1) 법률안 발의 준비

헌법 제52조는 국회의원과 정부에 법률안을 제출할 수 있는 권한을 부여하고 있다. 의원입법은 의원이 법률안을 작성하여 국회에 발의함으로써 입법과정이 공식적으로 시작된다. 국회의원은 법률안을 발의하기 전에 법률안 초안을 작성한다. 그러나 의원입법은 정부입법과 달리 입안을 담당할 전문 지식이나 체계화된 자료·정보가 부족한 것이 현실이므로 의원입법의 준비과정이 어떤 경로를 거쳐 이뤄지느냐는 의원입법의 질을 결정하는 중요한 요인이 된다.

의원입법의 동기는 의원의 이전 경력이나 전문분야에 따라 크게 좌우된다. 또한 의원의 이전 경력이나 전문성은 의원의 사회적 네트워크 즉 그를 둘러싼 이익단체·압력단체의 종류를 결정하고 의정활동의 주요 원천이 되며 상임위원회 선택에도 주요

결정요인으로 작용한다. 의원은 지역구 여론에 따라 의원 신분의 당락이 결정되므로 지역구민의 이익을 위한 입법에 적극 관심을 가진다. 의원이 속해 있는 정당 또한 의원입법을 촉진시키는 요인이다. 각 정당은 여당이든 야당이든 선거공약 등으로 정책구상을 표명하며 그들의 지지자들의 정치적 성향에 따라 유리한 정책을 추진한다. 이와 같은 정책구상과 이를 입법으로 추진해 나갈 정책기구를 당 내에 보유하고 있다. 이러한 정책기구의 작동에는 전문성과 이해관계가 있는 의원이 주요 동력으로 작용한다. 여당의원인 경우 정부제출법안으로 추진해야 할 사항이나 행정부처 간에 조정이 이뤄지지 않았거나 정부제출법안 입안에 소요되는 시간을 기다릴 수 없이 긴급한 법률안인 경우 의원발의형태를 취하기도 한다.

2) 법률안 기초(입안)

이와 같이 법률안을 준비하는 동기는 다양하지만 의원들이 법률안 기초를 위한 첫 번째 단계는 입법관심사항 또는 법 문제에 관한 기본정보, 자료 및 아이디어 수집이다. 이러한 지식과 정보는 지역구 민원, 의원 개인의 지식과 경험, 국정감사 등 의정활동에서 얻은 정보, 의원들이 관심분야별로 구성한 의원연구단체에서의 연구와 토론의 결과로 얻어진다. 각 정당은 정책위원회 등 정책연구 및 개발 기구를 두고 있으며 분야별로 전문연구인력을 충원하여 당의 핵심 정책안을 개발하고 있다. 각 정당이나 의원들은 관심분야의 정책에 관한 정책 세미나, 공청회 등을 통해 각계 전문가 및 일반 국민의 의사를 수렴하고 이를 반영하여 법률안을 입안하기도 한다. 국회 내 입법 지원조직인 예산정책처, 입법조사처 등을 통해 입법자료를 수집하거나 행정부에 대한 자료요구를 통해 축적하기도 한다.

둘째 이렇게 수집된 입법정보, 자료 및 아이디어를 분석·평가한 다음, 입법정책의 방향과 목적, 실현 수단의 대강을 판단한다. 이 과정을 거친 다음 구체적인 법률안 초안 작성에 들어간다. 즉 정책 아이디어를 법률안이라는 형식으로 구체화하는 작업이다. 국회에서 의원발의법률안을 입안하기 위해서는 국회법제실의 법제관에게 법률안의 기초를 의뢰하는 것이 일반적인 경로이다. 의원실에는 정책보좌를 위해 보조인력이 지원되고 있으므로 이중 법률 전문가를 채용하여 직접 법률안을 입안하거나 대학연구소, 법무법인 등에 법률안 작성을 의뢰하거나 각 정당에 배정되어 있는 정책연구위원들을 통해 법률안의 초안을 작성하는 경우도 있다. 법률안은 헌법, 타 법률과의 충돌 등 내용적 측면뿐만 아니라 일반국민이 알기 쉽고 편하게 접근할 수 있도록 조문의 체계성, 형식적 통일성, 문언의 평이성 등 법률형식을 갖추고 있어야 하므로 초안 작성에 법률전문가의 참여는 필수적이다.

현재 국회의원들이 주로 사용하는 법률안 입안(기초) 통로는 국회사무처의 법제실을 통하는 방법으로 보인다.[4] 법제실에서 의원으로부터 법률안 입안 의뢰를 받으면 담당 법제관이 지정되고 담당법제관은 의뢰한 의원실 관계자를 만나 입법의 취지, 입법하고자 하는 내용, 선호하는 정책 수단 등에 관해 의견을 교환하여 이를 파악한 다음 입법정보와 자료를 수집, 분석하고 관계 전문가, 관련기관의 의견을 청취한 다음 자신의 입법지식을 동원하여 고객의 요구에 맞는 법률안을 기초한다. 담당 법제관의 초안이 성안되면(물론 작성단계에서도) 법제실 내부에서 동료 그룹(주로 과 단위로)의 검토를 거쳐 이를 보완하고 계속 상급자의 결재과정에서 보다 심층적인 검토가 이뤄진다. 완성된 초안은 의뢰한 의원실로 송부되며, 의원은 당초 의도한대로 법률안이 성안되었는지 검토하고, 의원실의 검토결과 수정여부가 결정된다. 이러한 경로를 통해 의원이 법률안을 입안하게 되면 법률안 초안에 대한 이해 관계단체, 전문가, 관련 정부부처관계자, 관심있는 의원들로부터 평가, 의견을 듣고 이를 보완한다. 또한 이 과정에서 소속정당의 정책관계자, 동료의원, 정당지도자의 의견을 듣는다. 이는 정당의 내부지침이나 관행에 따라 진행되는 절차나 법률안이 국회에서 의결되기 위해서는 먼저 소속정당의 지원이 필수적이므로 사전에 소속 정당과의 협의를 거쳐 법률안을 발의하는 것이 일반적인 과정이다.

여당의 경우 의원발의법률안을 통해 주요 정책을 실현하려 할 때 정부와의 협의 즉 당정협의를 거친다. 당정협의과정에서 정부와의 이견(異見)을 해소하고 정책조율을 하게 되어 입법추진동력이 강화된다.

의원은 이러한 과정을 거쳐 발의하려는 법률안의 내용과 형식을 최종확정하고 10인 이상의 찬성을 얻어 발의하게 된다. 의원발의법률안에 대해서는 정부제출법률안과 달리 접수 전에 별도의 입법예고 절차가 없다.[5]

---

4) 법제실에서 의원의 의뢰를 받아 법률안을 발의하는 건수는 매년 급증하고 있다. 법제실에 대한 의원들의 법률안 입안 의뢰 접수 통계를 보면 15대 국회에서는 899건에 불과했으나, 16대 국회에서 1,682건, 17대 국회에서 4,399건, 18대 국회에서는 10,672건이다. 18대 국회에서 의원발의법률이 11,191건(위원회 제안 1,029건 제외)이 접수되었음을 볼 때 의원발의법률 접수 대비 95.4%를 법제실에서 입안한 것이라 볼 수 있다.

5) 국회법 제82조의 2에서 규정한 입법 예고제도는 위원장이 간사와 협의하여 위원회에 회부된 법률

3) 의원발의법률안의 접수[6]

의원이 법률안을 발의하기 위해서는 일정한 형식과 요건을 갖추고 이유를 붙여 10인 이상의 찬성자와 연서하여 이를 의장에게 제출해야 한다. 그리고 법률안을 주도적으로 발의한 데 따른 책임감을 높이고, 기여도를 평가하기 위하여 법률안에 발의의원과 찬성의원을 구분하고 법률안 제명의 부제로 발의의원의 성명을 기재하도록 하되 발의의원이 2인 이상인 경우 대표 발의의원 1인을 명시하도록 하였다(국회법 제79조 제3항). 이는 '법안실명제'라 불리는 제도로써 의원발의 입법을 활성화시키려는 의도도 내포되어 있다. 그리고 발의요건으로 10인 이상의 찬성자를 요하도록 하고 있는데 10인 이상의 찬성자에는 발의의원이 포함되는 것으로 해석한다. 발의요건인 찬성의원의 수는 몇 차례 변동이 있었으나 1988년 6월 개정국회법에서는 20인 이상의 찬성이었으나, 2003년 2월 개정국회법에서 10인 이상의 찬성으로 완화되었다.[7] 찬성의원이 일반적으로 같은 당 소속의원으로 구성된다는 점에서 법안발의에 필요한 찬성의원 수가 많을수록 소수당 의원의 법률안 발의는 어렵게 되고, 찬성의원 수가 적을수록 의원의 법률안 발의가 용이하게 된다. 그동안 의원발의 요건인 찬성의원 수를 교섭단체 구성요건인 20인으로 유지하려는 다수당의 입장과 이를 완화하자는 소수당의 요구가 맞물려 정치적 쟁점이 된 사례도 있다.

국회법 제79조의 2 제1항에 따르면 의원이 예산 또는 기금상의 조치를 수반하는 의안을 발의하는 경우에는 그 의안의 시행에 수반될 것으로 예상되는 비용에 대한 국회예산정책처[8]의 추계서 또는 국회예산정책처에 대한 추계요구서를 아울러 제출하여야 한다. 법률안에 대한 비용추계 첨부 의무는 위원회 제안법률안(동조 제2항)과

안에 대하여 그 입법 취지와 주요 내용 등을 국회공보 또는 국회 인터넷 홈페이지 등에 게재하는 방법으로 입법 예고하도록 되어 있다.

6) 국회법에서는 의원이 법률안을 제안하는 경우 '발의'라 하고 정부가 법률안을 제안하는 경우 '제출'이라 하여 구분하여 사용하고 있으나 "법률안을 그 요건에 맞춰 국회에 접수한다"는 의미는 같다고 할 수 있다.

7) 의원발의법률안의 발의정족수 변천에 관하여는, 제1공화국에서는 10인 이상의 찬성, 제2공화국(양원제)에서는 민의원 10인 이상의 찬성, 참의원 5인 이상 찬성, 제3공화국(단원제)에서는 10인 이상 찬성, 제4공화국의 비상국무회의에서 20인 이상으로 상향조정 후 제5공화국까지 유지, 2003년 2월 국회법개정 시 10인으로 완화됨(임종훈, 앞의 책, pp.157-158 참조).

8) 국회법 제22조의 2 규정에 의해 국회예산정책처는 국가의 예산 결산·기금 및 재정운용과 관련된 사항에 관하여 연구·분석·평가하고 의정 활동을 지원하기 위해 설치되었다.

정부제출법률안(동조 제3항)에도 적용되며, 정부제출법률안에는 비용추계서에 재원 조달방안에 관한 자료까지 첨부하도록 요구하고 있다. 비용추계요구서 첨부 요구는 사전에 정책추진에 따른 소요경비를 예측하여 의원의 무분별한 선심성 정책을 억제하고 예측하지 못했던 국가재정의 지출을 예방하여 안정적 재정운용을 가능하게 하려는 데 그 목적이 있다.

국회예산정책처는 의원발의법률안의 비용추계 업무를 담당하고 있으며, 비용추계에 관하여 필요한 사항은 국회 규칙인 「의안의 비용추계에 관한 규칙」에서 정하고 있다. 이 규칙에 의하면 예상되는 비용이 연평균 10억 미만이거나 한시적인 경비로서 총 30억 미만인 경우, 비용 추계의 대상이 국가안전보장, 군사기밀에 관한 사항인 경우, 의안의 내용이 선언적·권고적인 형식으로 규정되는 등 기술적으로 추계가 어려운 경우 등은 비용추계서의 첨부 대상에서 제외시키고 있다.

2. 위원회 제안법률안

국회법 제51조에서는 "위원회는 그 소관에 속하는 사항에 관하여 법률안 기타 의안을 제출할 수 있으며, 위원장이 제출자가 된다"라고 규정하고 있으며, 이를 '위원회 제안법률안'이라 한다. 위원회 제안법률안 종류를 세분하면 위원회수정안, 위원회대안, 위원회안으로 나눌 수 있다.

위원회는 의장으로부터 심사·회부된 법률안을 심사하는 과정에서 '수정안'을 제안하거나 원안과 취지를 같이하나 원안의 내용을 대폭 수정하거나 원안의 범위를 넘어선 내용까지 포괄적으로 수용한 '대안'을 제안할 수 있다. 위원회 대안은 하나의 조문 또는 내용에 대해 여러 개의 서로 다른 개정안(원안)이 있는 경우 이를 심사하는 과정에서 모두 폐기하고 이 내용들을 조정하여 제3의 안으로 성안한 것이다. 그러나 '위원회안'은 위원회에서 심사한 또는 심사 중인 법률안의 존재와 무관하게 위원회가 소관 사항에 관한 정책수립 또는 변경을 의도하여 전혀 새롭게 창안한 법률안으로 위원회에서 심사 중인 원안의 존재를 전제로 한 위원회 수정안 또는 위원회 대안과는 구분된다. 실제로 위원회안은 소위원회의 심사결과로 제안되는 사례가 많아 위원회 대안과 내용상 구별이 쉽지 않은 경우도 있을 수 있다.

일반적으로 위원회안은 상임위원회에서 제안하고 있으나 특별위원회에서 제안하는 경우도 있다. 특별위원회는 국회법 제44조 제1항에 의해 수개의 상임위원회 소관과 관련이 있거나 특히 필요하다고 인정한 안건을 효율적으로 심사하기 위하여 본회의 의결로 설치되며, 활동기한을 정하여 그 기간 동안 존속한다. 따라서 본회의에서 특별 위원회를 구성하면서 안건심사와 더불어 특정한 법률안을 심사할 수 있도록 권한을 부여한 경우 특별위원회도 위원회안을 제안할 수 있다(예: 헌법개정특별위원회·정치 개혁입법특별위원회 등).

위원회 전체회의에서 위원회 제안법률안을 의결하면 법제사법위원회의 체계자구 심사를 거쳐 의장에게 제출한다. 위원회 제안법률안(위원회대안, 위원회수정안 포함) 은 다시 그 위원회에 회부하여 심사하지 않는 것이 원칙이나 의장이 운영위원회의 의결에 따라 이를 다른 위원회에 회부할 수 있다(국회법 제88조).

3. 정부제출법률안[9]

우리헌법은 제52조에서 정부에게 법률안 제출권을 부여하고 있다. 정부는 정부제 출법률안을 통해 기존의 정책을 수정하고 새로운 정책을 도입하기 때문에 정부제출법 률안의 기초와 성안절차는 바로 정책에 관한 정부 내부는 물론 정부와 여당 간 정책협 의 조율과정이라 할 수 있다. 정책 동기와 아이디어가 대통령, 각 부 장관, 여당정책 기구 등의 인식으로부터 시작되었든지 정부 내 실무자들의 판단에서부터 비롯되었든 지를 불문하고 법률안 기초는 소관부처 실무담당자부터 시작한다.

정부제출법률안의 일반적인 입안과정을 살펴보면 ① 정부입법계획의 수립, ② 소관 부처의 법률안 초안(부처안) 작성, ③ 관계부처와의 협의 및 의견수렴, ④ 당정협의, ⑤ 입법예고, ⑥ 규제개혁위원회의 규제심사, ⑦ 법제처 심사, ⑧ 차관회의 및 국무회 의 심의, ⑨ 대통령재가 및 국회 제출의 순서로 이뤄진다.

1) 정부입법계획의 수립
정부는 법을 집행하는 과정에서 얻어진 풍부한 정보와 경험을 통해 무엇을 언제

---

9) 정부제출법률안 작성절차에 관하여는 '행정절차법', '법제업무 운영규정(대통령령)', '당정협의업무 운영규정(국무총리훈령)' 등이 있다.

〈그림 4-1〉 정부제출법률안의 입안과정도

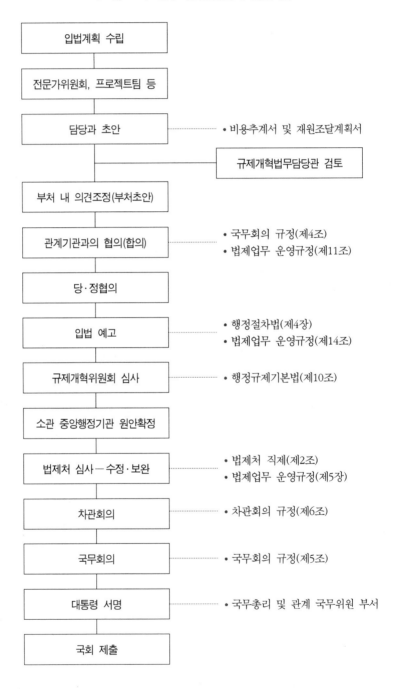

입법계획 수립

전문가위원회, 프로젝트팀 등

담당과 초안 · · · · · · · · · • 비용추계서 및 재원조달계획서

규제개혁법무담당관 검토

부처 내 의견조정(부처초안)

관계기관과의 협의(합의) · · · · · · · • 국무회의 규정(제4조)
• 법제업무 운영규정(제11조)

당·정협의

입법 예고 · · · · · · · • 행정절차법(제4장)
• 법제업무 운영규정(제14조)

규제개혁위원회 심사 · · · · · · · • 행정규제기본법(제10조)

소관 중앙행정기관 원안확정

법제처 심사 — 수정·보완 · · · · · · · • 법제처 직제(제2조)
• 법제업무 운영규정(제5장)

차관회의 · · · · · · · • 차관회의 규정(제6조)

국무회의 · · · · · · · • 국무회의 규정(제5조)

대통령 서명 · · · · · · · • 국무총리 및 관계 국무위원 부서

국회 제출

어떻게 입법해야 하는지에 대한 입법기반을 축적하고 있다.

정부의 입법정보는 주로 국정감사, 대정부 질문, 정책질의 등 국회의원의 의정활동, 법집행과정에서 발생되는 이해관계인의 민원 및 관계부처 간의 이견, 입법미비로 인한 정책집행상 애로, 대형사건의 처리의 교훈 등에서 얻어진다. 이러한 입법정보를 분석, 평가하여 입법정책을 수립한다. 이에 따라 각 부처는 법제처장이 요구한 양식에 맞춰 부처별 연간 입법계획을 수립하고 전년도 11월 30일까지 법제처장에게 제출한다. 법제처장은 정부 전체 차원에서 이를 종합하고 중복, 상충된 부분을 조정하여 정부입법계획을 수립한 후 국무회의에 보고하여 확정한다. 연간 정부입법계획이 확정되면 법제처장은 이를 관보고시 등의 방법으로 국민에게 알리고(법제업무 운영규정 제8조), 매년 1월 31일까지 국회에 법률안제출계획을 통지하여야 하며, 그 계획을 변경한 때에는 분기별로 주요사항을 국회에 통지하여야 한다(국회법 제5조의 3).

2) 소관부처의 법률안 초안(부처안) 작성

소관부처의 장은 정부입법계획 추진 일정에 맞출 수 있도록 법률안 초안을 작성한다. 초안에는 입법할 정책의 내용을 법 형식에 맞춰 법조문으로 기술한 것이다. 이 법 문언화 작업은 소관부처 실무자에 의해 시작되고 법조문의 형태를 갖춰감에 따라 부처 내부의 의사결정과정을 거쳐 완성도를 높여 이를 확정한다. 소관부처는 정부입법계획 제출단계에서 이미 외부 전문연구기관의 사전조사, 연구결과에 의해 입법 취지의 타당성, 외국의 법제검토, 입법내용, 비용편익분석, 예상문제점 등 정책입법화에 대한 내부 구상을 어느 정도 확립한 상태에서 초안작성을 시작하는 것이다.

3) 관계부처와의 협의 및 의견수렴

소관부처에서 법률안 초안(부처안)을 확정하면 우선 정부 내부의 이견을 조율하기 위해 관계부처와 협의 및 의견수렴 절차를 시작한다.

이 과정에서 관계부처의 수정 또는 보완 의견이 있으면 이를 조정하여 합의안을 만들어 초안에 반영한다. 그러나 이견이 차이가 크거나 반대가 심하여 합의안을 만들 수 없으면 입법이 지연되거나 무산되기도 한다. 부처 간 의견수렴이 불가능한 경우 법률안 소관부처의 장은 법제처장에게 이 사안을 법제처에 설치된 정부정책협의회에 상정하여 줄 것을 요청할 수 있다. 이 단계에서 조율이 이뤄지지 않으면 국무총리실장 등 관련 조정기관에 조정을 요청할 수 있다. 이러한 과정에서 이견해소에 실패하면 입법은 불가능하게 된다.

정부 부처별로 각각 그 소관 업무와 관련된 정책 이해관계자가 상이하므로 부처협
의과정을 통해 다양한 이해관계자 및 이익집단, 공익단체의 의견이 아울러 수렴되고
조율되는 효과가 있다.

관계부처 간 협의기간(관계부처의 의견회신기간)은 보통 10일 이상이나 긴급하게
추진할 필요 등 특별한 사정이 있는 경우에는 법제처장과 협의하여 10일 미만으로
단축할 수 있다(법제업무 운영규정 제11조).

이외에도 각 개별 법령에 의해 반드시 협의를 거쳐야 하는 사항이 있다. 국가재정
법 제11조는 예산·결산 및 기금사무에 관한 법령을 제정·개정 또는 폐지하는 경우,
동법 제87조의 2항에 의거 재정지출을 수반하는 법령을 입법하는 경우 등에는 기획재
정부장관과 협의를 의무화하였다. 독점규제 및 공정거래에 관한 법률 제63조에 의거
사업자의 가격, 거래 조건의 결정, 시장진입 또는 사업활동의 제한 등 경쟁 제한사항
을 내용으로 하는 입법 시 공정거래위원회와 협의를 거치도록 하고 선거관리위원회법
제17조는 행정기관이 선거·국민투표 및 정당 관계 법령 등 입법사항을 중앙선거관리
위원회에 협의하는 경우 협의를 의무화하였다.

4) 당정협의

정부 내부에서 관계부처 간의 의견조정이 끝나면 정부는 정부제출법률안의 국회
심의과정에서 이를 지지하고 견인할 여당과의 협의에 들어간다. 당정협의는 정부가
추진하는 정책의 입법배경 및 필요성을 설명하고 상호입장의 차이를 조정하여 법률안
을 수정 보완함으로써 인식을 공유하게 되며, 향후 국회 입법과정이 원활하게 진행될
수 있다.

이 과정은 법률에 의한 의무절차는 아니지만, 오랜 입법관행으로 '당정협의업무운
영규정(국무총리훈령)'에서 이를 규정하고 있다. 이 규정에 의하면 입법사항에 관하여
는 소관주무부처의 장은 입안단계부터 여당의 정책위원회 의장과 협의하도록 되어
있다(당정협의업무운영규정 제4조).

당정협의회의 종류에는 국무총리와 여당대표가 참석하여 협의하는 고위당정협의회
와 정부부처의 장과 여당정책위원회 의장이 참석하는 부처별당정협의회가 있다.

여당뿐만 아니라 각 정당의 정책위원회 의장이 참여하는 정당정책협의회로 운영할
수 있다.

5) 입법예고

당정협의를 거쳐 정부여당 간 협의안이 마련되면 입법예고를 하게 된다. 입법예고
는 법률안을 입안한 행정청이 법령을 제정, 개정, 폐지하고자 하는 내용을 일반국민과
이해관계자 등에게 알려 이에 대한 의견을 수렴하기 위한 절차이다. 입법예고안의
주관 행정청은 입법안의 취지, 주요 내용 또는 전문을 관보나 공보, 인터넷, 신문,
방송 등의 방법으로 공고해야 한다(행정절차법 제42조 제1항). 또한 필요하다고 인정
하는 중앙행정기관, 지방자치단체, 그 밖의 단체에 대하여 예고사항을 알려야 한다(동
법 제42조 제3항).

누구든지 예고된 입법안에 대해서 그 의견을 제출할 수 있으며, 제출된 의견은 존중
하여 처리하여야 하고, 행정청은 제출된 의견에 대한 처리 결과를 통지해야 한다(동법
제44조 제1항 내지 제4항). 입법예고 기간은 예고할 때 정하되 특별한 사정이 없는 한
40일 이상으로 한다. 법제처장은 입법예고 예외 대상(행정절차법 제41조 제1항 단서)
이 아님에도 불구하고 입법예고를 하지 아니한 법령안을 심사 요청받은 때에는 입안
기관의 장에게 입법예고를 권고하거나 이를 직접예고할 수 있다(동법 제41조 제3항).

행정청은 입법예고와 함께 공청회를 열어 의견을 수렴할 수 있다. 공청회는 14일
전까지 당사자 등에게 통지하고, 관보, 공보, 인터넷 또는 일간신문에 공고하여야 한
다. 그러나 공청회는 입법예고와는 달리 임의적 절차이다(동법 제38조 제1항). 입법
예고제도는 1983년 '법령안 입법예고에 관한 규정,' 1995년 8월 '법제업무 운영규정'에
서 도입, 운영되었으며, 1996년 12월 '행정절차법' 제정 시 법률에 도입되어 한층 강화
되었다.

6) 규제개혁위원회의 규제심사

법률안 입안의 주관기관의 장은 규제를 신설하거나 강화하는 내용의 법률을 제정,
개정하려면 규제영향분석서를 작성하여 해당기관 자체심사를 하는 등 내부절차를 거
친다. 경미한 단순규제 경우에는 자체심사로 종결하나 그 외 사항에 대해서는 법제처
장에게 법률안 심사를 요청하기 전단계로 먼저 규제개혁위원회의 규제심사를 받아야
한다.

동위원회는 규제 심사결과 필요한 사항에 대해서는 법률안 주관기관의 장에게 규제
의 신설 또는 강화를 철회하거나 개정하도록 권고할 수 있다. 법률안 주관기관의 장은
특별한 사정이 없는 한 이에 따라야 한다(행정규제기본법 제4조 내지 제7조, 제10조

내지 제14조).

정부는 입법으로 말미암아 국민생활이나 기업의 경제활동에 불필요하고 비효율적인 규제가 신설되거나 강화되는 것을 억제하기 위하여 「행정규제기본법」을 제정하고 국무총리실에 규제개혁위원회를 두어 규제심사를 강화하고 있다.

7) 법제처 심사

법률안 주관기관의 장은 입법안에 대해 관계기관의 장과의 협의, 입법예고, 규제심사를 마친 후 법제처장에게 법률안 심사를 요청하여야한다(법제업무 운영규정 제21조 제1항). 법제처는 정부조직법 제23조에 의해 국무회의에 상정될 법안의 심사권을 부여받고 있으므로 법제처 심사는 정부입법과정에서 거쳐야 하는 필수 법적절차이다. 법제처 심사에서는 법률안의 체계·자구 등 형식에 관한 심사는 물론 헌법에의 위반여부, 다른 법률과의 중복이나 충돌여부 등 법리상 모순 등 문제점을 시정한다.

법제처의 심사과정에서 발견된 법리상 모순 등 문제점에 대해서는 주관부처와 협의하여 부처안에 반영된다. 주관부처에서 이를 인용하지 않는 경우 국무회의 상정 시 '주요토의과제'로 보고한다. 또한 법제업무 운영규정에 따라 입안과정에 필요한 협의절차 등을 거쳤는지 확인하고 위반 시 이를 반려하여 협의토록 한다. 법제처의 법률안 심사 등 구체적 업무처리에 관하여는 대통령령인 「법제업무 운영규정」에서 규정하고 있다.

8) 차관회의 및 국무회의 심의

법제처의 심사를 마친 법률안은 차관회의의 심의를 거쳐 국무회의에 상정된다. 차관회의는 대통령령인 「차관회의 규정」에 의해 운영된다.

차관회의는 행정 각 부처 간의 긴밀한 협조와 국무회의에 제출된 법률안 등 의안과 국무회의로부터 지시받은 사항을 심의하기 위해 설치되었다(차관회의 규정 제1조 제1항). 그러나 긴급한 의안인 경우에는 차관회의를 생략하고 바로 국무회의에 상정할 수 있다. 차관회의에서 부결된 안건은 국무회의에 상정하지 아니한다. 다만 부결이유를 명시한 심의의견을 의안에 첨부하여 국무회의에 상정할 수 있다(차관회의 규정 제6조 제2항).

차관회의의 심의를 완료한 법률안은 국무회의 심의에 상정된다. 법률안에 대한 국무회의 심의는 헌법이 정한 심의사항이다(헌법 제89조). 국무회의는 대통령령인 「국무회의 규정」에 의해 운영된다. 법률안의 국무회의 상정 등의 업무는 법제처가 담당한다. 국무회의 규정상 국무회의 의결정족수는 '구성원 과반수의 출석과 출석위원 3분의 2 이상의 찬성(동 규정 제6조)'이지만, 관례적으로 만장일치제로 운영된다. 따라서 차관회의 등 국무회의 이전 단계에서 관계부처 간에 합의에 이르지 못한 법률안은 국무회의에서 다른 국무위원의 반대로 국무회의 통과가 어렵게 되고 정부입법안으로 확정되지 못하게 된다.[10]

9) 대통령재가 및 국회 제출

국무회의 심의를 마친 법률안은 대통령이 서명하고 국무총리와 관계 국무위원에 부서한다(헌법 제82조). 이러한 대통령의 결재절차는 국회에 제출할 정부법률안을 확정하는 행정부 내부절차로서 법제처가 그 실무를 담당한다. 정부법률안의 국회 제출절차는 별도의 규정이 없으나 대통령 명의로 국회의장에게 제출한다. 실무적으로는 법제처 담당자에 의해 국회사무처 의사국 의안과에 접수한다.

4. 헌법상 독립기관의 입법의견 제출제도

대법원 등 헌법상 독립기관은 정부와 같이 헌법에서 국회에 대한 법률안 제출 권한을 부여받지 않아 입법안을 직접 제출할 수는 없지만 개별 법률에 의해 헌법상 독립기관의 소관 업무와 관련된 법률의 제정이나 개정이 필요하다고 인정하는 경우 국회에 서면으로 그 의견을 제출할 수 있다. 입법의견 제출제도의 취지는 법률안 제출권이 없는 독립기관이 소관업무와 관련된 입법과정에 배제되지 않도록 하고 업무에 관한 전문성을 입법에 적극 활용하여 보다 현실적이고 타당한 입법에 기여하게 하려는 것이다. 입법의견제출 규정을 두고 있는 입법례를 보면, 법원 조직법 제9조는 대법원장에게 법원의 조직, 운영, 인사, 재판절차, 등기업무 등 업무관련 법률의 입법이 필요하다고 인정한 경우, 헌법재판소법 제10조의 2는 헌법재판소장에게 헌법재판소의 조직,

---

10) 국무회의 규정 제4조에서는 "국무회의에 상정할 의안으로서 2개 이상의 부처에 관련되는 의안은 사전에 관계 부·처 간의 합의를 얻어서 제출하여야 한다. 다만, 합의를 얻지 못한 경우에는 그 사유를 분명히 밝혀 국무회의에 상정할 수 있다"고 규정함으로써 합의 원칙을 밝히고 있다.

운영, 인사, 심판절차 등 헌법재판소의 업무관련 입법이 필요하다고 인정한 경우, 선거관리위원회법 제17조는 중앙선거관리위원회에 선거, 국민투표 및 정당 관련 법률의 입법이 필요하다고 인정한 경우, 국가인권위원회법 제19조는 인권위원회가 인권에 관한 법령에 대하여 권고 또는 의견 표명이 필요하다고 인정하는 경우, 지방자치법 제165조에서는 지방자치단체장 등의 협의체나 연합체는 지방자치 관련 법률의 입법이 필요하다고 인정하는 경우 각각 국회에 서면으로 의견을 제출할 수 있도록 했다. 일반적으로 입법의견 제출에는 법률제정안 또는 개정안이 첨부되어 제출되며, 제출된 입법의견에 대해서는 국회소관상임위원에서 심사하고 입법 필요성과 타당성이 인정된 경우, 위원회 제안법률안의 형식으로 입법할 수 있다. 그러나 기관의 입법의견이 국회의 입법과정에 기속력을 갖는 것은 아니다.

III. 국회의 법률안 심의

법률안이 국회에 제출되면 국회에서는 국회법 등 관련 규정이 정한 절차에 따라 이를 심의한다. 국회는 의원들로 구성된 회의체이므로 국회에서의 법률안 심의는 회의방식으로 진행되며 의원들 간의 질의, 토론, 표결절차를 거쳐 법률안에 대한 국회의 찬성 또는 반대 의사를 결정한다.

제출된 법률안에 대한 국회 심의절차는 ① 본회의 보고 ② 위원회 회부 및 심사 ③ 법제사법위원회의 체계·자구 심사 ④ 위원회 심사보고(심사보고서 본회의 제출) ⑤ 전원위원회 심의(개회 요구 시) ⑥ 본회의 심의의 순서로 진행된다.

위원회 또는 본회의에서의 법률안 심의는 회의에서 의원들 간에 또는 의원과 행정부 담당자 간에 질의, 토론방식으로 운영된다. 따라서 국회의 회의 운영의 원칙과 실제는 법률안 심의에 지대한 영향을 미친다.

1. 국회 회의운영의 일반원칙

국회의 회의는 민주적이고 효율적인 운영을 위해 헌법, 국회법 등에 명시되거나 국회 운영 관례로 확립된 기본 원칙에 의해 운영된다. 국회 회의운영의 기본 원칙으로 인정받고 있는 회의운영방식은 일반적으로 다수결원칙, 회의공개원칙, 회기계속의 원칙, 일사부재의원칙, 정족수원칙, 1일 1차 회의원칙을 들 수 있다.

1) 다수결(多數決)원칙

다수결의 원칙은 국회의 의사를 다수의 의사로 결정하는 원칙이다. 민주주의 의회에서 다수결의 원칙의 전제는 다수는 소수의 의사를 존중하고 대화와 타협의 결과, 소수자가 다수의 최종의사 결정에 승복하게 된다는 것이다.

헌법 제49조와 국회법 제109조는 국회의 의사결정은 헌법 또는 법률에 특별한 규정이 없는 한 "재적의원 과반수 출석과 출석의원 과반수 찬성으로 의결한다"는 다수결원칙을 채택하고 있다. 헌법 제49조 후단에서는 " … 가부동수인 때는 부결된다"고 명시함으로써 다수결원칙을 분명히 하고 있다.

2) 회의공개의 원칙

회의공개의 원칙은 모든 국민이 직접 국회의 회의진행 상황을 보고 들을 수 있도록 회의장을 개방한다는 의미에서 좁은 의미인 방청의 자유를 의미한다고 볼 수 있으나 모든 사람이 회의장에 접근할 수 없다는 지리적·공간적·시간적 제약 때문에 회의 상황을 사실대로 기록, 보존하고, 이를 공표하며 언론기관이 회의 상황을 보도할 수 있도록 허용하는 제도까지 포함하는 의미로 해석된다.

(1) 보도의 자유

보도의 자유는 신문, 라디오, TV 등 보도매체가 회의상황을 국민들에게 제한없이 전달할 수 있도록 허용하는 자유로서 오늘날 회의공개 방법으로 중요한 의미를 가진다.

국회법은 보도수단의 취재행위는 본회의 또는 위원회 의결로 공개하지 아니하기로 한 경우를 제외하고는 국회규칙에 따라 허용하도록 하고 있으며(국회법 제149조의2 제1항), 나아가 국회는 회의상황의 완전한 상태를 공정하고 객관적으로 보도할 수 있도록 필요한 장치 등 제도를 마련하도록 하였다(국회법 제149조 제1항).

(2) 방청(傍聽)의 자유

방청은 일반국민이 직접 회의장에 참석하여 회의를 참관하는 것을 의미한다. 회의진행에 영향을 미치지 아니하도록 질서유지를 위해 사전 방청 허가제도를 운영하고 방청인원 제한, 휴대물품 제한, 주기(酒氣)가 있는 자 등의 방청을 제한하고 있다(국회법 제152조, 제153조).

(3) 회의록의 공포

회의상황을 사실대로 기록하고 누구나 열람할 수 있도록 허용하는 제도이다. 회의록은 회의진행이 적법하게 이뤄졌음을 입증하는 증거자료이기도 하다. 국회법은 이를 의원에게 배부하고 일반에게 유상으로 제공할 수 있게 하였다(국회법 제118조).

(4) 비공개의 제한

국민의 알 권리를 충족시키고 국정을 공개하기 위해 회의공개의 원칙은 최대한 존중되어야 하나 공익과 기타 심의에 필요한 경우 예외적으로 회의의 공개를 제한하고 있다. 이러한 회의의 비공개에 대해서는 요건을 엄격히 제한함으로써 이를 필요·최소화하고 있다.

국회법이 정한 비공개요건을 보면 출석의원 과반수 찬성이 있거나 의장이 국가의 안전보장을 위해 필요하다고 인정한 때에는 공개하지 아니할 수 있게(헌법 제50조 제1항 단서) 하였으며 징계에 관한 회의는 비공개를 원칙으로 하고 본회의 또는 위원회의 의결로 공개가 가능하게 하였으며(국회법 제158조), 공개되지 아니한 회의의 내용은 공표되어서는 아니되나, 본회의 의결 또는 의장의 결정으로 비공개 사유가 소멸되었다고 판단되는 경우 공표할 수 있게 하였으며(국회법 제118조 제4항), 위원장은 의원에 대해서는 비공개 회의록의 열람을 허용하되 대출이나 복사는 금지하였다(국회법 제62조).

3) 회기계속의 원칙

헌법은 "국회에 제출된 법률안 기타 의안은 회기 중에 의결되지 못한 이유로 폐기되지 아니한다. 다만 국회의원의 임기가 만료된 때에는 그러하지 아니하다(헌법 제51조)"고 규정하여 회기계속의 원칙을 채택하였다. 이는 국회는 회기 중 활동하는 것이 원칙이지만 매 회기마다 독립된 별개의 국회로서가 아니라 적어도 임기 중에는 일체성과 연속성을 갖는 동일체로 존재한다는 의미이다. 회기계속의 원칙은 회기가 종료될 때마다 의안이 모두 폐기되고 새 회기 때마다 다시 제출되는 데 따른 경제적·시간적 손실을 방지하고 의안 심사의 능률성을 위하여 채택한 것이라 할 수 있다.

4) 일사부재의(一事不再議)원칙

국회법 제92조는 "부결된 안건은 같은 회기 중에 다시 발의 또는 제출하지 못한다"고 규정하여 일사부재의원칙을 채택하고 있다. 부결된 안건이 계속 반복하여 제출되고 심의되는 것은 어떤 사안의 불확정 상태의 연속을 인정하는 것으로서 회의의 비능률을 초래할 수 있기 때문에 이를 방지하려는 것이다. 이는 국회의 결정에 일정 기간 안정성을 확보하고 소수파의 의사방해를 방지할 수 있다는 점에서 그 의의가 있다.

5) 정족수의 원칙

어떤 회의체에서 회의를 열거나 의사를 결정하는 데 최소한의 필요인원이 있다. 회의체 구성원 전원이 출석한 상태에서 회의를 열고 어떤 의사를 결정하는 것이 이상적이나 현실적으로 불가능하고 너무 적은 인원이 참석하는 경우 회의체의 대표성을 반영하기 어렵다. 따라서 구성원의 의사를 대표할 만한 적정 인원수로 정하는데 이를 정족수라 한다. 정족수원칙은 회의체의 개회, 의결사항뿐만 아니라 다른 사항의 요구 시에도 적용된다.

국회의 본회의나 위원회를 개회하는 데 필요한 최소 출석의원 수는 '재적의원 5분의 1 이상 출석'이며 이를 의사정족수라 한다. 의결정족수는 국회의 의사결정에 필요한 최소 출석의원 수이다. 일반의결정족수는 '재적의원 과반수 출석과 출석의원 과반수 찬성'이며, 이외에도 특별의결정족수로는 헌법개정안 의결, 국회의원 제명에 필요한 재적의원 3분의 2 이상 찬성 등이 있다.

6) 1일 1차 회의원칙

하루의 회의를 1차 회의로 하는 것을 말한다. 이 원칙은 제헌 이래 관례로 확립되었으나 2010년 5월 28일 개정 국회법에서 "… 산회를 선포한 당일에는 다시 개의할 수 없다"고(국회법 제74조 제2항) 규정함으로써 이 원칙이 확인되었다.

이 원칙은 본회의가 개의되었으나 1시간이 경과하도록 의사정족수에 미달한 때에 유회(流會)를 선포할 수 있고(국회법 제73조 제2항), 회의 중 의사정족수 미달인 때에는 회의의 중지 또는 산회를 선포하고(동조 제3항), 의사일정에 올린 안건의 의사가 끝났을 때 산회를 선포하는(국회법 제74조 제1항) 제도에서도 적용된다.

이 원칙은 하루의 회의를 1차로 규정함으로써 회의의 종결을 분명히 하여 의사 진행의 결과를 매듭짓도록 하는 효과가 있다.

그러나 이 원칙의 예외로 내우, 외환, 천재지변 등이나 국가 비상사태의 경우에는 하루 일정이 끝나 산회하였더라도 다시 회의를 열 수 있도록 예외를 인정하였다(국회법 제74조 제2항).

2. 위원회 법률안 심사

1) 법률안 회부

의장은 법률안이 발의 또는 제출된 때 이 법률안을 의원에게 배부하고 본회의에 보고한 후 소관위원회에 회부하여 심사하게 하였다. 다만 본회의가 폐회 또는 휴회 등으로 본회의에 보고할 수 없을 때에는 보고를 생략하고 회부하게 하였다(국회법 제81조).

소관위원회라 함은 일반적으로 소관 상임위원회를 말하나 특정한 안건심사를 위하여 특별위원회가 구성된 경우에는 본회의 의결을 얻어 특별위원회에 회부할 수 있다(국회법 제82조 제1항). 의장은 소관위원회에 법률안을 회부할 때, 이 법률안이 다른 위원회와 관련이 있다고 인정할 때에는 관련위원회로 회부하고 소관위원회와 관련위원회를 명시하여야 한다(국회법 제83조 제1항). 관련위원회 회부 시 관련위원회가 소관위원회에 의견을 제시할 기간을 정하여야 하고 필요한 경우 그 기간을 연장할 수 있으며 그 기간 내에 의견제시가 없는 경우 소관위원회는 그대로 심사보고를 할 수 있다(국회법 제83조 제2항, 제3항).

기획재정부 소관에 속하는 재정 관련 법률안과 상당한 규모의 예산 또는 기금상 조치를 수반하는 법률안을 심사하는 소관위원회는 미리 예산결산특별위원회와 협의하여야 한다(동법 제83조의 2 제1항).

의장은 안건을 위원회에 회부할 때 또는 회부된 안건에 대해 대표의원과 합의하는 경우와 천재지변, 전시, 사변 또는 이에 준하는 국가비상사태의 경우에는 교섭단체 대표의원과 협의하여 심사기간을 지정할 수 있다(국회법 제85조 제1항).

심사기간을 지정한 경우 위원회가 그 기간 내에 이유 없이 심사를 마치지 아니한 때에는 의장은 중간보고를 들은 후 다른 위원회에 회부하거나 바로 본회의에 부의할 수 있다(국회법 제85조 제2항). 심사기간 지정제도는 의장이 이 안건을 위원회 심사를 거치지 않고 바로 본회의 상정할 수 있는 직권상정제도라 불리는 제도이다. 이 제도의 취지는 긴급한 안건이나 위원회 심사가 지나치게 지연되는 안건에 대해 위원회에 심사기간을 정하여 이를 촉구하고 기간 내 이유없이 심사를 완료하지 못한 경우 바로 본회의에 회부하여 상정하려는 의도로 고안되었으나, 그동안 여야 간에 쟁점 안건을 다수당의 의도에 따라 본회의에서 신속하게 처리하는 수단으로 사용되면서 물리적 충돌을 야기시킨 사례가 많았다. 2012년 5월 국회법개정 시 심사기간 지정요건을 엄격하게 제한한 이후 물리적 충돌은 없어졌으나 국회 심의 능률성과 관련하여 다수당으로부터 개정논의가 지속되고 있는 조문이다.

2) 위원회 심사절차

(1) 입법예고

위원회에 회부된 법률안에 대해 위원장은 간사와 협의하여 그 입법 취지, 주요 내용 등을 국회공보 또는 인터넷 홈페이지 등에 게재하는 방법 등으로 입법예고를 하여야 한다.

다만, 입법이 긴급을 요하는 경우, 입법의 성질 또는 그 밖의 사유로 입법예고를 할 필요가 없거나 곤란하다고 판단되는 경우에는 위원장이 간사와 협의하여 입법예고를 하지 아니할 수 있다(국회법 제82조의 2 제1항). 입법예고의 기간은 10일 이상으로 하여야 하나 특별한 사정이 있는 경우 단축할 수 있도록 하였다(동조 제2항).

1994년 6월 14대 국회 국회법개정으로 국회공보 등을 통한 입법예고제도가 도입되었으나 입법예고 제도에 관한 국회규칙이 미비되고 국회공보를 통한 홍보효과의 미흡 등으로 제도 활용실적이 미미했다. 18대 국회법개정 시(2011.5.19) 인터넷 홈페이지 게시 방법 도입 등으로 국민이 위원회 회부 법률안에 대해 쉽게 접근할 수 있게 되었다.

(2) 위원회 상정

회부된 법률안의 심사를 위하여 위원장은 교섭단체 간사와 협의하여 의사일정을 정한다(국회법 제49조 제2항). 쟁점 법안에 대해서는 의사일정협의가 이뤄지지 않아

〈그림 4-2〉 위원회 심사절차도

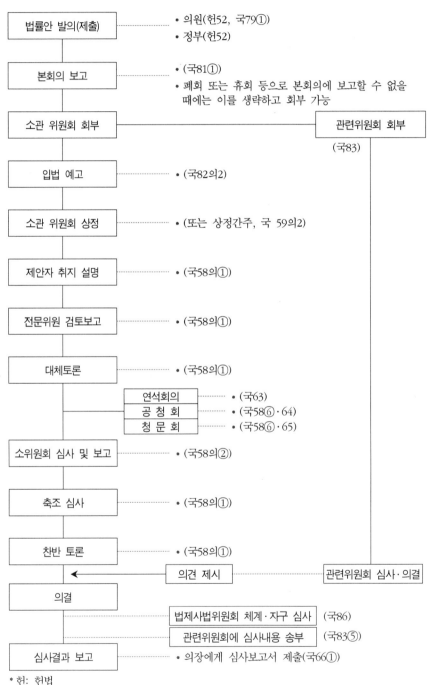

법률안 발의(제출)	• 의원(헌52, 국79①) • 정부(헌52)
본회의 보고	• (국81①) • 폐회 또는 휴회 등으로 본회의에 보고할 수 없을 때에는 이를 생략하고 회부 가능
소관 위원회 회부	관련위원회 회부 (국83)
입법 예고	• (국82의2)
소관 위원회 상정	• (또는 상정간주, 국 59의2)
제안자 취지 설명	• (국58의①)
전문위원 검토보고	• (국58의①)
대체토론	• (국58의①)
연석회의 공 청 회 청 문 회	• (국63) • (국58⑥·64) • (국58⑥·65)
소위원회 심사 및 보고	• (국58의②)
축조 심사	• (국58의①)
찬반 토론	• (국58의①)
의견 제시	관련위원회 심사·의결
의결	
법제사법위원회 체계·자구 심사 (국86)	
관련위원회에 심사내용 송부 (국83⑤)	
심사결과 보고	• 의장에게 심사보고서 제출(국66①)

* 헌: 헌법
* 국: 국회법

위원회 상정조차 불가능한 경우도 있을 만큼 의사일정의 협의는 위원회 심사의 가늠자 역할을 한다.

법률안은 위원회에 회부된 날부터 일정 기간이 지나야 위원회 회의에 상정될 수 있는데 이 기간은 위원[11])들이 법률안을 심사하기 전에 미리 검토하기 위해 필요한 최소기간이라는 의미에서 흔히 '숙려기간(熟慮期間)'이라 불린다. 일부개정법률안은 15일, 제정법률안, 전부개정법률안 및 폐지법률안은 20일, 체제·자구를 위하여 법제사법위원회에 회부된 법률안은 5일이 경과한 후에 위원회에 상정할 수 있게 하였다. 다만 긴급하고 불가피한 사유로 위원회 의결이 있는 경우에는 그러하지 아니하다(국회법 제59조).

그러나 그동안 쟁점 법안 등에 대해서는 의사일정협의가 이뤄지지 않아 회부된 법률안이 심사를 시작조차 하지 못한 사례가 많았다. 이러한 문제점을 개선하고 위원회의 신속한 안건처리를 촉진하기 위해 2012년 5월 국회법개정 시 '의안의 자동상정간주' 조항(제59조의 2)을 신설하여 상기 숙려기간에 더하여 30일이 경과한 법률안에 대해서는 30일 경과 후 처음으로 개최하는 위원회에 상정된 것으로 보도록 하였다. 다만 위원장이 간사와 합의하는 경우는 그러하지 않도록 함으로써 여야의 의사가 합치하는 경우까지 의안의 자동상정간주의 효력을 적용하지는 않았다.

(3) 제안 설명

위원회에서 법률안을 상정하여 심사가 시작되면 그 첫 순서로 제안자로부터 제안의 취지를 설명 듣는다(국회법 제58조 제1항). 제안 설명은 정부제출법률안의 경우 소관 부처의 국무위원 또는 정부위원이 행하고 의원발의법률안은 대표발의자, 발의자, 찬성의원 중에서 설명한다.

수정안이 동의된 경우로서 원안에 대한 제안 설명 또는 원안에 대한 소위심사가 있은 다음 수정 동의가 있으면, 원안에 대한 제안 설명 또는 소위 심사보고 후 이어서 수정안 제안 설명을 듣는다.

---

11) 위원회 위원이란 국회에서 위원회를 구성하는 의원을 지칭하는 말로서, 국회법은 의원과 위원을 구별하여 사용하고 있다(국회법해설: 163). 따라서 위원은 의원의 다른 명칭이라 할 수 있다.

(4) 전문위원의 검토보고

의사일정에 상정된 모든 법률안에 대해서는 전문위원이 검토보고를 한다. 전문위원의 검토보고는 위원회 소속 입법조사관, 입법심의관이 조사, 연구에 참여하여 작성된다. 전문위원은 위원회의 정책 및 법률전문가로서 법률안의 타당성 여부, 헌법 및 다른 법률과의 상충여부, 법조문·문언 표현 등의 형식적 적합성 등을 심사하고 이를 수정·보완하는 검토의견을 제시한다. 전문위원의 검토보고는 법률안 심사를 위한 관련 정보, 법률안 제·개정 관련 연혁, 이해관계자의 의견, 관련 연구기관 또는 전문가의 견해를 총망라하여 위원들의 심사자료로 제공되므로 법률안 상정 48시간 전까지 소속의원들에게 배부하도록 하였다(국회법 제58조 제8항). 검토보고는 유인물로 배부되며 회의장에서는 요약하여 구두로 보고하는 것이 관례이다.

위원회 제안법률안에 대해서는 위원회안의 기초, 성안과정에서 전문위원 및 위원들의 참여가 있었으므로 별도의 검토보고는 하지 않는다.

(5) 대체토론

대체토론(大體討論)은 법률안의 취지 등 전반에 대한 문제점과 당부에 관한 일반적 토론으로 제안자와 위원 간 질의, 답변을 포함한다. 대체토론은 일반원칙에 관한 토론이라 할 수 있다. 대체토론을 통하여 제시된 위원들의 일반원칙론적 견해는 소위원회의 법안심사 자료로 정리되어 제공되므로 소위원회에서 축조심사 등 구체적이고 세부적인 법안내용 심사 시 심사 방향을 제시하여 주며, 소위 심사과정에서 위원회 다수위원의 심사의견을 존중하게 함으로써 소위 심사결과가 위원회 전체회의에서 수용되게 유도하는 기능을 한다.

국회법에서 대체토론이 끝난 후 법률안을 소위원회에 회부하도록 규정한(국회법 제58조 제3항) 이유가 여기에 있다.

질의·답변은 제안의원 또는 국무위원이나 정부위원을 대상으로 하지만 의원발의법률안에 대해서도 소관법률을 집행할 정부 측에 대해 그 견해를 듣는 것이 일반적이다. 소위원회의 심사보고에 대해서는 소위원장이 답변하나 소위 심사과정에 참여하여 소위원회수정안 작성에 관여한 정부 측이 답변하는 경우도 있다.

위원회에서의 질의는 일문일답의 방식으로 하는 것이 원칙이나 위원회의 의결이 있는 경우 일괄질의방식으로 할 수 있다(국회법 제60조 제2항).

(6) 공청회·청문회 및 연석회의

위원회에 회부된 법률안의 내용이 다양한 이해관계를 내포하고 있고, 심의에 고도로 과학적·전문적 지식이 요하는 경우 위원회는 공청회나 청문회를 열어 다수 이해관계자, 전문가의 의견을 청취한다. 위원회는 제정법률안 및 전부개정법률안에 대하여 공청회 또는 청문회를 개최하여야 하나 위원의 의결로 생략할 수 있다고 규정하였다(국회법 제58조 제6항).

① 공청회

위원회(소위원회 포함)는 중요한 안건 또는 전문지식을 요하는 안건을 심사하기 위하여 그 의결 또는 재적의원 3분의 1 이상의 요구로 공청회를 열고 이해관계자 또는 학식, 경험이 있는 자 등(이하 '진술인'이라 한다)으로부터 의견을 들을 수 있다(국회법 제64조 제1항).

2000년 2월 국회법개정에서 공청회 개최 요건을 재적위원 3분의 1 이상의 요구로 완화하고, 제정법률안 및 전부개정법률안에 대해 공청회 또는 청문회 개최를 의무화한 점(국회법 제58조 제6항, 다만 위원회 의결로 생략가능하다)을 볼 때 공청회를 활성화하려는 의도로 보인다.

공청회 개최시기는 위원회와 소위원회가 모두 주관할 수 있다는 점에서 볼 때 위원회에서 적어도 토론종결 전까지 열어야 할 것으로 보인다. 토론이 종결되면 바로 표결을 선포해야 하며 표결이 선포되면 누구든지 그 안건에 대하여 발언할 수 없기 때문이다(국회법 제110조 제2항). 위원회가 주관하는 공청회는 위원회 회의이므로(국회법 제64조 제4항) 위원회 회의 방식으로 진행되며, 진술인의 선정과 진술인 및 위원의 발언시간은 위원회에서 정하며, 진술인의 발언은 그 의견을 듣고자 하는 안건의 범위를 넘어서는 아니된다(국회법 동조 제3항).

공청회는 진술인의 의견을 청취하는 것이 제도의 취지이므로 진술인의 준비된 서면에 따른 모두(冒頭) 발언을 듣고 위원이 진술인에게 질의하는 방식으로 운영되며 진술인의 의견 개진을 제한할 가능성이 있는 진술인과 위원 사이 또는 진술인과 전술인 사이에 토론을 삼가하며, 토론이 이뤄질 경우 위원장은 이를 제지하는 것이 관례이다.

② 청문회(聽聞會)

위원회(소위원회 포함)는 중요한 안건의 심사와 국정감사 및 국정조사에 필요한 경우 증인, 감정인, 참고인으로부터 증언, 진술의 청취와 증거의 채택을 위해 위원회 의결로 청문회를 열 수 있다(국회법 제65조 제1항). 법률안 심사를 위한 청문회는 재적위원 3분의 1 이상의 요구로 개회할 수 있다(국회법 제65조 제2항).

청문회 제도는 1988년 6월 개정국회법에서 도입되었으며, 제도의 취지가 증인, 감정인, 참고인으로부터 증언, 진술을 청취하고 증거의 채택에 있는 만큼 그동안 국정감사 및 조사에서 증인의 신문 및 증거의 채택을 위해 활용되었다.

전문가나 이해관계인으로부터 전문적이고 사실적인 의견청취가 주목적이었던 공청회의 진술과 달리 청문에서 증언, 감정인이 행하는 증언의 감정은 "국회에서의 증언·감정 등에 관한 법률(이하 증감법이라 한다)"이 적용되어(국회법 제65조 제6항) 불출석, 허위, 위증 등의 경우 불출석 등의 죄(증감법 제12조), 국회모욕의 죄(동법 제13조), 위증 등의 죄(동법 제14조)로 처벌받게 된다.

③ 연석회의(連席會議)

국회법 63조에 의해 법률안 등 안건이 2개 이상의 위원회 소관사항과 관련이 있는 경우 등에는 소관위원회는 관련위원회와 함께 연석회의를 열고 법률안 등 안건에 관한 의견을 교환할 수 있다. 그러나 연석회의 개최는 국회법 제83조에 따라 의장이 어느 안건을 소관위원회와 관련위원회로 명시하여 회부한 경우로 한정되는 것이 아니며, 다른 위원회와 관련이 있는 법률안을 심사하는 위원회는 다른 위원회와 협의하여 언제든지 연석회의를 개최할 수 있다.

연석회의는 문자 그대로 두 개 이상의 위원회 위원들이 한 회의장에 모여 합동으로 회의를 하는 방식이다. 연석회의는 안건을 주관하는 소관위원회의 회의로 운영한다. 따라서 연석회의는 소관위원회에서 주도한다. 그러나 표결을 할 수는 없다. 연석회의를 열고자 하는 소관위원회 위원장은 부의할 안건명과 이유를 서면으로 제시하여 다른 위원장(관련위원회)에게 연석회의 개최를 요구하여야 한다.

이상의 연석회의는 소관위원회의 임의사항이다. 그러나 세입예산안과 관련있는 법안을 회부 받은 위원회는 예산결산특별위원장의 요청이 있을 때에는 연석회의를 열어야 한다(국회법 제63조 제4항). 이를 의무사항으로 한 이유는 국가재정의 안정과 세입예산과의 연계성을 가지고 재정의 예측가능한 운용을 위해 의견 교환이 필요하기 때문이다.

(7) 안건조정위원회 심사

2012년 5월 개정 국회법 제57조의 2는 안건조정위원회의 구성과 운영에 관해 규정하고 있다. 안건조정위원회는 이견을 조정할 필요가 있는 법률안 등 안건(예산안, 기금운용계획안, 임대형 민자사업한도액안 및 체계·자구 심사를 위하여 법제사법위원회에 회부된 법률안은 제외한다)을 심사하기 위하여 재적위원 3분의 1 이상의 요구로 안건조정위원회를 구성(위원장 포함 6명으로 하되 여야 동수로 구성)하고 해당 안건에 대한 대체토론이 끝난 후 이를 조정위원회에 회부한다. 조정위원회는 활동기한을 90일 이내로 하고, 재적 조정위원 3분의 2 이상의 찬성으로 조정안을 의결하며, 조정위원회에서 의결된 안건은 소위원회 심사를 마친 것으로 본다. 그 활동기한 내에 조정안을 마련하지 못한 때에는 조정위원회의 심사경과 등을 위원회에 보고하고, 위원장은 이를 소위원회에 회부한다. 이 제도를 도입한 취지는 여·야 동수(각 3인)로 구성된 안건조정위원회에서 대화와 타협을 통해 쟁점 안건을 신속하게 처리하려는 것이다.

(8) (상설)소위원회 심사

위원회 심사과정에서 법률안 등 안건에 관한 대체토론이 끝나면 이를 상설소위원회에 회부하여 이를 심사·보고하도록 한다(국회법 제58조 제2항, 제3항). 다만 필요한 경우 특정안건심사소위원회를 구성하여 회부한다(국회법 제57조 제1항, 제58조 제2항 단서).

소위원회제도는 법률안 등 안건이 전문화 복잡화함에 따라 전문성을 가진 소수의 위원들로 하여금 이를 심도 있고 집중적으로 심사하게 함으로써 위원회를 효율적으로 운영하려는 데 그 취지가 있다. 2000년 2월 개정국회법에서는 법률안 등 안건심사를 상설소위원회나 특정안건심사소위원회 회부하여 심사·보고하도록 필수 절차로 규정(국회법 제58조 제2항)하였으면서도, 상설소위원회나 특정안건소위원회의 설치는 '…둘 수 있다'고 임의적 규정(국회법 제57조 제1항, 제2항)으로 하는 모순이 있다.[12]

---

12) 이는 2000년 2월 개정국회법에서 상설소위원회 구성을 강행규정화했음에도 불구하고 상설소위원회의 기능이 상임위원회의 업무를 분담·심사하는 것이므로 위원장들이 자신의 권한이 상설소위원장에게 분점될 것을 우려한 나머지 상설소위원회 구성을 주저하고 관행적으로 특정안건소위원회를 설치하여 운영한 법현실을 고려하여, 2005년 7월 개정국회법에서 상설소위원회를 임의기구화한 데 따라 발생한 모순이라 하겠다.

위원회에서 대체토론이 끝난 후에 법률안 등 안건을 소위원회에 심사회부하여야
하나, 소위원회에서 심사 중인 안건과 관련이 있는 안건이 새로이 회부되어온 때에는
위원장이 간사와 협의하여 바로 소위원회에 회부할 수 있다(국회법 제58조 제4항).

소위원회 심사절차는 일반적으로 위원회 규정이 준용된다. 다만 축조심사는 생략할
수 없다(국회법 제57조 제7항).

소위원회 활동범위는 위원회가 의결로 정하며, 소위원회 회의는 공개가 원칙이며,
폐회 중 활동이 가능하고 정부 행정기관에 대하여 보고, 서류제출요구를 할 수 있으
며, 증인, 감정인, 참고인의 출석을 요구할 수 있다(국회법 제57조 제4항 내지 제6항).
소위원회가 심사를 완료하면 소위원회 위원장은 심사대상 법률안에 대한 심사경과와
결과를 위원회에 보고한다(국회법 제68조).

소위원회의 심사는 전문적이고 신속하게 운영된다는 장점에도 불구하고 중요 법률
안이 소수의 위원에 의해 사실상 결정되며, 소위원회 운영이 폐쇄적으로 이뤄질 수
있으며, 압력단체의 표적이 되기 쉽다는 취약점이 지적되어 왔다. 이를 개선하기 위해
소위원회를 공개하도록 하고 2005년 7월 개정국회법에서 속기의 방법에 의한 소위원
회 회의록 작성을 의무화하였다(국회법 제69조 제4항).

(9) 축조심사

소위원회에서 법률안에 대한 심사를 마치고 심사결과를 위원회에 보고하면 위원회
에서는 축조심사를 하게 된다. 축조심사는 문자 그대로 법률안을 조문별로 낭독하면
서 법적 형식뿐만 아니라 법문언의 의미와 구성까지 세밀하게 검토하는 과정이다.
실제로 소위원회에서는 축조심사가 충실하게 이뤄지는 편이나, 위원회 회의에서는 위
원장이 장·절별로 개괄하여 의견을 묻는 형식으로 간편하게 진행하는 것이 일반적인
운영의 예이다. 국회법은 제정법률안 및 전문개정법률안을 제외한 일부개정법률안 등
에 대해서는 위원회 의결로 축조심사를 생략할 수 있도록 하였다(국회법 제58조 제5
항). 이와 대조적으로 소위원회에서는 축조심사를 생략할 수 없도록 한 점(국회법 제
57조 제7항)에서도 축조심사가 소위원회에서 중요시되는 심사절차임을 알 수 있다.

(10) 찬반토론

법률안에 대한 축조심사가 끝나면 표결에 앞서 찬반토론을 실시한다. 이 과정에서
의원들은 법률안에 대한 찬성과 반대의 입장과 이유 그리고 수정의견을 표시한다.

찬반토론을 통해 위원들은 상대방의원들을 설득하여 그 의견을 번복하거나 수정하게 하는 마지막 기회로 삼는다. 위원장의 토론종결이 선포되면 이어서 표결을 하게 되고 더 이상 의제에 대해 발언할 시간이 주어지지 않는다. 위원회에서의 토론방식은 본회의 규정을 준용한다. 토론하고자 하는 의원은 먼저 찬성 또는 반대의 입장을 위원장에게 밝히고 토론을 신청하면, 위원장은 토론신청순서, 소속교섭단체 등을 고려하여 반대자와 찬성자를 교대로 발언하게 하되, 반대자를 먼저 발언하게 한다(국회법 제71조, 제106조). 반대자를 먼저 발언하게 한 배경은 제안 설명이나 소위원장 심사보고에서 이미 찬성취지의 발언이 있었기 때문에 토론은 반대자의 입장에서 먼저 시작하게 한 것이다. 찬성토론자가 없으면 반대토론만 하게 한다.

(11) 표결

의제가 된 법률안에 대한 찬반토론이 끝나면 위원장은 표결을 선포한다. 위원장이 표결을 선포하면 누구든지 그 의제에 대해 발언할 수 없고 오직 표결을 할 수 있을 뿐이다. 표결할 때에는 회의장에 출석하지 아니한 의원은 표결을 할 수 없다. 표결방법으로는 거수나 기립방식을 사용한다. 주요 안건에 대해서는 보다 확실한 의사표시를 위해 기립표결 방식을 채택하는 것이 관례이다. 소위원회에서 심사하는 과정에서 여야합의를 이뤄 이견이 없는 법률안에 대해서는 이의유무를 물어 만장일치로 가결을 선포한다. 본회의에서 사용하는 전자투표에 의한 기록표결방식은 회의장 설비 미비로 위원회에서는 사용하지 않는다. 중요한 안건으로 위원장제의 또는 위원의 동의로 위원회 의결이 있거나 재적위원 5분의 1 이상의 요구가 있을 때에는 기명, 호명 또는 무기명투표로 표결할 수 있다(국회법 제112조 제2항 준용). 특히 인사에 관한 안건에 관해서는 무기명비밀투표로 행하는 것이 관례이다(국회법 제112조 제5항 준용).

위원회표결에서 위원은 한번 표시한 의사를 변경할 수 없으며(국회법 제111조 제2항) 표결이 끝나면 위원장은 표결결과를 가결 또는 부결(본회의에 부의하지 아니하기로 의결한다는 의미임)로 선포한다. 위원회의 의결정족수는 재적의원 과반수 출석과 출석의원 과반수 찬성으로 의결(가결을 의미함)하며(국회법 제54조 후단), 가부동수인 때에는 부결된 것으로 본다(헌법 제49조 후단).

(12) 기타 위원회 심사 관련 제도

① 법률안의 철회와 수정

법률안의 철회는 발의한 의원이 국회에 접수된 법률안을 되돌려 받는 행위로서 제18대 국회법개정(2010.3.12) 이전에는 발의자 전원의 동의(찬성자는 제외)를 받아야 했으나, 개정 이후 발의의원 2분의 1 이상의 동의를 받아야 하고, 본회의에서 의제가 된 후에는 본회의의, 위원회에서 의제가 된 후에는 위원회의 동의를 받아야 한다(국회법 제90조).

법률안의 수정은 이미 국회에 접수된 법률안의 내용을 일부 수정하여 제출하는 것으로서, 국회법은 정부제출법률안의 경우에는 명문규정으로 이를 허용하고 있으나, 의원 발의법률안에 대해서는 명문규정을 두고 있지 않다. 이는 의원의 경우 본회의심의 또는 위원회 심사과정에서 수정동의를 할 수 있기 때문에 별도로 명문규정화하지 않은 것으로 보인다. 정부제출법률안의 수정안이 제출된 경우 의장은 위원회 또는 본회의에 회부하여 심사하게 해야 한다. 수정안의 심사여부는 회의체의 동의를 얻어 결정된다.

② 위원회 가결법률안의 수정절차: 번안(飜案)

위원회가 심사하여 의결(가결)한 법률안의 내용을 후에 변경하는 절차를 번안이라 한다. 위원회에서 의안을 의결한 후 중대한 사정변경이나 혹은 의사결정에 명백한 착오가 있었음을 발견한 경우 한번 결정한 의사를 번복하여 수정하는 것이다. 번안절차를 인정하는 이유는 국회에서 의사결정에 흠이 있었음을 알고도 방치할 경우 후일 법집행과정에서 보다 큰 혼란과 부작용이 초래될 것이므로 국회 스스로 결정의 흠을 치유하고 보다 합리적이고 타당한 법률안을 생산하게 하려는 것이다. 그러나 번안절차는 국회의 의사결정의 안정성을 해칠 우려가 있으므로 보다 제한적으로 사용되어야 한다. 위원회 번안은 동의 위원이 1인 이상의 찬성자와 함께 서면으로 발의하고 재적위원 과반수 출석과 출석위원 3분의 2 이상의 찬성으로 의결한다. 그러나 그 법률안이 본회의 의제가 된 후에는 위원회에서 번안할 수 없다(국회법 제91조 제2항).

③ 위원회 폐기법률안 본회의 부의 요구

법률안에 대한 국회의 최종적 의사는 본회의에서 정한다. 따라서 위원회에서의 가결은 위원회의 심사결과를 본회의에 부의하여 계속 심사하겠다는 의미이며, 부결은 위원회 심사결과 의제가 된 법률을 본회의에 '부의할 필요가 없다고 결정하였다'는 의미로서 '위원회에서 폐기된 의안'이라 한다. 위원회 폐기 의안에 대해서는 본회의 보고 후 휴회·폐회기간을 제외한 7일 이내에 의원 30인 이상의 요구가 있으면 그 의안은 본회의에 부의된다(국회법 제87조). 이 제도는 소관위원회 심사결과에 이의가 있는 의원들이 본회의에서 이 법률안을 심의할 수 있게 함으로써 상임위원회 중심주의의 폐해를 줄일 수 있는 효과가 있다.

3. 법제사법위원회의 체계·자구 심사

1) 의의

국회법 제86조 제1항에서는 "위원회에서 법률안의 심사를 마치거나 입안한 때에는 법제사법위원회에 회부하여 체계와 자구에 대한 심사를 거쳐야 한다"고 규정함으로써 법률안의 체계·자구 심사는 국회 심의의 필요적 과정이 되었다.

체계·자구 심사권한을 별도로 법제사법위원회에 부여한 이유는 장차 성립된 법률이 헌법을 비롯한 현행 법체계에 적합한지를 보다 전문성을 가진 위원회에서 통일적으로 심사하게 하려는 것이다. '체계의 심사'는 법률안 내용의 위헌 여부, 관련 법률과의 저촉 여부, 균형유지, 자체 조항 간의 모순의 유무를 심사하며 동시에 법률형식을 정비하는 것이고, '자구의 심사'는 법규의 정확성, 용어의 적합성과 통일성 등을 심사하여 각 법률 간 용어의 통일을 기함으로써 법률용어를 정비하는 것을 말한다. 모든 법률안은 국가 전체의 법률 체계에 통일, 조화되어야 하며, 전법과 후법과의 관계, 일반법과 특별법과의 관계, 법률용어 및 조문체제의 통일 등을 고려한 후에 확정되어야 하며 사전에 법률안의 완성도를 높임으로써 본회의의 심의시간을 절약하기 위한 것[13]으로 이해할 수 있다.

2) 체계·자구 심사절차

법제사법위원회의 체계·자구 심사절차는 따로 규정이 없어 일반적으로 위원회의

---

13) 국회사무처, 「국회법해설」(2012), p.257.

의안 심사절차에 따라 이뤄진다. 그러나 예외적으로 제안 설명과 토론은 위원장이 간사와 협의하여 생략할 수 있다(국회법 제 86조 제1항 후단). 또한 소관위원회 심사와는 달리 제정법 및 전부개정법률안에 대한 공청회, 청문회 및 축조심사 조항의 적용을 배제함으로써 융통성 있게 운용할 수 있게 되었다(국회법 제58조 제9항). 체계·자구 심사는 정책내용을 심사하는 소관위원회의 심사와는 달리 법률로서의 위상과 정형(定型)에 관한 심사에 치중하여 신속하게 심사를 마칠 필요가 있다.

3) 체계·자구 심사대상의 예외

모든 법률안이 법제사법위원회의 체계·자구 심사대상이 되는 것은 아니다. i) 소관위원회에서 의장이 정한 심사기간에 심사를 마치지 못하여 그 법률안이 바로 본회의에 부의되는 경우(국회법 제85조 제2항) 및 법제사법위원회 체계·자구 심사 시 심사기간을 지정했으나 그 기간 내 심사를 마치지 아니하여 바로 본회의에 부의되는 때(국회법 제86조 제2항), ii) 위원회에서 부결(본회의에 부의하지 않기로 의결)된 법률안을 의원 30인 이상이 본회의에 부의 요구한 경우, iii) 위원회가 예산안 등과 함께 세입예산안 부수 법률안(법사위원회 체계자구 심사회부된 때 포함)을 매년 11월 30일까지 심사하지 못한 경우(국회법 제85조의 3 제2항), iv) 대통령 재의요구 법률안을 본회의에서 처리하는 경우(헌법 제53조 제4항), v) 본회의 심의과정에서 수정된 법률안, vi) 법제사법위원회가 신속처리대상안건에 대하여 90일 이내에 심사를 마치지 아니한 때(국회법 제85조의 2 제3항), vii) 위원회 심사를 거치지 아니하는 헌법개정안(헌법 제130조 제1항), viii) 법제사법위원회가 구성되기 전에 특별위원회를 구성하여 제안한 법률안 등의 경우에는 법제사법위원회의 체계·자구 심사를 거치지 않는다.[14]

4) 체계·자구 심사의 촉진제도

국회에서 심사하는 법률안은 전술한 바와 같이 일부의 예외적인 경우를 제외하고는 모두 법제사법위원회의 체계·자구 심사를 거쳐야 본회의에 회부될 수 있다. 그러나 체계·자구 심사과정에서 정책적 내용에 관한 소관위원회와 법제사법위원회의 이견 또는 야당이 법제사법위원장을 맡게 되는 정치적 환경 등의 이유로 체계·자구 심사가 지나치게 지연되어 적시(適時)에 입법이 이뤄지지 못하는 사례가 있다. 이를 해결

---

14) 정호영, 앞의 책, p.445; 박수철, 앞의 책, p.594 참조.

하기 위해 국회는 심사의 촉진을 도모하기 위한 제도를 도입하였다.

(1) 체계·자구 심사 대상법률안에 대한 자동상정간주제

모든 의안의 위원회 심사에 공통적으로 적용되는 제도이다. 체계·자구 심사의 경우 해당 법률안이 법제사법위원회에 회부된 날부터 5일이 경과한 후 다시 30일이 경과하면 법제사법위원회에 상정된 것으로 간주함으로써 심사를 촉진시키려는 제도이다(국회법 제59조 제3호, 제59조의 2).

(2) 법사위 체계·자구 심사 대상법률안에 대한 소관위원회의 본회의 부의 요구 (국회법 제86조 제3항, 제4항)

체계·자구 심사 법률안에 대해 법사위원회가 이유없이 120일 이내에 심사를 마치지 아니한 때 해당 법률안 소관위원회 위원장이 간사와 협의하거나 협의가 이뤄지지 않는 경우 위원회 재적위원 5분의 3 이상의 찬성으로 의결하여, 의장에게 이 법률안의 본회의 부의를 요구한다.

의장은 교섭단체 대표의원과 합의하여 바로 본회의에 부의한다. 본회의 부의 요구가 있은 날로부터 30일 이내에 합의가 이뤄지지 않으면 본회의에서 무기명투표로 본회의 부의 여부를 결정한다.

(3) 심사기간 지정제도(국회법 제86조 제2항)

의장은 체계·자구 심사 법률안에 대해 천재지변 등의 사유가 있는 경우 그 심사기간을 지정할 수 있으며, 법제 사법위원회가 이유없이 기한 내 심사를 마치지 아니한 때 바로 본회의에 부의할 수 있다.

(4) 신속처리 대상 안건 지정(국회법 제85조의 2)

재적의원 과반수 이상의 신속처리 안건 지정동의가 있고 본회의에서 무기명투표로 재적 5분의 3 이상의 찬성을 얻은 경우 또는 소관위원회 재적위원 과반수의 동의가 있고 위원회 재적위원 5분의 3 이상의 찬성으로 의결된 경우 신속처리 대상 안건으로 지정된다. 해당 안건에 대해 위원회는 그 지정일로부터 180일 이내에, 법사위의 체계·자구 심사는 90일 이내에 심사를 마쳐야 한다. 그 기간이 경과하면 바로 다음 심사절차로 회부된다. 체계·자구 심사안이 이 기간 내에 심사를 마치지 못하면 바로 본회의에 부의된 것으로 간주된다. 본회의에 부의된 법률안은 60일 이내에 본회의에 상정되어야 하며, 상정되지 못한 경우 60일 경과 후 첫 본의에 상정된다.

4. 위원회의 심사보고서 제출(국회법 제66조)

위원회는 법률안의 심사를 마친 때에는 심사경과와 결과, 기타 필요한 사항을 서면으로 의장에게 보고하여야 한다. 이를 심사보고서 제출이라 한다. 이 보고서에는 소수의견의 요지 및 관련위원회의 의견요지를 기재하여야 하며, 이 법률안이 예산 또는 기금상 조치를 수반하는 경우 이 보고서에 비용추계서를 첨부해야 한다. 이 보고서는 가결은 물론 부결(본회의에 부의하지 아니하기로 의결)되었을 때에도 제출해야 한다.

위원회 심사보고서는 본회의에서 법률안을 심의할 때 중요한 심사 참고자료가 되므로 의장은 본회의에서 의제가 되기 전에 이 보고서를 인쇄하거나 전산망에 입력하는 방식으로 의원에게 배부한다.

5. 전원위원회 심사

국회법 제63조의 2 제1항(전원위원회)에서는 "국회는 위원회의 심사를 거치거나 위원회가 제안한 의안 중 정부조직에 관한 법률안, 조세 또는 국민에게 부담을 주는 법률안 등 주요의안의 본회의 상정 전이나 본회의 상정 후에 재적의원 4분의 1 이상의 요구가 있는 때에는 그 심사를 위하여 의원 전원으로 구성되는 전원위원회를 개회할 수 있다. 다만, 의장은 주요의안의 심의 등 필요하다고 인정하는 경우 각 교섭단체 대표의원의 동의를 얻어 전원위원회를 개회하지 아니할 수 있다"고 규정하고 있다. 국회에서 법률안 등 의안의 심의가 위원회 중심으로 이뤄짐에 따라 본회의 심의가 형식화되었다. 본회의와 같이 의원 전원이 참여하는 위원회를 구성하고 위원회 운영 방식으로 운영함으로써 의안의 심의에 소관 상임위원회 위원이 아닌 다른 의원들의 참여를 유도하고 다양한 견해가 반영될 수 있도록 하려는 것이 전원위원회제도의 도입 취지이다.

전원위원회는 의원 전원으로 구성되는 점에서 상임위 구성과 다르고 본회의와 유사하나 본회의에 수정안을 제출하게(국회법 제63조의 2 제2항) 한 점에서는 예비적 심사기능을 가진 위원회와 유사하다. 또한 전원위원회는 위원회 심사를 마치거나 위원회가 제안한 정부조직법안이나 조세 관련 법안 등과 같이 주요 법률안에 대해서 재적의원 4분의 1 이상의 요구가 있을 때만 개회할 수 있으며, 의장이 교섭단체 대표의 동의를 얻어 개회하지 아니할 수 있다는 점에서 그 심사대상 안건이 제한적이고, 전원위원회의 개회 여부가 임의적이라는 한계성을 내포하고 있다.

이러한 한계에도 불구하고 위원회 활동을 활성화하고 수정안 채택이 용이하도록 부의장 중 1인을 전원위원회의 위원장으로 하였으며, 의결정족수를 완화하여 재적의원 4분의 1 이상의 출석과 출석의원 과반수 찬성으로 의결하게 하였다(국회법 제63조의 2 제4항 후단).

그러나 전원위원회 제도는 제헌국회(1948.6.10)부터 제4대 국회(1960.9.25)까지 운영된 바 있으며, 16대 국회(2000.5.30)에서 재도입된 이후 제16대 국회에서 1회, 17대 국회에서 1회, 모두 두 차례 개회되어 사실상 유명무실한 제도가 되었다.

6. 본회의 심의·의결

1) 상정시기

소관위원회가 법제사법위원회의 체계·자구 심사를 거친 법률안에 대한 심사보고서를 의장에게 제출하면 의장은 이를 의원들에게 배부하고 이를 본회의에 상정한다. 위원회에서 법률안의 심사보고서를 의장에게 제출한 후 1일이 경과하지 아니한 때에는 의사일정으로 상정할 수 없도록 상정시기를 제한하였다. 다만 특별한 사유로 의장이 교섭단체 대표의원과 협의한 경우 예외를 인정하였다(국회법 제93조의 2). 이는 위원회 의안상정 시 위원들의 법률안 사전검토를 위해 숙려기간을 둔 취지와 같다.

2) 본회의 심의절차

국회법 제93조에서는 "본회의는 안건을 심의함에 있어서 그 안건을 심사한 위원장의 심사보고를 듣고 질의·토론을 거쳐 의결한다. 다만 위원회 심사를 거치지 아니한 안건에 대하여는 제안자가 그 취지를 설명해야 하고, 위원회의 심사를 거친 안건에 대하여는 의결로 질의와 토론 또는 그중의 하나를 생략할 수 있다"고 규정하고 있다.

〈그림 4-3〉 본회의 심의 절차도

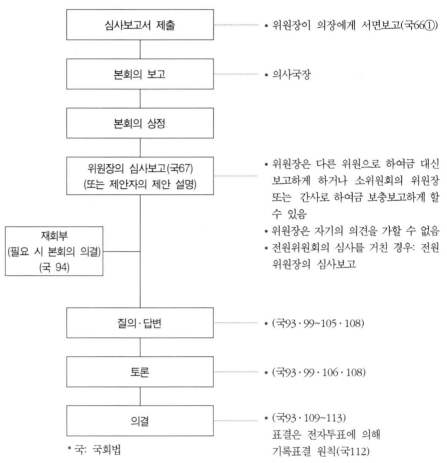

(1) 의사일정의 작성

국회법 제76조 제2항은 "의장은 회기 중 본회의 개의일시 및 심의대상 안건의 대강을 기재한 회기 전체 의사일정과 본회의 개의시간 및 심의대상 안건의 순서를 기재한 당일 의사일정을 작성한다"고 규정하고 동조 제3항에서는 "제2항의 … 회기 전체 의사일정 작성에 있어서는 국회운영위원회와 협의하되, 협의가 이뤄지지 아니한 때에는 의장이 이를 결정한다"고 의사일정 작성원칙을 밝히고 있다.

본회의 의사일정 작성 실제에 있어 회기 전체 의사일정은 운영위원회와 협의하여 정하고 있으나 그 내용에 있어서는 본회의 개의일시와 휴회기간 즉 상임위 활동기간을 정하고 있을 뿐 안건의 대강은 기재하지 못하고 있다.

당일 의사일정은 의장이 교섭단체 대표와 협의하여 정하는 것이 관행이다. 특히 쟁점안건의 의사일정 작성을 위해서는 여야당의 법률안 등 주요 안건처리를 둘러싼 의회 운영 전략과 맞물려 있어 상당한 정치적 교섭 후에 결정된다.

(2) 심사보고 또는 제안 설명

위원장의 심사보고는 위원장 또는 위원장이 지명한 위원이 구두로 보고한다. 이미 심사보고서가 각 의원들에게 배부되고 본회의장 컴퓨터 모니터를 통해 실시간 제공되므로 구두보고는 그 내용을 요약하여 간략하게 보고한다.

본회의 처리안건이 많은 경우 효율적인 회의진행을 위해 위원회별로 심사보고한 법률안을 두 개 내지 수개씩 일괄하여 상정하고, 일괄하여 보고하게 한다.

심사보고 내용에는 주로 심사경과와 결과, 제안이유와 주요 내용 그리고 위원회 수정안인 경우 수정이유, 주요 내용 등을 설명하고 체계·자구 심사결과 중요한 내용이 있는 경우 함께 보고한다. 그러나 위원회 대안과 위원회안을 제안하는 경우에는 위원장 또는 다른 위원이 제안 설명을 한다. 물론 위원회 심사를 거치지 아니한 법률안에 대해서는 심사결과 보고 대신 본회의에서 제안자가 제안의 취지를 설명한다.

전원위원회의 심사를 거친 안건에 대해서는 소관위원회 위원장의 심사보고 후 전원위원회 위원장이 심사보고를 한다. 전원위원회에서 수정안을 제안하는 경우 수정이유와 주요 내용을 보고할 것이나 심사결과 위원회에서 심사한 대로 또는 제안한 대로 의결했다면 심사보고절차를 생략할 수도 있다.

위원장의 심사보고나 제안자의 제안 설명이 있은 후 본회의에서 의제가 된 법률안에 대한 본회의 수정동의가 있으면 그 수정안에 대한 제안자의 취지 설명을 듣고 원안(위원회 수정안인 경우에도 본회의 수정동의에 대해서는 원안이 된다)과 병합하여 질의 또는 토론을 한다.

수정동의는 위원회에서 심사보고하거나 제안한 법률안에 대해 본회의에서 수정하고자 하는 의원이 30인 이상 찬성자와 연서하여 안을 갖추고 이유를 미리 의장에게 제출하는 것을 말한다. 따라서 수정동의는 의안의 발의와 유사한 점이 많아 이를 수정안 발의라고 볼 수 있겠지만, 수정동의는 본회의에서 의제가 된 법률안 등 의안이 존재해야 한다는 점에서 볼 때 의안의 발의와 차이가 있다. 또한 일반적으로 동의(動議)는 안을 필요로 하지 않지만 수정동의는 가결될 경우에 원안을 수정하게 되므로 안(案)을 필요로 한다는 점에서 일반동의와 구별이 된다.[15] 본회의 수정동의는 위원회 심사에 참여하지 못했던 타위원회 소속위원이 본회의 심의과정에서 수정의견을 제출할 수 있게 함으로써 소관 상임위원회 중심주의 운영으로 인해 발생할 수 있는 참여배제 가능성을 방지하는 방법으로 활용된다. 2010년 3월 개정국회법에서는 "수정동의는 원안 또는 위원회에서 심사보고(위원회에서 제안한 경우 포함)한 안의 취지 및 내용과 직접 관련성이 있어야 한다(동법 제95조 제5항)"라고 규정함으로써 수정동의의 수정범위가 원안의 범위 내에서 이뤄지도록 제한하였다.

(3) 질의·토론 및 표결

심사보고나 제안 설명이 끝나면 질의·토론을 거쳐 표결을 하게 된다. 그러나 위원회의 심사를 거친 안건에 대해서는 질의와 토론 또는 그중의 하나를 생략할 수 있다(국회법 제93조 단서). 이와 같이 질의·토론을 생략할 수 있게 한 취지는 위원회 심사과정에서 이미 다양한 이해관계자의 참여하에 충분한 질의와 토론이 이뤄졌음을 인정하고 본회의 심의를 보다 효율적으로 진행하려는 것이다. 각 교섭단체에서 1인 이상이 질의에 참여하였다면 본회의 의결로 질의를 종결할 수 있다(국회법 제108조 제2항). 질의가 종결되면 이어서 토론에 들어간다. 토론은 의제에 대해 찬성과 반대의 의사를 표시하고 그 이유를 밝히는 발언으로 자신의 입장을 정리하여 상대방을 설득하는 마지막 기회이다. 아직 찬반입장을 결정하지 못하였거나 확신하지 못한 의원을 설득하여 지지를 획득함으로써 투표결과에 적극적 영향을 미치는 경우도 있다.

토론을 하고자 하는 의원은 찬성과 반대의 입장을 밝히고 미리 의장에게 토론을 신청한다(국회법 제106조 제1항). 중요안건에 관한 토론 시 교섭단체 소속의원의 경우에는 교섭단체 지도부의 지명 또는 의뢰를 받아 토론자를 선정한다. 일반적으로 위원회 심사에서 주도적 역할을 한 의원이 이를 담당한다.

의장은 반대토론자를 먼저 발언하게 하고 이어서 찬성과 반대를 교대로 토론하게 한다(국회법 제106조 제2항). 발언 순서는 토론 신청순서와 교섭단체를 고려하여 결정한다. 실제로 교섭단체 소속의원의 경우 중요안건 토론 시 교섭단체에서 미리 발언순서를 정하여 토론신청을 한다. 토론 역시 교섭단체별로 1인 이상이 토론에 참여하였으면 본회의 의결로 토론종결을 할 수 있다. 토론이 종결되면 의장은 표결을 선포한다.

---

15) 박수철, 앞의 책, p.607.

2012년 5월 개정국회법(제106조의 2)은 무제한토론 제도를 도입하였다. 무제한토론의 허용은 소수파의 합법적인 의사진행 방해 수단으로 활용되어 의안처리에 비효율을 초래할 수 있으나 반대자에게 시간의 제한없이 자신들의 주장을 펼 수 있는 기회를 제공함으로써 최종표결 결과에 승복할 여건을 마련하여 준다는 점에서 긍정적인 기능을 하는 것으로 볼 수 있다.

본회의 의제에 대해 무제한토론을 하려면 재적의원 3분의 1 이상이 서명한 요구서를 제출하면 의장은 이를 실시하여야 한다. 무제한토론 요구서는 본회의 개의 전까지 제출하여야 하며 1인이 1회에 한하여 토론할 수 있으며, 무제한토론이 실시되면 본회의는 무제한토론이 종결될 때까지 산회하지 아니하고 재적의원 5분의 1 이상(개의 정족수)이 출석하지 아니한 때에도 회의는 계속된다.

무제한토론에 대한 종결동의는 재적의원 3분의 1 이상의 서명으로 제출할 수 있으며, 토론종결동의가 제출된 때부터 24시간이 경과한 후에 무기명투표로 표결하되 재적의원 5분의 3 이상의 찬성으로 의결한다. 무제한토론 종결동의는 토론 없이 표결한다. 무제한토론을 실시하는 안건에 대하여 토론할 의원이 더 이상 없거나 무제한토론 종결동의가 가결된 경우 의장은 무제한토론의 종결을 선포하고 지체 없이 해당 안건을 표결하여야 한다.

무제한토론을 실시하는 중에 해당 회기가 종료되는 때에는 무제한토론은 종결 선포된 것으로 보며, 바로 다음 회기에 해당 안건을 지체 없이 표결하여야 한다. 회기종료로 인한 무제한 토론상태의 지속을 중단하고 의제에 대한 본회의 의사를 조기에 결정하려는 조치이다.

한번 무제한토론이 종결 선포된 안건에 대해서는 다시 무제한토론을 요구할 수 없다. 무제한토론의 무한반복으로 인한 의제의 불확정 상태가 지속되는 것을 방지하려는 조치이다. 예산안 및 세입예산안 부수 법률안에 대한 무제한 토론 규정은 12월 1일까지 적용되고 무제한토론 규정에 따라 실시 중인 무제한 토론, 계속 중인 본회의, 제출된 무제한토론의 종결동의에 대한 심의절차 등은 12월 1일 자정에 종료한다. 질의와 토론을 모두 마치면 본회의 표결에 들어간다. 표결을 할 때에는 회의장에 있지 아니한 의원은 표결에 참석할 수 없다. 그러나 기명·무기명투표에 의하여 표결할 때에는 투표함이 폐쇄될 때까지 표결에 참석할 수 있다(국회법 제111조 제1항). 의원은 국민의 대표자로서 소속정당의 의사에 기속되지 아니하고 양심에 따라 투표한다(국회법 제114조의 2). 의원은 표결에 있어서 표시한 의사를 변경할 수 없다(동법 제111조

제2항).

본회의에서 표결방법(국회법 제112조)은 전자투표에 의한 기록표결로 가부를 결정함이 원칙이다. 그러나 투표기기의 고장 등 특별한 사정이 있을 때에는 기립표결을 할 수 있다.

중요한 안건으로 의장제의 또는 의원의 동의로 본회의 의결이 있거나 재적의원 5분의 1 이상의 요구가 있을 때에는 기명·호명 또는 무기명투표로 표결한다. 이의유무를 묻는 방식으로 표결할 수 있으나 이의가 있으면 상기한 전자투표, 기립표결 등의 방법으로 표결하여야 한다. 그러나 실제로 소수의 의원이 이의를 표시하는 경우 의장은 반대하는 의원의 성명을 회의록에 게재하기로 하고 가결을 선포하기도 한다.

헌법개정은 기명으로 표결하게 함으로써 의원의 책임성을 높이려 하고 있다. 대통령으로부터 환부된 법률안은 무기명투표로 표결한다.

법률안이 본회의에서 의결되기 위해서는 일정한 수의 의원의 찬성이 필요하다. 이를 의결정족수라 한다. 헌법은 국회의 일반의결정족수를 "헌법 또는 법률에 특별한 규정이 없는 한 재적의원 과반수 출석과 출석의원 과반수 찬성으로 의결한다(헌법 제49조)"고 규정하고 있다. 특별다수의 의원이 필요한 특별의결정족수로는 재의요구 법률안 및 법률안 번안동의 경우 재적의원 과반수 출석과 출석의원 3분의 2 이상의 찬성으로, 헌법개정안은 재적의원 3분의 2 이상의 찬성을 요하는 등의 예가 있다.

표결이 끝나면 의장은 표결 결과를 의장석에서 선포한다(국회법 제113조). 의장석 선포 규정은 의안의 강행처리에 따른 회의장 점거, 회의장의 임의적 변경 등 물리적 충돌을 방지하고 의장이 정상적이고 평온한 상태에서 회의를 주재하도록 한 조치이다.

(4) 기타 본회의 심의 관련 사항

① 재회부(再回附)

본회의에 상정되어 심의에 붙여진 안건 중 소관위원회 위원장의 심사보고를 들은 후 그 위원회의 심사가 회의의 결과를 도출하기에 불충분하거나 절차상 중대한 흠이 있는 경우 등의 사유가 밝혀져 위원회에서 재심사할 필요가 있다고 판단되는 경우 본회의는 의결로 다시 그 안건을 같은 위원회 또는 다른 위원회에 회부할 수 있다(국회법 제94조). 이를 재회부라 한다.

심사절차상 흠의 예로는 법제사법위원회의 체계·자구 심사를 거치지 않았다거나,

질의자가 한 질의 및 토론 종결동의를 성립시키고 이의유무를 묻지 않고 가결시킨 경우, 소관 상임위원회의 지정이 잘못된 경우 등을 들 수 있다.[16]

② 번안(飜案)

법률안에 대한 본회의 의결 후 중대한 사정의 변경이나 중요한 착오가 발견된 경우 의결된 법률안에 대해 정부에 이송하기 전에 국회 자체에서 이 흠을 치유할 수 있도록 번복 결정할 기회가 부여되는데 이를 본회의 번안이라 한다.

의원이 발의한 법률안 등 의안인 경우에는 발의할 때의 발의의원 및 찬성의원 3분의 2 이상의 동의(同意)로, 정부 또는 위원회가 제출한 의안은 소관위원회의 의결로, 각각 그 안(案)을 갖춘 서면으로 제출하되 재적의원 과반수 출석과 출석의원 3분의 2 이상의 찬성으로 의결한다(국회법 제91조 제1항).

정부제출법률안을 본회의에서 번안하려는 경우 위원회에 의결하는 과정을 거치게 하는 것은 번안의 필요성 여부를 이미 이 법률안을 심사한 경험이 있는 소관위원회로 하여금 먼저 판단하게 하려는 의도로써 번안의 취지를 감안할 때 매우 합리적인 절차로 보인다. 번안동의의 본회의 처리절차는 일반적인 법률안 심의절차와 동일하다.

③ 철회·수정

본회의에 의제가 된 법률안에 대해 발의 또는 제출자가 법률안을 철회하거나 수정할 수 있다. 의원발의법률안은 발의한 의원이 1인인 경우 발의한 의원이 또는 의원 2인 이상이 공동발의한 경우 발의의원 2분의 1 이상의 찬성으로 철회의사를 표시하면 철회할 수 있다. 그러나 그 법률안이 본회의 의제가 된 때에는 본회의 동의가 있어야 철회할 수 있다. 본회의 의제가 된 정부제출법률안을 수정 또는 철회할 때에는 본회의의 동의를 얻어야 한다(국회법 제90조).

3) 의안의 정리 및 정부로의 이송

의안의 정리는 본회의에서 의결된 의안에 대해 서로 저촉되는 조항, 자구, 숫자, 기타의 정리가 필요할 때 의장 또는 위원회에 이를 위임할 수 있다(국회법 제97조). 이는 법률안이 내용이나 본질적 사항이 아닌 오기, 탈자, 조문의 정리 등의 이유로

---

16) 국회사무처, 『국회선례집』(2012), pp.287-289.

다시 본회의의 의결을 거치는 데 따른 입법의 비효율성을 해소하기 위해 의장 또는 위원회에 위임하여 이를 정리하게 하려는 것이다.

본회의 수정안, 소관위원회의 심사나 법제사법위원회의 체계·자구 심사를 완료하지 못한 법률안의 경우 의안정리의 필요성이 특히 크다. 실제로 모든 법률안의 의결 시 동시에 의장에게 의안정리권을 위임하도록 의결함으로써 만일 발생할 수 있는 오기 등을 정정할 권한을 미리 확보한다.17) 그러나 의안정리권은 본회의에서 의결된 법률안을 수정해서는 안 되므로 엄격하게 제한적으로 행사되어야 할 것이다.18)

의안의 정리가 끝난 법률안은 의장의 결제를 받아 정부에 이송한다(국회법 제98조 제1항). 그러나 의안정리에 상당한 기간이 소요되므로 실제로 이송은 본회의 의결 후 즉시 이뤄지지 않고 있다.

7. 법률안 공포와 재의요구

1) 의의

우리헌법은 대통령에게 법률안 공포권과 재의요구건을 부여하고 있다(헌법 제53조 제1항, 제2항). 법률안의 공포는 국회의 의결을 거쳐 확정된 법률안을 일반 국민이 알 수 있도록 알리는 공법상 행위를 말한다. 대통령에게 법률안 공포권을 부여한 것은 입법부를 견제하여 입법권의 남용을 억제하려는 취지에서 비롯된 것이다. 법률안 공포권을 입법부인 의회가 아닌 국왕이나 대통령 또는 내각에 부여하는 것이 세계 각국의 일반적인 권력배분 형태이다.

법률안 공포권과 함께 대통령에게 부여된 법률의 재의요구권은 공포권 행사의 실질적 내용을 보장한 것이라 할 수 있다. 단순히 공포여부만 판단하는 것이 아니라 구체적으로 거부권을 행사하고 재의를 요구할 수 있을 때에야 비로소 의회의 입법권행사

---

17) 의안정리권은 국회사무처 의사국 의안과에서 실무적으로 주관하며 법제사법위원회 및 소관 상임위원회가 협조하여 이를 담당한다.

18) 의장 또는 위원회에 위임되는 범위는 ① 오자·탈자·누락사항 등 착오유무, ② 소관위원회 수정사항, 법제사법위원회 체계·자구 심사 사항, 본회의 수정사항 반영유무, ③ 인용하고 있는 법률이나 조항의 정확성 여부, ④ 한글 맞춤법, 법률안의 용어사용기준 등에 적합여부 등 명백하고 단순한 사항의 확인·정리에 국한되어야 할 것이다(박수철, 앞의 책, p.616).

를 견제할 수 있는 실질적 효력을 발휘할 수 있기 때문이다. 재의요구권을 통해 입법권 견제효과가 나타난다.

2) 법률안의 공포

법률안 공포에 관하여는 헌법, 국회법, 법령 등 공포에 관한 법률 등에 규정되어 있다.

헌법 제53조에 의한 대통령의 법률안 공포권과 재의요구권의 관계를 살펴보면, 국회에서 의결된 법률안은 정부에 이송되어 15일 이내에 대통령이 공포하며, 법률안에 이의가 있을 때에는 대통령은 이의서를 붙여 국회로 환부하고, 그 재의를 요구할 수 있다.

대통령이 15일 이내에 공포나 재의요구를 하지 아니한 때에는 그 법률안은 법률로서 확정된다. 대통령은 확정된 법률을 지체없이 공포하여야 하며, 확정된 법률을 대통령이 공포하지 아니하면 국회의장이 이를 공포한다.

"법령 등 공포에 관한 법률"에 따른 정부 내부의 법률안 공포절차를 살펴보면, 법률안이 국회의 의결을 거쳐 정부에 이송되면 국무회의의 심의를 거쳐 국무총리 및 관계 국무위원이 부서하고 대통령이 서명한다(동법 제5조). 대통령 서명 후에 법제처는 법률공포번호를 부여하여 행정자치부에 관보 게재를 의뢰한다. 법률은 관보에 게재됨으로써 공포된다. 법률 공포일은 관보가 발행된 날로 한다(동법 제11조 제1항, 제12조). 법률은 그 법률 부칙에서 정한 시행일에 효력을 발생한다. 그러나 법률에 특별한 규정이 없는 때에는 공포한 날로부터 20일을 경과함으로써 효력을 발생한다(헌법 제53조 제7항, 법령 등 공포에 관한 법률 제13조). 정부는 대통령이 법률을 공포하면 이를 지체 없이 국회에 통지하여야 한다(국회법 제98조 제2항). 국회에서 의결된 법률안이 정부에 이송되어 15일이 경과될 때까지 대통령이 공포나 재의요구를 하지 아니하여 법률로 확정된 후 또는 대통령이 재의요구한 법률안이 국회에서 재의결되어 법률로 확정되고 정부에 이송된 후 5일 이내에 대통령이 공포를 하지 아니한 때에는 국회의장이 이를 공포한다(헌법 제53조 제6항). 국회의장은 그 공포 기일이 경과한 날로부터 5일 이내에 공포하고 대통령에게 통지하여야 한다.

국회의장이 공포하는 법률의 번호는 국회규칙이 정하는 바에 따라 따로 표시하되, 대통령이 공포한 법률과 구별할 수 있는 표지(標識)를 해야 한다. 이 경우 법률의 공포문 전문에는 국회의 의결을 받은 사실과 헌법 제53조 제6항의 규정에 의해 공포한다는 뜻을 적고, 국회의장이 서명한 후 국회의장인(印)을 찍고 그 일자를 명기하여 공포하고(법령 등 공포에 관한 법률 제5조 2항) 서울특별시에서 발행되는 둘 이상의 일간신문에 게재함으로써 공포한다(법령 등 공포에 관한 법률 제11조 제2항). 이 경우 대통령에게 통지하여야 한다(국회법 제98조 제3항 후단).

3) 법률안의 재의요구

대통령의 재의요구권은 국회에서 의결한 법률안에 대해 다시 한번 심의하여 줄 것을 요구하는 일종의 법률안 거부권(Right to veto)이다. 미국과 같이 정부에 법률안제출권이 없는 전형적인 삼권분립의 나라에서 의회의 부당한 입법권 남용에 대응하기 위해 인정되며 우리나라와 같이 정부의 법률안제출권이 인정된 나라에서는 사실상 우월한 대통령제의 유물이라 할 수 있다.

헌법 제53조에 의하면 재의요구는 다음과 같다. 국회에서 의결되어 정부에 이송되어 온 법률안에 대해 대통령이 15일 이내에 공포하여야 할 것이나 이 법률안에 이의가 있을 때 대통령은 이 기간 내에 이의서를 붙여 국회로 환부하고 재의를 요구할 수 있다. 국회의 폐회 중에도 또한 같다. 대통령은 법률안의 일부에 대하여 또는 법률안을 수정하여 재의를 요구할 수 없다. 재의요구 법률안에 대해 국회는 재의에 붙여 재적의원 과반수 출석과 출석의원 3분의 2 이상의 찬성으로 전과 같이 의결하면 그 법률안은 법률로서 확정된다. 대통령이 공포 기간(15일) 내에 공포나 재의요구를 하지 아니한 때에도 그 법률은 법률로서 확정된다.

이상과 같이 헌법규정을 살펴볼 때 우리나라의 재의요구는 이유서를 붙여 법률안 전부를 재의요구하는 환부거부만 인정되며, 법률안의 일부를 거부하거나 수정하여 거부할 수 없다.

우리국회에서는 본회의 재의결 시 "ㅇㅇ법률안 재의요구건"으로 상정하고 재의요구한 법률안 자체에 대한 찬반을 묻는 무기명투표로 표결한다. 따라서 재적의원 과반수 출석과 출석의원 3분의 2 이상의 찬성을 얻으면 이전에 의결한 법률안이 법률로 확정되는 것이다.

정부에 법률안제출권을 인정하고 있는 우리의 경우 만일 대통령에게 수정거부나 일부거부를 인정하게 되면, 이는 대통령의 과도한 입법권에 대한 간섭을 초래할 가능성이 있기 때문에 우리헌법은 환부거부만 인정한 것으로 보인다.

또한 우리헌법은 폐회 중에도 재의요구를 할 수 있게 하여 이른바 폐회로 인해 환부거부를 할 수 없어 파생되는 보류거부(pocket veto)의 가능성을 차단하였다.

재의요구된 법률안은 위원회 심사나 법제사법위원회의 체계·자구 심사를 거치지 않으며 바로 본회의에 상정되어 정부의 재의요구 이유 설명을 듣고 질의, 토론 후 무기명투표로 표결한다. 그러나 본회의 상정시기에 대해서는 법률에 규정이 없어 기간을 정할 수 없으며 실제로 법률의 입법 등 재의요구 법률안 처리 방침이 여야 간에 합의된 후에야 의사일정을 잡을 수 있을 것이다.

정부 내부의 재의요구 의사결정과정을 살펴보면 법률안이 정부에 이송되면 법제처 장에 의해 법률안 소관 각 부처의 재의요구 의견을 듣고(법제업무 운영규정 제13조) 법제처의 자체검토를 거쳐 국무회의 심의로 확정한 후 대통령의 서명과 국무총리 및 관계 국무위원의 부서로 국회에 환부되는 절차를 거친다. 정부의 법률안 재의요구는 정부와 국회, 여야당 사이에 심각한 갈등을 초래할 가능성이 있으므로 대상 법률안이 국회 심의과정에서부터 정부·여당과 야당사이에 대화와 타협을 통해 조정되는 것이 바람직하다. 그러나 재의요구는 행정권에 대한 과도한 간섭이나 입법권의 남용이 명

〈그림 4-4〉 대통령의 법률안 재의요구안 처리절차

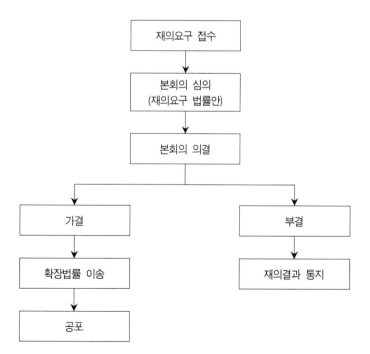

자료: 박수철, 앞의 책, p.631

백한 경우이어야 할 것이다. 이런 관점에서 볼 때 법률안에 대한 재의요구 사유로 들 수 있는 것은 ① 법률안의 내용이 헌법에 위반되거나 다른 법률과 충돌하는 경우, ② 법률안의 내용이 국가이익에 정면으로 배치되는 경우, ③ 법률안의 내용이 집행이 불가능하거나 그 집행에 심각한 곤란이 초래된 경우, ④ 법률안의 내용이 행정부에 대해 심히 부당한 압력을 가하는 경우를 들 수 있다.[19)

---

19) 박수철, 앞의 책, p.628.

제5장

입법의 한계와 통제

I. 입법권(입법형성권)의 개념

헌법 제40조에는 "입법권은 국회에 속한다"라고 규정하고 있다. 입법권(legi-slative power)이라 함은 법률을 제정하거나 개정 또는 폐지하는 것을 말한다. 헌법은 형식적 의미의 법률을 제정하거나 개정하는 권한은 언제나 국회가 입법기관으로서 독점하고 있기 때문에(국회 법률 독점주의) 어떤 국가기관도 국회를 대신하여 법률에 대한 입법권을 가질 수 없다는 것이다. 헌법재판소는 판례로 "헌법은 법치주의를 그 기본원리의 하나로 하고 있고, 법치주의는 법률유보원칙 즉 행정작용에는 국회가 제정한 형식적 법률의 근거가 요청된다"는 원칙을 그 핵심적 내용으로 하고 있다. 나아가 오늘날 법률유보원칙은 단순히 행정작용이 법률에 근거를 두기만 하면 충분한 것이 아니라 국가 공동체와 그 구성원에게 기본적이고도 중요한 의미를 갖는 영역, 특히 국민의 기본권 실현에 관련된 영역에 있어서는 행정에 맡길 것이 아니라 국민의 대표자인 입법자 스스로 그 본질적 사항에 대하여 결정하여야 한다는 요구, 즉 의회유보원칙까지 내포하고 있는 것으로 이해되고 있다. 이때 입법자가 형식적 법률로 스스로 규율하여야 하는 사항이 어떤 것인가는 일률적으로 획정할 수 없고 구체적인 사례에서 관련된 이익 내지 가치의 중요성, 규제 내지 침해의 정도와 방법 등을 고려하여 개별적으로 결정할 수 있을 뿐이나 적어도 헌법상 보장된 국민의 자유나 권리를 제한할 때에는 그 제한의 본질적인 사항에 관한한 입법자가 법률로써 스스로 규율하여야 할 것이다(헌 2009.10.29-2007헌바63)"라고 판시하고 있다.

국회가 입법권을 가지고 국회입법중심주의를 취하고 있는 이상, 법률이 규율하고자 하는 사항 가운데 중요하거나 본질적인 사항에 대해서는 국회가 독점적으로 이를 법률에서 정해야 한다. 이를 의회의 유보라 한다. 이런 의미에서 법률의 유보는 형식이 법률의 형식을 갖춘 것이어야 한다는 형식의 유보만을 의미하는 것이 아니라, 국민주권원리와 민주주의에 비추어 보아 국가가 정해야 할 사항 가운데 국민대표기관인 의회가 스스로 정해야 하는 것은 의회가 정해야 한다는 사항의 유보도 포함한다.[1] 이와 같이 국회의 입법작용은 국회에 의한 일반적이고 추상적인 성문법규범의 정립작용으로 이해할 수 있다.[2]

또한 입법자가 갖는 입법권행사와 관련하여 이러한 입법권의 본질은 입법자가 어떤 사항을 법률로 규율하려 할 때 여러 가지 법적인 규율가능성 중에서 가장 합목적적이라고 느껴지는 입법의 방법을 선택할 수 있는 자유 내지는 재량에 있다. 이러한 자유 내지 재량을 '입법자의 입법형성의 자유' 내지 '입법재량'이라고 한다.[3] 그러나 입법형성의 자유의 범위에 관하여는 "국회는 헌법에 위반되지 아니하는 범위 안에서 입법형성의 자유(입법재량권)를 가지는 것으로"[4]라고 그 한계를 정할 수 있다. 입법자는 입법사항에 관한 정책적 판단이나 의사결정에 있어서 헌법에서 인정하고 있는 범위 내에서 광범위하게 입법형성의 자유를 지닌다. 즉 입법자는 어떠한 내용을 입법할 것인가에 대한 자유, 법률을 제정, 개정할 것인지의 여부 및 언제 제정, 개정할 것인지 등에 대한 판단의 자유를 지닌다.[5] 이렇게 입법자에 의해 제정된 법률이 헌법에 배치

---

1) 정종섭, 앞의 책, p.1013.
2) 권영성, 『헌법학원론』(법문사, 2010), p.781.
3) 허영, 『헌법이론과 헌법』(박영사, 2011), pp.493-494.
4) 권영성, 앞의 책, p.795.
5) 권형준, "입법재량론에 관한 연구," 『헌법학연구』제12권 제3호(한국헌법학회, 2006), p.495.

되지 않는 한, 일단 합헌성 추정을 받는다. 또 입법자는 권력분립원칙에 근거하여 입법 형성의 자유를 보장받는다. 즉 입법자는 다른 국가기관의 권한과 기능을 침해하지 않는 범위 내에서 입법형성의 자유를 누린다. 따라서 입법자의 입법형성권은 헌법의 기속을 받음과 동시에 헌법에 규정된 다른 국가 기관의 권한을 침해하지 않는 범위 내에서 입법형성의 자유를 지닌다. 행정법상의 재량과 입법재량의 개념에 관하여 입법재량은 헌법의 범주 내에서 광범위하게 인정되는 반면, 행정재량은 법률의 한계 내에서 그 범위의 차이가 있다. 또한 행정법상 재량은 형성의 측면보다는 구체적 집행에 국한되는 반면, 입법자의 재량은 정치적 결정을 통해 형성에 그 초점이 있다는 점에서 차이가 있다.6)

이와 같이 입법자는 헌법의 범위 내에서 법률의 내용과 제·개정시기 등 모든 법률 사항을 결정할 자유를 갖는다. 따라서 헌법에 위배되지 않는 한 합헌성이 추정된다.

그런데 입법형성의 자유는 입법행위의 심사가능성의 문제와 형식적인 재량의 관련 속에서 그 개념이 판례상 나타난다. 즉 입법재량(권)과 입법형성의 자유의 개념(용어)이 판례상 혼용하여 사용되어지고 있다.7)

II. 입법권(입법형성권)의 한계

입법형성권은 헌법의 범위 내에서 자유를 갖는다. 이런 의미에서 헌법은 입법권의 수권규범이자 입법형성권의 한계를 설정한 권력제한규범이다. 헌법은 입법자가 입법을 형성할 때 그 목적이나 요건을 엄격하게 규정한 경우도 있고 어떤 때는 형성의 자유재량을 부여한 경우도 있다. 입법형성의 자유가 주어진 경우에도 헌법의 정신이나 헌법의 이념에 합치되어야 한다는 원칙이 합헌성 원칙이다.8)

---

6) 이부하, "입법자의 입법형성권의 내용과 한계," 『법과 정책연구』 제13집 제1호(한국법정책학회, 2013.3), pp.3-5.

7) 김운용, "권력분립과 위헌심사권," 『성균관법학』 제7호(서울: 성균관대학교 법학연구소, 1996), p.180, 註 32 참조.

8) 이발래, "입법형성권의 본질과 한계," 『일감법학』 제5권(2000), p.235.

입법자가 입법하려는 영역에 관하여 헌법이 아무런 행위지침이나 행위의 한계를 제시하지 않는 경우에도 개방적이고 추상적인 헌법이 입법을 통해서 구체화되고 실현되는 경우에는 입법자의 그 결정이 헌법규범과 합치하는가의 문제가 발생하게 된다.9)

따라서 입법자의 입법권의 행사에는 입법재량의 자유가 인정되고 있지만 헌법의 명문규정은 물론 헌법의 기본원리나 기본질서에 위배되지 않아야 하는 실체적 한계와 헌법, 국회법, 국회 규칙에서 규정한 절차와 방법에 위배되지 않아야 하는 절차적 한계를 가지고 있다.10)

1. 실체적 한계

입법자에게는 추상적·일반적 법규범을 정립함에 있어 광범위한 입법형성의 자유가 부여되어 있다. 그러나 의회입법에 의한 법률의 제정과정은 헌법의 구체화이므로 입법자의 입법권 행사에는 헌법의 명문규정에 위반될 수 없음은 물론 헌법의 기본원리나 기본질서에 위반되지 않아야 하는 등 일정한 한계가 설정되어 있다.11)

1) 헌법상 명문규정에 의한 한계

헌법은 유동성, 추상성, 개방성, 미완성성의 특징을 지닌 규범이다.12) 입법은 이와 같이 추상적이고 유동적인 헌법을 구체화하는 과정이므로 헌법의 개별적 명문규정을 위배해서는 안 된다. 헌법 제11조에 제1항은 "모든 국민은 법 앞에 평등하다. 누구든지 성별·종교 또는 사회적 신분에 의하여 정치적·경제적·사회적·문화적 생활의 모든 영역에 있어서 차별을 받지 아니한다"고 규정하고 있다. 이때의 "법"은 국회에서 입법하는 형식적 의미의 법률에 한정하지 않고 대한민국의 법체계를 형성하는 모든 법률을 말한다. "법 앞의 평등"의 의미는 법의 적용과 집행이 평등해야 한다는 법적용

---

9) 한수웅, "헌법재판의 한계 및 심사기준: 헌법재판소와 입법자의 관계를 중심으로," 『헌법논총』 제8집(서울: 헌법재판소, 1997), p.198.

10) 이발래, 앞의 글, p.236.

11) 배준상, "헌법재판소와 입법권자," 『법학논총』 제9집(서울: 한양대학교 법과대학, 1992.10), p.43.

12) 이부하, 앞의 글, p.99.

의 평등(=형식적 평등) 즉 "법 앞의 평등"뿐만 아니라 법의 내용도 인간을 평등하게 대우하여야 한다는 법 제정의 평등(=실질적 평등) 즉 "법의 평등"을 의미한다. 법의 내용이 이미 불평등한 것으로 정하고 있는 경우에는 그 적용이나 집행에서 평등하게 하여도 진정한 평등의 보호는 이뤄지지 않기 때문이다. 따라서 국가(입법자)는 법률을 제정하거나 개정하는 경우에 그 내용이 규율의 대상을 차별하는 것이어서는 안된다.13)

보다 구체적으로 동조 제2항은 "사회적(社會的) 특수계급의 제도는 인정되지 아니하며 어떠한 형태로도 이를 창설할 수 없다"라고 규정함으로써 모든 국민이 평등한 삶을 누리는 데 방해가 되는 특권계층의 존재를 법률로 인정할 수 없게 한 것이다.

헌법 제12조 제1항은 "모든 국민은 신체의 자유를 가진다. 누구든지 법률에 의하지 아니하고는 체포·구금·압수·수색 또는 심문을 받지 아니하며, 법률과 적법한 절차에 의하지 아니하고는 처벌·보안처분 또는 강제노역을 받지 아니한다"라고 규정하고 있어 체포·구속·압수·수색·신문·처벌·보안처분·강제노역에 대하여 법률주의를 정하고 있다. 법률에 의하여 이러한 조치를 취하는 경우에도 이는 기본권의 제한에 해당하므로 헌법 제37조의 제2항의 적용을 받는다. 즉 이러한 조치를 취하여야 하는 정당한 목적이 존재하여야 하고, 그 방법에서도 과잉금지원칙 등의 한계를 일탈하지 않아야 한다.

헌법 제12조 제1항은 처벌·보안처분·강제노역에 있어서는 법률주의 이외에 적법절차원리를 적용하고 있으며, 헌법 제13조 제3항의 영장주의에도 적법절차원리를 적용하고 있다. 헌법상 적법절차원리는 입법, 행정, 사법, 헌법재판 등 모든 국가작용은 헌법과 정당한 법률을 근거로 하고 법규범에 따른 정당한 절차를 밟아 행사되어야 한다는 헌법원리를 말한다. 이러한 것은 권력의 작용이나 권한의 행사가 절차에 있어서 합리적이고 정당하여야 한다는 것으로서 법치주의와 절차적 민주주의의 구체적인 발현이다. 적법절차에서 말하는 '적법'이라 함은 실정법뿐만 아니라 넓은 의미에서의 법규범의 원리나 이념에 적합하여야 하고, 절차가 정당하고 적정하여야 한다는 것을 말한다. 즉 절차에 관하여 정하고 있는 법률조항의 경우에는 그 내용이 합리성과 정당성을 갖추지 못하면 헌법상의 적법절차원리에 위반된다고 할 것이다. 절차란 권력행사의 과정에 따르는 기술적인 순서나 방법을 말한다. 이러한 절차에는 예컨대 통지,

---

13) 정종섭, 앞의 책, p.434.

의사의 개진, 청문, 증언, 관계자의 진술 등이 있다. 헌법재판소는 적법절차원리에서 도출되는 가장 중요한 절차적 요청의 하나로 당사자에 대한 적절한 고지, 당사자에 대한 의견 및 자료제출의 기회부여를 들고 있다(헌 2003.7.24-2001헌가25; 2007.4. 26-2006헌바10).[14]

이외에도 헌법 제13조 제2항 소급입법에 의한 참정권제한이나 재산권박탈금지, 동조 제3항 자기 행위가 아닌 친족의 행위로 인하여 불이익한 처우를 받지 아니할 연좌제 금지 규정, 헌법 제23조 제3항의 재산권 손실보상기준, 제28조의 형사보상청구권의 기준은 법률로써 정하되 정당한 보상을 지급하도록 함으로써 입법 형성권의 한계를 규정하고 있다.

그리고 현행 헌법상 제23조 제3항의 공용필요, 제32조 제2항의 민주주의 원칙, 제37조 제2항의 국가안전보장, 질서유지, 또는 공공복리, 제119조 제2항의 적정한 소득의 배분, 경제력의 남용, 경제의 민주화 등은 헌법 자체가 입법에 있어서 입법권자의 재량을 인정한 조항이다.[15] 그러나 그 재량은 헌법에 기속되는 기속재량을 의미하므로 법률을 제정함에 있어서 그 재량권의 행사가 헌법상 일반원칙인 비례의 원칙, 공평(평등)의 원칙, 최소한 제한의 원칙 등에 위배될 경우에는 위헌법률이 됨을 면할 수 없다. 특히 헌법 제37조의 규정과 같이 법률로써 기본권을 제한하고 있는 경우에 그 제한은 기본권 제한에 관한 일반원칙에 따라야 하고, 과잉금지의 원칙 등을 존중하여야 하고 기본권의 본질적 내용까지 침해하는 것이어서는 아니된다.[16] 입법부라 할지라도 수권의 범위를 넘어 임의 자의적인 입법을 할 수 있는 것은 아니며 특히 양심의 자유나 신앙의 자유, 학문의 자유, 사유재산권의 본질적인 내용을 침해하는 입법을 할 수 없음은 물론이다(헌 1989.12.22.-88헌가13). 우리헌법에서 규정하고 있는 기본권의 내용은 모두 헌법에서 직접 권리를 부여하고 있는 것도 있지만 그렇지 않은 것도 있다. 그중에 일정한 내용만 헌법이 직접 기본권으로 규정하고, 나머지 내용은 입법형성의 자유에 맡겨지고 있다. 이와 같이 입법권자가 헌법상 기본권을 구체화하기 위해 기본권을 형성·제한할 경우에 그 주체에 따라 형성 범위와 한계가 달라지고, 기본권은 그 가치와 내용, 즉 성질이 다르기 때문에 입법형성의 자유는 기본권의 성질에

---

14) 정종섭, 앞의 책, pp.488-490.

15) 이발래, 앞의 글, pp.238-239.

16) 권영성, 앞의 책, p.794.

따라 기속의 정도가 다르다.[17] 이외에 헌법은 권력분립구조, 정당제도와 국민주권원리의 구현을 위한 구체적인 규정을 두고 있으므로 이러한 명문규정을 침해하거나 부정하는 법률을 제정할 수 없다.[18]

2. 절차적 한계

1) 헌법 및 국회법에 의한 한계

입법자에게 입법형성의 자유가 주어져 있지만 이 또한 헌법상 적법절차의 원리에 따라 행사되어야 한다. 헌법과 국회법은 국회의 기능과 입법절차 및 의사결정방법에 관하여 그 준칙을 정하고 있다. 또한 국회는 회의체로 기능하므로 회의체의 특성에 맞는 원칙을 갖고 있다. 회의공개원칙, 다수결원칙, 정족수원칙, 회기계속원칙, 일사부재의원칙 등은 국회의 심의에 지켜져야 할 절차상 준칙이자 한계라 할 수 있다.

이러한 헌법 및 국회법이 정한 절차의 위반효력에 관하여는 헌법재판소의 권한쟁의 심판을 통해 국회자율권에 관한 한계로 된다. 또한 국회는 절차위반 여부에 관한 시비가 있는 법률안의결에 관하여는 스스로 재의결을 통해 절차위반이라는 흠을 치유하였다.[19]

2) 국회자율권의 한계

국회는 권력분립의 원칙에 따라 입법권을 가진 국가기관이므로 국회의 조직이나 활동 및 내부사항에 관하여 다른 국가기관의 개입없이 국회 스스로 이를 정할 수 있다. 국회의 자율의 원칙은 왕권으로부터 의회가 분리되어 발전해온 영국에서 의회의 발달과 함께 형성되고 정착된 것으로 그 이후 여러 나라의 헌법 또는 의회 관계법에

---

17) 이발래, 앞의 글, p.240.

18) 이부하, 앞의 글, p.101.

19) 2002년 11월 7일 제16대 국회 234회 정기회 제13차 본회의와 2002년 11월 8일 제14차 본회의에서 이의유무를 물어 총 131건의 안건을 의결하였다. 그러나 언론·시민단체에서 일부 법률안 표결 당시 의결정족수가 부족하여 의결이 무효라는 주장이 제기되었다. 2002년 11월 12일 제15차 본회의에서 의결정족수 부족 논란이 있는 가축전염병예방법 개정법률안 등 47건의 안건에 대해 전자투표로 재의결하였다(국회선례집(2012), p.472).

실정화되었다.[20)]

이 자율권의 내용으로는 첫째, 국회는 헌법 제64조 제1항에 따라 헌법과 법률에 저촉되지 아니하는 범위 안에서 의사와 내부 규율에 관한 규칙을 제정할 수 있고, 국회의원의 신분 문제에 관하여 자율적으로 정한다.

이는 전통적으로 군주나 행정부의 권력으로부터 국민대표자의 지위가 박탈되는 것을 방지하기 위한 법리로 정착되었다. 이는 현재도 권력분립원리에 의하여 인정된다. 즉 국회는 스스로 국회의원의 자격을 심사할 수 있다(헌법 제64조 제2항). 국회는 의원이 청렴의무를 위반했거나 지위를 남용하여 재산상의 권리·이익 또는 지위를 취득하거나 겸직 금지 의무 위반 등의 경우에 윤리특별위원회의 심사를 거쳐 그 의결로 징계할 수 있다. 특히 자격심사와 제명에 대해서는 법원에 제소할 수 없다(헌법 제64조 제4항).

이외에도 국회는 의장과 부의장선출, 위원회 등 각종 조직과 국회의 직원을 임명하는 조직상 자율권을 가지며 국회의 운영과 의정활동의 정상화를 위하여 질서를 유지하기 위하여 의장의 경호권, 회의장 출입제한, 방청금지 등 질서유지상 자율권을 갖는다.

입법형성권의 자유와 관련하여 국회가 의사절차나 입법절차에 관하여 갖는 자율권의 범위에 관하여 살펴보면 헌법재판소는 "국회의 의사절차나 입법절차에 헌법이나 법률의 규정을 명백히 위반한 흠이 있는 경우가 아닌 한 그 자율권은 권력분립의 원칙이나 국회의 위상과 기능에 비추어 존중되어야 한다. 따라서 그 자율권의 범위 내에 속하는 사항에 관한 국회의 판단에 대하여 다른 국가기관이 개입하여 그 정당성을 가리는 것은 바람직하지 않고, 헌법재판소도 그 예외는 아니다"고 판시하였다(헌 1997. 7.16-96헌라2; 1998.7.14-98헌라3).[21)]

여기서 유의할 것은 헌법재판소가 국회의 자율성을 인정한 한계는 의사절차나 입법절차가 헌법이나 법률의 규정을 명백히 위반한 흠이 없는 경우로 제한하였다는 점이다. 따라서 법률안 처리에 있어서 절차상 문제가 제기된 경우 이른바 변칙 또는 강행 처리된 법률안에 대한 위헌성 시비가 발생한 때에는 헌법재판소의 권한쟁의심판을 통하여 다툴 수 있는 길이 있다. 헌법재판소는 "법치주의의 원리상 모든 국가기관은 헌법과 법률에 의하여 기속을 받는 것이므로 국회의 자율권도 헌법이나 법률을 위반

---

20) 정종섭, 앞의 책, p.1102.
21) 정종섭, 앞의 책, pp.1102-1106.

하지 않는 범위 내에서 허용되어야 하고 따라서 국회의 의사절차나 입법절차에 헌법이나 법률의 규정을 명백히 위반한 흠이 있는 경우에도 국회가 자율권을 가진다고는 할 수 없다(헌 1997.7.16-96헌라2)"라고 판시하여 국회자율권의 한계를 분명히 하였다.[22]

3. 입법권의 통제

1) 헌법재판소에 의한 통제

헌법재판소는 헌법 제6장에 의해 설치된 헌법재판기관으로 헌법재판을 통하여 헌법의 규범력을 보장하는 헌법수호기관이다. 따라서 헌법재판소의 헌법해석은 최종적인 해석이고, 국민 또는 국가기관 어느 누구도 이를 부정할 수 없다. 또한 헌법재판소는 헌법이 정하고 있는 국민의 기본권을 보장하는 기관이며 국가권력의 남용을 통제하는 기관이다. 헌법재판소는 구체적으로 위헌법률심판, 헌법소원심판, 권한쟁의심판, 탄핵심판을 통하여 국가의 권력을 통제한다.[23]

입법에 대한 중립적이고 최종적인 통제는 헌법재판소에 의해 이뤄지는데 입법의 실체적 내용에 관해서는 위헌법률심판과 헌법소원심판을 통해 헌법에 위반되거나 국민의 기본권을 침해하는 입법에 대한 통제가 이뤄지고 있다. 헌법소원심판과 관련해서는 법률이 다른 집행행위를 기다리지 않고 현재 직접적으로 국민의 기본권을 침해

---

22) 국회 내 다수당과 소수당이 법률안처리에 관해 합의에 이르지 못한 상황에서 다수당이 소수당의 회의장 봉쇄, 회의장 단상점거 등 회의진행의 방해를 피하기 위해 회의장 변경, 심의·표결절차의 약식처리 등 정상적인 의사절차를 거치지 않고 법률안 등 의안을 처리한 경우이다. 이 사건은 국회의장이 야당의원들에게 개의 일시를 통지하지 않고 본회의를 개의하여 법률안을 가결함으로써 국회의원의 출석기회를 박탈한 채 헌법상 심의·표결권을 침해하였다는 이유로 국회의장을 상대로 권한쟁의심판을 청구한 사건으로 이러한 의사진행은 국회의 자율권이 허용되는 사항이라고 볼 수 없고, 따라서 헌법재판소가 심사할 수 없는 국회 내부의 자율에 관한 문제라고 볼 수 없다고 하였다. 또한 국회의원과 국회의장은 국가기관에 해당하므로 권한쟁의 심판의 당사자가 될 수 있다고 하였다. 그러나 헌법재판소는 당초 1990년 결정에서는 국회의원은 국회의장을 상대로 권한쟁의 심판 청구인이 될 수 없다고 판시하였으나, 1997년 결정에서 판례를 변경하였다 (임종훈, 앞의 책, p.292).

23) 정종섭, 앞의 책, pp.1410-1411.

하는 경우 당해 법률에 대한 헌법소원을 인정하고 있다(헌 1989.7.21.-89헌마2; 1991. 3.11-90헌마28). 예외적으로 법률에 대한 집행행위가 존재하는 경우라도 그 집행행위를 대상으로 하는 구제절차가 없거나, 있다고 하더라도 권리구제 기대 가능성이 없는 경우 당해 법률이나 법률조항이 직접 헌법소원의 대상이 될 수 있다(헌 1992.4.14-90 헌마82). 헌법소원 청구권자는 공권력의 행사 또는 불행사로 인하여 헌법상 보장된 기본권을 침해받은 자이기 때문에 국가기관은 청구권자의 지위에 있지 않다.

위헌법률심판은 위헌 여부가 구체적인 재판의 전제가 된 경우에 한하여 행해지므로 성질상 이를 구체적 규범통제라 하며, 또 헌법이 정하고 있는 위헌법률심판은 공포되고 시행된 법률의 위헌 여부에 대하여 심판하는 것이므로 사후적 규범통제에 해당한다(헌 1997.9.25-97헌가4; 1997.9.25-97헌가5).[24]

입법절차상의 통제에 관해서는 입법절차상의 국회의 자율권의 한계에서 언급한 바와 같이 권한쟁의 심판대상으로 다뤄진다.

헌법을 해석하고 적용하는 권한은 모든 국가기관에 부여된다. 입법기관도 헌법기관으로서 나름대로 스스로의 판단에 따라 헌법을 해석하고 합헌으로 인식되는 법률을 제정한다.

입법기관은 광범위한 입법형성의 재량권을 가지며 그 행사에 있어 명백한 남용이나 자의적으로 인한 평등의 원칙에 대한 침해가 없는 한 입법형성권은 존중된다(헌 1989. 3.17-88헌가 1). 그러나 입법부가 제정한 법률이 최고의 가치 규범인 헌법의 이념과 정신에 반하고 입법권의 한계를 명백하게 자의적으로 이탈한 경우에는 헌법재판에 의하여 입법의 형성의 자유는 통제받게 된다. 즉 위헌 통제이다.

입법형성의 자유에 대한 인정여부, 통제범위와 통제기준 및 통제강도는 헌법재판의 재량으로부터 나온다. 즉 헌법재판소가 결함이 있는 법률의 위헌심사인 규범통제를 함에 있어서는 헌법상 결함있는 법률에 대하여 위헌결정, 헌법 불합치 또는 한정적 위헌을 선언할 것인지 등에 대한 규범통제를 하는 방식은 헌법재판 당시에 있어서의 주어진 모든 헌법적 상황을 근거로 재판관이 종합적으로 재량하여 판단해야 한다(헌 1992.3.13-92헌마37,39(병합)).

우리 헌법재판소에서 위헌법률심사 시 입법형성권의 한계기준은 평등원칙, 과잉금지원칙, 명확성원칙, 신뢰보호의 원칙, 적법절차의 원칙을 제시하고 있다.[25]

---

24) 정종섭, 앞의 책, p.1460.

(1) 입법형성권에 대한 존중으로서 헌법재판소의 변형결정[26]

권력분립의 원칙과 대의민주주의를 존중하는 입장에서 헌법재판소가 입법권 행사에 대한 판단을 일부 자제 또는 완화하여 결정하는 경우이다.

헌법재판소에서 내려질 수 있는 종국 결정의 기본적 유형은 각하결정, 합헌결정, 단순위헌결정, 한정합헌결정, 한정위헌결정 및 헌법불합치결정이다. 그리고 한정합헌결정, 한정위헌결정 및 헌법불합치결정을 일반적으로 변형결정이라 한다. 이러한 변형결정은 헌법재판에서 심판대상 법률의 위헌성이 인정됨에도 불구하고 헌법 합치적 해석의 필요 또는 입법형성권의 존중, 법적 공백으로 인한 혼란방지 등을 이유로 법률에 대한 단순위헌선언을 피하고 그 한정된 의미영역 또는 적용영역이 위헌임을 선언하거나 법률이 헌법에 합치하지 않음을 선언하는 결정을 말한다.[27] 이와 같이 변형결정은 법률의 위헌성이 인정됨에도 불구하고 입법형성권을 존중하는 차원에서 내려진 결정이다.

변형결정의 유형별 의미를 분석해보면 첫째, 한정합헌·한정위헌결정은 '사법기능을 담당하는 기관은 가능하면 입법권을 존중하여 입법자가 제정한 규범이 존속하고 효력이 유지될 수 있도록 해석하여야 한다'는 합헌적 법률해석의 산물이며, 이러한 점에서 한정합헌·한정위헌결정은 민주주의와 권력분립의 원칙의 관점에서 입법자의 입법형성권을 존중하는 헌법재판 결정유형이다.[28]

둘째, 헌법재판소가 헌법불합치결정을 하는 경우는 i)자유권 침해 문제가 발생하지 않는 수혜적 법률(법률조항)로서 단지 평등권의 위반여부만 문제되는 경우, ii)자유권을 침해하는 위헌적 법률(법률조항)로서 합헌부분과 위헌부분의 경계가 불분명한 경우, iii)법률(법률조항)에 대하여 위헌결정하는 것이 법적 공백이나 혼란을 초래한 경우가 있으나, 이 중 입법형성권을 존중하는 차원에서 이루어지는 것은 i)과 ii)이다.[29]

i)의 경우 수혜적 법률(법률조항)이 평등권에 위반된다고 판단되는 경우 그것이 어떠한 방법으로 치유되어야 하는지 헌법에 규정되어 있지 않다. 그 위헌적 상태를 제거

---

25) 이발래, 앞의 글, pp.242-244.

26) 박성득, "입법권과 헌법재판권의 조화적 관계정립을 위한 소고,"『공법학연구』제12권 제3호 (2011.8), pp.249-250.

27) 헌법재판소, 「헌법재판실무제요」(2008), pp.145-155.

28) 헌법재판소, 앞의 책, p.156.

29) 헌법재판소, 앞의 책, pp.162-169.

하고 평등원칙에 합치되는 상태를 실현할 가능성이 여러 가지 있을 수 있으며, 그 선택권은 헌법재판소에 주어진 것이 아니라 입법자에게 맡겨진 것이다. 이 경우 헌법재판소가 단순위헌결정을 한다면 위헌상태는 제거되지만 입법자의 의사와는 관계없이 특정한 법적상태를 일방적으로 형성하는 결과가 되고, 결국 입법형성권을 침해하는 결과가 되기 때문이다.[30]

ii)의 경우 자유권을 침해하는 법률(법률조항)로서 합헌부분과 위헌부분의 경계가 불분명한 경우에는 단순위헌결정으로 대처하기 어렵고 위헌적인 상태를 제거할 수 있는 여러 가지 가능성이 있을 수 있으므로 권력분립원칙, 민주주의원칙, 입법형성권 존중차원에서 입법자가 위헌적인 상태를 제거할 수 있도록 단순위헌결정을 하지 않고 헌법불합치결정을 할 필요성이 있다.[31]

이와 같이 헌법재판소는 법률에 대한 위헌결정을 내릴 권한을 가지고 있지만, 위헌으로 무효가 된 법률을 대신하여 국회에서 어떤 법률을 제정할 것인지에 대하여 관여하여서는 안 된다는 것을 기능법적 한계라 부른다. 이는 권력분립원칙에 따라 헌법재판소가 국회의 입법권을 통제할 수 있지만 통제의 범위를 넘어서서 입법권의 행사에 직접 관여하는 것은 권력분립에 위배된다는 이유로 금지하고 있는 것이다.[32]

(2) 입법형성권 통제기준: 헌법재판의 한계로서의 위헌법률심사기준[33]

위헌법률심사기준은 헌법재판의 한계를 한정할 뿐만 아니라 국회의 입법권과도 밀접한 관계를 가지고 있다. 즉 헌법재판의 한계와 국회의 입법권의 범위는 서로 동전의 앞뒷면 관계이다. 헌법재판을 할 때 어떤 잣대를 가지고 어느 정도 엄격성을 가지고 위헌심사를 하느냐에 따라 위헌 여부가 달라지고, 이에 따라 헌법재판소와 입법부의 위상이 달라지며 헌법재판소와 입법부의 관계가 설정된다. 위헌법률심사기준이 명확히 설정되어 있고, 이를 헌법재판에서 일관되게 적용할 때는 헌법재판의 범위와 한계가 명확할 뿐만 아니라 입법형성과의 범위와 한계도 명확하게 되어 상호간 갈등을 예방할 수 있고 국민의 기본권 보장도 충실해진다.

---

30) 헌법재판소, 앞의 책, pp.162-163.

31) 헌법재판소, 앞의 책, pp.165-166.

32) 장영수, "행정입법에 대한 국회 통제의 가능성과 한계: 국회법 제98조의 2 제3항 개정의 위헌 논란을 중심으로," 『세계헌법연구』 제21권 제2호(2015), p.153.

33) 박성득, 앞의 글, pp.254-255.

우리헌법은 법률의 기본권 침해 여부를 판단하기 위한 원칙적 기준으로 일반적 법률유보 조항인 제37조 제2항을 두고 있고, 여기서 위헌 여부 심사의 가장 중요한 기준인 과잉금지원칙(비례의 원칙)이 도출되며, 개별 헌법 규정인 헌법 제12조 제1항에서 적법절차원칙 등이 도출되나 어떤 경우에도 실질적이고 효과적인 위헌심사기준을 얻어내기는 쉽지 않다고 할 것이다.

헌법재판의 한계 문제에 대하여 우리나라는 권력분립 원리나 민주주의 원리 같은 거시적 관점에서 논의해오다가, 최근에 심사기준 문제를 중심으로 개별 사건에서 입법자의 형성권이 미치는 범위와 같은 미시적인 논의가 시작되고 있다.[34]

우리나라는 독자적인 심사기준 체계가 형성되지 못한 상태에서 헌법재판소의 결정에서 독일 심사기준에 직접적인 영향을 받는 결정들이 우세하고 간혹 미국의 심사기준에서 유래하는 심사기준이나 심사강도의 조절이 일부 소수의견을 통해 나타나고 있다. 우리 헌법재판소의 결정례를 보면 독일과 마찬가지로 실체법설을 기초로 하면서 기능법적 논리를 활용하고 있고 독일의 심사기준을 대체로 받아들이고 있다.[35]

우리나라 헌법재판소의 심사기준을 살펴보면 다음과 같이 들 수 있다.

i) 비례의 원칙 심사

헌법재판소는 비례의 원칙(과잉금지의 원칙)과 관련하여, "이 원칙은 국가가 국민의 기본권을 제한하는 입법활동을 함에 있어 준수하여야 할 기본 원칙 내지 입법활동의 한계를 의미하며, 기본권을 제한하려는 입법목적이 헌법 및 법률체계상 정당성이 인정되어야 하고(목적의 정당성), 그 목적의 달성을 위하여 그 방법이 효과적이고 적절하여야 하며(방법의 적절성), 입법자가 선택한 기본권 제한의 조치가 적절하다 할지라도 보다 완화된 형태나 방법을 모색함으로써 기본권의 제한은 필요한 최소한에 그치도록 하며(피해의 최소성), 그 입법에 의하여 보호하려는 공익과 침해되는 사익을 비교형량할 때 보호되는 공익이 더 커야 한다(법익의 균형성)는 헌법상의 원칙이다"고 그 개념을 정의하고 있다(헌 1990.9-89헌가95; 헌 1989.12.22-88헌가13). 이 심사기준은 국가의 기본권 제한에 엄격한 한계를 강조한 것으로 그동안 기본권은 최대한 보장하고 헌법의 규범력을 높이는 데 적지 않게 기여하여 왔다. 그런데 이 심사

---

34) 헌법재판소, 『기본권영역별 위헌심사의 기준과 방법』(헌법재판연구 제19권), 2008.12, pp.57-58.
35) 박성득, 앞의 글, p.255.

기준은 그 엄격성으로 인하여 과연 헌법의 의미를 제대로 반영하는 것인지, 오히려 지나치게 실현하는 것이 아닌지 등의 문제가 제기될 소지도 있다. 비례원칙의 공식에 따르면 기본권의 제한의 정도에 상관없이 '피해의 최소성'을 갖추어야만 합헌이 될 수 있으므로 이는 입법자에게 지나친 헌법적 의무를 부여하는 것이 될 수도 있다. 현실적으로 비례의 원칙이 모든 기본권 제한에서 관철되기는 어려우므로 헌법재판소 결정은 약간의 변형된 적용사례를 보여주고 있다.[36]

ii) 평등의 원칙

우리 헌법재판소는 "헌법 제11조 제1항의 규범적 의미는 법적용 평등에 끝나지 않고, 더 나아가 입법자에 대해서도 그가 입법을 통해서 권리와 의무를 분배함에 있어서 적용할 가치평가의 기준을 정당화할 것을 요구하는 '법제정의 평등'을 포함한다. 따라서 평등원칙은 입법자가 법률을 제정함에 있어서 법적 효과를 달리 부여하기 위하여 선택한 차별의 기준이 객관적으로 정당화될 수 없을 때에는 그 기준을 법적 차별의 근거로 삼는 것을 금지한다. 이때 입법자가 헌법 제11조 제1항의 평등원칙에 어느 정도로 기속되는가는 그 규율대상과 차별기준의 특성을 고려하여 구체적으로 결정된다(헌 2000.8.31.-97헌가12)"라고 규정하므로 입법자의 차별기준의 선택이 정당할 것을 요구하였다. 다만 입법 시 평등원칙에의 기속 정도는 규율대상과 차별기준의 특성을 고려하여 결정할 것을 요구하였다.

헌법재판소는 헌법 제11조의 평등을 상대적 평등이라고 본다.[37] 즉 "평등의 원칙은 본질적으로 같은 것을 같게, 본질적으로 다른 것을 다르게 취급할 것을 요구한다. 그렇지만 이러한 평등은 일체의 차별적 대우를 부정하는 절대적 평등을 의미하는 것이 아니라 입법과 법의 적용에 있어서 합리적인 근거가 없는 차별을 배제하는 상대적 평등을 뜻한다. 따라서 합리적 근거가 있는 차별은 평등의 원칙에 반하는 것이 아니다"라고 판시하였다(헌 2007.5.31-2006헌바49).

헌법재판소는 초기에는 평등에 관한 위헌심사기준에 기본적으로 합리성심사 내지 자의금지라는 기준을 적용하였다. 헌법상 자의금지원칙은 평등원칙 위반여부를 판단하는 기준이 된다. 여기서 '자의'를 구체화하는 권한은 원칙적으로 입법자에게 부여된

---

36) 박성득, 앞의 글, p.258.
37) 정종섭, 앞의 책, pp.435-436.

다. 이러한 자의는 입법자에 의해 의도적으로 불합리하게 행해진 차별이라는 의미에서 '주관적 자의'를 의미하는 것이 아니라, 차별에 의해 규율하려는 사실관계에 있어서 차별의 명백한 불합리성을 의미하는 '객관적 자의'를 의미하는 것이다.[38] 입법자가 입법형성권의 한계를 준수하였는지 여부의 판단 및 통제는 사법부, 특히 헌법재판소의 권한이 된다. 같은 것을 같게 다른 것을 다르게 다루지 않았다고 곧바로 평등원칙 위반이 되는 것이 아니라, 그러한 차별대우가 헌법상 합리적인 이유를 지니지 못하는 경우, 즉 자의적인 경우 평등원칙 위반이 된다.[39] 따라서 자의금지원칙은 차별기준의 선택이 합리적인가의 여부의 문제이며, 비교집단 간 상황을 판단하는 것이 아니라 잘못된 법률적용을 판단하게 된다.[40]

헌법재판소는 평등위반 여부를 자의의 금지만을 기준으로 하여 판단하기도 하고, 자의금지원칙과 함께 비례원칙을 심사기준으로 하여 판단하는 경우도 있다. 헌법재판소는 일반적으로 차별에 대한 정당성 여부에 대하여는 자의성 여부를 심사하지만, 헌법에서 특별히 평등을 요구하고 있는 경우나 차별적 취급으로 인하여 관련 기본권에 대한 중대한 제한을 초래하게 된다면 입법형성권은 축소되어 보다 엄격한 심사척도가 적용된다고 하여 비례심사를 하는 태도를 유지하고 있다(헌 1999.12.23-98헌마363; 1999.12.23-헌바33; 2000.8.31-97헌가12).[41]

iii) 적법절차원칙

우리 헌법재판소는 헌법 제12조 제1항과 제3항의 적법한 절차는 그 법률의 내용이 절차에 있어서나 실체에 있어서 모두 적정할 것을 요구하고 있는 것으로 해석하고 있어 미국 적법절차 조항의 절차적 적법절차원리와 함께 실체적 적법절차원리도 받아들이고 있다. 또한 헌법재판소는 우리헌법의 적법절차조항은 신체의 자유를 포함한 모든 기본권에도 적용되고 형사절차뿐 아니라 행정절차와 입법절차 등에도 적용되어 국가작용을 지배하는 헌법상 기본원리라고 선언하고 있다(헌 1996.12.26-94헌바1;헌 1992.12.24-92헌가8).[42]

---

38) BverfGE2. 266(281); 이부하, 앞의 글, pp.105-106 재인용.

39) BverfGE37. 121(129); 이부하, 앞의 글, p.106 재인용.

40) K. Hesse, Diskussionsbeitrag.s.77; 이부하, 앞의 글, p.106 재인용.

41) 정종섭, 앞의 책, p.440.

42) 박성득, 앞의 글, p.262.

iv) 헌법상 입법부작위에 있어서 입법의무[43]

헌법상의 권력분립 원칙과 민주주의 원칙은 입법자의 입법형성의 자유를 보장하기 위하여 입법자의 헌법적 입법의무는 예외적으로만 인정하고 되도록이면 헌법에 명시적인 위임이 있는 경우만으로 제한할 것을 요구한다(헌 2000.6.1-2000헌바18; 헌 2001. 6.28-2000헌마735). 헌법재판소가 헌법에 명시적으로 표현된 명백한 위임을 넘어 헌법해석을 통하여 입법자의 헌법적 의무를 폭넓게 인정하면 할수록 입법자의 입법형성의 자유는 축소되기 때문이다. 이러한 이유에서 입법부작위에 대한 헌법재판소의 재판 관할권은 한정적으로 인정할 수밖에 없다. 그러나 헌법에 기본권보장을 위하여 법령에 명시적으로 입법위임을 하였음에도 불구하고 입법자가 이를 이행하지 아니한 경우이거나 헌법 해석상 특정인에게 구체적인 기본권이 생겨 이를 보장하기 위한 국가의 행위의무 내지 보호의무가 발생하였음이 명백함에도 불구하고 입법자가 아무런 입법조치를 취하지 아니한 경우에 한하여 입법자에게 입법의무가 있다고 본다(헌 2000. 6.1-2000헌마18; 헌 2001.6.28.-2000헌마735; 헌 2006.4.27-2005헌마968).

2) 대통령의 거부권 행사

민주국가 정부 구성 원칙으로 채택하고 있는 권력분립원칙과 대의제원리에 의해 의회는 입법권을 행사하지만 국가권력 간의 견제와 균형을 위해 상호통제기능을 수행한다. 대통령은 국회에서 의결된 법률이 공포되기 위해 정부에 이송되어 왔을 때 법률안 거부권을 행사함으로써 국회의 입법권 행사를 통제할 수 있다.

대통령의 법률안 거부는 국회로 하여금 보다 신중하고 올바르게 입법권을 행사하게 통제할 수 있게 하고, 헌법을 침해하는 입법행위에 대해 법률의 적용 이전 단계에서 대통령으로 하여금 위헌 여부를 다시 살펴보도록 하여 헌법질서를 수호할 수 있게 한다.

대통령의 법률안 거부권은 재량적인 성격을 가지므로 법률안에 대해 이의를 가지더라도 거부권을 행사하지 않을 수 있다. 이와 같은 거부권행사는 국회의 입법을 봉쇄하는 제도가 아니므로 국회가 재의결할 때까지 법률로서 확정을 저지시키는 것에 지나지 않으며 확정된 법률의 효력을 정지시키거나 소멸시키는 것이 아니다.[44]

---

43) 이부하, 앞의 글, pp.106-107.
44) 정종섭, 앞의 책, p.1212.

3) 법원의 위헌법률심사 청구권

법원은 헌법수호기관으로서 일반재판에서만 그 역할을 하는 것이 아니라 헌법재판소에 대해 법률의 위헌 여부가 재판의 전제가 된 때 위헌법률심판 제청권(헌법 제107조 제1항)을 행사하거나 명령·규칙·처분의 위헌위법여부 심사권을 행사(헌법 제107조 제2항)하여 입법권과 행정권에 대한 권력통제기관으로서의 임무를 수행한다.

헌법재판소의 위헌법률심판은 일반법원의 결정에 의한 심판의 제청이 있어야 한다. 일반법원의 제청은 직권 또는 당사자의 신청에 의해 행해진다. 개인은 어떠한 경우에도 위헌법률심판 제청권을 가지지 못한다. 위헌법률심판절차에서 법원의 제청은 법원의 권한인 동시에 의무이다.

또한 법원이 헌법재판소에 재판의 전제가 된 법률의 위헌여부심판을 제청할 수 있기 위해서는, 먼저 당해 법원에 구체적인 소송사건이 계속 중이어야 한다. 재판의 전제성은 위헌법률심판의 적법요건이다. 여기서 「재판」이라 함은 원칙적으로 모든 재판을 의미한다. 따라서 재판의 형식이나 절차의 형태에 따라 결정되는 것이 아니라, 실질적으로 법원의 사법권 행사에 해당하는가에 따라 결정된다.[45]

---

45) 정종섭, 앞의 책, pp.1464-1465.

제6장

행정입법의 한계와 통제

I. 행정입법의 의의

현대 민주주의는 권력분립과 법치주의를 기반으로 하여 성립하였다. 입법권은 의회가 가지며, 국민의 자유와 권리를 제한하거나 의무를 부과하는 사항은 반드시 의회가 제정한 법률에서 정해야 하며(법률유보) 행정은 이러한 법률에 의거하여 행해져야 하며(법률우위=법률에 의한 행정), 재판작용도 법률의 존재를 전제로 법률에 따라 행해져야 한다(법률에 의한 재판).

통상적으로 위임입법(행정입법)은 국회가 입법권을 가진다는 것을 전제로 국회가 그 입법권을 다른 국가기관, 특히 행정부에 위임하여 국민의 권리와 의무에 관계되는 규율을 할 수 있도록 하는 것을 말한다.[1]

현대국가는 근대의 개인주의적 자유국가와는 달리 단체주의적 복리국가의 성격을

---

1) 김병화, "위임입법의 통제에 관한 연구," 서울대학교 박사학위 논문(1999), p.8.

띠게 되면서 행정기능의 질적·양적인 확대와 행정권의 강화현상을 그 특징으로 한다. 즉 사회, 경제, 과학기술 등 행정현상의 급격한 변천에 적응하기 위한 탄력성 있는 입법 필요성의 증대, 행정활동의 내용이 고도로 전문화·기술화됨에 따라 국회의 심의 보다는 전문적·직업적 공무원의 심의가 보다 적합한 전문적·기술적인 입법사항의 증대 등으로 행정입법의 필요성이 증대되었다. 헌법재판소도 현대국가의 사회적 기능 증대, 사회현상의 복잡화, 현대 행정영역의 복잡화, 방대화와 국회입법의 전문성 및 탄력성의 한계 등을 지적하면서, 국민의 권리와 의무에 관한 것이라 하여 모든 사항을 국회에서 제정한 법률만으로 규정하는 것은 불가능하다는 점을 확인하고 있다(헌 1991.7.8-91헌가4; 헌 1994.6.30-93헌가15; 헌 1995.10.26-93헌바62).[2]

행정입법이라 함은 행정권이 법조문의 형식으로 일반적·추상적 규범을 정립하는 작용을 말한다. 이것을 '행정권에 의한 입법'이라고도 한다. 좁은 의미에서의 행정입법은 국가행정권에 의한 입법을 말하는데, 넓은 의미에서는 지방자치단체의 자치입법(조례와 규칙)을 포함하게 된다.

행정입법은 법규의 성질을 가지는 '법규명령'과 법규의 성질을 가지지 아니한 '행정규칙'으로 구분된다. 법규명령이란 행정권이 정립하는 일반적 명령으로서 법규의 성질을 가지는 것을 말한다. 여기서 '법규'란 일반국민과 행정권을 구속하고 법원에 의한 재판규범이 되는 성문의 법규범을 총칭하는 것이다. 법규명령은 법규로서의 성질을 가지기 때문에 국가와 국민을 구속할 수 있는 일반적 구속력을 가진다. 법규명령은 국민의 권리·의무에 관계될 뿐만 아니라 일반적·추상적 법규로서의 성질을 가지기 때문에 일정한 형식과 일반적인 고시(공포)를 필요로 한다. 법규명령의 정립행위는 형식적 의미에서는 행정에 속하지만 실질적 의미에서는 입법에 속한다.[3]

법규명령을 내용에 따라 구분하면, 위임명령은 법률 또는 상위명령에 의하여 위임된 사항을 규율하는 법규명령이며, 집행명령은 상위법령의 시행에 필요한 사항 즉 필요한 절차 및 형식에 관한 사항을 규정하는 법규명령이다. 발령권의 소재에 따라 대통령령, 총리령·부령, 대법원, 선거관리위원회, 헌법재판소, 국회 등 독립기관의 규칙이 있다. 일반적으로 대통령령은 시행령, 총리령·부령은 시행규칙이라 부른다.

---

2) 홍석한, "위임입법의 헌법적 한계에 관한 고찰: 헌법재판소 위헌심사기준에 대한 분석 및 평가를 중심으로," 『공법학연구』 제11권 제1호(2010.2), p.218.

3) 신봉기, 앞의 책, pp.111-112.

II. 행정입법의 근거와 한계

위와 같은 현실적인 이유에서 입법권의 위임과 행정부의 입법권 행사를 인정하는 것이 필요하다고 하더라도, 위임입법의 지나친 증대는 무엇보다도 민주국가 운영의 기본원리인 의회주의와 권력분립의 원리, 그리고 법치주의의 원리를 형해화(形骸化)할 수 있다는 점에서 문제가 있다.[4] 의회가 중요한 국가의사의 결정을 행정부에 위임함으로써 실질적인 입법권이 행정기관에 의해 행사되도록 한다면 국가적 차원에서 다양한 이해관계를 종합적으로 고려해야 하는 자신의 임무를 방기(放棄)하고 입법권의 본질을 침해하는 것이 된다. 또한 법률이 규율의 대상과 범위를 구체적으로 확정하지 않고 매우 추상적 차원에서 규정함으로써 행정입법이 남용할 여지를 부여한다면,[5] 입법과 행정의 상호 견제는 물론 상호 균형의 이념마저 위기에 처하도록 하고 법적 안정성과 예측가능성을 저하시켜 결국은 권력분립과 법치주의의 궁극적 목표인 국민의 기본권 보장에[6] 위협을 가하게 된다.

특히 우리나라의 경우 행정부가 법률안 제출권을 가지고 있어 정부가 의도적으로 수권조항을 넣어 통과시킨 후 행정입법으로 구체화하는 방식을 취한다면 입법권이 행정부에 의해 실질적으로 행사될 가능성이 있으며,[7] 과거 행정부 주도하에 경제적·사회적 발전을 추구하는 과정에서 국회가 행정부의 법률안에 대한 면밀한 심의를 하지 못한 채 통과시킴으로써 위임입법이 양산되었던 점(헌 1998.5.28-96헌가1) 등으로 볼 때 위임입법의 헌법적 한계를 보다 명확히 하고 이를 바탕으로 위임입법의 통제장치를 강구할 필요가 있다.[8]

우리헌법 제40조는 "입법권은 국회에 속한다"고 선언하고 있다. 또한 헌법 제75조

---

4) 류시조, "법치주의의 전개와 현대적 과제: 법치주의에 있어서 법인격성 문제를 중심으로," 『비교법학』 제11권(부산외대 비교법연구소, 2000), pp.17-18 참조.

5) Theodore J. Lowi, "Two Roads to Serfdom: Liberalism, Conservativism, and Administrative power," *36 American University Law Review* (1987), p.295; 홍석한, 앞의 글, p.219 재인용.

6) 박규환, "기본권 기능의 발전과정분석을 통한 법치주의 이론의 재구성," 『공법학 연구』 제5권 제1호(2004), p.191.

7) 김병화, 앞의 글, p.199.

8) 홍석한, 앞의 글, pp.218-219.

는 "대통령은 법률에서 구체적으로 범위를 정하여 위임받은 사항과 법률을 집행하기 위하여 필요한 사항에 관하여 대통령령을 발할 수 있다"고 규정하고, 헌법 제95조는 "국무총리 또는 행정각부의 장은 소관 사무에 관하여 법률이나 대통령령의 위임 또는 직권으로 총리령 또는 부령을 발할 수 있다"고 규정하고 있다. 헌법 제40조의 입법권은 법규를 제정할 권리를 가리키는 것으로 통설·판례는 공히 인정한다. 법규란 국민의 자유와 권리를 제한하거나 국민에게 의무를 부과하는 실질적 의미의 법률, 즉 일반 추상적인 규범을 말한다. 이러한 법규를 제정할 권한이 바로 실질적 의미의 입법권으로서, 입법부인 국회의 고유한 권한이다.

정부도 행정입법으로 그러한 법규를 제정하는 경우가 있는가? 행정입법에는 두 종류가 있는데 법규명령과 행정규칙이다. 성질상 법규명령의 제정은 입법기능에 속하는 것이고 행정기능이 아니다. 따라서 법규명령 제정권은 국회에서 법률에 의하여 입법권을 위임해주어야 성립하고, 그것도 위임한 범위 내에서만 성립한다. 반면 행정규칙 제정은 입법이 아니라 행정의 영역에 속하고 따라서 국회법률에 의한 위임이 따로 필요 없고 헌법 제66조 제4항 "행정권은 … 정부에 속한다"에서 정부에 부여하고 있는 '행정권'을 근거로 하여 정부 스스로 제정할 수 있다.[9]

헌법은 위임입법의 한계에 관한 일반규정을 두고 있지 않지만, 헌법 제75조는 대통령령에 관한 규정으로 법률에서 구체적으로 범위를 정하여 위임받은 사항에 관하여 발할 수 있음을 규정하고 있어 이 규정이 위임입법의 헌법적 한계에 관한 일반적인 근거로 기능하고 있다. 이는 행정입법은 법률의 위임에 근거를 두고 행해져야 한다는 점과 아울러 수권법률에 대해서도 위임을 할 때는 그 범위를 한정하여 구체적으로 한다는 한계를 간접적으로 규정하고 있다.

헌법 제75조에서 포괄적 위임입법을 금지한 이유는 행정입법이 법률의 위임을 받아 일정한 사항을 규율할 경우 그 실질적 기능은 법률과 다르지 않다. 그런데 형식상 법률로 정하면서 그 법률에서 핵심적 내용을 포괄적으로 행정입법에 위임할 경우에는 법률의 우위, 법률 유보를 핵심으로 하는 법치주의의 실현구조 자체가 빈 껍데기가 될 우려가 있기 때문이다. 이처럼 포괄적 위임이 금지되므로 행정입법, 특히 위임입법의 범위는 일차적으로 국회의 법률이 어떠한 구체적 범위를 정하여 위임을 하고 있는

---

9) 김선택, "법치주의를 위한 변론: 국회법 개정안 합헌론," 「행정입법 수정권한 '국회법 개정안' 위헌 논란, 어떻게 볼 것인가? 토론회 발제문」, 바른사회주관(2015), pp.1-2.

지에 따라 결정된다.10)

　또한 헌법은 기본권제한의 일반적 법률유보를 규정한 제37조 제2항, 적법절차와 죄형법정주의를 규정한 제12조 제1항, 조세법률주의를 규정한 제38조 및 제59조, 국적법정주의(제2조 제1항), 공무원의 신분과 정치적 중립성 보장(제7조 제2항), 재산권의 내용과 한계(제23조 제1항), 교육제도 법정주의(제31조 제6항), 행정조직 법정주의(제96조), 지방자치단체의 종류(제117조 제2항) 등 '법률이 정하는 바에 의하여 또는 ' … 은 법률로 정한다'라고 규정하여 국회의 전속적 입법사항 내지 법률사항을 규정하고 있다. 이러한 규정들은 법치주의에 따른 헌법원리적 관점에서 또는 헌법정책적 관점에서 국가정책의 결정에 관한 중요한 사항과 기본권보호에 관한 본질적인 사항은 국회가 직접 법률로 정해야 한다는 법률유보의 원리를 선언하고 그 구체적인 대상을 제시한 것으로서 이 역시 위임입법의 헌법적 한계에 관한 기준이 된다.11)

　위임명령이 모법(母法)인 법률에서 위임받은 사항을 그보다 하위의 법규범에 다시 재위임할 때에는 법률에서 위임받은 사항의 대강을 반드시 정하고 이 대강을 세부적으로 정하는 것을 하부규범에 위임하는 것만 허용된다. 위임명령이 법률에서 위임받은 내용을 전혀 정하지 않은 채 보다 하위 법규범에 그대로 다시 위임하는 것(복위임)은 위임명령으로 모법의 위임사항을 거부하는 것이 되어 법치주의와 법효력의 단계를 침해하는 것이 된다. 헌법상 이런 복위임은 금지된다.12)

III. 행정입법에 대한 통제

　행정입법의 과정은 입법예고 절차 등을 통해 국민·이해관계자·여론의 의견을 수렴하는 절차를 거치고 있으나 그 구체적인 심사과정이 정부 내부에서 공무원과 전문

---

10) 장영수, "행정입법에 대한 국회 통제의 가능성과 한계: 국회법 제98조의 2 제3항 개정의 위헌 논란을 중심으로," 『세계헌법연구』 제21권 제2호(2015), p.151.

11) 홍석한, 앞의 글, pp.219-220.

12) 정종섭, 앞의 책, p.1201.

가에 의해 비공개상태에서 진행되고 있으며, 그 내용 또한 전문적·기술적이어서 일반 국민이 이해하기 쉽지 않은 경우가 많아 그 과정을 추적·감시하기가 쉽지 않다. 또한 행정입법은 행정편의와 이익단체의 압력에 의해 좌우되기 쉬우며 특히 의회와 비교하여 행정 내부에는 이익단체의 압력을 배제할 수 있는 장치가 부족하다고 할 수 있다.13)

따라서 행정입법에 관하여는 입법과정에서 자율적 통제가 이뤄지고 있으며, 또한 국회, 법원, 헌법재판소에 의한 통제가 이뤄지고 있다.

1. 행정부 내부에서의 자율적 통제

1) 행정절차에 의한 통제

정부는 행정입법절차에 관하여 행정절차법, 법령 등 공포에 관한 법률, 법령안 입법예고에 관한 규정 등에 규정하고 있다. 정부입법은 국무회의에 상정될 법령안으로 법제처에서 전문적으로 심사한다(정부조직법 제23조 제1항). 아울러 규제위원회 규제심사를 거친다.

정부의 법령안 입안과정은 일반적으로 법제처의 법령안 심사, 국무회의 심의, 관련 부처 간 협의, 입법예고, 행정입법안의 관련 부처 사전통지, 이해관계인의 청문회, 공청회 기타 의견진술, 참고자료 제출 기회 부여 등의 절차가 있다.

이러한 내부절차는 행정입법에 관한 사전통제로서 기능하며, 폐쇄적인 법령안 심사과정을 공개함으로써 법령의 정당성을 높이는 효과가 있다.

2) 공무원·관계기관의 법령심사권

자기의 행위에 대한 자율통제 차원에서 이뤄지고 있으며, 당해 공무원과 관계기관은 법령에 대하여 헌법적합성 여부의 심사를 할 수 있다. 정부입법활동의 핵심은 적극적으로 헌법이념을 실현하고, 소극적으로는 법률이나 명령이 헌법과 법률 또는 상위 명령에 위반하지 않도록 함으로써, 전체 법령체계 간에 조화를 이루고 정부의 정책의지가 정확하게 반영되어 차질 없이 시행되도록 하는 데에 있는 것이다.14) 공무원·

---

13) Theodore T. Lowi, 앞의 글, p.295; 홍석한, 앞의 글, p.219 각주 18) 재인용.

관계기관은 그 적용하고자 하는 법령이 위헌이라고 판단하는 경우, 상급기관에 보고하고 당해 법령에 기한 행정행위를 중단하여야 한다.

3) 행정감독에 의한 통제

행정감독에 의한 통제는 주관 행정기관의 결정, 훈령을 통한 행정입법의 기준과 방향 제시, 행정입법의 경위 등에 대한 감사, 위법한 행정입법의 폐지를 명하는 등의 방법에 의한다(정부조직법 제11조 제2항(대통령의 행정감독권), 동법 제18조 제2항(국무총리의 행정감독권)).15)

2. 국회에 의한 통제

1) 현행제도의 의의

국회는 행정입법의 성립이나 발효자체에 관하여 행정부에 대한 일정한 권한을 의회가 발동함으로써 통제할 수 있다. 입법부에 의한 통제는 직접적 통제와 간접적 통제가 있다.

직접적 통제는 동의, 승인을 행하거나 또는 일단 유효하게 성립된 행정입법의 효력을 소멸시킬 수 있는 권한을 의회에 유보함으로써 이루어지는 통제방법을 말한다. 그리고 간접적 통제는 행정입법의 성립이나 발효 자체에 관하여 행정부에 대한 일정한 권한을 의회가 발동함으로써 행해지는 통제를 말한다. 예컨대 국정감사(헌법 제61조), 국무총리 등에 대한 질문(헌법 제62조), 국무총리·국무위원의 해임건의(헌법 제63조)나 탄핵소추(헌법 제65조) 또는 수권의 제한·철회 및 행정입법의 폐지 등을 들수 있다.16)

한편 국회의 행정입법에 관한 직접통제기능을 강화하기 위해 1997년 1월 국회법개정에서 중앙행정기관의 장은 법률에서 위임한 사항이나 법률을 집행하기 위하여 필요한 사항을 규정한 대통령령, 총리령·부령 및 훈령, 예규, 고시 등 행정규칙이 제정

---

14) 법제처, 「법령입안심사기준」(2007), p.7.
15) 한견우, 『현대행정법신론 1』(세창출판사, 2014), p.550.
16) 한견우, 앞의 책, p.550.

또는 개정된 때에는 7일(이후 국회법개정으로 10일로 변경되었다) 이내에 국회에 송부하도록 규정하였다(국회법 제98조의 2). 그러나 국회에 송부된 대통령령 등에 대한 국회차원에서의 심사, 평가절차는 체계적으로 마련되어 있지 못하였는데 2000년 2월 개정국회법에서는 행정입법에 대한 국회의 통제기능을 더욱 강화하여, 상임위원회는 정기적으로 위원회 또는 소위원회를 개최하여 정부에서 송부한 대통령령, 총리령·부령에 대하여 법률에의 위반여부를 검토하여 해당 대통령령 등이 법률의 취지 또는 내용에 합치하지 아니한다고 판단되는 경우에는 소관 중앙행정기관의 장에게 그 내용을 통보하도록 규정하였다(국회법 제98조의 2 제3항).

이 통보 규정에 대해서는 당초 정치개혁특별위원회가 제안한 안에 의하면 상임위원회가 소관 중앙행정기관장에게 '시정을 요구'할 수 있게 하였으나 본회의 심의과정에서 시정요구가 통보로 수정됨으로써 강제력이 약화되었다. 2005년 7월 개정국회법에서는 국회에서 대통령령 등이 법률의 취지 및 내용에 부합하지 않는다고 중앙행정기관에 통보한 경우 중앙행정기관의 장은 통보받은 내용에 대하여 처리계획과 그 결과를 지체 없이 소관 상임위원회에 보고하도록 하는 사후 통제절차를 마련하였다(국회법 제98조의 2 제3항 후단). 또한 행정입법안 중 대통령령의 경우에는 입법예고 단계에서부터 해당위원회가 그 입법예고안을 제출받아 검토할 수 있도록 정부가 대통령령을 입법예고하는 때(입법예고를 생략하는 경우에는 법제처장에게 심사를 요청하는 때)에도 그 입법 예고안을 소관 상임위원회에 10일 이내에 제출하여야 하고(국회법 제98조의 2 제1항 단서), 이 기간 이내에 제출하지 못한 경우에는 그 이유를 소관 상임위원회에 통지하도록 하였다(국회법 제98조의 제2항).17)

2) 행정입법통제에 관한 국회법개정법률안의 위헌성 논란

국회는 2015년 5월 29일 국회법 제98조의 2 제3항을 "상임위원회는 소관중앙행정기관의 장이 제출한 대통령령, 총리령·부령 등 행정입법이 법률의 취지 또는 내용에 합치되지 아니한다고 판단되는 경우 소관 행정기관의 장에게 수정 변경을 요구할 수 있다. 이 경우 중앙행정기관의 장은 수정변경 요구받은 사항을 처리하고 그 결과를 소관 상임위원장에게 보고하여야 한다"라고 하고, 제4항의 "대통령령 등"을 "대통령령, 총리령·부령 등 행정입법으로 수정하는 내용의 국회법개정법률안을 의결하였다.

---

17) 임종훈, 앞의 책, pp.321-322.

국회법개정안을 둘러싸고 위헌성 논란이 일어났다. 이 법률안에 대해서는 여당과 청와대의 의견이 조율되지 않아 갈등이 외부로 표출되었다.[18]

위헌성을 주장하는 논리는 국회법은 기본적으로 국회의 조직, 의사 운영 및 이에 유사한 내용이어야 하는데 헌법기관의 권한을 침해하는 내용을 담아서는 안 되며, 행정입법의 위헌, 위법성 여부는 법원의 권한이며, 국회는 법률로 행정입법에 위임할 범위를 정할 수 있으며 이를 수정하여 행정입법을 견제할 수 있다. 이러한 국회법개정안은 대통령의 거부권의 행사 대상이며, 대통령의 거부권 행사에도 불구하고 국회가 재의결하면 대통령의 거부권이 무력화 되는 결과를 초래한다는 논리이다.[19]

국회법개정법률안의 합헌성을 주장하는 논지는 대통령 등의 제정권한은 국회가 위임해준 범위 내에서만 성립하는 파생권한이다. 행정입법권은 행정부의 고유한 권한이 아니다. 시행령, 시행규칙 제정권은 국회의 입법권과 분리된 별개의 고유한 권한이라고 주장하는 것은(위임입법의) 법리를 오해한 것이다.

헌법 제75조는 행정부의 고유한 권한으로서 행정입법권을 창설하는 규정이라기보다는, 국회가 법률로써 행정부에 입법권을 위임하는 경우에 그 한계가 어디에 있느냐를 규정하는 것이 핵심이다. 동조는 포괄위임 입법금지원칙을 규정한 것이다. 법률에 따른 행정(행정의 법률적합성)이야말로 법치주의의 핵심이다. 행정은 법률보다 정부의 시행령, 시행규칙에 따라 이뤄질 것인데 법률로 표시된 국회의 의사를 무시하고 정부가 자의적으로 시행령, 시행규칙을 만들어 행정을 하게 되면 입법권을 위임한 모법이 문구상 아무리 개별적·구체적인 내용이 되어 있다 하더라도 결국 포괄위임, 백지위임이 되고 만다. 국회가 법률로써 정부에 입법권을 위임하면서 각종 형태로 관여하는 것은 행정입법에 부족한 민주적 정당성을 보완하여 주는 것으로서 민주주의 원칙상 요청되는 것이다. 개별적인 행정처분에 인정되는 재량의 범위에 비해 행정입법은 정부의 고유한 권한이 아니고 국회로부터 위임받은 권한이므로 그 재량의 폭이 매우 좁을 수밖에 없다. 국회가 입법권을 행정기관의 장에게 위임하는 입법 시에 구체적인 행정입법(권 행사)에 이르러 두 기관 사이에 의사불일치가 발생할 경우 자신의 의사에 따르도록 수정·변경, 즉 시정을 요구할 수 있도록 수정·변경요구권을 유보하는 것은 국회의 위임권, 위임기준을 설정한 것이다. 위임 받은 범위를 넘어서 행정입

18) 차기환, "2015년 5월 29일자 국회법 개정법률의 위헌성," 상기토론회 발제문, p.9.
19) 차기환, 앞의 글, pp.10-11.

법의 재량한계를 유월·일탈한 행정입법에 대하여 위임권자인 국회가 수정·변경을 요구하는 것은 법원의 법규명령심사권을 침해할 가능성이 없다[20]라는 논지이다.

위헌·합헌 가능성을 동시에 수용하는 입장에서 제3의 방안을 마련해야 한다는 주장으로는, 현행 국회법의 중앙행정기관의 장이 통보받은 내용에 대한 처리 계획과 그 결과를 소관 상임위원회에 보고하여야 한다. 이 규정은 '의회의 소극적 결의에 의한 (행정입법에 대한) 최종적인 확인권 유보'에 준하는 제도로서, '소극적 결의제도'에 대한 헌법상 명문규정이 없기 때문에 이를 직접 채택할 경우 발생할 위헌시비를 차단하기 위해 우회적으로 채택한 것이다. 그런데 현행 국회법의 '통보권'을 '행정입법의 수정·변경요구권'으로 개정함으로써 제도운영상 강제성을 수반하게 되어 헌법상 삼권분립원칙 위반시비를 초래한 것이며, 행정입법에 위임한 내용이 적기에 적정하게 시행되도록 법규명령통제의 주요 내용이 바뀌어야 하며, 행정입법에 대한 수정·변경요구는 규범의 예측가능성을 약화시키고 정책의 효율성, 일관성, 신뢰성을 훼손할 수 있음을 심각하게 고려하여야 한다. 그러나 우리헌법이 대통령의 법률안 제출권을 인정하고 있다는 점에서 행정입법에 대한 감시강화가 합헌적 범위 내에서 제도화하는 노력이 필요하다. 2011년~2013년 동안 1,800건의 행정입법 중 모법에 어긋난 대통령령, 총리령·부령 등 행정입법이 61건에 이르며, 이들은 위임근거 없이 국민의 기본권을 제한하는 등 법률이 위임한 범위를 벗어난 것으로 분석됐다. 이러한 법현실이 국회의 위임입법 통제강화로 나타나 이러한 논란을 야기한 원인으로 볼 수 있다. 국회와 행정부의 긴밀한 유대관계를 도모하기 위해 법률안 제출권을 대통령에게 인정하였듯이, 실효적인 국회의 행정입법 관여권을 합헌적인 범위에서 부여하는 방안을 검토할 필요가 있음을 주장하였다.[21]

국회법개정법률안의 위헌성 여부는 '시행령 시정 요구권'의 강제성 여부에 있다고 보고 "의무자가 행정기관 또는 행정주체인 경우 통상적으로 위반행위에 대한 형사처벌 등의 제재규정을 두고 있지 않으므로, 의무자가 행정기관인 경우 제재규정 유무에 따라 강행규정, 단속규정인지 훈시규정인지 여부를 일률적으로 판단할 수 없다. 따라서 제도의 취지 및 목적 등을 종합하여 판단할 것이나, 이번 국회법개정안의 경우 강행규정으로 개정하기 위한 것으로 보이며, 다만 '처리하고'에 '수용거부방침을 밝히는

---

20) 김선택, 앞의 글, pp.2-9.

21) 김재광, "행정입법에 대한 의회의 통제: 국회법 개정안 위헌 논란," 앞의 글, pp.31-33.

것도 처리'에 포함된다는 해석상의 논란은 여전히 남아 있는 것이고 이는 구체적 사건이 문제되면 사법부의 판단에 따라야 할 것으로 보인다. 또한 행정입법의 통제 필요성이 있다면 개별입법으로 규정하는 것이 바람직할 것이라는[22] 의견도 제시되었다.

현행 국회법 제98조의 2 제3항이 국회는 시행령이나 시행규칙 등이 모법에 위배된다고 생각될 경우에 이에 대한 수정을 직접 요구하는 것이 아니라, 위배된다는 점에 대한 견해를 소관중앙행정기관의 장에게 통보하는 것에 그쳤다. 이러한 통보의 의미는 시행령 등의 내용에 관한 수정의 필요성이 인정된다 하더라도 이를 국회가 직접 수정할 성질의 것이 아니기 때문에 정부에게 수정의 필요성을 통보하면 정부에서 여러 가지 현실적 여건 등을 감안하여 적절하게 수정하는 것이 바람직하다는 의미를 담고 있는 것으로 해석될 수 있다. 물론 시행령이나 시행규칙의 내용이 모법에 위배된다는 점이 명백한 경우에는 수정의 필요성이 더욱 뚜렷할 것이다. 하지만 현행 국회법 제98조의 2 제3항은 국회가 행정입법의 수정에 대해 과도하게 개입하는 것을 자제하는 내용을 담고 있다는 점은 분명하다.

그러나 국회법개정안 제98조의 2 제3항에서는 "상임위원회는 소관중앙행정기관의 장이 제출한 대통령령, 총리령·부령 등 행정입법이 법률의 취지 또는 내용에 합치되지 아니한다고 판단되는 경우 소관 중앙행정기관의 장에게 수정·변경을 요구할 수 있다. 이 경우 중앙행정기관의 장은 수정·변경 요구받은 사항을 처리하고 그 결과를 소관 상임위원회에 보고하여야 한다"고 규정하였다. 개정조항의 핵심은 통보에서 "수정·변경을 요구할 수 있다"고 개정한 점이다. 개정국회법 제98조의 2 제3항과 관련하여 해석상 논란의 여지가 있는 점은 국회가 — 헌법재판소의 법률에 대한 위헌판단의 경우처럼 — 행정입법이 법률에 위배된다는 점을 확인하되 그에 대한 수정·변경의 내용이나 방식을 행정부에 맡기도록 하는 것인지, 아니면 국회에서 특정한 내용으로 수정·변경할 것까지 요구할 수 있는 지이다. 만일 특정한 내용으로 수정·변경할 것까지 요구할 수 있다면 이는 앞서 언급한 기능법적 한계라는 측면에서 권력분립에 반하는 것으로 평가될 수 있을 것이다.

권력분립의 현대적 변용은 입법·사법·행정의 기능을 서로 다른 국가기관에 나누어 담당하며 외부적 통제는 제한된 범위 내에서 허용된다 하더라도 해당기관의 권한을 대체할 수 있는 직접적인 결정은 허용되지 않는 것이 헌법상의 권력분립에 기초한

---

22) 김정현, 앞의 글, pp.36-37.

기능분배의 원칙으로 인정되는 것이다. 현행 헌법이 국회에 다양한 형태의 통제권을 부여했을 뿐만 아니라, 법률상 도입된 통제권도 헌법에 위배되지 않는 범위 내에서 정당한 것으로 인정될 수 있다.

행정입법이 모법의 범위를 벗어나서는 안 된다는 요청은 당연하다. 따라서 모법에 위배되는 시행령, 시행규칙 등에 대한 통제의 필요성은 아무리 강조해도 지나치지 않다. 그리고 법률과 행정입법의 관계와 관련한 국회와 정부의 관계 역시 권력분립의 원칙에 입각한 역할분담관계로 이해되어야 한다. 또한 모법이 정한 테두리 내에서 시행령을 제정하는 데에는 정부의 전문적인 판단이 개입되는 부분도 인정되어야 하는 것이다.

시행령 등이 모법의 취지나 내용에 위배된다고 국회가 판단했을 때에는 나름의 이유가 있을 것이지만 국회의 판단과 정부의 판단이 서로 충돌할 경우 항상 국회의 판단이 100% 옳다고 보기는 어려울 것이다. 그러므로 국회의 판단과 정부의 판단을 조율하기 위해서는 국회가 수정·변경을 요구하기 전에 정부의 소명을 먼저 듣는 절차가 필요한 것이며, 정부의 소명을 들은 이후에도 국회의 판단이 달라지지 않을 경우에 수정·변경을 요구 하는 것이 합리적일 것이다. 그러나 보다 중요한 문제점은 국회의 수정·변경 요구가 부당하다고 정부가 판단할 경우에도 이를 직접 다툴 수 있는 방법이 없다는 점이다.[23]

그러나 이러한 논리는 국회의 의사결정에 여당과 야당이 함께 참여하고 있다는 점을 간과한 점이 있다. 국회의 의사결정은 여당이 주도하며 여당의 동의 없이 어떠한 결정도 이뤄질 수 없다. 또한 우리 국회의원의 의사결정에 대한 정당의 기속력이 강하다. 여당은 정부와 당정협의를 통해 정책조율을 거침으로써 정부의 정책의지를 공유하고 있어 정부의 입장은 여당에 의해 국회에 표명되는 구도이다. 따라서 시행령, 시행규칙의 내용이 특별히 모법의 테두리를 벗어난 것으로 정부가 시인하고 여당이 이를 인정하는 경우에만 이를 수정·변경을 요구할 수 있을 것이다. 정부의 반대에도 불구하고 국회가 수정·변경을 요구하는 경우는 여당이 정부의 입장에 동의할 수 없을 정도로 시행령의 내용이 명백하게 모법의 위임범위를 벗어난 때에야 가능할 것이다. 상임위원회에서 수정·변경 여부에 관한 심의를 할 때 정부·여당은 공동으로 처리방안을 모색할 것이며, 야당과도 공식, 비공식적으로 상호입장을 교환하고 설득을

---

23) 장영수, 앞의 글, pp.153-158.

시도할 것이다. 따라서 국회의 독단적이고 일방적인 결정은 이뤄질 수 없다. 또한 국회의 수정·변경에도 불구하고 정부가 이에 응하지 않는 경우 정책질의, 국정감사 등을 통해 비판을 할 수 있을 뿐 국회가 이를 강제할 수 있는 방법이 특별히 없다. 예를 들어 법률의 위임범위를 변경하는 등의 조치도 여당의 동의 없이는 불가능하기 때문이다.

이상과 같이 국회운영의 현실에 비춰보았을 때 권력분립원칙에 위배된 국회법개정안이라는 논리는 국회운영의 현실논리를 도외시하고 지나치게 법이론적 논쟁에 치우친 감이 없지 않다.

2015년 5월 29일 국회법 제98조의 2 제3항을 개정안이 표결결과 재석의원 244인 중 찬성 211인, 반대 11인, 기권 22인의 여야의원의 압도적 찬성으로 가결된 데는 이러한 국회 운영현실에 대한 의원들의 이해가 있었기에 가능한 결과라 할 것이다.

이 국회법개정법률안에 대해서는 2015년 6월 25일 대통령으로부터 재의요구가 있었으며, 국회는 이를 본회의에 상정하지 않았다.

3) 외국 의회의 행정입법통제: 행정입법에 대한 의회 통제의 비교법적 검토[24]

(1) 각국의 정부형태에 따른 행정입법 통제의 유형

비록 민주주의와 법치주의라는 기본원리를 채택하고 있다는 점은 같아도, 영국과 미국, 독일, 프랑스의 민주주의와 법치주의는 각기 다른 부분이 있는 것처럼, 각국의 권력분립도 적지 않은 차이를 보이고 있다. 특히 정부형태가 의원내각제인지 대통령제인지 아니면 이원정부제인지에 따라 의회와 정부의 관계 내지 의회가 정부에 대해 행사하는 권한의 범위에 큰 차이가 나타나고 있다.

(2) 영국의회의 행정입법 통제

영국의회는 대권적 명령(Prerogative Orders in Council)을 제외한 모든 행정입법에 대하여 광범한 통제를 하고 있으며, 여러 통제수단 가운데서도 의회에의 제출절차와 의회의 위원회에 의한 심사가 큰 비중을 차지하고 있다.

의회에의 제출절차(Laying before Parliament)란 행정입법의 초안 또는 행정입법

---

24) 장영수, 앞의 글, pp.159-166.

자체를 정해진 기간 내에 상·하 양원에 제출하여 그에 대한 승인을 얻도록 하는 절차
로서 행정입법의 수권자인 의회가 집행부에 의한 행정입법을 효율적으로 통제할 수
있도록 하는 역할을 한다. 그러나 모든 행정입법이 의회에 제출하도록 되어 있는 것은
아니며, 모법에서 행정입법권한을 위임하면서 의회제출의 여부를 함께 규정하고 있
다. 또한 모법에서 의회제출을 요구하는 경우에도 단순히 제출만을 요구하는 경우,
행정입법의 제출 후 일정 기간 이내에 상·하 양원의 한쪽에서 법안의 폐지를 결정할
때 그 효력을 상실하도록 하는 경우(Negative Procedure), 또는 상·하 양원의 승인
을 받도록 하고, 일정 기간 내에 승인을 받지 못하면 효력을 상실하도록 하는 경우
(Affirmative Procedure) 등이 나누어진다.

(3) 미국의회의 행정입법 통제

미국의회는 행정입법의 통제를 위하여 기한부 수권제도, 사전승인제도 등을 도입하
였지만, 가장 많은 논란을 낳은 것은 의회거부권제도이다.

의회거부권제도(Legislative Veto)는 의회에서 위임된 권한에 기초하여 행정기관
또는 행정위원회가 제정한 행정입법(규칙) 또는 그에 기초한 행정결정(Decision)을
의회가 폐지하는 것을 말한다. 의회거부권에 대한 일반적 규정은 존재하지 않으며
법률에 명시적인 규정이 있을 경우에만 그 규정에 따라 의회거부권의 행사방식 및
절차가 정해진다.

이러한 의회거부권은 법원에 의한 행정입법의 사법적 통제가 사실상 실효적이지
못하였고, 그로 인하여 점증하는 행정입법이 통제의 공백 속에 방치되면서 행정입법
이 의회입법을 사실상 대체하게 되는 것을 막기 위하여 고안된 것이었다. 그러나 의회
거부권은 단지 행정입법을 통제할 뿐 아니라 행정기관의 결정 자체를 취소하는 효과
를 갖게 되면서 권력분립원칙과의 충돌이 문제되었으며, 결국 1983년 6월 23일 미국
연방대법원의 Immigration and Naturalization Service v. Chadha 사건 판결에서
의회거부권은 위헌으로 결정되었다. 그러나 Chadha 판결 이후에도 — 비록 의회거부
권의 행사방식 및 내용에 적지 않은 수정이 가해졌지만 — 의회거부권규정을 포함하는
다수의 법률들이 제정·공포되었으며, 의회거부권의 생명력(즉 이를 통한 행정입법
통제의 필요성)은 여전히 인정되었다.

미국 연방의회는 1996년 "행정청의 규칙제정에 관한 의회심사법(Congressional
Review of Agency Rulemaking Act)"을 제정하였다. 위 법률에서는 의회가 행정입

법에 대한 거부권을 행사함에 있어 상·하 양원의 협의를 거칠 것과 대통령에의 제출 및 거부권행사 가능성을 인정함으로써 위헌의 소지를 최소화한 것으로 평가된다.

(4) 독일의회의 행정입법 통제

독일은 의원내각제 정부형태를 취하고 있으나 그 구체적인 모습은 영국과 상당히 다르다. 성문의 헌법(기본법)을 갖고 있고, 헌법재판제도를 도입하여 의회의 입법에 대한 광범위한 통제를 가하고 있으며, 행정입법에 관하여도 — 의회의 수권 또는 집행부의 자율에 맡겨져 있는 것이 아니라 — 기본법 자체가 일정한 조건과 한계를 명시하고 있는 것이다.

독일에서의 행정입법은 전통적인 법규명령과 행정규칙의 구별에 기초하고 있으나 최근에 들어와 그 구별의 의의 및 기준을 중심으로 많은 논란이 진행되고 있는 상황이며, 행정입법에 대한 의회 통제에 관하여도 — 법규명령의 제정절차를 중심으로 — 다양한 가능성이 논의되었으며 또 실행되고 있다.

행정입법에 대한 연방의회의 관여(Mitwirkung des Bundestages)는 독일에서 다양한 방식으로 행해지고 있다. 예컨대 행정입법(법규명령)의 제정 전에 연방정부가 통지하고 연방의회가 입장을 표명할 기회를 부여하는 방법, 정부가 의회에 대하여 이유를 제시할 의무를 지도록 하는 방법, 이의제기권과 거부권, 동의권(동의유보), 파기권(폐지유보), 수정권(변경유보) 등이 인정되고 있으며, 그 밖에 의회의 위원회나 다른 기관에 의한 통제도 부분적으로 인정되고 있다. 그러나 실질적으로 큰 비중을 갖는 것은 역시 연방의회에 의한 통제이며, 그중에서도 행정입법에 대한 동의유보, 폐지유보 및 변경유보이다.

동의유보는 모법에서 행정입법의 효력발생요건으로서 의회의 동의를 요구하고 있는 것을 말한다.

폐지유보는 행정입법이 공포된 후에 의회가 이를 폐지할 수 있는 권한을 모법에서 유보해 놓고 있는 것이다. 즉 동의유보와는 달리 행정입법이 일단 정상적으로 효력을 발하고 있는 도중에 그 존속을 중단시킬 수 있도록 하는 것이다.

변경유보는 행정기관이 제정한 행정입법의 내용을 의회가 변경할 수 있도록 하는 것이다. 이 제도는 행정입법에 대한 의회의 영향력을 강화시키기 위하여 최근 도입된 것이지만 과연 행정입법의 내용을 변경시켜서 적용하도록 하는 것이 권력분립의 원칙과 충돌하지 않는지, 그리고 행정입법을 통해 달성하고자 하는 행정작용의 탄력성과 신속성에 과연 도움이 되는지가 문제될 수 있다.

(5) 프랑스의회의 행정입법 통제

프랑스헌법상 법률은 의회 또는 국민(국민투표)에 의해 제정되며, 헌법 제34조에 열거된 사항들에 대하여 규율한다. 그 밖의 모든 영역은 행정입법에 의하여 규율되는 것이다. 이에 따라 법률과 행정입법은 각기 상이한 규율영역을 갖게 되었으며, 법률에 의한 규율의 대상이 매우 제한되어 있는 반면에 행정입법의 규율대상은 광범한 영역에 걸쳐 있다. 따라서 법률의 집행에 관한 사항이 아닌 영역에서 행정입법은 독자성을 가지며, 더 이상 법률의 하위규범이 아니라고 평가된다.

즉 프랑스의 행정입법은 의회의 수권에 의해 제정되는 법률명령(Ordonnance)과 대통령 또는 수상이 헌법에 기초하여 발하는 명령(Décret) 등으로 나뉘며, 후자는 다시금 그 적용영역에 따라 헌법 제37조의 독립명령과 헌법 제21조의 집행명령으로 구분된다. 그중 법률명령에 대해서는 의회에 제출하여 승인을 얻도록 함으로써 의회에 의한 통제가 부분적으로 확보되어 있다.

3. 법원에 의한 규범통제

헌법 제107조 제2항은 "명령·규칙 또는 처분이 헌법이나 법률에 위반되는 여부가 재판의 전제가 된 경우에는 대법원은 이를 최종적으로 심사할 권한을 가진다"고 규정하고 있다. 먼저 법원에 의한 행정입법의 규범통제로는 간접적 통제와 항고소송에 의한 통제인 직접적 통제가 있다.

우선 간접적 통제라 함은 다른 구체적인 사건에 관한 재판에서 행정입법의 위법여부가 선결 문제가 되는 경우 당해 행정입법의 위법여부를 통제하는 것을 말한다. 다수의 견해와 판례는 헌법 제107조 제2항의 '재판의 전제성'을 '선결 문제'로 본다.

법원에 의한 통제의 대상은 명령, 규칙 즉 법규명령이다. 행정규칙 중 법규적 성질을 갖는 법령보충적 행정규칙의 위법여부도 통제대상이 된다. 그러나 법규적 효력이 없는 행정규칙은 통제대상이 아니다. 그리고 개별적 효력이 있는 것에 불과한 행정입법의 위헌·위법판결에 대하여는 행정입법이 위헌, 위법이면 해당 사건에서 그 적용을 거부할 수 있을 뿐이고(적용배제) 그 명령, 규칙 자체의 무효를 선언할 수 없다.

대법원이 행정입법이 위헌이나 위법이어서 무효라고 선언하여도 그 명령, 규칙은 무효화되지 않고 해당 사건의 소송당사자의 하급심을 기속할 뿐이다(법원조직법 제8조). 선례적 구속력이 있다.

직접적 통제에 해당하는 항고소송과 관련하여서는 행정입법은 일반적·추상적 규범이므로 원칙상 처분이 아니어서 항고소송의 대상이 될 수 없다. 그러나 처분적 성질을 갖는 명령은 항고 소송의 대상이 된다는 것이 일반적 견해이다. 처분적 명령의 인정 기준 및 인정 범위에 관하여 대립한다.

협의설의 경우는 "국민의 권리의무에 직접변동을 야기하는 경우"에 한하여 처분적 명령으로 보고, 광의설은 "별도의 집행행위 없이 국민의 권익에 직접, 영향을 미치는 명령"을 처분적 명령으로 본다. 마지막으로 최광의설은 법규명령 일반을 모두 항고소송의 대상으로 보는 프랑스의 입법례가 이에 속한다. 종래의 판례는 협의설을 취하였으나 최근 판례는 "다른 집행행위의 매개 없이 직접 국민의 구체적인 권리의무나 법률관계를 규율하는 성격을 가질 때"에는 행정처분으로 보아 광의설을 취하고 있다(대법원 2003.10.9 선고 2003무 23판결).[25]

4. 헌법재판소에 의한 규범적 통제

규범통제제도는 법률의 위헌 여부를 심사해서 위헌법률의 효력을 상실시킴으로써 헌법의 최고 규범성을 지키는 헌법재판의 가장핵심적인 제도이다. 규범통제는 주관적인 권리보호의 면보다는 객관적인 법질서 보호의 면을 중시하는 일종의 '객관적 소송'이라는 데 특징이 있다.[26]

---

25) 박정배, "행정입법에 대한 규범통제의 문제점에 관한 소고," 『법학논총』 제39권 제1호(2015), pp.128-129.

26) 박정배, 앞의 글, p.130. 법률의 위헌 여부에 대한 심판 즉 규범통제의 방식에는 구체적 사건의 계속 여부에 따라 구체적 규범통제와 추상적 규범 통제로 구분하고 심판대상이 되는 법률의 시행 여부에 따라 사전적 규범통제(=예방적 규범통제)와 사후적 규범통제(=교정적 규범통제)를 구분한다. 추상적 규범통제(abstract review)는 어떤 법률이 일반법원에 계속된 소송사건의 재판의 전제가 되어 있지 않더라도 법률에 대해 위헌 여부의 재판을 하는 것을 말하고, 구체적 규범통제(concrete review)는 일반법원에 계속된 소송사건의 재판의 전제가 되어 있는 법률에 대해 위헌 여부의 재판을 하는 것을 말한다. 구체적 규범통제는 사후적 규범통제에 해당하지만, 추상적 규

법무사 시행규칙에 관한 헌법소원 사건의 예와 같이 법규명령이 헌법소원의 대상이 되는지에 관하여는 대법원과 헌법재판소의 견해가 서로 대립하고 있는데, 대법원은 "헌법 제107조 제2항, 제111조 제1항 등은 법률의 위헌 여부는 헌법재판소가, 명령·규칙의 위헌 여부는 법원이 각각 심사한다는 뜻이다"라고 하고 명령·규칙이 국민의 권리를 직접 침해하는 경우 행정소송의 대상이 되어 법원의 심사를 받을 수 있을 것이므로 헌법소원의 대상이 되지 않는다고 보고 있다. 이에 대하여 헌법재판소는 "헌법 제107조 제2항이 규정한 명령·규칙에 대한 대법원의 최종심사권이란 구체적 소송사건에서 명령·규칙의 위헌 여부가 재판의 전제가 되었을 경우 법률의 경우와 달리 헌법재판소에 제청할 것 없이 대법원이 최종심사할 수 있다는 의미이며, 명령·규칙 그 자체에 의하여 직접 기본권이 침해되었음을 이유로 하여 헌법소원심판을 청구하는 것은 위 헌법규정과는 아무런 상관이 없는 문제이다"라고 하면서 명령·규칙이 별도의 집행행위를 기다리지 않고 직접 기본권을 침해하는 것인 때에는 모두 헌법소원의 대상이 된다고 판시하고 있다(헌 1990.10.15-89헌마178).

이러한 명령·규칙에 대한 헌법소원의 인정여부에 대한 논란은 현행 헌법이 법률과 명령에 대한 위헌 심사권을 법원과 헌법재판소에 분배하면서도 입법상의 명확성이 부족한데서 기인하는 문제이다. 헌법소원제도의 기본권보장제도로서의 기능에서 행정입법에 대한 헌법소원을 인정하는 것이 타당하며 헌법 제107조에 배치되는 것이 아니다는 점에서 긍정설의 입장인 헌법재판소의 입장이 타당하다.[27]

범통제에는 사전적 규범통제에 해당하는 것도 있고(예: 프랑스) 사후적 규범통제에 해당하는 것도 있다(예: 독일, 오스트리아, 스페인). 우리헌법 제111조 제1항과 헌법재판소법 제2조에 정하고 있는 우리나라의 위헌법률심판제도는 구체적 규범통제이고 사후적 규범통제에 해당한다(정종섭, 앞의 책, p.1460).

27) 박규성, 『행정법론(上)』(박영사, 2012), p.200; 홍정선, 『행정법원론(상)』(박영사, 2013); 박정배, 앞의 글, pp.132-133.

제**7**장

우리나라 국회의 성립과 발전

I. 제헌국회 이전의 입법활동

1. 임시정부 수립과 의정원

 내 독립운동세력은 1919년 3·1운동 이후 일제의 감시와 탄압을 피해 독립운동의 거점을 해외로 옮기지 않을 수 없게 되었다. 이들은 1919년 4월 10일 상하이에서 제1회 임시정부 의정원회의를 개최하고 국호 및 임시헌장을 통과시켰다. 즉 국호는 대한민국이라 정하고 임시헌장 10개조를 의결하고 정체(政體)로 민주공화제를 선포하였다. 이후 국무위원을 '선출하고,' 의정원은 지방별(11구)로 조직되었으며 전원위원회(全院委員會)와 9개 상임위원회로 구성되었다(김진학·한철영, 1952: 38).

2. 해방 전후 정부 수립과정

1) 한국의 독립 관련 국제동향

2차 대전 중인 1943년 11월 27일 이집트 수도 카이로(Cairo)에서 미국 루스벨트 (Franklin Delano Roosevelt) 대통령, 영국의 처칠(Winston Leonard Spencer Churchill) 수상, 중화민국 장개석(蔣介石) 주석 간의 회담에서 한국 인민의 노예상태에 유의하여 적당한 시기에 한국의 자유 독립을 결의하였으며, 나치독일의 패망 후 1945년 7월 26일 동베를린 교외 포츠담(Potsdam)에서 열린 미·영·중 3개국 공동선언에서는 공동선언을 통해 일본의 무조건 항복을 요구하는 한편, 카이로선언의 이행을 선언함으로써 한국의 독립을 재확인하였다. 그러나 1945년 2월 얄타(Yalta)협정에서는 소련의 극동 전쟁참가 결의와 함께 참모장 공동회의에서 북한은 소련군 점령하에 두고, 남한은 미군 점령하에 두기로 결정함으로써 한국은 사실상 분할된 상태에서 해방을 맞게 되었다(김진학·한철영: 51).

2) 군정하에서의 자치기구 태동

1945년 9월 9일 남한의 미군 주둔군사령관은 존 하지(John Reed Hodge) 중장은 12만 명 일본군의 정식 항복을 접수하였다. 미군 당국의 군정장관은 아치볼드 빈센트 아널드(Archibald Vincent Arnold) 소장이 임명되었다. 미군정 당국은 입법·사법·행정의 3권 분립을 기본이념으로 운영했다. 군정 1년 동안에는 미국인 부처장과 한국인 부처장을 각각 두고 정무를 운영하였다.

그러나 1년 후인 6월 3일에는 미 군정청을 남조선 과도정부로 변경하고, 7월 1일 미 군정청 최고의정관으로 서재필 박사를 임명하였으며, 행정기구를 한국인으로 하여금 운영되도록 하였다. 이 계획에 따라 1947년 2월 10일 최고책임자인 민정장관으로 안재홍 씨가 취임하였다.

1946년 12월 12일 미군정 당국은 한국인이 요구하는 법령을 한국인에 의하여 제정하기 위해 입법기구로 남조선 과도입법의원을 창설하였다. 의원 수는 민선 45인과 관선 45인으로 하되 민선의원은 전국에서 간접선거를 통하여 선출되며, 관선의원은 군정장관이 임명하였다. 동(同)의원은 의장에 김규식 씨를 선출하고 8개의 상임위원회와 6개의 특별위원회를 구성하였다. 1947년 4월 폐원할 때까지 50여 개의 법안을 제정하였으며「대한민국 국회의원선거법」을 통과시켰다. 그러나 이법은 제헌의원선거 당시 시행되지 않았다.

각 부처에는 미국인 고문이 있어 이들의 영향하에 운영되었다. 그러나 과도정부의 무능과 좌익세력의 부당한 공세 속에 질서를 유지하며 살기 위해서는 정부 수립이 긴급하다는 요구가 점증하였다. 이리하여 과도정부는 만1년 3개월 만에 해체되고 대한민국 정부에 그 권력을 이양하였다(김진학·한철영: 77-78).

3) 정부 수립에 관한 유엔(UN)의 역할

1945년 12월 29일 모스크바에서 열린 미·영·소 3개국 외상회의 후 발표된 신탁통치안과 그 결정에 따라 개최된 미·소공동위원회에 의한 신탁통치 문제가 민족적인 반대로 무산되고, 자주적인 좌우합작을 통한 임정수립을 목표로 한 운동이 실패로 돌아갔을 때 민족진영에 의해 우선 남한만이라도 정부 수립을 추진하려는 운동이 추진되었으며, 이 결과 UN총회는 1947년 11월 13일과 14일 동안 한국 문제를 상정하고 UN임시조선위원단(UNTCOK: United Nations Temporary Commission on Korea)을 구성하여 늦어도 1948년 3월 30일까지는 위원단 감시하에 선거를 실시하고 선출된 대표는 국회를 조직하여 조선 정부를 구성하며, 남북 양 지역에서 선출된 대표의 수는 인구에 비례할 것 등을 골자로 하는 결의안을 의결하였다.

UN총회의 결정에 따라 한국위원단은 호주·캐나다·인도 등 8개국 대표로 구성되었으며 1948년 1월 12일 서울 덕수궁에 사무소를 결정하고 제1차 회의를 개최하였다.

동 위원단은 소련 점령하의 북한에서 UN총회의 결의대로 활동할 수 있도록 교섭하였으나 응답을 받지 못하였다. 미군 점령지역에서만 활동이 가능한지 UN소총회에 협의 요청하였고, 1948년 2월 16일 UN소총회는 한국임시위원단에 대해 조선 전역을 통한 선거를 감시할 것이나 이것이 불가능할 시에는 가능한 조선지역 내에서 선거를 감시함이 필요하다는 요지의 결의안을 채택하였다. 소총회의 결의를 받은 위원단은 1948년 5월 10일 이내에 한국의 일부지역에서라도 선거를 실시할 것이라는 선언을 하였다. 이리하여 동 위원단은 5월 10일을 선거일로 결정하고 선거의 자유분위기 보장을 위하여 부정한 법령 폐지와 정치범 석방을 점령군 당국에 건의하였다.

4) 5·10선거

UN소총회가 남한지역에서의 가능한 총선거 실시를 결의한 이후 불과 3개월 만에 1948년 5월 10일 선거가 실시되었다. 이 선거는 1948년 3월 17일 군정법령 제175호로 선포된 "국회의원 선거법"에 의해 실시되었다. 입후보자는 전국적으로 902명이었으며 당선된 사람은 198명이며, 이를 정당소속별로는 무소속 85인, 대한독립촉성국민회 55인, 한국민주당 29인, 대동청년단 12인, 조선민족청년단 6인 등으로 무소속이 단연 우세하였다.[1]

이날의 선거분위기에 대해 감시단인 UN 한국위원단은 민주주의의 기본권리가 인정 및 존중된 상당히 자유로운 분위기가 있었으며, 조선 총인구의 3분의 2를 차지하고 있는 지역에서의 선거인의 유효한 자유의사의 표현이며 그들의 자유의사를 정확히 표시한 것이라고 평가하였다(김진학·한철영: 84-95).

II. 제1공화국의 국회

1. 제헌국회의 구성과 활동

1) 제헌국회의 개원

1948년 5월 31일 중앙선거관리위원회[2]의 소집에 의하여 대한민국의 제헌국회가 역사적으로 개원하였다. 선거법에 의해 최고령자인 이승만 박사가 임시의장에 취임했으며, 이후 개원식 거행절차를 결정하고 의장선거를 실시한 결과 이승만 박사가 초대의장에 선출되었다. 부의장선거에서는 신익희·김동원 의원이 각각 당선되었다. 이날오후 2시 국회의사당[3]에서 거행된 개원식에서 이승만 의장은 개원사를 통해 본 국회는 3·1운동 이후 상하이에서 조직된 임시정부를 계승하는 것이고, 이북의 450만 동

---

1) 제헌국회의원의 정수는 200인이나 치안관계로 북제주 갑·을구 2인은 추후에 선거(49.5.10)함에 따라 선거 당시 재적의원 수는 198인이었다.
2) 남조선과도정부 군정장관 딘(William F. Dean) 소장이 국회의원선거에 관한 행정명령(제14호 1948.3.3.)으로 국회선거위원회를 설치하고 동 위원 15인을 임명하여 제헌의원 선거관리 사무를 담당하였다. 동위원회는 제헌국회 개원에 관한 실무를 담당하였으며 최초 국회 개원 및 임시의장 지명권을 동위원회 노진설위원장이 행사하였다(김현우, 2001: 121).
3) 제헌 당시 국회의사당은 일본의 조선총독부청사로 사용되었던 중앙청의 회의실이다.

포가 하루속히 선거를 실시하여 국회의석 100석을 채울 것이며, 미군은 한국군편성이 완료될 때까지 주둔할 것을 강조하였다. 제헌헌법(48.7.17)에 국회의원 임기는 4년이나 제헌의원은 헌법 제102조에 의해 개회일부터 2년이다. 따라서 1948년 5월 31일부터 1950년 5월 30일까지 임기이다. 제헌국회의 정당별 의석수를 살펴보면 무소속이 85석으로 가장 많았고, 대한독립촉성국민회가 55석, 한국민주당이 29석, 대동청년단이 12석을 차지하였다.

2) 헌법 제정 이전의 의결: 국회의 구성과 국회 준칙에 관한 결의안

국회는 국회법과 헌법이 제정되기까지의 국회의사진행을 원활히 하기 위하여 임시방법으로 국회예비회의에서 초안을 작성하여 제안한 "국회의 구성과 국회준칙에 관한 결의안"을 의결하였다. 그 주요 내용을 보면 국회의원은 1948년 5월 31일 오전 10시 국회의사당에서 집합하여, 국회사무처에 당선증서를 제시하고 의원등록을 하며, 집합한 의원의 재적 3분의 2에 달한 때에는 의장 1인과 부의장 2인을 선거하고, 의장을 선거할 때까지는 출석한 의원 중 최연장자가 임시의장이 되고, 선거방법은 단기 무기명투표로 하며, 과반수 득표자가 없으면 다수 득표자 2인으로 결선투표를 하는 등 선거방법을 규정하였다. 회의의 진행방법은 일반회의 통례에 의하고 헌법 및 정부조직법 기초위원 30인, 국회법 및 국회규칙기초위원 15인, 이들 위원선임을 위한 전형위원 10인을 선출하고, 각위원회에 전문지식을 가진 직원(전문위원이라 칭함)과 기록(서기)을 둘 것과 국회개회식을 1948년 5월 31일 오후 2시 국회의사당에서 거행할 것임을 규정하고 있다.

3) 제헌국회 주요 활동: 국회법, 헌법, 정부조직법 제정 경위

(1) 국회법 제정

국회법 제정에 앞서서 국회 본회의는 잠정적으로 「국회준칙에 관한 결의」를 의결하고 의사진행 및 국회 운영을 합리적으로 진행하였다.

한편 국회법 기초를 하기 위해 제1회 제2차 본회의(1948.6.1)는 먼저 동(同) 기초위원 선임을 위한 전형위원 10인을 선출하고 이들로 하여금 기초위원 15인을 선임하게 하였다. 전형위원으로는 서울시 대표로 이윤영 의원, 경기도 대표 신익희 의원 등 각도별로 1인을 선출하였으며[4] 국회법 기초위원으로 장기영 의원, 전진한 의원 등

15인,5) 동 전문위원으로 전규홍, 노용호 등6) 5인이 결정되었다. 기초의원들은 전문 69조의 국회법 초안을 기초하여 본회의에 보고하였으며 본회의는 헌법이 제정될 때까지 잠정적으로 시행하기로 하고 이를 원안대로 의결하였다.

(2) 헌법 제정과 헌법 공포

제1회 제2차 본회의는(1948.6.1) 헌법기초위원 전형위원 10인을 각도별로 1인씩 선출하여 이들로 하여금 헌법기초위원 30인을 선정하게 하였다. 헌법기초위원으로 유성갑, 김옥주 위원 등 30인이 선임되었으며 기초위원회에서는 유진오 교수 등 법률 전문가를 전문위원으로 위촉하였다. 이후 기초위원회는 전문위원과 연석회의를 개최하고 유진오 교수 등 일부 전문가가 기초한 초안과 법전편찬위원회에서 제출한 헌법 초안을 참고로 하여 축조심사를 하였다. 기초위원회는 6월 3일부터 6월 22일까지 19일에 걸쳐 심의를 완료하고 6월 23일 본회의에 그 초안을 제출하였다. 이날 본회의에서 서상일 기초위원장은 전문 10장 102조의 초안을 제출하면서 초안의 기초경위를 밝히고 초안의 내용은 기초자 유진오 교수로 하여금 설명하게 하였다. 서상일 위원장은 초안 기초 경위 설명에서 헌법안기초에 있어서 참고한 것은 대한민국임시정부헌장과 법전편찬위원회의 헌법초안 그리고 과도입법원에서 제정한 약헌(約憲)을 검토하고 구미 각국의 현행 헌법을 종합하였으며 당초 원안에는 양원제로 되었으나 단원제로 변경되었으며, 대통령책임제와 내각책임제 문제로 많은 논의가 있었다는 보고가 있었다.

이날 본회의는 기초보고를 접수하고 그 헌법초안을 공개하였다. 이에 관한 전 국민의 여론을 듣고 의원들도 각자 검토하는 시간을 갖기 위해 3일간 휴회할 것을 결정하였다.

3일 휴회 후 국회는 본격적으로 헌법초안을 심의하였다. 축조심사에서는 i) 국호를 대한민국으로 정한 의의와 근거, ii) 대통령 간접선거제 채택 이유, iii) 인민과 국민의 술어적 차이, iv) 국토방위와 병역의무에 대하여, v) 남녀평등권, vi) 의무교육, vii) 국회정기회의 소집일자, viii) 제헌의원의 임기, ix) 국무위원의 임면을 국회 동의 없이

---

4) 이외에 전형위원으로는 충북 유홍렬 의원, 충남 이종린 의원, 전남 김장렬 의원, 전북 윤석구 의원, 경남 허정 의원, 경북 서상일 의원, 강원도 최규옥 의원, 제주도 오용국 의원 등 8인이 선출되었다.

5) 이외에 국회법 기초위원으로 최윤동 의원, 이원홍 의원, 김약수 의원, 김장렬 의원, 정광호 의원, 김봉두 의원, 배헌 의원, 김명동 의원, 성낙서 의원, 정구삼 의원, 이유선 의원, 서정희 의원, 윤치영 의원 등 13인의 의원이 있었음.

6) 이외에도 동 전문위원으로 차윤홍, 김용근, 윤길중 위원 등 3인이 결정되었다.

하게한 이유, x) 경제적 자유와 개인적 자유의 한계, xi) 농지는 농민에게 분배함을 원칙으로 한다는 조문에 관해 부농에게 분배할 수 있다는 해석여부, xii) 대한민국 경제가 통제경제인지 자유경제인지 여부, xiii) 공공성을 가진 기업체의 한계, xiv) 국회가 정부의 동의 없이 예산을 증가할 수 없는 이유 등이 중점적으로 논의되었다.

대체토론은 이틀간 진행되었으며 문제가 된 내각책임제와 양원제는 이승만 의장의 의견을 참작하기로 하였다. 7월 12일 국회 제28차 본회의에서 3독회를 거쳐 의결하였다. 7월 17일 국회의사당에서 이승만의장이 서명 공포함으로써 효력이 발생하게 되었다.

(3) 정부조직법 제정

정부조직법 기초는 국회 본회의 결정으로 헌법기초위원과 그 전문위원에게 위촉하였다. 동 초안은 제29차 본회의(1948.7.14)에 보고하고 상정하였다. 기초위원장 서상일 의원은 각 부처 구성과 관련하여 치안부를 내무부 산하에 둘 것인지 독립시킬 것인지에 관해 기초위원회에서 논란이 있었으며, 교통부와 체신부를 분리하고 국무총리 소속 기관으로 총무처, 기획처, 법제처, 공보처를 설치하였다고 보고하였다. 보고 후 유진오 전문위원이 법안내용을 설명하고 질의응답을 시작하였다. 주요 내용을 살펴보면 i) 정무차관과 사무차관을 한사람씩 두기로 하였으나 아직 정당정치가 활성화되지 못하고 있으므로 행정차관만 두자는 의견이 강조되었으며, ii) 대통령책임제인데도 불구하고 국무원을 설치한 이유, iii) 예산관계를 재무부에 예속시키지 않는 이유, iv) 치안부 설치안에 관한 찬반양론, v) 교통부, 수산부, 보건후생부, 노동부 설치요구 등이다. 그런데 제2독회에서는 여러 가지 수정안이 제출되었으며 이 중에서 특기할 사안은 i) 치안부 독립의 부결, ii) 사무차관만의 가결, iii) 수산부, 보건후생부, 노동부 설치안의 부결 등이다. 동법은 전문 6장 49조로서 상정된 지 3일 만인 7월 16일에 3독회를 거쳐 의결하였다(김진학·한철영, 2012: 102-108). 정부조직법은 7월 17일 헌법과 함께 공포되었다.

4) 정부 구성과 관련된 활동

(1) 정·부통령선거와 취임식

국회법과 헌법을 제정하고 이를 공포한 국회는 7월 20일 신익희 부의장 사회로 제1

회 33차 본회의를 개회하고 대통령선거를 무기명 비밀투표로 실시하였다. 개표결과 출석의원 196명 중 이승만 180표, 김구 13표, 안재홍 2표, 무효 1표로서 재적의원 3분의 2 이상을 득표한 이승만 의원이 초대 대통령으로 당선되었다. 무효 1표는 미국 적의 서재필에 대한 투표로서 외국 국적자는 한국 대통령이 될 수 없다는 결정에 따라 무효처리한 것이다.

이날 오후 실시된 부통령선거에서는 투표결과 이시영 113표, 김구 65표, 조만식 10표, 오세창 5표, 장택상 3표, 서상일 1표를 각각 득표하였으나, 법정득표 수에 미달 하여 제2차 투표를 실시하였다. 그 결과 이시영 133표, 김구 62표, 이귀수 1표, 무효 1표로서 재적의원 3분의 2 이상을 득표한 이시영이 초대 부통령으로 당선되었다. 그 후 정·부통령 취임식은 7월 24일 중앙청 광장에서 국회주최로 거행되었다.

(2) 국무총리 임명동의 및 정부의 시정연설

국무총리 임명에는 헌법에 의해 국회의 승인을 받아야 하였다. 이승만 대통령은 7월 27일 본회의에 출석하여 초대 국무총리로 이북동포들의 촉망이 높은 이윤영을 임명하고 국회의 승인을 요청하였다. 비밀투표결과 재석 193인에 가(可) 59, 부(否) 132로 부결되었다. 당시 여론은 김성수, 신익희, 조소앙이 총리 후보로 물망에 오르고 있었으며, 본회의 임명동의가 부결된 후 이 대통령에게 적절한 인물의 임명을 요구하 는 의원들의 격렬한 발언이 계속되었다. 이 대통령은 민족청년단장인 이범석을 임명 하고 동의를 요청하였는데 8월 2일 투표결과 재석인원 197인 중 가 110, 부 84, 무효 4인으로 임명 승인되었다. 그런데 당시 의원들 사이에는 대통령의 위신을 생각해서 부결을 시켜서는 안 된다는 전문이 있었다(김진학·한철영: 110). 국무총리 임명이 끝나자 각 부 장관의 임명이 신속하게 진행되었으며, 8월 5일 각 부 장관의 취임인사 가 국회에서 행하여졌으며 9월 30일 국무총리로부터 정부의 시정연설이 있었으며 이 후 3일간 각 부 장관의 부문별 연설이 있었다.

(3) 대법원장 임명동의 및 의장보궐선거

헌법 제78조에 따라서 대통령은 초대 대법원장에 김병로를 8월 5일 임명하고 국회 에 인준을 요청하여 왔다. 같은 날 국회는 무기명 비밀투표를 실시하였고 그 결과 재석인원 157인 중 가 117, 부 31, 무효 6, 기권 3인으로 임명을 승인하였다. 초대 이승만 국회의장이 대통령에 당선됨으로써 공석이 된 의장보궐선거가 8월 4일 실시되었다. 투표결과 총 투표수 176인 중 신익희 의원 103, 김동원 의원 56, 기타 6인으로 신익희 의원이 과반수를 득표하여 제2대 국회의장에 당선되었다. 이와 동시에 공석이 된 부의장선거를 실시하였는데 2차 투표 결과로도 과반수득표자가 없어 결선투표결과 김약수 87, 김준연 74표로 다수득표자인 김약수 의원이 당선되었다.

(4) 정부 수립 선포와 UN의 승인 및 각국의 개별적 승인

정부는 8월 15일 이전에 군정청 후신인 과도정부로부터 행정이양을 받고 해방 기념일인 8월 15일 중앙청광장에서 정부 수립 선포식을 거행하였다. 1948년 12월 12일 제3차 UN총회는 소련 등의 맹렬한 반대를 무릅쓰고 미국 대표가 제출한 대한민국 정부를 한국의 유일한 합법적 정부임을 승인한다는 내용의 결의안을 표결 끝에 48대 6으로 가결하였다. 또한 UN총회로 한국 내의 무장충돌의 발생을 감시하기 위해 권한이 강화된 UN한국위원단을 한국에 파견할 것을 결정하고 미·소 양국 군대의 철수를 확인할 것을 가결하였다. 유엔의 한국 정부 승인에 이어 1949년 1월 1일 미국이, 4일에는 중국이, 18일에는 영국이, 2월 5일에는 프랑스가, 3월 3일에는 필리핀이 각각 개별국가별로 승인을 발표하였고 1949년 9월 말까지 30여 개국으로부터 승인이 있었다(김진학·한철영, 2012: 108-113).

5) 기타 주요 입법과 활동실적

(1) 반민족행위처벌특별법과 국가보안법 제정

제헌국회는 1948년 9월 7일 일본 정부와 통모하여 한일합병에 적극 협력한 자 등을 처벌하는 내용의 「반민족행위처벌특별법」을 의결하였다. 이 법은 반민족행위를 예비 조사하기 위하여 국회의원 중에서 독립운동의 경력이 있는 자 등을 선출하여 특별조사위원회를 설치하도록 하였고, 대법원에 특별재판부를 설치하도록 하였다. 1948년 11월 20일에는 국헌을 위배하여 정부를 참칭하거나 국가를 변란할 목적으로 결사 또는 집단을 구성한 자를 처벌하는 내용의 「국가보안법」을 의결하였다.

(2) 제헌국회 입법활동실적

제헌국회 2년 동안 법률제정 등 활동실적은 다음과 같다. 제헌국회는 2회의 정기회와 4회의 임시회를 합한 6회의 회기 동안 639일 개회했으며 그중 399차의 본회의를 개의하였다. 이 기간에 접수된 의안 수는 512건이다. 이 중 88%인 449건이 상정 처리되었는데, 365건이 가결, 철회 7건, 폐기 49건, 부결 15건, 보류 13건이다. 회기불계속원칙으로 폐기된 것은 63건이다. 이것을 의안 종류별로 구분하면 다음과 같다. 예산안 15건 가결, 법률안 234건 중 64%인 149건 가결, 정부제출안으로 145건 중 73%인 106건이 가결되었으며 의원발의법률안 89건 중 48%인 43건이 가결되었다. 동의안 48건 중 41건이 가결되고, 건의안은 52건 중 65%인 34건 가결, 결의안 93건 중 72%인 67건 가결, 중요동의 54건이 가결되었다.

6) 국회운영제도 변경

(1) 단체교섭제도의 도입

단체교섭회의 구성 문제는 국회법 제정 당시 파당의식을 조장하고 단체를 구성하지 못한 소수파의 의견이 무시되어 다수파의 횡포가 우려된다는 이유로 채택되지 아니하였으나 개원 초부터 기존 정당이나 지연(地緣) 등을 중심으로 하는 수개의 단체가 사실상 활동하였으며 국회의 활동이 복잡하여짐에 따라 교섭단체의 구성이 필요하다는 공감을 얻게 되어 1949년 7월 29일 제1차 국회법을 개정하여 20인 이상으로 단체교섭회를 구성하게 되었다. 단체교섭회 구성에 따라 의석배정, 발언제도, 위원선임방식 등이 단체교섭회 위주로 바뀌었다.

(2) 폐회 중 환부된 법률안에 대한 처리기간 연장

종전에 정부가 국회에서 의결한 법률에 대하여 이의가 있는 경우 폐회 중이라는 이유로 폐기 통보한 사례가 있었으나 이러한 문제점을 해결하기 위해 대통령의 재의 요구로 환부된 법률안에 대해서는 의원의 임기까지 계속 존치시키기로 하였다(정호영: 24-25).

2. 제2대 국회

1) 국회의 구성

제2대 국회의원선거는 1950년 5월 30일 실시되었다. 이번 선거에서는 1948년 5월

10일 총선거 때 입후보를 거부했던 중도파들이 대거 참여하였다. 선거결과 당선자 210인 중 무소속의원이 전체의석의 3분의 2에 근접하게 당선되었다. 정당정치가 정착되지 않은 시기라 할 수 있다.[7] 이번 국회에서 이승만 대통령이 간선으로 재선되기에는 어려운 환경이 되었다.

1950년 6월 19일 개원하여 의장선거를 실시한 결과 제1차 투표에서 재적의원 과반수 득표자가 없어 2차 투표를 실시한 결과 신익희 의원이 109표를 얻어 국회의장으로 선출되었다. 국회부의장을 선출하는 두 차례의 선거에서도 과반수 득표자가 없어 결선투표 끝에 장택상 의원, 조봉암 의원이 각각 선출되었다. 국회의장과 부의장의 임기는 1951년 3월 15일 개정된 국회법에 의해 종전의 4년에서 2년으로 단축되었다. 이는 의장단의 신임을 물을 수 있도록 하려는 데 그 취지가 있었다. 제2대 국회의원의 정수는 210인이며, 임기는 1950년 5월 31일부터 1954년 5월 30일까지 4년이다.

국회 개원 후 며칠 되지 않아 북한의 남침으로 6·25동란이 일어났다. 이승만 대통령은 비상계엄을 선포하고 긴급명령으로 전시체제의 국정을 운영하였다. 이승만 대통령은 국회에서의 간접선거로는 재선될 가능성이 없게 되자 정부는 대통령의 임기만료를 약 반년 앞둔 1951년 11월 대통령직선제와 국회를 민·참 양원제로 변경하는 내용의 개헌안을 제출하였다. 그러나 이 개헌안은 1952년 1월 18일 국회의 표결에서 야당인 한국민주당의 반대로 가 16, 부 143, 기권 1이라는 압도적 표차로 부결되었다. 이 사이에 이 대통령은 1951년 12월 자유당을 창당하고 당의 총재가 되었다(정종섭: 200).

2) 국회운영제도 변경

제2차 국회법개정(1951.3.15)으로 국가법률체계, 조문체제 및 법률용어의 통일·조화를 도모하기 위해 모든 법률안에 대해 법제사법위원회의 체계·형식 심사제도를 도입하였다. 의장단 임기를 의원 임기와 같은 4년에서 2년으로 단축하였고 의사일정의 조정 등 국회운영에 관한 사항을 소관으로 하는 국회운영위원회를 신설하고 의장·부의장이 당연직 위원이 되도록 하였다. 상임위원회가 8개에서 12개로 증설되었으며 예산안에 대한 정부의 '예산안 시정연설제도'와 정부가 제출한 결산에 대한 '결산심사

---

[7] 이외에도 대한국민당 24인, 민주국민당 24인, 국민회 14인, 대한청년당 10인 대한노동총연맹 3인, 인민구락부 3인, 사회당 2인, 민족자주연맹·대한부인회·불교·여자국민당 각 1인 총 210인이 당선되었다.

제도'가 도입되었다. 전시(戰時) 중 국회운영의 능률화와 합리화 필요성에 따라 '국회운영에 관한 결의안'을 1951년 7월 23일 의결하였다. 각종 의안에 대한 전문적인 심사와 의안처리의 능률성을 높이기 위해 상임위원회를 활성화할 필요성이 있으므로 본회의는 매주 월·수·금·토요일 오전에 개의하고, 의안에 대한 의원의 사전검토와 의사진행의 능률화를 위해 의사일정의 2일전 작성, 교섭단체별로 소속의원 수 20인에 발언자 1인을 할당하여 발언을 통제·조정하는 제도를 도입하였다.

제3차 국회법개정(1952.9.28)으로 국회의 표결방법에 종래의 기립 또는 거수방식 이외에 헌법개정안, 대통령으로부터 재의요구된 법률안과 국무총리 임명에 관한 승인, 국무원 불신임 결의, 기타 인사 관계 결의안 등에 대한 무기명투표제도를 도입하였다.

제4차 국회법개정(1952.1.22)으로 예산안·결산에 관한 사항을 소관으로 하는 예산결산위원회를 상임위원회로 신설하여 상임위원회별로 예비심사를 거쳐 온 예산안을 종합심사하게 하였다. 위원장 선출방식을 위원회 호선 방식에서 본회의 선출방식으로 변경하였으며 교섭단체별로 의원의 이동이 빈번하다는 현실을 감안하여 상임위원회 위원의 임기를 4년에서 1년으로 단축하였다(정호영: 25-28).

3) 주요활동 및 입법실적

(1) 부산정치파동과 제1차 개헌(발췌개헌)

야당은 국회 내에서의 유리한 의석 분포를 이용해서 의회주의제도의 개헌을 추진하기 위해 1952년 4월 내각책임제를 주요 골자로 하는 개헌안을 제출하였다. 정부·여당도 이에 대응하여 이미 부결된 바 있는 직선제 및 양원제 안을 일부 수정하여 동년 5월에 다시 개헌안으로 제출했다.

정부·여당은 대통령직선제의 개헌안을 관철시키기 위해 임시수도인 부산에서 폭력과 불법수단을 동원하여 국회의원을 위협하고 연금하는 사태에까지 이르는 등 이른바 「정치파동」이 야기되었다. 이런 공포분위기 속에서 정부는 국회의원들이 탄 버스를 강제로 국회의사당으로 연행한 후 정부 측의 대통령직선제의 개헌안에 야당 측 개헌안의 내용 중 국무원 불신임제를 혼합한 이른바 「발췌개헌안」을 1952년 7월 4일 야간 국회 본회의에서 투표의 비밀이 보장됨이 없이 기립 표결한(정종섭: 200) 결과 재적의원 179명 중 166명이 출석하여 찬성 163, 반대 0, 기권 3으로 가결되었다. 개헌안은 7월 7일 공포되었고 7월 28일 비상계엄령이 만 65일 만에 해제되었다(김현우: 131). 1952년 제1차 헌법개정은 발췌개헌(拔萃改憲)이라고 불린다. 이는 내용 면에서 체계정합성을 무시하고 야당 제안의 내각책임제와 정부 제안의 대통령직선제를 발췌하여 이를 절충한 것이다. 개헌절차에서도 야당안과 정부안은 각각 공고되었으나 이를 발췌·절충한 개헌안은 공고절차나 국회의 독회절차를 거치지 않았기 때문에 공고의 절차에 위반된 개헌이며, 국회의사당이 폭력세력에 의해 포위되고 비상계엄이 선포된 가운데 국회의원의 토론의 자유 없이 강행된 것이기에 투표의 자유에 하자가 있는 것으로 위헌(김철수: 41)이라 평가받고 있다.[8]

이 발췌개헌은 국무총리인준과 국무원불신임 등의 권한을 국회에 부여하였으나, 이 대통령은 이 헌법개정에 의하여 직선으로 대통령에 당선된 뒤 국무총리를 임명하지 않고 서리를 독자적으로 임명하여 사실상 국무원제도를 유명무실하게 하였다(김철수: 41). 1952년 헌법은 의회주의제로의 개헌이냐 대통령제의 유지냐의 정치싸움에서 대통령제를 유지하려는 세력이 승리하여 대통령제를 계속 유지하기로 정한 것이었다. 다만 대통령과 부통령의 직선제, 양원제(민의원, 참의원)의 국회, 국회의 국무위원불신임제도, 국무위원 임명시 국무총리의 제청권 등을 새로이 규정하였다(정종섭: 200).

(2) 국민방위군 사건조사

한국전쟁 중인 1951년 3월 29일 국민방위군 관련 의혹 사건이 폭로되었다. 국민방위군은 전시에 필요한 군 병력 자원을 신속하게 보충하기 위해 국민방위군 설치 법안에 의해 설치된 일종의 예비병력 보충제도로서 서울·경기·강원·충청 및 남하한 이북 청장년 50만 명을 국민방위군으로 조직하여 안전지대인 부산으로 도보로 이동하는 과정에서 군 고위간부들이 거액의 방위군예산을 횡령하여 이들 예비병력에게 피복과 식량이 제대로 공급되지 않아 굶어 죽거나 동사하는 인원이 속출하였다. 국회는 '국민방위군 의혹사건진상조사위원회'를 구성하여 이 사건을 조사하였으며 국민 방위군 고위간부들이 53억 원(예산 23억 원과 양곡 5만 2천 석 상당)을 횡령하였음을 밝혀냈다. 이들 국민방위군 간부 5인은 8월 13일 사형에 처해졌다.

---

8) 정종섭(201)에서는 권영성, 김철수, 허영, 성낙인, 계희열 교수도 같은 취지임을 인용하고 있다.

(3) 거창양민학살 사건조사

1951년 2월 11일 전시 중에 공비 토벌을 위해 출동한 국군부대가 경상남도 거창군 신원면에서 마을 주민들이 공비와 내통한다는 이유로 주민 500여 명을 집단학살한 사건이 발생하였다. 국회는 '거창사건조사특별위원회'를 구성하여 3월 30일 진상조사를 위해 현지에 파견되었으나 군 일부가 공비를 가장하여 총격을 가하는 등 현장조사를 방해하였다. 국회조사단은 사건 현장에 접근하지 못하고 거창경찰서에서 생존중인의 증언을 청취하고 진상조사를 마쳤다. 이 사건조사와 처리를 둘러싸고 국회와 정부간에 상호비난과 치열한 책임추궁이 벌어졌으며 국회는 이 사건의 불법성과 관계책임자 처벌을 결의하였다(김현우: 132-133).

(4) 중석불 사건조사

정부가 무기제조에 중요한 원료인 중석을 수출하고 사들인 비료와 밀가루를 실수요자인 농민과 도시영세민에게 싼 값에 공급하는 대신 일부민간업자들에게 임의 처분하는 특혜를 부여하여 폭리를 취하게 하였다는 의혹이 제기되었다. 국회는 1952년 7월 18일 이 사건을 조사하기 위해 '정부보유불 및 중석불에 의한 수입양곡·비료 기타 물자 취급사항 조사에 관한 건'을 가결하고 '양비(糧肥)취급에 관한 특별조사위원회'를 구성하였다. 동위원회가 7월 21일부터 이를 조사한 결과 영동기업 등 4개 무역업자들이 중석대상(代償) 수입품인 비료와 밀가루를 자유 처분하여 5,600억 원에 달하는 폭리를 취한 것으로 밝혀졌다. 이 사건 처리결과 주무장관인 원용석 농림부장관이 경질되었으며, 국회는 국무회의에서 3차례나 이 사안에 관한 결의를 변경하는 등 전국무위원이 책임을 면할 수 없다는 이유로 사회·체신·무임소 장관을 제외한 '국무원 불신임결의 의결정족수에 관한 결의안'을 상정하여 1952년 10월 30일 제14회 국회 제10차 본회의에서 재석 135인 중 찬성 93, 반대 없이 가결하였다. 이 사건에 관한 배후 권력층 비호혐의조사나 관련 민간 무역업자에 대한 조사는 진전 없이 마감되었다(김현우: 134).

(5) 입법실적

제2대 국회는 1951년 9월 7일 국가재정과 회계의 기본적인 내용을 규정하는 「재정법」을 의결하였다. 또한, 근로자의 기본적 생활을 보장, 향상시키기 위하여 헌법에 의거하여 임금, 근로시간 등 근로조건의 기준을 정하는 내용의 「근로기준법」을 1953년

4월 15일 의결하였으며, 1953년 3월 8일에는 헌법에 의거하여 노동자의 자주적 단결권, 단체교섭권 및 단체행동자유권을 보장하는 내용의 「노동조합법」을 의결하였다.

3. 제3대 국회

1) 국회의 구성

1954년 5월 20일 민의원선거가 실시되어 203인의 국회 민의원 의원이 당선되었으며 참의원은 구성되지 않았다. 1954년 6월 9일 제3대 국회가 개원되었다.[9] 제3대 국회의원의 임기는 1954년 5월 31일부터 1958년 5월 30일까지 4년이다. 의석 구성은 자유당 114석, 무소속 68석, 민주국민당 15석, 국민회 3석, 대한국민당 3석으로 총 203석이다.

2) 국회운영제도의 변경

회계연도 개시일이 4월에서 7월로 1차 개정되고, 다시 1월 1일로 바뀜에 따라 회계연도 개시 3~4월 전에 정기회를 시작하기 위해 정기국회 집회일로 종전 12월 20일에서 2월 20일(제5차 국회법개정 1954.12.31)로 다시 9월 1일(제6차 국회법개정 1957.2.12) 각각 변경되었다. 제7차 국회법개정(1958.2.22)으로 국회의원총선거 후 최초의 임시회는 총선 후 20일 개회해야 한다고 규정되어 있었으나 총선거에 의한 의원 임기 개시일부터 10일 이내에 개회하도록 개정하고 총선거 후 최초의 임시회 집회공고권자를 신설하여 국회사무총장이 대행하도록 하였다(정호영: 29).

3) 주요활동 및 입법실적

(1) 제2차 개헌(사사오입 개헌)과 호헌동지회 등 야당의 결속

제3대 국회의원선거에서는 이승만 대통령 지지세력들이 창당한 자유당이 압도적인

---

9) 제3대 국회는 1952년 7월 7일 공포된 제1차 헌법개정에 따라 소선구제에 의한 민의원과 대선거구제에 의한 참의원 양 의원으로 구성하도록 되었으나 참의원 구성에 필요한 입법조치의 미비로 민의원선거만 실시되었다(김현우: 134). 실제로 참의원은 제5대 국회에서 비로소 구성되었다. 헌법부칙으로 참의원 구성 때까지는 민의원의 의결을 국회의 의결로 하였다(박수철: 464).

다수를 차지하였으며 선거 후 일부 무소속 의원을 영입하여 개헌을 위한 국회의원 수를 확보하였다. 이후 자유당은 1954년 9월 8일 이승만 대통령의 3선이 가능하도록 하는 개헌안을 제출하였으며, 1954년 11월 27일 개헌안을 상정하여 표결한 결과 재적의원 203인, 출석 202인, 찬성 135인, 반대 60인, 기권 6인, 무효 1인으로 개헌안 가결에 필요한 136인에 1인 미달하여 부결되었다. 그러나 자유당은 재적의원 203인의 3분의 2는 135.33이므로 이를 4사5입하면 135라는 수학적 계산방식을 내세워 11월 29일 부결선포 이틀이 지난 후에 이미 부결된 개헌안을 번복하여 상정하고 '정족수 착오'를 이유로 가결 처리하였다. 이리하여 제2차 개헌은 이른바 '4사5입 개헌'이라 불리게 되었다. 자유당에 의한 개헌안 번복처리는 민주국민당과 무소속의원, 자유당 탈당의원들이 헌법수호를 명분으로 '호헌동지회'를 구성하는 등 대여투쟁을 위해 결속하게 하였다. 이들은 단일정당 구성을 도모하였으나 정강정책, 조봉암 영입 문제 등으로 단일야당에는 이르지 못하고 신익희와 조병옥 중심의 자유파가 민주당을, 조봉암 등 민주대동파 인사들이 진보당을 창당하였다(김현우: 135).

(2) 민법 제정

정부는 1954년 10월 26일 민법 제정안을 제출하였다. 국회법제사법위원회는 11월 6일 장경근(자유당), 김성호(자유당), 신태권(정우회)의원 3인으로 민법안심의소위원회를 구성하고 심의에 회부하였다. 2년 9개월 동안 위원회 심사를 거친 후에 1957년 4월 6일과 7일 양일간 공청회를 열어 각 대학의 민법교수들과 여성단체의 의견발표가 있었다. 국회 본회의는 1957년 11월 6일 김병로 대법원장으로부터 법안기초 경과보고를 들었으며, 12월 17일 이 법안을 가결하였다. 정부는 1958년 2월 22일 이를 공포하고, 1960년 1월 1일부터 발효되었다. 본회의에서 수정 의결된 이 법안의 주요골자는 물권변동에 형식주의 채택, 전세권의 물권인정, 동성동본의 혼인금지, 혼인신고 필수주의 채택 등이다(김현우: 137).

(3) 주요 정치적 사건에 관한 국회조사활동

① 불온문서 투입사건조사

1954년 12월 18일 신익희, 곽상훈, 김상돈, 김준연, 정일형, 소선규 의원 등 야당 중진인사 6인의 집에 '북조선 중앙위원회' 명의의 평화통일 호소문이 일간지 속에 끼

워져 배달되는 사건이 발생하였다. 이 사건에 대해 1955년 1월 13일 내무부와 국방부는 조사를 통해 헌병총사령부의 김진호 중령 등이 야당의원의 충성심을 시험하고 제3세력(중립화통일방안)의 실체를 파악하기 위하여 조직적으로 계획한 정치공작이라는 사건 전모를 발표하였으며, 국회 내무위원회는 1월 15일 이 보고를 듣고 '불온문서조사'를 위한 국회위원회를 구성하였으며 3월 29일 본회의에서 헌병사령관 원용덕 육군준장을 지시자로 보고 의법 처단할 것과 손원일 국방장관에 대해서는 군인의 정치적 중립과 인권방지를 촉구하는 결의안을 채택하였다. 이승만 대통령이 불온문서사건 관계자들에 대한 석방을 요청하는 담화를 발표하는 등 이 사건은 그 정치적 파장에 비해 법적으로 간단하게 마무리되었다.

② 장면 부통령 피습 사건조사

1956년 9월 28일 개최된 민주당 제2차 전당대회까지 참석한 장면 부통령이 제대군인 김상붕의 권총에 피습되어 손바닥에 관통상을 입는 사건이 발생하였다. 국회는 10월 4일 사건조사를 위한 특별위원회를 구성하였다. 조사결과 배후인물로 최훈 및 성동경찰서 현역 경위 김덕신이 구속되었다. 국회조사과정에서 배후 관련자로 치안국장 등 경찰관계자가 거론되었으나, 검찰은 더 이상의 배후를 밝혀내지 못하고 3인을 기소하는 선에서 사건을 마무리하였다. 이 사건에 자극받은 야당은 1957년 1월 25일 국회에서 무소속 장택상 의원 외 58명이 이승만 대통령에 대한 10개 항목의 경고결의안을 공개하였으며 여당인 자유당은 국가원수에 대한 모독이라는 이유로 이 결의안의 본회의 상정을 저지하고 1월 26일 '장택상 의원 징계에 관한 동의안'을 상정하여 가결시켰다(김현우: 135-137).

(4) 입법실적

제3대 국회는 농업 생산력의 증진과 농민의 경제적 사회적 지위 향상을 위하여 농민의 자주적인 협동조직을 촉진하는 「농업협동조합법」을 1957년 2월 1일 의결하였다. 또한 1958년 2월 10일 지방행정의 건전한 발전을 위하여 지방자치단체의 행정 운영에 필요한 재원을 교부하는 내용의 「지방재정조정교부금법」을 의결하였다. 1958년 2월 22일에는 원자력의 연구, 개발, 생산, 이용과 관리에 관한 사항을 관장하게 하기 위하여 대통령 소속으로 원자력원을 두는 내용의 「원자력법」을 의결하였다.

4. 제4대 국회

1) 국회의 구성

1958년 5월 2일 실시된 제4대 국회의원(민의원)선거에서는 제3대 국회에 비해 30 인이 증원된 233인이 당선되었다. 참의원은 구성되지 않았다. 민의원의 증원은 인구 증가로 인한 소선거구제의 조정과 휴전성립 후 38도선 이북 수복지구에 대한 선거실 시에 따른 국회의원 정수 조정이다. 의원 구성은 자유당 126인, 민주당 79인, 무소속 27인, 통일당 1인으로 총 233인이다. 제4대 국회는 6월 7일 개원하였으나 1960년 3월 15일에 실시된 제4대 정·부통령 부정선거로 촉발된 4·19혁명으로 제1공화국이 무너지고 국회가 결의한 시국수습방안[10]에 따라 1960년 6월 15일 헌법개정안을 가결 한 후 개정헌법 부칙 제4조에 따라 1960년 7월 28일까지 임기가 단축되었다. 임기는 1958년 5월 31일부터 1960년 7월 28일까지 2년 1개월 28일이었다.

2) 국회운영제도의 변경

4·19혁명으로 인한 국회의 시국수습방안으로 「헌법개정기초위원회」가 작성한 헌 법개정안을 의결하기 위해 국회법을 개정하여(제8차 국회법개정 1960.6.7) 헌법개정 안 표결방식을 무기명투표에서 기명투표로 변경하였다. 이는 의원 개개인의 헌법개정 안에 대한 투표내용을 공개함으로써 책임정치를 구현하겠다는 의지의 표현이다.

3) 주요활동 및 입법실적

(1) 제3차 개헌(내각책임제 개헌)

국회는 4·19혁명 수습방안으로 '선 개헌 후 해산' 방침을 결정하고 1960년 6월 15

---

10) 1960년 3월 15일 실시된 정·부통령선거부정을 규탄하는 학생시위 도중 실종되었던 마산학생 김주열 군의 시신이 4월 11일 발견되면서 학생시위는 더욱 격화되었고, 4월 19일 청와대 앞 시위 학생에 대한 경찰의 발포사건으로 정국은 수습할 수 없게 악화되었다. 4월 22일 국회는 시국대책 특별위원회를 구성하고 4월 26일 이승만 대통령하야, 정·부통령선거 재실시, 헌법개정, 국회자 진해산 등을 주요 내용으로 하는 '시국수습에 관한 결의안'을 채택하고 허정 외무장관에게 과도 내각 구성을 요청하였다. 이승만 대통령이 하야성명을 발표하고 4월 27일 국회에 사임서를 제출 함으로써 제1공화국은 대한민국 정부 수립이라는 역사적인 임무를 마감하였다. 개헌에 이은 제2 공화국 수립 때까지는 과도정부가 국정을 수행하게 되었다(김현우: 138).

일 내각책임제를 주요골자로 하는 개헌안을 의결하고 바로 공포하였다. 원내 과반수 의석을 차지하고 있었던 자유당도 시국수습방안에 따라 이 개헌안에 찬성함으로써 찬성 208인, 반대 3인의 압도적인 다수로 개헌안이 가결되었다. 최초의 여·야 합의에 의한 개헌이었다. 1960년 6월 제3차 개헌은 그동안 대통령 1인에 대한 과도한 권력집중과 장기집권에 대한 방지책으로 의회주의에 입각한 내각책임제를 채택하였으며, 헌법재판소 설치, 대법원장과 대법관의 선거방식 채택, 언론·출판·집회·결사의 자유에 대한 사전허가 내지 검열의 금지, 기본권의 본질적 내용의 침해금지, 복수정당제의 보장과 정당의 헌법상의 지위 고양, 선거의 자유와 공정성을 보장하기 위한 중앙선거관리위원회의 헌법적 지위 강화, 경찰을 포함한 공무원의 정치적 중립의 제도화, 지방자치단체장의 선거제 채택 등을 주요 내용으로 하였다. 특히 헌법재판소 설치는 헌법사에 획을 긋는 획기적인 내용이었다(정종섭: 202-203).

(2) 국가보안법 파동

자유당 정부는 반공체제강화를 명분으로 국가보안법 개정안을 제출하였다. 그 주요 내용을 보면 간첩 개념의 확대, 불고지제 엄벌, 변호사 접견금지, 2심제 폐지, 언론보도규제 등이다.

야당·법조계·언론계 등에서는 이 개정안이 헌법이 정한 국민의 기본권 침해는 물론 언론탄압과 야당의 정치활동을 규제할 요소가 많다는 우려 때문에 이를 강력하게 반대하였다. 민주당소속 의원 81명과 무소속 의원 10명 등 야당 의원 91명은 보안법 개악 반대투쟁위원회를 구성하고 공청회와 옥외 집회를 개최하려 하였으나 경찰의 원천봉쇄로 시행할 수 없었다. 1958년 12월 11일 법제사법위원회에서 이 법안 심사 도중 여·야 의원들 간에 몸싸움이 벌어졌으며, 12월 19일 동위원회에서 3분 동안에 변칙 처리되었다. 12월 24일에는 이법 개정안 처리를 막기 위해 국회 본회의장에서 농성 중이던 야당의원들에 대해 국회의장은 경호권을 발동하고, 무술경관을 동원하여 퇴장시키고 개정안을 강행처리하였다(김현우: 138).

(3) 입법실적

제4대 국회는 공무원이 상당한 연한 성실히 근무하고 퇴직하였거나 공무로 인한 부상, 질병으로 퇴직 또는 사망한 때에 본인이나 유족에게 연금, 부조금 또는 일시금을 지급하는 내용의 「공무원연금법」을 1959년 12월 30일 의결하였다. 또한 선거의 관리를 공정하게 하기 위하여 선거위원회의 조직, 권한 및 직무를 규정하는 내용의 「선거위원회법」을 1960년 6월 17일 의결하였다.

III. 제2공화국의 국회

1. 제5대 국회

1) 국회의 구성

제3차 개헌(1960.6.15)에 따라 1960년 7월 29일 민의원과 참의원, 양원 의원의 선거가 실시되었다. 민의원은 소선거구제로 233인을, 참의원은 대선거구제 방식으로 58인을 각각 선출하였다. 1952년 제1차 개헌(발췌개헌)에서 헌법에 규정되었던 양원제 의회가 제5대 국회에서 비로소 실현된 것이다. 참의원 의원의 선거구는 특별시와 도를 단위로 하며, 참의원 의원 정수는 민의원 의원 정수의 4분의 1을 초과할 수 없게 되었다. 민의원 의원의 임기는 4년으로 하였으며, 참의원 의원의 임기는 6년으로 하되 3년마다 의원의 2분의 1을 개선하는 방식을 채택하였다. 참의원을 이러한 방식으로 구성한 이유는 참의원 의원으로 정계 명망가가 당선되게 하여 정국의 안정적 운영을 위한 조정자 역할을 기대하였던 것으로 보인다. 선거결과 민주당이 민의원 의석의 3분의 2 이상을 차지하게 되었다.[11] 1960년 8월 8일 개원하여 실시한 의장단선거에서 민의원 의장에 곽상훈 의원, 부의장에 이영준 의원, 서민호 의원이 각각 선출되었으며 참의원 의장에는 백낙준 의원, 부의장에 소선규 의원이 당선되었다. 이어서 국회는 의원내각제방식에 의한 정부 구성에 착수하였다. 8월 12일 양원 합동회의에서 윤보선 의원을 대통령으로 선출하고 8월 19일 장면 의원을 국무총리로 인준함으로써 제2공화국 정부가 탄생하였다(김현우: 139-140).

---

11) 선거결과 민의원의 의원 구성은 민주당 175인, 무소속 49인, 사회대중당 4인, 자유당 2인, 한국사회당·통일당·기타 각 1인으로 총 233인이다. 참의원 의원 구성은 민주당 31인, 무소속 20인, 자유당 4인, 사회대중당·한국사회당·혁신동지총연맹 각 1인으로 총 58인이다.

그러나 제5대 국회는 정부 구성과 운영을 둘러싼 민주당 신·구파 간의 갈등과 분당 사태, 4·19혁명으로 봇물처럼 터진 각종 시위와 민중의 욕구분출을 만족시키지 못하여 안정적 정국운영에 실패하였다. 이러한 정세불안을 틈타 1961년 5월 16일 군사정변이 발생하였으며, 국회는 군사혁명위원회 포고령 제4호(1961.5.16)로 해산되었다.

따라서 제5대 국회의원의 임기는 1960년 7월 29일부터 1961년 5월 16일까지 9개월 18일이다.

2) 국회운영제도의 변경

제5대 국회 최초 임시회인 제36회 국회에서 「국회법 개정안 기초특별위원회」를 구성하고 의원내각제 및 양원제 개헌에 따른 제도 정비와 본회의 간소·능률화 및 상임위원회의 활동 강화 등 국회운영을 합리화하기 위한 국회법개정안을 작성하여 8월 26일 민의원에 제출하였으며, 민의원과 참의원의 수정의결을 거쳐 민의원 제37회 국회에서 최종의결되었다. 개정국회법(제9차, 1960.9.26)은 본회의 중심주의였던 그동안 운영방식을 완화하고 의사능률의 향상이라는 관점에서 상임위원회 중심주의로 운영방식을 일부 전환하였다(정호영: 30).

이와 함께 위원회 안건심사에 관한 심사보고제도, 위원회 속기회의록 작성, 상임위원회 소관사항 명시, 정기회 회기 확대(90일에서 120일로), 의사정족수제도(재적의원 3분의 1 이상) 도입, 이의유무표결제도 도입, 회기불계속원칙 및 일사부재의원칙(부결된 안건 회기 중 제출 불가), 의원의 체포절차 보완, 의장의 당적이탈 제도화 등 국회운영제도가 변경되었다.

3) 주요활동 및 입법실적

(1) 제4차 개헌

1960년 10월 11일 3·15부정선거에 관련된 반민주행위자들의 처벌을 요구하는 학생들이 의사당을 점거하는 등 이들에 관한 처리 여론이 높아지자 민의원은 헌법부칙에 반민주행위자들을 처벌하기 위한 특별법제정의 근거를 둔 개헌안을 제출하였다. 헌법 개정안은 특별법제정이라는 소급입법이 가지는 위헌성 문제를 해결하기 위한 방편으로 행해진 것이다. 제4차 개헌안은 1960년 10월 17일 국회의원 108인에 의해 제안되고, 11월 23일 민의원, 11월 28일 참의원에서 의결되었으며, 11월 29일 공포되었다.

(2) 입법실적

제5대 국회는 1960년 3월 15일에 실시된 대통령, 부통령선거와 관련하여 부정행위를 한 자와 그 부정행위에 항의하는 국민에 대하여 살상 등 부정행위를 한 자를 처벌하는 내용의 「부정선거관련자처벌법」을 1960년 12월 29일 의결하였다. 또한 1961년 2월 22일 항공운송사업의 질서를 확립하기 위하여 항공기의 등록제 및 소유 제한 등을 규정하는 「항공법」을 의결하였다. 1961년 4월 10일에는 지위 또는 권력을 이용하여 부정한 방법으로 재산을 축적한 자에 대한 행정상 또는 형사상 특별조치를 규정하는 「부정축재특별처리법」을 의결하였다.

2. 국가재건최고회의와 제5차 개헌

1) 국가재건최고회의의 구성

5·16군사정변으로 정권운영의 통제력을 장악한 군부세력은 육군본부에 군사혁명위원회를 설치하고 군사혁명위원회포고령 제4호를 발령하여 국회를 해산하였다. 장면 내각은 1961년 5월 18일 계엄령을 추인하고 군사혁명위원회에 정권을 이양하였다. 군사혁명위원회는 5월 19일 30명의 혁명위원과 2명의 고문을 임명하고 국가재건최고회의로 개칭하였으며 5월 20일 군정내각을 발족시켰다. 국가재건최고회의는 제5대 국회해산 이후부터 제6대 국회가 구성될 때까지 2년 7개월 동안(1961.5.16~1963.12.16) 국회의 입법기능을 대행했다.

2) 주요활동 및 입법실적

국가재건최고회의는 5월 22일 포고 제6호를 공포하여 비정치적 단체를 제외한 모든 정치·사회단체를 해산하고, 6월 6일에는 과도적 통치기구인 국가재건최고회의의 기능과 조직 등을 규정한 전문 4장 24조, 부칙으로 구성된 '국가재건비상조치법'을 공포하고 제2공화국 헌법 중에 이 법과 저촉되는 조항은 그 효력을 일부 정지시켰다. 6월 9일에는 전문 34조의 국가재건최고회의 법안을 의결하고 6월 10일 공포하였다.

국가재건최고회의 의장 박정희는 1961년 8월 12일 혁명정부성명을 발표하고 1963년 3월 이전에 새 헌법을 제정하고 정권 이양 시기는 1963년 여름까지로 하며, 민정 이양 후 정부형태는 대통령제로 할 것과 국회 구성은 단원제로 할 것 등을 공약하였다

(김현우: 141).

3) 제5차 헌법개정

군사정부는 쿠데타 이후 1년이 지나면서 민정이양을 준비하기 위해 1962년 7월 헌법개정안을 마련할 헌법심의위원회를 설치하였고 동 위원회는 약 3개월간의 준비 끝에 헌법개정안을 작성했다. 이 개정안은 공고절차와 최고회의의 의결을 거쳐 1962년 12월 17일 국민투표에서 확정되고 12월 26일 공포되었다. 그러나 이 헌법은 부칙에 동 헌법에 의한 국회가 처음 집회한 날로부터 시행하도록 되어 있기 때문에 1963년 12월 17일 제6대 국회개원 때까지 비상조치법이 적용되었다.

헌법의 주요 개정 내용을 살펴보면 국회의 구성을 단원제로 환원하였고 정부형태로 대통령제를 채택하였다. 기본권의 보장에서 자유권·생존권·참정권 등의 국민의 기본권을 체계적으로 정리하였고 인간의 존엄성 존중조항이 신설된 반면, 국가안전보장을 이유로 한 기본권의 제한이 인정되었다.

현대적인 정당제도를 확립하기 위하여 정당조항을 두고 국회의원이 임기 중 당적을 이탈하거나 변경하는 경우에는 의원직을 상실하게 하는 극단적인 정당국가를 지향하였으며, 헌법재판소를 폐지하고 법원에 위헌법률심사권을 부여하였다. 헌법개정은 국회의 의결을 거쳐 국민투표로 확정되도록 하는 방식을 채택하였다. 제5차 개헌이 헌법상의 개정절차에 따르지 아니하고 비상조치법이 규정한 국민투표에 의해 개정되었다는 점에서 헌법개정의 법리상 문제가 있음이 지적된다(정종섭: 205-206).

4) 국회운영제도의 변경: 제10차 국회법 개정

국가재건최고회의 상임위원회는 1963년 11월 12일 기존의 국회법은 폐지하고 헌법개정에 따라 양원제 국회를 단원제 국회로 전환하는 제정법 형식으로 전문 16장 156조의 국회법을 의결하고, 제6대 국회의원총선거일인 동년 11월 26일 공포하고 당일자로 시행되었다. 주요개정내용은 회기불계속원칙 폐지, 상임위로 운영된 예산결산위원회의 특별위원회화, 의안의 위원회 심사 의무화 등 위원회 중심주의 강화 등이다(정호영: 35-36).

IV. 제3공화국의 국회

1. 제6대 국회

1) 국회의 구성

제6대 국회는 1963년 11월 26일 실시된 선거에서 선출된 지역구 의원 131인과 전국구 의원 44인을 합하여 175인의 국회의원으로 구성되었다. 원내 의석분포를 보면 여당인 민주공화당이 110석, 민정당 41석, 민주당 13석, 자유민주당 9석, 그리고 국민의당이 2석을 차지하였다.

제6대 국회는 1963년 12월 17일 개원하여 1967년 6월 30일 헌법부칙 제2조에 의거 임기가 종료되었다. 임기는 3년 6개월 14일이다. 5·16군사정변 주체세력은 군정 말기부터 민정이양 후 정국을 주도하기 위해 1963년 2월 26일 민주공화당을 창당하였다.

2) 국회운영제도의 변경

1964년 12월 30일 제12차 국회법개정으로 헌법에서 규정한 대통령 등 고위공직자에 대한 탄핵소추의 발의와 의결에 관한 절차를 국회법에 구체화하였다.

3) 주요활동 및 입법실적

(1) 언론윤리위원회 법안 처리

1964년 6월 3일은 일본과의 수교회담에 임하는 우리정부의 입장에 반대하는 학생시위가 격렬하게 벌어졌다. 이에 정부는 계엄령을 선포하였다. 정부·여당은 계엄해제 후 언론의 보도태도를 규제할 수 있도록 하는 언론윤리위원회법안을 제출했으며 1964년 8월 2일 이 법안을 철회하고 삼민회가 발의한 수정안을 야당의원들이 퇴장한 가운데 민주공화당 의원들만의 찬성으로 가결하였다. 언론인들은 언론윤리위원회법 철폐투쟁위원회를 구성하여 이를 반대했으며, 이 과정에서 한국기자협회가 창설되기도 하였다. 박정희 대통령이 투쟁위원회화의 면담을 통해 투쟁위의 자율규제 방안을 수용함으로써 언론법 파동이 마무리되었다.

(2) 베트남 파병동의안

미국의 대 베트남전을 지원하기 위해 정부는 이미 파병한 군의관, 공병부대 및 수송부대 이외에 1개 전투사단을 추가로 파병하는 '베트남 지원을 위한 국군부대 증파에 관한 동의안'을 제출하였다. 이 동의안은 1965년 8월 13일 민주공화당의원들만 참석한 가운데 국회 본회의에서 가결되었다.

(3) 한일 협정비준동의안 가결

한일국교정상화를 위한 한일협정이 1965년 4월 3일 가조인(假調印)되고 8월 14일 국회 본회의에서 민주공화당의원들의 찬성으로 가결되었다. 한일협정을 위한 회담과정에서 이 회담이 공식외교담당자가 아닌 제3자의 측면외교에 의해 주도되었고 저자세 외교라고 인식되면서 여론의 비판과 야당의 반대가 격렬하였다. 야당의원은 반대투쟁을 위해 의원직사퇴서를 제출하였다(김현우: 142-144).

(4) 입법실적

제6대 국회는 과학기술진흥에 관한 종합적 기본정책과 계획을 수립하고, 그 시행을 위한 체재의 확립과 재정조치에 관한 사항을 규정하는 「과학기술진흥법」을 1966년 12월 22일 의결하였다. 국토와 국민의 생명 및 재산을 재해로부터 보호하기 위하여 방재계획의 수립, 재해예방 및 재해복구 등에 관하여 필요한 사항을 규정하는 「풍수해대책법」을 1967년 1월 31일 의결하였다. 또한 항만의 개발을 촉진하고 항만의 적정한 이용과 관리를 도모하기 위하여 항만의 지정·사용 및 보전과 비용에 관한 사항을 규정하는 「항만법」을 1967년 3월 4일 의결하였다.

2. 제7대 국회

1) 국회의 구성

제7대 국회의원선거는 1967년 6월 8일 실시되었으며, 1967년 7월 10일 개원하였다. 정당별 의원 구성을 175인의 의원 정수 중 민주공화당 129석, 신민당 45석, 대중당 1석으로 민주공화당이 과반수를 차지하였다. 그러나 국회의원 총선거과정에서 민주공화당이 개헌에 필요한 국회의석 3분의 2 이상을 차지하기 위해 선거부정행위가 저질러졌다. 야당은 국회에 당선자 등록을 하지 않고 등원을 거부하면서 규탄대회 개최 등 원외투쟁을 하였고, 학생들 또한 이에 동조하는 대규모시위를 벌여 30개 대학, 148개 고등학교가 정부로부터 휴교조치를 당하였다. 여·야가 선거법, 정당법 개정 등에 합의한 후 1967년 11월 29일 신민당소속 의원 44인이 등원함으로써 국회는 개원 4개월 만에 정상화되었다.

제7대 국회의원의 임기는 1967년 7월 1일부터 1971년 6월 30일까지 4년이다.

2) 국회운영제도의 변경

1969년 11월 22일 제13차 국회법개정으로 부득이한 경우 국회의 의결로 위임한 경우 상임위원회 위원장과 위원을 의장이 직권으로 선임할 수 있게 하였다. 제6차 개헌으로 국회의원이 국무위원을 겸할 수 있게 됨에 따라 국회법에 겸직 허용 조항이 신설되었다. 1970년 12월 31일 제14차 국회법개정에서는 법제사법위원회 위원은 다른 상임위원회 위원을 겸임할 수 있게 하였으며, 국무위원 겸직의원은 상임위원직을 사임할 수 있도록 하였다. 번안제도를 보완하여 본회의에서의 번안은 안건이 정부에 이송된 후에는 할 수 없게 하였다.

3) 주요활동 및 입법실적

(1) 제6차 개헌(3선 개헌)

제6대 대통령선거(1967.5.3)에서 박정희 대통령이 재선되고 제7대 국회의원선거 (1967.6.8)에서 민주공화당은 개헌에 필요한 국회의석의 3분의 2를 넘게 차지하였다.

민주공화당은 1969년 8월 7일 대통령의 3선을 허용하는 헌법개정안을 국회에 제출하였다. 개헌에 반대하는 야당의원들이 본회의장을 점거하고 농성을 하는 가운데 9월 14일 새벽 국회 제3별관 특별회의장에서 민주공화당 의원과 무소속 의원 122인 찬성으로 가결하였다. 10월 17일 헌법개정안에 대한 국민투표가 실시되었다. 투표결과 1,504만 명의 유권자 중 찬성 755만 3,655표(65.1%), 반대 363만 6,369표(34.9%)로 헌법개정안이 승인되었다. 국민투표로 확정된 개정헌법에 의해 1971년 4월 27일 실시된 제7대 대통령선거에서도 박정희 후보가 당선됨으로써 3선 연임에 성공하였다 (김현우: 146).

제6차 헌법개정은 형식상 헌법개정절차로서 국회의결 및 국민투표를 거쳐 확정되었지만 헌법개정에 필요한 국민적인 합의형성과정과 국회의 정당한 의사진행절차를 무시한 불법적인 것이라는 평가를 받고 있다(정종섭: 206).

(2) 입법실적

제7대 국회는 사회복지사업 종사자의 자격, 사회복지법인의 설립 인가, 사회복지위원회의 설치 등 사회복지사업에 관한 기본적인 사항을 규정하는 「사회복지사업법」을 1969년 12월 23일 의결하였다. 1969년 12월 22일에는 농업 생산력을 증진시키고 농가주택을 개량함으로써 농촌근대화를 촉진하기 위하여 농지의 개량·개발·보전 및 집단화와 농업의 기계화에 관한 사항을 규정하는 「농촌근대화촉진법」을 의결하였다. 또한 고속국도 노선의 지정, 도로의 구조관리 및 보전 등에 관하여 필요한 사항을 규정하는 「고속국도법」을 1970년 7월 16일 의결하였다.

3. 제8대 국회

1) 구성

제8대 국회는 1971년 5월 25일 실시된 선거에서는 지역구로 153인, 전국구로 51인, 총 204인의 국회의원을 선출하였다. 의석분포를 보면 민주공화당 113석, 신민당 89석, 민중당 1석, 국민당 1석이다. 국회의원 총의석수가 7대 175석에서 8대에는 204석으로 29석 증가하였음에도 불구하고 민주공화당의 의석수는 7대 국회에 비해 16석 줄어든 반면, 야당인 신민당 의석수는 89석으로 7대 국회 45석에 비해 거의 2배로 늘어났다.

7월 26일 개원하였고 임기는 1971년 7월 1일부터 1972년 10월 17일까지 1년 3개월 17일이다. 1972년 10월 17일 대통령특별선언(10월 유신)에 의해 국회는 해산되었다.

2) 주요활동 및 입법실적

(1) 국가보위에 관한 특별조치법안

3선 개헌과 제7대 대통령선거(1971.4.27) 이후 계속된 학생시위 등으로 정국이 불안한 상황에서 1971년 12월 27일 민주공화당소속 의원과 무소속 의원이 출석하여 '국가보위에 관한 특별법안'을 가결시킴으로써 정국불안이 가중되었다.

(2) 국무위원 해임건의안 가결 (10·2항명파동)

1971년 10월 2일 본회의에서 신민당이 제출한 국무위원 해임 건의안 3건(부총리겸 기획원장관 김학렬, 내무부장관 오치성, 법무부장관 신직수) 중 내무부장관 오치성 해임건의안이 여당인 민주공화장의 '부결처리'라는 내부방침에도 불구하고 표결결과 가결(총투표 203, 찬성 107, 반대 90, 무효 6)되었다. 이는 민주공화당 내부에서 당 방침에 반대하는 이탈표가 발생하였다는 증거로서 이에 대한 책임을 지고 당 중진인 길재호, 김성곤 의원이 탈당하여 의원직을 상실하였다. 여론은 이를 소위 '10·2항명파동'이라 부른다.

(3) 입법실적

제8대 국회는 상호 유대를 가진 자 간의 협동조직을 통하여 자금의 조성 및 이용과 구성원의 자질 향상을 도모하기 위하여 "신용협동조합" 또는 "마을금고"의 설립절차, 기관, 업무 등을 규정하는 「신용협동조합법」을 1972년 8월 1일 의결하였다. 또한, 같은 날 문화예술의 진흥을 위한 사업과 활동을 지원하기 위하여 한국문화예술진흥원을 설립하는 내용의 「문화예술진흥법」을 의결하였다.

3) 10·17비상조치 (유신조치)

1971년에 실시된 대통령선거에서 박정희 후보는 야당의 김대중 후보에 근소한 표 차로 앞서 대통령 3선 연임에 성공하였다. 그러나 같은 해 실시된 국회의원총선거에서는 민주공화당 의석은 크게 줄어든 반면 야당인 신민당 의석은 크게 늘었다. 이후 국회운영은 야당의 심한 견제를 받아 여야의 대립이 심각하였다. 박정희 대통령은 1971년 11월 북한의 남침위협을 내세워 「국가비상사태」를 선포했으며, 12월 27일에는 초헌법적인 국가긴급권을 허용하는 「국가보위에 관한 특별조치법」을 만들었다. 1972년 7월 4일에 남북 간의 비밀접촉을 통해 「7·4남북공동성명」을 발표하였으며, 10월 17일 비상조치로써 남북대화의 적극적 전개와 급변하는 주변정세에 대처하기 위한 체제 개혁을 위하여 전국에 비상사태를 선포하여 두 달간 헌정을 중단하고 새로운 헌법을 만들겠다는 「10·17비상조치」, 이른바 「유신조치」를 단행했다. 이 조치는

"국회를 해산하고 일체의 정당 및 정치활동을 중지시킨다. 국회의 권한은 비상국무회의가 수행한다. 조국의 평화적 통일을 지향하는 헌법개정안을 공고하고 국민투표에 회부하며, 1972년 말 이전에 개정헌법에 의해 헌정질서를 회복한다"는 내용이다(정종섭: 207).

4. 비상국무회의[12]와 제7차 헌법개정(유신헌법)

1) 제7차 헌법개정(유신헌법)

「10·17비상조치」에 의해 입법권을 행사하고 헌법개정안을 작성할 책임을 맡게 된 비상국무회의는 헌법개정안을 마련하여 10월 27일 공고하고, 11월 21일 국민투표를 실시한 결과, 유권자 91.9%의 투표와 투표자 91.5%의 찬성으로 헌법개정안이 확정되었으며, 12월 27일 공포·시행되었다.

전문, 본문 12장 126조 부칙으로 구성된 유신헌법에서는 i) 전문에 민족의 평화통일의 이념을 규정하고, ii) 기본권 조항에 법률유보 조항(일반적 유보 및 개별적 유보)을 두어 기본권의 제한을 용이하게 했으며, iii) 평화적 통일의 추진체로서 통일주체국민회의를 설치했으며 여기서 대통령과 국회의원정수의 3분의 1일 선출하도록 하였다. iv) 대통령의 권한을 강화하여 신대통령제적인 국가원수로 하였으며, v) 정당 국가적 경향을 완화하고, vi) 정부가 국무총리를 중심으로 연대성을 가지게 하였으며, vii) 국회의 회기를 단축하고 권한을 약화했으며, viii) 헌법위원회를 설치하여 위헌심사를 담당하게 했으며, ix) 법관을 대통령이 임명하게 하고, x) 새마을 사업을 통해 지역 간의 균형발전을 모색하였다.

그러나 제7차 헌법개정은 신헌법의 제정이라고 할 만큼 실질적으로 헌법 전반에 대한 변혁이 있었으며 자유민주주의를 일시정지하고 독재주의적인 신 대통령제를(김철수: 46-47) 채택한 점에서 개정의 한계를 초월한 것으로 평가받고 있다.

---

12) 1972년 10월 17일 이른바 '10월 유신'이라 불리는 비상조치에 의해 국회가 해산된 후 「비상국무회의법」 제3조에 의거 「비상국무회의」가 국회의 입법권을 행사하였다. 그 활동기간은 1972년 10월 17일부터 1973년 3월 11일까지이다.

2) 국회운영제도의 변경

비상국무회의가 마련한 이른바 유신헌법이 국민투표에 의해 확정되고, 1972년 12월 27일 공포되면서 시행되었다. 개정헌법은 대통령이 국회의원정수의 3분의 1을 추천하게 하고 국회의 국정감사권을 폐지하고 국회의 회기를 단축하는 등 국회의 권한과 자율성을 약화시켰다. 개정헌법에 따라 1973년 2월 7일 비상국무회의에서 개정된 15차 국회법 개정내용은 능률적이고 생산적인 국회운영을 위해 회의운영과 관련된 의사결정 등에 있어서 의장의 권한을 강화하였다. 의장권한이 강화된 사항으로는 의원의 의석 배정, 상임위원 선임, 연석회의 개회, 심사기간 지정, 위원회 폐기 의안 본회의 부의, 회의록 정정에 대한 이의결정 등은 의장의 권한으로 변경되었으며, 본회의 의결 또는 의장이 결정하도록 의장권한으로 추가된 사항은 폐회 중 위원회 안건심사 허가, 회의 비공개 결정, 본회의 의사일정 변경, 질의 또는 토론의 종결, 회의록 불게재 발언 결정 등이다. 의장권한으로 신설된 사항은 의사일정의 작성 및 소관 불분명 안건의 소관 상임위 결정, 법제사법위원회 체계·자구 심사에 대한 심사기간 지정, 의원의 회의록 일반 배부 및 회의록 복제 허가, 질문요지서 허가, 회의장 안에서 녹음·녹화·촬영·중계방송 등의 허가, 모욕의원의 징계 요구, 의원의 회의장 내 물품 반입 허가 등이다.

의장의 권한강화는 결국 회의체의 자율성을 약화시키는 결과를 초래하였다. 이외에도 발언제한 제도를 신설하여 위원회에서의 발언자 수와 시간제한 규정을 두었으며 본회의에서 발언시간을 30분 이내로 하고 보충발언·의사진행발언 및 신상발언은 10분 이내로 하였으며 동일의제에 대한 발언자 수 제한, 의제 외 발언금지규정 신설, 서면질문제도 및 긴급질문제도 폐지, 정족수요건 강화 등 회의운영에 관한 규정을 세부적으로 정함으로써 회의체의 자율적 결정사항이 줄어들었다. 위원회 제도 면에서도 위원회 심사절차를 상세화 하였으며 법사위 겸임제도를 폐지하고 위원회 의안 심사기간 초과 시 본회의 직접부의 규정을 부활하였다(정호영: 41-42).

V. 제4공화국의 국회

1. 제9대 국회

1) 국회의 구성

제9대 국회는 이른바 유신헌법체제에서 1973년 2월 27일 실시된 국회의원 선거결과 지역구 146명 중 여당인 민주공화당이 73석, 신민당 52석, 민주통일당 2석, 무소속 19석이 당선되었으며, 3월 12일 통일주체국민회의에서 선출된 73인의 의원을 합한 219인의 국회의원으로 구성되었다. 국회의원의 임기는 1973년 3월 12일 개원일부터 시작하여 1979년 3월 11일까지 6년(직선제)이며 통일주체국민회의 선출의원은 3년마다 개선하였다.

9대 국회 회기 중에 야당과 학생을 비롯한 개헌요구 세력의 반유신 투쟁과 이를 제지하려는 정부의 긴급조치가 맞서 정치적 불안정이 계속되었다. 1974년 12월 15일 재야인사들이 결성한 민주회복국민회의가 개헌서명 국민운동을 일으키는 등으로 개헌투쟁이 확산되는 조짐을 보이자 1975년 2월 12일 박정희 대통령은 유신헌법 및 대통령의 신임여부를 묻는 국민투표를 실시하여 개헌논의를 봉쇄하였고, 5월 13일에는 긴급조치 9호를 발령하여 유신헌법에 대한 논의 자체를 금지하였다. 야당인 신민당 내에서는 당권을 둘러싸고 김영삼 총재 중심의 주류측과 이철승 의원을 중심으로 하는 비주류측이 폭력을 동원하여 별도의 전당대회를 치르는 등 심각한 분열양상을 보이고 있었다.

2) 국회운영제도의 변경

1973년 12월 20일 제17차 국회법개정으로 30분 이내의 발언시간이 45분 이내로, 신상발언도 10분에서 20분으로 각각 연장되고 발언자 수도 교섭단체별 2인 이내에서 3인 이내로 증원되었다. 1975년 7월 26일 제18차 국회법개정으로 국회의 국정조사기능이 가능하게 되었다.

또한 '국회에서의 증언·감정 등에 관한 법률'을 제정하여 국정조사를 위한 보고·서류 제출요구 및 증인신문절차를 마련하였다. 1977년 12월 31일 제19차 국회법개정 시 집회일 전 7일 공고를 3일 전 공고로, 공고기간을 단축시켰다.

3) 주요활동 및 입법실적

(1) 김옥선 의원 발언파동

1975년 10월 8일 제94회 정기회 본회의에서 사회분야 대정부 질문에 나선 김옥선 의원(신민당)이 "민방위대 편성, 학도호국단 조직, 군가보급 등은 국가안전을 빙자한 정권연장 수단이며"라는 등 정부를 비난하는 발언을 하였다. 이에 여당인 민주공화당과 유신정우회 의원들이 김 의원의 발언을 국가안보에 위해(危害)가 되는 의제 외 발언으로 규정하고 발언취소와 의원징계를 요구하였다. 이에 정일권 국회의장은 김옥선 의원의 징계안을 법제사법위원회에 회부하였고 김옥선 의원은 10월 13일 스스로 의원직을 사퇴하였다(김현우: 150).

(2) 입법실적

제9대 국회는 1973년 12월 1일 국민의 생활안정과 복지증진에 기여하기 위하여 노령·폐질 또는 사망 등에 대하여 연금급여를 실시하는 「국민복지연금법」을 의결하였다. 1973년 12월 2일에는 사립학교 교원 및 그 유족의 경제적 생활안정과 복지증진에 기여하기 위하여 사립학교 교원의 건강진단·질병·부상·폐질·분만·퇴직 또는 사망에 대하여 적절한 급여제도를 확립하는 내용의 「사립학교교직원연금법」을 의결하였다. 또한 국세에 관한 법률관계를 확실하게 하고, 과세의 공정을 도모하기 위하여 국세에 관한 기본적인 사항 및 공통적인 사항과 위법 또는 부당한 국세처분에 대한 불복절차를 규정하는 내용의 「국세기본법」을 1974년 12월 1일 의결하였다.

2. 제10대 국회

1) 국회의 구성

1978년 12월 12일 실시된 제10회 국회의원선거 결과 지역구 154명 중 민주공화당 68인, 신민당 61인, 민주통일당 3인, 무소속 22인이 당선되었으며, 득표율 면에서도 여당인 민주공화당이 31.7%, 야당인 신민당이 32.8%를 차지함으로써 사실상 여당이 패배한 선거였다. 이는 긴급조치 등으로 무리하게 정국을 운영한 박정희 정부와 민주공화당에 대한 민심의 이반현상이 드러난 것이라 할 수 있다. 제10대 국회는 지역구

의원 154인과 통일주체국민회의에서 선출한 77인의 유신정우회 의원 77인을 합한 231인의 의원으로 구성되었으며 1979년 3월 15일 개원하였다. 제10대 국회의원의 임기는 1979년 3월 12일부터 제8차 헌법개정이 발효되어 부칙 제5조 제1항에 따라 임기가 종료된 1980년 10월 27일까지 1년 7개월 16일이다.

2) 주요활동 및 입법실적

(1) 김영삼 의원 제명파동

1979년 5월 30일 실시된 신민당 총재선거를 둘러싼 당 내 분규가 법원에서 다퉈지고 있는 사이 1979년 9월 16일자 〈뉴욕 타임즈〉지에 김영삼 신민당 총재가 '카터 미행정부에 대해 박정희 정권에 대한 지지를 철회할 것을 요구하였다'라는 인터뷰 기사가 게재되었다. 민주공화당은 이 인터뷰 기사를 '사대주의적 발상'으로 규정하고 10월 4일 국회의원(김영삼) 징계동의안을 제출, 법제사법위원회에 회부하였다. 신민당 의원들이 본회의장을 점거하자, 민주공화당과 유신정우회 소속의원들 159인이 본회의장을 국회의사당 146호실로 옮겨 징계동의안을 처리함으로써 김영삼 의원이 국회의원직에서 제명되었다. 이에 반발하여 신민당 의원 66인 전원과 민주통일당 의원 3인은 국회의원직 사퇴서를 제출하였다.

(2) 입법실적

제10대 국회는 1979년 12월 1일, 교통안전에 관한 시책의 종합적·체계적 추진을 위하여 교통안전기본계획의 수립 등 기본적인 사항을 규정하는 「교통안전법」과 학술진흥에 관한 종합적 기본정책 및 계획의 수립과 학술활동의 적극적 지원·육성에 필요한 사항을 규정하는 「학술진흥법」을 의결하였다. 또한 1979년 12월 3일에는 소비자의 기본권익을 보호하고 소비생활의 향상과 합리화를 기하기 위하여 국가·지방자치단체 및 사업자의 의무와 소비자의 역할 등을 규정하는 「소비자보호법」을 의결하였다.

3) 박정희 대통령 시해 사건과 신군부 등장

김영삼 의원의 제명 등으로 부산과 마산지역에서 대규모 반정부시위가 일어났다. 정부는 부산직할시 일원에 비상계엄을 선포하고 이를 진압하였다(부마사태). 이러한 정치적 위기상황에서 대통령 측근 간에 반목과 갈등이 심화되어 1979년 10월 26일 박정희 대통령이 김재규 중앙정보부장에 의해 시해되는 사건이 발생하였다(10·26사태).

「10·26사태」 발생으로 최규하 국무총리가 대통령 권한을 대행했으며, 12월에는 통일주체국민회의에 의해 제10대 대통령으로 선출되어 새 정부를 구성하고 긴급조치를 해제하는 등 국민의 요구에 따라 헌법개정과 민주화 조치를 취하였다. 그러나 1979년 12월 12일 전두환 소장을 비롯한 신군부세력이 정승화 계엄사령관을 강제 연행하는 등 이른바 「12·12사태」로 일컬어지는 군사쿠데타를 일으켰다. 신군부세력은 1980년 학생시위가 격화되자 「5·17조치」로 비상계엄을 전국으로 확대하고 모든 정치활동을 금지하였으며 국회의 집회를 봉쇄하였다. 5월 18일 광주에서는 시민들의 민주화 시위가 대대적으로 전개되었으며 이를 무력으로 진압하는 과정에서 많은 희생자를 남겼다(5·18광주민주화운동).

1980년 5월 27일 신군부세력은 국가보위비상대책위원회 구성 결의안을 의결하였고, 5월 31일 전두환 소장을 상임위원장으로 하는 동위원회가 설치되었다. 이로써 신군부세력은 정치세력으로 전면에 나서게 되었고. 최규하 대통령은 1980년 8월 16일 하야하였다. 8월 27일에 전두환 상임위원장은 통일주체국민회의에서 제11대 대통령으로 선출되었고, 9월 1일 취임하였다(정종섭: 209).

3. 제8차 헌법개정 (제5공화국 헌법)

1) 개헌경과

「10·26사태」 이후 민주화에 대한 국민의 요구에 따라 국회와 정부에서 각각 헌법개정을 위한 준비를 진행하였다. 그러나 1980년 「5·17조치」로 국회의 활동이 정지되면서 헌법개정작업은 정부 주도로 이뤄졌다. 정부의 헌법개정작업을 주도한 헌법개정심의위원회는 9월 9일 헌법개정 시안을 확정하였고, 이 안은 국무회의의 심의를 거쳐 9월 29일 공고되었고, 10월 23일 국민투표에 붙여졌으며, 유권자의 95.48%가 투표하고 투표자 중 91.6%의 찬성으로 헌법개정안이 확정되었다. 새 헌법은 1980년 10월 27일 공포·발효되었다.

새 헌법이 발효되면서 제10대 국회의원의 임기가 종료되고(헌법부칙 제5조 1항), 통일주체국민회의는 폐지되었으며 정당도 해산되었다. 그리고 새 헌법에 의한 국회가 구성될 때까지 국회의 권한을 대행할 과도 입법기구로 10월 28일 국가보위입법회의가 설치되었다(헌법부칙 제6조).

2) 주요 내용

1980년 개정헌법은 i) 전문에 제5공화국의 출범을 명시하고, ii) 총강에서 전통문화의 창달, 재외국민 보호, 국가의 정당보조금 지급, 국군의 사명 조항을 신설하였으며, iii) 기본권 조항에서 개별유보 조항을 없애고 연좌제금지, 사생활 비밀, 환경권, 행복추구권, 적정임금 등을 새로 추가하였다. iv) 통일주체국민회의를 폐지하고 대통령은 선거인단에 의해 선출되고 7년 단임제로 하였으며, 대통령의 권한은 유신헌법에 비교해서 어느 정도 제한되었다. v) 상대적으로 국회의 권한이 강화되었으며 국회의 국정조사권과 비례대표의 근거조항이 신설되었고 국회의원의 임기는 4년으로 하였다. vi) 일반법관은 대법원장이 임명하게 하고 징계처분에 의한 법관의 파면을 배제하였으며, vii) 독과점금지, 중소기업보호, 소비자보호조항을 신설하였다. viii) 헌법개정은 국회의 의결과 국민투표로 확정되도록 하였으며, ix) 부칙에서 과도입법기관으로 국가보위입법회의를 설치하고 소급적으로 참정권을 제한하는 특별입법의 근거를 두었다(김철수: 48).

이 헌법은 국민의 기본권을 보강하고 기본권에 대한 본질적인 내용의 침해를 금지하는 등 국민의 기본권 신장에 기여한 점이나 대통령의 국회해산권과 비상조치권을 제한한 점, 국회 구성에 대통령의 국회의원 3분의 1 추천권 폐지, 대통령의 임기를 7년 단임으로 한 점 등 민주화를 요구하는 국민의 여론을 반영하여 유신헌법의 비민주적요소를 배제하고 새로운 규정을 추가하였다. 그러나 제8차 개정헌법은 군사쿠데타를 주도한 세력의 정치적인 힘에 의해 만들어졌고, 헌법 시행에 필요한 법률들도 국회가 아닌 국가보위입법회의에 의해 개정되었기 때문에 절차적 정당성을 인정할 수 없어 진정한 민주적 정당성이 확보되었다고 하기는 어렵다(정종섭: 211)라는 평가를 받고 있다.

4. 국가보위 입법회의와 활동실적

국가보위입법회의는 1980년 10월 28일 설치되어 제11대 국회가 개원하기 전인 1981

년 4월 10일까지 5개월 15일 동안 활동하면서 헌법개정에 따른 제5공화국 수립을 위한 법과 제도를 정비하였다(김현우: 154).

1) 정치풍토쇄신을 위한 특별조치법 등 제정

국가보위입법회의는 1980년 11월 3일 '정치풍토쇄신을 위한 특별조치법'을 제정하고 동 법에 의거 '정치쇄신위원회'를 구성하였으며, 동 위원회는 정치인 등 567인을 최종 선정하여 1988년 6월 30일까지 공직선거 입후보를 비롯한 일체의 정치활동을 금지시켰다. 국보위는 이외에도 대통령선거법, 국회의원선거법, 언론기본법 등을 의결하여 5공화국 운영을 위한 제도를 마련하였다.

2) 국회의원 선거법 개정

국가보위입법회의에서 개정한 국회의원 선거법은 하나의 선거구에서 2인의 의원을 선출하는 대선거구제를 채택하였으며, 선거구를 종전 77개에서 92개 선거구로 증설하고, 비례대표제로 92석을 선출하게 하였다. 비례대표제 의석 배분방식은 지역구 선거결과 제1당에 전국구 의석의 3분의 2를 배정하고 나머지 의석은 지역구 선거결과 5석 이상을 차지한 여타 정당에 의석비율에 따라 배정하게 하였다.

3) 국회법 개정

국가보위입법회의의 '선거법 등 정치관계 특별위원회'가 마련한 개정 국회법은 개정 헌법의 내용을 중복적으로 규정한 예가 많으며 국회 국정조사권의 근거 명시, 서면질문제도 부활 등 국회의 권한을 일부 강화하였으나 그 기조는 직전 국회법의 내용을 그대로 유지하였다(정호영: 433).

주요 개정 내용으로는 국회의원으로 각계 전문가를 충원할 수 있도록 의원겸직을 원칙적으로 허용하였으며 겸직의원이 직무를 수행할 수 있도록 본회의 개의시간을 오전 10시에서 오후 2시로 변경하였다. 의장·부의장 및 상임위원장은 그 직무수행에 전념할 수 있게 겸직을 제한하였으며 겸직으로 인한 상임위원의 사임도 각원·부의 차관, 처장, 청장의 직까지 확대하였다. 겸직에 따른 의원의 청렴성을 확보하기 위해 의원의 청렴 및 품위유지 의무규정과 위반 시 징계규정을 신설하였다. 또한 의장은 의원의 겸직이 청렴의무에 위반된다고 인정될 때는 겸임직의 사임을 권고할 수 있게 하였다. 본회의 발언시간도 종전의 45분 이내에서 20분 이내로 단축하되 정당 또는 교섭단체를 대표하는 발언의 경우 40분, 대정부 질문, 예산안 등 중요안건에 대한 발언은 30분, 의사진행발언, 신상발언 등은 10분으로, 사안별로 발언시간을 세분화하였다. 상임위원회에 대하여는 예산안 예비심사 권한을 폐지하였다.

4) 정당법 개정

국가보위입법회의는 1980년 11월 19일 정당의 설립과 활동에 관한 규제를 대폭 완화시킨 '정당법개정법률안'을 의결하였다. 이 정당법 개정으로 정당의 창당 발기인 수와 법정지구당수 및 법정지구당원수 등이 감축·완화됨으로써 창당과 유지존속이 용이하게 되었다. 이법 개정은 제5공화국에서 정치활동금지조치와 맞물려 정계개편을 촉진시키는 작용을 하였다.

VI. 제5공화국의 국회

1. 제11대 국회

1) 국회의 구성

제11대 국회는 제8차 개정헌법(제5공화국 헌법)과 국가보위입법회의의 후속 법률 개정에 의해 1981년 3월 25일 실시한 국회의원선거에서 당선된 276인(지역구 184인, 전국구 92인)으로 1981년 4월 11일 개원하였다. 제11대 국회의원의 임기는 개원일부터 시작하여 1985년 4월 10일까지 4년이다. 11대 국회의 의석분포는 여당인 민주정의당 151석, 민주한국당 81석, 한국국민당 21석, 무소속 11석 등 총 276석이다.[13]

11대 국회는 임기 초반에는 여당인 민주정의당의 '대화와 타협에 의한 새로운 국회상 정립'이라는 국회운영 방침과 야권의 타협적 자세로 비교적 평온하게 운영되었으나, 후반기 들어 금융부조리 사건 등을 계기로 여야가 대립하기 시작하였으며 이후

---

13) 이외에도 민권당 2석, 신정사회당 2석, 민주사회당 2석, 민주농민당 1석, 안민당 1석으로 구성되었다.

개헌, 지방자치제 실시 등 민주화의 확대를 요구하는 야권의 주장으로 국회가 공전되는 등 정치적 대립이 심화되었다(김현우: 155).

2) 국회운영제도의 변경

제22차 국회법개정(1983.11.17)으로 제11대 국회 전반기 국회운영과정에서 제기되었던 상임위의 예산안 및 결산에 대한 예비심사제도를 부활시켰다. 본회의 발언제도에서 교섭단체별로 할당된 시간의 범위 내에서 발언자 수를 조정할 수 있게 하였으며 종전 통지사항이었던 국무총리 등의 국회 출석 발언을 의장 또는 위원장의 허가사항으로 함으로써 의장 및 위원장의 권한을 강화하였다. 이외에도 폐회 중 위원장이 필요하다고 인정한 경우에는 위원회를 개회할 수 있게 하였다.

3) 주요활동과 입법실적

(1) 국제의원연맹 이사회 개최

국제의원연맹(IPU) 제70차 총회 및 제133차 이사회가 1983년 10월 4일부터 10월 12일까지 9일간 세종문화회관에서 개최되었다. 이 회의에는 75개국과 14개 기구에서 의원 453인, 국회사무총장 55인, 기타 관계자 등 743인이 참석하였다. 총회 중 전두환 대통령의 해외순방지인 버마(현재 미얀마) 랭군의 아웅산 묘지참배 준비과정에서 폭발사건이 발생하여 수행각료들 30여 명이 사상하는 참사가 발생하였다. 총회는 임시특별회의를 열어 철저한 진상조사와 사건연루자 처벌을 촉구하는 결의문을 채택하였다. 이 사건은 버마 정부에 의해 북한특수공작요원이 저지른 범행으로 밝혀졌다.

(2) 입법실적

제11대 국회는 수도권에 과도하게 집중된 인구 및 산업의 적정 배치를 유도하고 수도권의 질서 있는 정비와 국토의 균형발전을 기하기 위하여 수도권의 정비에 관한 종합적인 계획의 수립과 시행에 관하여 필요한 사항을 정하는 「수도권정비계획법」을 1982년 11월 30일 의결하였다. 1983년 12월 15일에는 전기통신을 효율적으로 관리하고 발전을 촉진하기 위하여 전기통신에 관한 기본적인 사항을 정하는 「전기통신기본법」을 의결하였다. 또한 노인의 복지증진에 기여하기 위하여 노인의 심신의 건강유지 및 생활안정을 위하여 필요한 조치를 강구하도록 하는 「노인복지법」을 1981년

5월 19일 의결하였다.

2. 제12대 국회

1) 국회의 구성

제12대 국회는 1985년 2월12일 실시된 국회의원선거에서 당선된 국회의원 276인 (92개 지역구 184인, 전국구 92인)으로 구성되었다. 선거결과 여당인 민주정의당이 148석(지역구 87석, 전국구 61석), 신한민주당 67석(지역구 50석, 전국구 17석), 민주한국당 35석(지역구 26석, 전국구 9석), 한국국민당 20석(지역구 15석, 전국구 5석), 무소속 의원 4인 및 신정사회당·신민주당 각 1인으로 분포되었다. 그러나 이후 신한민주당은 민주한국당 및 한국국민당과 합당하여 103석의 거대 야당이 되었다. 제12대 국회의 임기는 1985년 4월 11일 개시되었으나 여야 간 개원 협상이 지연되어 1개월이 지난 5월 13일 개원하였다. 12대 국회는 임기 후반기에 민주화 추진운동의 결실로 이뤄진 제9차 개정헌법 부칙 제3조 2항에 따라 4년 임기를 다하지 못한 채 1988년 5월 29일 그 임기가 종료되었다. 3년 1개월 18일 동안 활동하였다.

2) 국회운영제도의 변경

제12대 국회의원총선거에서는 대통령직선제 개헌을 주요 선거공약으로 내세운 3개 야당의 득표율이(53.10%) 여당의 득표율(35.25%)을 상회하였다. 따라서 12대 국회에서는 개헌논쟁 등이 정치적 쟁점이 되었다. 따라서 국회운영제도의 변경은 법제사법위원회의 소관사항 중 군법회의를 '군사법원'으로 개정하는 데 그쳤다.

3) 주요활동 및 입법실적

(1) 국시논쟁

제12대 국회는 대통령직선제 개헌을 둘러싸고 개원 초반부터 여야 간에 정치적 대립이 심화되었다. 1986년 10월 14일 제131회 국회 정기회 본회의 대정부 질문 중 신한민주당 소속 유성환 의원이 대한민국의 국시(國是)는 '반공'이 아니라 '통일'이라는 내용의 발언을 하였다. 정부는 이 발언에 관한 사전 원고 배부를 문제삼아 국가보안법 위반으로 사법처리하기 위해 유성환 의원에 대한 체포동의안을 제출하였다. 이 동의안 처리과정에서 야당은 본회의장을 점거하고 동의안 처리를 저지하였으나 의장은 경호권을 발령하고 예결위 회의장에서 10월 16일 여당 단독으로 가결하였다. 이 사건은 국회의원이 직무상 행한 발언에 관한 면책과 불체포 특권을 둘러싸고 정국경색(政局梗塞)을 초래하였다.

(2) 입법실적

제12대 국회는 근로자의 생활안정과 노동력의 질적 향상을 위해 근로자에 대하여 임금의 최저수준을 보장하는 「최저임금법」을 1986년 12월 17일 의결하였다. 1987년 11월 10일에는 방송의 자유와 공적 기능을 보장하기 위하여 방송국의 경영, 방송위원회의 설치, 텔레비전방송 수신료의 납부와 징수, 방송국의 준수사항 등을 규정하는 「방송법」을 1987년 11월 10일 의결하였다. 또한 국민보건을 위한 위생수준을 향상시키기 위하여 공중이 이용하는 위생접객업 기타 위생관련영업의 시설 및 운영 등에 관한 사항과 공중이용시설, 음용수 및 위생용품의 위생관리 등에 관한 사항을 규정하는 「공중위생법」을 1986년 4월 8일 의결하였다.

4) 제9차 헌법개정(제6공화국 헌법)

(1) 배경

12대 국회의원선거에서 나타난 직선제 개헌과 민주화에 대한 국민의 여론을 둘러싸고 여·야는 12대 국회임기 내내 정치적 투쟁을 벌였다. 정부·여당의 4·13호헌조치 등 개헌저지에도 불구하고 1987년 「6월 민주항쟁」이 일어났으며, 6월 29일 노태우 민정당 대통령 후보가 직선제 개헌을 수용하는 6·29선언을 하게 되었다. 대통령 직선제를 주요 골자로 하는 개헌안을 1987년 8월 31일 '여·야 8인 정치 협상'에서 여·야 합의로 마련하였고, 9월 18일 여·야 공동으로 발의, 9월 21일 개헌안 공고, 10월 12일 국회에서 의결하였다. 국회에서 의결된 개헌안은 10월 27일 실시된 국민투표에서 총유권자 78.2%의 투표와 투표자 93.1%의 찬성으로 확정되고. 10월 29일 공포되었다. 새 헌법은 부칙 제1조에 의해 1988년 2월 25일 대통령 취임일부터 효력을 발생하게 되었다. 신헌법은 부칙으로 헌법시행을 위해 필요한 법률의 제정·개정과 이 헌법에 의한 대통령 및 국회의원선거, 기타 헌법 시행에 관한 준비는 헌법 시행

전이라도 이를 할 수 있게 하였다. 신헌법에 의한 대통령선거는 1987년 12월 16일에 실시하고, 새 헌법 공포일부터 6월 이내에 국회의원선거를 행하게 하였다(부칙 제3조 1항)(김철수: 50).

(2) 주요 내용과 평가

새 헌법은 i) 전문에서 대한민국 임시정부의 법통과 불의에 항거한 4·19민주이념의 계승 및 조국의 민주개혁의 사명을 명시하고, ii) 총강에서 국군의 정치적 중립성 준수를 명시하고 자유 민주적 기본질서에 입각한 평화적 통일 정책의 수립·추진 규정을 신설하였다. iii) 기본권 조항에서는 적법절차규정을 도입하여 신체의 자유의 절차적 보장을 보완하였다. 아울러 형사피의자와 형사피고인의 권리를 확대했으며, 범죄피해 구조청구권을 신설하였으며, 언론·출판·집회·결사에 대한 허가제와 검열제를 금지하고, 여자·노인·청소년·장애자의 복지향상을 위한 정책을 실시할 국가의 의무 및 재해예방 의무규정을 두었다. iv) 대통령의 국회 해산권을 삭제하고, 국회의 국정감사권을 부활하였으며, 국회의 회기제한규정을 삭제하였다. v) 대통령 직선제를 채택, 5년 담임제로 하였으며, 대통령의 비상조치권을 폐지하고 대신 긴급명령제도를 신설하였다. vi) 법관의 임명제도를 개선하여 대법관은 대법원장의 제청, 국회의 동의를 받아 대통령이 임명하며, 일반법관은 대법관회의의 동의를 얻어 대법원장이 임명하도록 하였다. vii) 헌법재판소를 설치하여 위헌법률심판, 탄핵심판, 정당해산심판, 권한쟁의심판 및 헌법소원심판을 관할하게 하였다. viii) 경제질서에 관하여는 적정한 소득의 분배, 지역경제의 균형발전 등을 통해 경제민주화를 이룩하려고 하였다(김철수: 49-50).

제9차 개정헌법은 1987년 6월 항쟁에서 표출된 국민의 민주화 요구에 따라 대통령 직선제를 도입하고 이전 헌법에 비해 국민의 기본권 보장을 강화하였으며 통치권 행사의 절차적 정당성을 강조하는 내용이 많이 보완된 점이 특징이다. 이러한 특징으로 인하여 1987년 헌법에 대하여 새로운 헌법의 제정(김철수: 127)이라거나 또는 헌법개혁(허영a: 122)이라 보는 견해가 있다(정종섭: 214). 새 헌법은 대통령선거에 있어 상대적 다수제에 의한 당선을 인정하고 있기 때문에 유효투표의 과반수를 얻지 못하여도 대통령으로 당선될 수 있으며, 대통령의 지지세력이 국회에서 다수의석을 차지하지 못하여 분점정부(divided government)로 운영될 경우 파생될 수 있는 갈등을 조정할 제도가 마련되지 않은 점 등이 미비점으로 지적된다(정종섭: 214).

VII. 제6공화국의 국회

1. 제13대 국회

1) 국회의 구성

제13대 국회를 구성할 국회의원총선거가 1988년 4월 26일 실시되었다. 국회의원 의석은 299석으로 소선구제로 실시된 지역구 224석, 비례대표 전국구로 75석을 각각 선출하였다. 선거결과 민주정의당 125인, 평화민주당 70인, 통일민주당 59인, 신민주공화당 35인, 무소속 9인, 한겨레민주당 1인이 당선됨으로써 여당인 민주정의당이 국회의원선거 사상 처음으로 과반 의석 확보에 실패하였다. 13대 국회는 1988년 5월 30일에 개원함으로써 의원의 임기가 개시되고 1992년 5월 29일 4년 임기가 만료되었다.

이러한 여소야대 의석 분할구조에서 정부·여당은 국회에서의 정책결정에 야당의 동의가 없이는 단독으로 처리가 불가능하게 되었다. 1987년 12월 16일 실시된 대통령선거에서는 야당이 단일후보를 선출하지 못하고 분열됨으로써 민주정의당의 노태우 후보가 36.6%의 최다득표로 제13대 대통령에 당선되었다. 여소야대의 분할구도하에서 국정을 운영하는 데 한계를 느낀 집권여당인 민주정의당은 1990년 2월 15일 통일민주당 및 신민주공화당과 합당하여 민주자유당을 창당함으로써 정국의 주도권을 확보하려 하였다. 이에 맞서서 야당도 통합 협상에 착수하였으며 1991년 9월 16일 신민주연합당(평화민주당)과 3당 합당에 참여를 거부하고 민주당으로 잔류한 의원들이 합당하여 통합신당민주당을 발족시켰다. 국민이 선거로 분할해준 다당제는 결국 정치인들의 이해관계에 따라 인위적으로 양당구도로 재편되었다.

2) 국회운영제도의 변경

「여소야대」하의 제13대 국회는 임기 개시 다음날 열린 제141회 국회 제2차 본회의에서 「국회법 개정 특별위원회」를 구성하고 6월 15일까지 국회법개정안을 마련하도록 하였다. 동 특별위원회가 마련한 국회법개정안은 헌법개정에 따른 보완과 더불어 그 목적 규정에서 종전의 "국회의 효율적인 운영"을 "국회의 민주적이고 효율적인 운영"으로 수정한 데서 보는 바와 같이 국회의 민주적 운영을 강조하여 종전에 효율적 운영을 위해 폐지된 여러 제도를 보완하였다(정호영: 48-49). 그 주요 내용을 살펴보면 국정감사와 조사에 관한 근거규정을 국회법에 명시하고 제도시행을 위해 필요한 사항은 국정감사와 조사에 관한 법률을 제정하도록 하였다. 이와 함께 청문회제도를 도입하여 증인·감정인·참고인으로부터 증언·진술을 청취할 수 있게 하였다.

헌법개정으로 정기회의 회기가 90일에서 100일로 10일 연장됨에 따라 정기회 집회일로 9월 20일에서 9월 10일로 앞당겨졌다. 연간 150일로 제한되었던 국회 연간 집회일 규정을 삭제하였다. 본회의 유회선포 제도를 도입하여 본회의 개의 시로부터 1시간이 경과할 때까지 의사정족수가 미달하면 의장은 당일 본회의가 열리지 않음을 선포할 수 있게 되었다. 본회의 의사정족수도 3분의 1 이상에서 4분의 1 이상으로 완화되었다. 위원회 운영에 관한 사항으로는 소위원회 회의록을 속기의 방법으로 작성할 수 있게 하였고, 위원회는 위원장이 교섭단체 간사와 협의하여 의사일정을 작성하고 회기여부에 관계없이 언제든지 개회할 수 있게 되었으며, 위원회에서 일문일답식 질의방식을 도입하고 발언자 수 및 발언시간 제한에 대한 위원장 권한을 삭제하였다. 국회의 회의상황을 국민들에게 실시간 직접 방송할 수 있도록 중계방송 제도의 근거를 마련하였다. 권위주의정부 시절 의장의 편파적 국회운영에 대한 견제작용으로 의장의 권한이 대폭 제한되었다. 국회의장이 본회의장 의석배정 및 위원회 위원 선임 등에 각 교섭단체 대표의원과 협의토록 하였으며, 경찰관의 국회파견요구를 위해서는 운영위원회의 동의를 받게 하였으며, 위원회 폐기 의안의 본회의 부의권, 회의록 정정권, 대정부 질문 요지서 허가권은 삭제되었다.

교섭단체 정책연구위원제도를 신설하여 교섭단체 소속의원의 입법활동 및 교섭단체 운영을 보좌하게 하였으며, 의원 단독으로 정부에 대한 서면질문이 가능하게 하였다.

윤리특별위원회 신설 등 국회의원에 대한 윤리심사 제도를 도입하여 국회의원의 청렴성제고와 자정기능을 보완하였다.

상임위원회 정례회의 및 상설소위원회제도 도입, 관련위원회 회부제도 도입, 의원이 법률안을 숙지할 수 있도록 배부 후 최소 3일이 경과한 후 위원회에 상정할 수 있게 하였다. 위원회의 전문가 활용제도 도입, 청원심사 시 위원 또는 전문위원 파견 조사제도 도입, 위원회 문서관리 및 발간제도 도입 등으로 위원회가 실질적으로 안건을 심사할 수 있게 제도를 정비하였다.

3) 주요활동 및 입법실적

(1) 국정감사제도 재도입 및 국정조사특별위원회 구성

1972년 유신헌법에서 폐지되었던 국정감사제도가 16년 만에 제13대 국회에서 다시 도입되었으며, 국정조사권도[14] 활성화되었다.

5공화국 당시 발생한 각종 비리와 의혹을 규명하고 이를 청산하기 위한 '제5공화국의 정치 권력형 비리조사특별위원회 구성 결의안'이 1988년 6월 21일 여야공동으로 발의되고 6월 27일 국회 본회의에서 의결되었다.

1988년 11월 3일부터 활동을 개시한 '5공 비리특위', '광주특위'와 문화공보위원회의 '언론통폐합 진상조사를 위한 청문회'에서는 5공 당시의 정책결정자들과 재벌, 언론사주 등을 포함한 증인들이 출석시켜 각종 의혹에 대해 증인을 신문하였다. 특히 1989년 12월 31일 열린 '5공비리·광주특위 연석청문회'에서 전두환 전 대통령은 광주사태와 관련한 51개항의 질문에 답변하던 중 진압군의 발포를 '자위권 발동'이라고 주장하였고 이에 야당의원들이 강하게 반발하는 사태가 발생, 증인 신문이 중단된 채 청문회가 속개되지 못하였다.

각종 조사특위는 청문회를 통해 5공화국 당시 벌어진 각종 비리와 의혹에 대해 증인신문방식으로 진상을 규명하였으나, 증인들의 위증, 답변회피 등 불성실한 증언에 대한 위원회의 조사권의 한계, 처벌 등 후속조치의 미비 등의 문제점을 드러냈다.

(2) 현안 해결을 위한 남북 국회접촉

국회는 1988년 7월 9일 '서울올림픽에의 북한참가 촉구결의안'을 의결했다. 이에 답하여 북한 최고인민회의는 올림픽참가 및 공동개최 협의를 위한 국회회담을 제의하였다.

이후 남북 국회회담 추진을 위한 준비접촉이 판문점에서 10여 차례 있었으나 북한측의 팀스피리트 한미합동군사훈련 중지요구 등의 조건 제시로 더 이상 진전이 없었다. 1991년 4월 평양에서 개최된 제86차 국제의회연맹(IPU) 총회에 한국국회대표단이 판문점을 통해 다녀오는 등 남북한 긴장완화를 위해 노력을 기울였다(김현우: 150-151).

---

14) 국정조사제도는 국가보위 입법회의에서 이뤄진 제20차 국회법개정(1981.1.29) 시 국회의 권한으로 규정하였다.

(3) 지방자치관련법 의결

1990년 12월 15일 정기회에서는 그동안 여·야 간 쟁점사안이었던 지방자치 관련 법안을 의결함으로써 지방의회 의원과 지방자치단체장을 주민이 투표로 선출하는 풀뿌리민주주의를 실현할 수 있게 되었다. 1991년 상반기에는 기초 및 광역 지방자치단체 의회의원선거를 실시함으로써 지방자치실현을 위한 첫발을 내딛게 되었다.

(4) 입법실적

제13대 국회는 남한과 북한 간의 상호교류와 협력을 촉진하기 위하여 필요한 사항을 규정하는 「남북교류협력에관한법률」과 남북 간의 상호교류와 협력을 지원하기 위하여 남북협력기금을 설치하고 그 운용·관리에 관하여 필요한 사항을 정하는 「남북협력기금법」을 1990년 7월 14일 의결하였다. 환경오염으로 인한 위해를 예방하고 자연환경 및 생활환경을 적정하게 관리·보전하기 위하여 환경보전에 관한 국민의 권리·의무, 국가의 책무 및 환경보전시책의 기본이 되는 사항을 규정하는 「환경정책기본법」을 1990년 7월 14일 의결하였다. 또한 청소년의 권리 및 책임과 가정·사회·국가 및 지방자치단체의 청소년에 대한 책임을 정하고, 청소년육성정책에 관한 기본적인 사항을 규정하는 「청소년기본법」을 1991년 12월 17일 의결하였다.

2. 제14대 국회

1) 국회의 구성

제14대 국회를 구성할 국회의원총선거가 1992년 3월 24일 실시되었으며 선거결과는 여당인 민주자유당이 의원정수 299인의 의석 중 과반수에 1인 모자란 149인(지역구 116인, 전국구 33인)을 당선시켰으며 민주당은 97인(지역구 75인, 전국구 22인), 통일국민당 31인, 무소속 21인, 신정당 1인이 당선되었다. 여당인 민주자유당은 13대 의석에 비해 69명의 의원이 감소하는 반면, 민주당은 19인이 늘어났으며 선거직전 정주영이 창당한 통일국민당이 31인(지역구 24인, 전국구 7인)을 당선시키는 약진을 보였다. 14대 국회의 임기는 1992년 5월 30일 시작되었으나 정부·여당의 지방자치단체장선거 연기방침과 국회상임위원장 배분과 관련한 여·야 이견으로 원구성이 지연되었다. 여·야 간의 지루한 협상을 거친 끝에 임기 개시 4개월이 지난 10월 2일에 개원하였다. 14대 국회의원 임기는 1992년 5월 30일부터 1996년 5월 29일까지 4년이다.

2) 국회운영제도의 변경

1994년 6월 28일 제28차 국회법개정[15])으로 국회운영 일정을 예측가능하게 하기 위해 의장이 각 교섭단체 대표의원과 협의하여 연초 1월 10일까지 국회운영 연간기본 일정을 작성하게 하였으며, 국회의 긴급현안에 대해 대정부 질문을 실시할 수 있도록 긴급현안 질문제도를 도입하였고, 대정부 질문제도의 법적 근거를 명문화하고 질문방식을 개선하였으며, 4분 발언제도를 도입하여 본회의 개의 시로부터 1시간의 범위 내에서 의원이 4분 이내에서 자유의제로 발언할 수 있게 하였다.

또한 국회의원의 회의에서의 표결에 대한 책임성을 강화하기 위해 전자투표와 호명투표제를 도입하고 투표 참가자와 찬반의원 명단을 회의록에 게재하게 하였다. 정보위원회를 신설, 국가정보에 대한 국회의 통제를 효율화하였으며, 여성특별위원회를 신설하여 여성의 복지와 권익향상에 기여할 수 있게 하였다. 겸직의원의 유관상임위원회 위원 선임을 제한하였으며, 예산 결산위원회가 매년 9월 2일 본회의 의결 없이 자동적으로 구성되도록 하였다. 총선 후 조속한 원(院) 구성을 위해 원 구성 시기를 임기 개시일 7일 이내로 법정화하고 본회의 개의시간도 오후 2시로(토요일은 오전 10시) 하되 의장이 교섭단체 대표위원과 협의하여 개의시간을 변경하게 하였다. 정보화 시대에 입법정보를 효과적으로 공시하기 위해 의안의 전산망 입력을 의무화하였으며, 위원회 비밀문건에 대하여 국회법이 정한 사항 이외에 의장이 운영위원회의 동의를 얻어 관리규정을 정하게 하였다.

3) 주요활동 및 입법실적

(1) 제14대 대통령선거

14대 국회임기 중 1992년 12월 18일 실시된 14대 대통령선거에서 민주자유당의 김영삼 후보가 유효표 42%인 997만 7,332표를 획득하여 37% 득표에 그친 김대중

---

15) 1993년 2월 25일 김영삼 대통령의 문민정부 출범과 함께 추진된 사회 각 분야 개혁조치에 부응하여 국회의 민주적이고 생산적인 선진 의회로의 발전 방안을 마련한다는 취지에서 "국회운영 및 제도개선 소위원회"에서 각계의 의견을 반영한 안으로 제26차 개정에 이어 선진 국회제도를 도입한 개정이다(정호영: 55).

후보를 물리치고 당선되었다. 이번 대통령선거에서는 국회의원총선 직전 통일국민당을 창당하고 31석을 차지함으로써 돌풍을 일으킨 정주영 후보가 3위를 차지하는 데 그쳤다. 그러나 대선에서 집권한 민주자유당은 김종필 대표가 탈당하여 자유민주연합을 창당함으로써 여권이 분열되었다.

(2) 노태우 전 대통령의 비자금폭로

14대 국회 마지막 정기회 중 1995년 10월 19일 박계동 의원은 노태우 전 대통령의 비자금으로 보이는 시중은행 차명계좌를 폭로했으며 노 전 대통령은 재임 중 5,000억원의 비자금 조성과 잔액 1,700억의 존재를 시인하고 국민에게 사과하였다.

(3) 입법실적

제14대 국회는 헌법과 지방자치법에 의한 선거가 국민의 자유로운 의사와 민주적인 절차에 의하여 공정히 행하여지도록 하고 선거와 관련한 부정을 방지하기 위하여 선거권과 피선거권, 선거구역과 의원정수, 선거기간과 선거일, 후보자 및 선거운동 등에 관한 사항을 규정하는 「공직선거및선거부정방지법」을 1994년 3월 4일 의결하였다. 정보화를 촉진하고 정보통신산업의 기반을 조성하기 위하여 정보화촉진기본계획의 수립, 정보화촉진기금의 설치 등을 규정한 「정보화촉진기본법」을 1995년 7월 15일 의결하였다. 또한 농지를 효율적으로 이용·관리하여 농업인의 경영안정 및 생산성 향상을 기하고자 농지의 소유·이용 및 보전 등에 관하여 필요한 사항을 정하는 「농지법」을 1994년 12월 2일 의결하였다.

3. 제15대 국회

1) 국회의 구성

제15대 국회는 1996년 4월 11일 실시된 국회의원총선거에서 당선된 299인의 국회의원(지역구 253인, 전국구 46인)으로 구성되었다. 여당인 신한국당은 139인, 새정치국민회의는 79인, 자유민주연합은 50인, 통합민주당은 15인, 무소속 16인이 당선되었다. 선거 직후 신한국당은 통합민주당 등 야당의원을 영입하여 157석으로 소속의원을 늘렸으며[16] 이러한 여파로 임기 개시일(5.30)로부터 7일 이내에 원 구성을 하도록 한

국회법개정에도(1994.6.28. 28차 개정) 불구하고 1개월이 지난 7월 4일에야 의장 및 부의장을 선출할 수 있었다. 15대 국회의원의 임기는 1996년 5월 30일부터 2000년 5월 29일까지 4년이다.

2) 국회운영제도의 변경

제31차 국회법개정(1997.1.13)으로 복수 상임위원회제를 도입하여 의원이 2개 이상의 상임위원회에 보임할 수 있게 하였다. 이는 의원이 다양한 분야에서 입법 등 의정활동을 확대할 수 있게 하려는 제도이다. 의원이 복수상임위에 참여할 수 있게 되면서 위원회 의사정족수를 종전의 재적위원 4분의 1 이상에서 5분의 1 이상으로 완화하였다. 대통령령 등 행정입법의 법률적합성 검토를 위해 제·개정 시 7일 이내에 국회에 송부하도록 의무화했으며, 대정부 질문시간은 15분에서 20분으로, 자유발언은 4분에서 5분으로 연장하였다. 정부의 서류제출시한은 요구일부터 10일 이내로 법정화하였다.

2000년 2월 16일 제33차 국회법개정 시 국회의 상시개원을 위해 짝수월에 임시회를 집회하고 정기회 집회일을 9월 1일로 하며 매주 월요일부터 수요일까지는 위원회 활동을, 목요일은 본회의 활동을 하도록 하였다. 정부법률안제출계획을 연초에 국회에 통지하도록 하였으며 정부가 국회예산요구를 삭감할 경우 그 삭감내용 및 사유를 7일 전까지 국회에 송부하도록 하고 예산결산위원회를 상설화하되 의원의 임기를 1년으로 하였다. 소위원회 회의록 작성을 의무화하고 공청회·청문회 개최요건을 상임위 재적위원 3분의 1 이상의 요구로 가능하게 하였으며, 제정법률안 등에 대해서는 공청회 또는 청문회 개최를 의무화하였다. 본회의에 전원위원회를 도입하여 본회의에서 안건의 구체적 내용까지 심의할 수 있도록 하였으며, 법안실명제 도입, 행정입법에 대한 검토제도 도입, 본회의 투표방식으로 전자투표를 일반화하는 등 국회의 기능을 강화하는 제도개선이 이뤄졌다.

---

16) 그러나 15대 국회의원의 당적 변경은 1997년 12월 실시된 15대 대통령선거에서 제1야당인 새정 치국민회의 김대중 후보가 제2야당인 자유민주연합의 지지로 당선되면서 새로이 여당이 된 새정치민주연합과 자유민주연합으로 국회의원이 역(逆)으로 이동하는 현상이 발생하였다

3) 주요활동 및 입법실적

(1) 제97차 국제의회연맹(IPU) 개최

제97차 국제의회연맹(IPU) 총회 및 제160차 IPU이사회가 1997년 4월 10일부터 같은 달 15일까지 국회의사당에서 개최되었다. 세계 126개국과 27개 국제기구에서 1,300여 명의 대표단이 참석한 서울총회에서는 타이완 핵폐기물의 북한반입금지를 촉구하는 등의 활동을 하였다.

(2) 외환위기와 국정조사

1997년 11월 외환위기가 초래되자 국제통화기금(IMF)에 구제 금융을 신청하고 모든 경제정책에 국제통화기금의 관리·감독을 받게 되었다. 국회는 1998년 1월 17일 'IMF환란원인규명과 경제위기진상조사를 위한 국정조사 특별위원회'를 구성하고 한보그룹 등 대기업의 부도원인과 종합금융사 등 외환 부채에 대한 정부의 감독 부실 등 경제정책 전반에 관해 국정조사를 실시하였다.

(3) 정치개혁입법

국회는 1998년 4월 '정치개혁입법특별위원회'를 구성하고 선거법, 국회법 등 정치개혁입법을 심사한 결과 2000년 2월 16일 선거법을 개정하여 국회의원정수를 현행 299인에서 273인으로 감축하였으며, 국회법을 개정하여 국회의 상시개원, 예결위 상설화, 전원위원회 도입 등 국회 심의기능 및 책임정치 강화를 도모하였다.

(4) 입법실적

제15대 국회는 청소년에게 유해한 매체물과 약물 등이 청소년에게 유통되는 것과 청소년이 유해한 업소에 출입하는 것 등을 규제하는 「청소년보호법」을 1997년 2월 18일 의결하였다. 문화산업 발전의 기반을 조성하고 경쟁력을 강화하기 위하여 문화산업의 지원 및 육성에 필요한 사항을 정하는 「문화산업진흥기본법」을 1999년 1월 7일 의결하였다. 또한 생활이 어려운 자들의 최저생활을 보장하고 자활을 조성하기 위하여 이들에게 생계급여, 의료급여 등 필요한 급여를 행하는 「국민기초생활보장법」을 1999년 8월 12일 의결하였다.

4. 제16대 국회

1) 국회의 구성

2000년 4월 13일 제16대 국회의원 273인(지역구 227인, 비례대표 46인)을 선출하기 위한 선거가 실시되었다. 선거결과 한나라당 133인(지역구 112인, 비례대표 21인), 새천년민주당 115인(지역구 96인, 비례대표 19인), 자유민주연합 17인(지역구 12인, 비례대표 5인), 무소속 5인, 민주국민당 2인(지역구 1인, 비례대표 1인), 한국신당 1인이 당선되었다. 16대 국회는 야당인 한나라당이 제1당이 되었으나 과반 의석인 137석을 차지한 정당이 없어 여·야의 타협에 의해 의사를 결정할 수밖에 없는 구도가 되었다. 이러한 구도로 말미암아 16대 전반기 의장은 이만섭 새천년민주당(여당) 의원이 후반기에는 박관용 한나라당(야당) 의원이 당선되었다. 제16대 국회의원의 임기는 2000년 5월 30일부터 2004년 5월 29일까지 4년이다.

16대 국회는 대외적 독립성과 대내적 자율성이 크게 신장하는 변화가 일어났다. 이는 사상 초유의 거대 야당이 등장한 데 따른 결과다. 16대 국회는 역대 국회 중 행정부와의 관계에서 가장 권력적 우위를 누린 국회라는 평가를[17] 받는다.

2) 국회운영제도의 변경

기금관리기본법 개정(2001.12.31)으로 기금운용 계획안도 예산과 마찬가지로 국회의 심사를 받도록 하였으며, 제35차 국회법개정(2002.3.7) 내용은 의장의 당적보유 금지, 의원의 양심에 따른 자유투표제 도입, 국회에 서류를 제출하는 방식을 서면 이외에 전자문서 등으로 제출할 수 있도록 다양화, 예결위 예산심사 시 상임위 심사내용 존중, 여성위원회 설치 등이다.

제36차 국회법개정 시(2003.2.4)에는 일문일답식 대정부 질문제도의 채택, 감사원에 대한 감사청구제도 도입으로 국회가 감사원에 특정사안에 대한 감사를 청구할 수 있도록 하였으며, 국회 인사청문 대상을 헌법에 의해 임명에 동의를 요하거나 국회에서 선출하는 공직자 등에서 국가의 중요 직무를 수행하는 국가정보원장, 검찰총장, 경찰청장 및 국세청장으로 확대하고, 결산심사결과 시정요구권 도입, 정기국회 중 처리대상 법률안 제한, 의안의 발의의원 수를 20인에서 10인으로 축소하여 의원의 의정

---

17) 『신동아』, "제16대 국회4년 결산의 평가"(2004.5).

활동을 활성화하였으며, 법률안의 위원회 상정을 위한 숙려기간 확대, 회의록 내용의 삭제불가 규정, 해임건의안과 탄핵소추안의 본회의 보고시기를 명문화하였다.

제37차 국회법개정(2003.7.18)으로 국회에 예산결산 및 기금심의활동의 전문성 제고와 재정 통제기능 강화를 위해 이를 연구·분석·평가하여 의정활동을 지원하는 「국회예산정책처」를 두도록 하였다.

3) 주요활동 및 입법실적

(1) 노무현 대통령 탄핵의결

2004년 3월 12일 국회는 대통령이 공무원의 선거중립 의무를 위반했다는 이유로 노무현 대통령에 대한 탄핵안을 가결하였다. 이 안건에 대해서는 열린우리당 의원의 반대 속에 한나라당, 새천년민주당, 자유민주연합이 공조하여 찬성 193표, 반대 2표로 가결하였다. 노 대통령의 직무가 정지되고 고건 국무총리가 권한을 대행했다. 같은 해 5월 14일 헌법재판소는 탄핵소추안을 기각하였으며, 대통령은 직무에 복귀하였다.

(2) 입법실적

제16대 국회는 공적자금 조성·운용 및 관리의 객관성과 공정성 및 투명성을 제고하기 위하여 필요한 사항을 규정하는 「공적자금관리특별법」을 2000년 12월 2일 의결하였다. 대부업의 건전한 발전과 대부업자 및 여신금융기관의 거래 상대방 보호를 위하여 대부업의 등록 및 감독에 관하여 필요한 사항을 규정하고 대부업자와 여신금융기관의 불법적 채권추심행위 등을 규제하는 「대부업의등록및금융이용자보호에관한법률」을 2002년 7월 30일 의결하였다. 또한 생명과학기술에 있어서의 생명윤리 및 안전을 확보하여 인간의 존엄과 가치를 침해하거나 인체에 위해를 주는 것을 방지하고, 생명과학기술이 인간의 질병 예방 및 치료 등을 위하여 개발·이용될 수 있는 여건을 조성하는 「생명윤리및안전에관한법률」을 2003년 12월 29일 의결하였다.

5. 제17대 국회

1) 국회의 구성

제17대 국회의원 299인(지역구 243인, 비례대표 56인)을 선출하기 위한 총선거가 2004년 4월 15일 실시되었다. 선거결과 여당인 열린우리당이 152인(지역구 129인, 비례대표 23인)으로 과반수(150인)에 2인을 초과하였으며 한나라당 121인(지역구 100인, 비례대표 21인), 민주노동당 10인(지역구 2인, 비례대표 8인), 새천년민주당 9인(지역구 5인, 비례대표 4인), 자유민주연합 4인(지역구 4인), 무소속 2인, 국민통합 1인이 당선되었다. 열린우리당은 16대 말에는 소속의원 47인에 불과한 제3당의 위치에 있었으나 2004년 3월 12일 국회에서 노무현 대통령 탄핵소추안을 의결한 데 대한 비판적 여론에 힘입어 당의 지지도가 급상승하여 과반 의석을 확보할 수 있었다. 17대 국회는 법정 최초 집회일인 6월 5일 개원하였다. 17대 국회의원의 임기는 2004년 5월 30일 개시하여 2008년 5월 29일까지 4년이다.

2) 국회운영제도의 변경

제39차 국회법개정(2005.7.28)에서는 국회의원 체포동의안을 조속하게 처리할 수 있도록 규정을 신설했으며, 의원석방 요구안 발의도 종전 20인 이상에서 재적의원 4분의 1로 요건을 엄격하게 하였다. 의원에 대한 윤리심사 및 징계요구 시한도 사유발생 5일 이내에서 10일 이내로 연장했으며 윤리특별위원회의 윤리심사기간도 연장하였다. 아울러 상임위원회 위원도 위원회 직무와 관련된 영리행위를 하지 못하게 규정하고 의안과 직접적인 이해관계를 가진 위원이 소관위원회 과반수를 차지하는 경우 의장은 운영위와 협의하여 관련 안건을 다른 위원회에 회부하여 심사할 수 있게 하였다. 예산심사와 관련하여 상임위원회에서 예산, 기금관련 법률안을 심사하는 경우 예결위와 협의하도록 하였으며 예결위는 예산안, 기금운영계획안 및 결산안에 대해 공청회를 의무적으로 개최하도록 하였다. 2007년 1월 24일 제43차 국회법개정으로 입법 및 정책과 관련된 사항을 조사·연구하고 의원의 의정활동 지원업무를 수행하기 위해 '국회입법조사처'를 신설하였다. 2007년 12월 14일 제44차 국회법개정으로 대통령당선인이 대통령임기 개시 전에 국무위원 후보자를 지명하여 국회에 인사청문을 요청할 수 있도록 하였다.

3) 주요활동 및 입법실적

(1) 사립학교법 개정

2005년 12월 9일 국회는 열린우리당 주도로 사립학교법개정안을 의결하였다. 이 개정안은 사학재단의 비리를 근절하고 운영을 민주화하기 위해 개방형 이사제 도입과 임원의 겸직 금지 등을 규정함으로써 사학재단의 운영의 투명성과 개방성을 높이려는 취지를 담고 있다. 이 법안은 소관 상임위원회와 법제사법위원회에서 심사를 마치지 못하고 바로 본회의에 상정되어 처리됨으로써 절차적 문제를 안고 있다는 지적을 받았다. 이 법안 처리로 사립학교 관계자들의 반발은 물론 한나라당이 강력한 장외 반대 투쟁을 벌임으로써 정국경색의 원인이 되었다.

(2) 입법실적

제17대 국회는 저출산 및 인구의 고령화에 따른 변화에 대응하는 저출산·고령사회 정책의 기본방향과 그 수립 및 추진체계에 관한 사항을 규정하는 「저출산·고령사회 기본법」을 2005년 4월 26일 의결하였다. 도시의 균형 있는 발전을 위하여 도시의 낙후된 지역에 대한 주거환경의 개선, 기반시설의 확충 및 도시기능의 회복을 위한 사업을 광역적으로 계획하고 체계적·효율적으로 추진하기 위하여 필요한 사항을 정하는 「도시재정비 촉진을 위한 특별법」을 2005년 12월 8일 의결하였다. 또한 안정적이고 효율적이며 환경 친화적인 에너지수급구조를 실현하기 위하여 에너지정책 및 에너지 관련 계획의 수립·시행에 관한 기본적인 사항을 정하는 「에너지기본법」을 2006년 2월 9일 의결하였다.

6. 제18대 국회

1) 국회의 구성

제18대 국회는 국회의원정수 299인(지역구 245인, 비례대표 54인)이며 국회기간은 2008년 5월 30일부터 2012년 5월 29일까지 4년이다.

18대 국회의원총선거는 2008년 4월 9일 실시되었고 선거결과 한나라당이 153석 (지역구 131석, 비례대표 22석), 통합민주당 81석(지역구 66석, 비례대표 15석), 자유

선진당 18석(지역구 14석, 비례대표 4석), 친박연대 14석(지역구 6석, 비례대표 8석), 민주노동당 5석(지역구 2석, 비례대표 3석), 창조한국당 3석(지역구 1석, 비례대표 2석), 무소속이 25석을 각각 차지하였다. 제18대 국회 전반기 원 구성은 임기 개시 후 두 번째 임시회인 제276회 국회 제1차 본회의(2008.7.10)에서 한나라당 소속 김형오 의원을 국회의장으로 선출하면서 시작되었다. 국회의장선거가 임기 개시 후 42일이 지난 후에야 실시된 것은 이 기간에 미국산 쇠고기 수입을 반대하는 촛불시위가 전국적으로 벌어지는 등, 이를 둘러싼 사회적 갈등이 심화되었으며 미국과의 쇠고기 재협상을 요구하는 야당의 입장이 강경하여 개원 협상이 쉽게 타결될 수 없었기 때문이다. 또한 대통령선거와 국회의원총선거에서 모두 한나라당이 승리함으로써 정권교체가 이뤄져 여·야의 역할이 바뀌고 선거기간 중에 있었던 갈등이 조정되는 데 시간이 필요했던 것으로 보인다.

2) 국회운영제도의 변경

제48차 국회법개정(2010.3.12)으로 사무총장의 임시회 집회 공고 사유 중 '폐회 중 의장단이 모두 궐위된 때'를 추가하였고, 최다선 의원의 의장직무대행 사유를 "국회의원총선거 후 최초로 의장과 부의장을 선거할 때"로 변경하였다.

제49차 개정(2010.5.28)에서는 세입·세출과 기금을 통합한 결산의 심의로 변경하였으며, 국회의원, 윤리심사제도와 징계제도를 징계제도로 일원화하였고, 윤리특별위원회에 의원이 아닌 사람으로 구성되는 윤리심사자문위원회를 설치하였다.

제51차 개정(2011.5.29)에서는 정부의 법률안 제출계획 통지시기를 매년 3월 31일에서 1월 31일까지로 앞당겼다. 의장이 심사보고서, 의안 및 청원요지서를 의원에게 배부하는 때에 인쇄나 전산망에 입력하는 방법으로 배부할 수 있게 하였으며, 위원회가 청문회와 관련된 서류 제출을 요구할 경우 재적위원 3분의 1 이상의 요구로도 할 수 있도록 하였다.

제53차 개정(2012.5.25)은 이른바 '국회선진화를 위한 국회법개정'으로 불리며, 국회운영의 민주화를 위해 획기적인 내용이 도입되었다. 위원회에 이견을 조정하기 위해 여·야 동수로 구성된 안건조정위원회를 둘 수 있게 하였으며, 위원회에 심사 회부된 안건이 숙려기간 경과 후에도 상정되지 아니한 경우 숙려기간을 더하여 30일이 경과한 날 이후 처음 열리는 회의에 상정된 것으로 간주하는 '자동상정간주제도,' 의장의 직권상정요건을 천재지변 등 3가지 요건으로 대폭 제한, 신속처리 대상 안건 지정

예산안·기금운용계획안 등 매년 11월 30일까지 위원회 심사완료간주제도, 법제사법위원회 체계·자구 심사 지연 시 본회의 부의 요구제도, 본회의 무제한 토론제도 도입, 의원의 의장석 또는 위원장석 점거 금지 등이 도입되었다.

그러나 19대 운영경험을 통해 국회의 운영에 비효율을 초래함으로써 '식물국회'라는 비판을 면치 못하고 있어 이에 관한 개정논의가 진행되고 있다.

3) 주요활동 및 입법실적

(1) 한·미 자유무역협정(FTA) 비준안 처리

2008년 12월 18일 국회외교통상통일위원회에서 한나라당 의원 단독으로 한·미 자유무역협정 비준안을 처리하려고 시도하였으나 여·야 간 의견이 불일치되어 물리적 충돌을 야기하였다. 2011년까지 이를 둘러싼 여·야의 찬반논쟁이 계속되었으며 2011년 11월 22일 한나라당의 표결강행으로 의결되었다. 2007년 6월 30일 노무현 대통령의 참여정부 시절 한·미 양국 정부 간 공식서명 이후 4년 5개월 만에 국내 비준이 이루어진 것이다.

(2) 예산안 의결

4대강사업예산에 관한 이견으로 2010년도 예산안 처리가 지연되자 2009년 12월 31일, 한나라당은 22조 원으로 추정되는 4대강예산을 포함한 2010년도 예산안을 야당의원들의 반대 속에 의결하였다.

(3) 세종시관련법수정안 국회본회의 부결

2009년 9월 정운찬 국무총리 후보자 지명 때부터 언급되기 시작하다가 같은 해 11월 대통령 TV연설에서 공식제안되었다. 이어서 2010년 1월 11일 제출된 세종시관련수정법안이 상반기 동안 찬·반 논쟁을 거쳐 6월 19일 본회의에서 부결되었다. 관련수정법안은 행정중심복합도시로 개발하려던 세종시를 교육과학 중심의 경제도시로 변경하려는 내용을 담고 있다.

(4) 입법실적

입법활동으로 보면 제18대 국회는 양적으로 가장 활발했던 국회라 할 수 있다. 18

대 국회 법률안 접수 건수는 13,913건이며 이 중 의원발의는 12,220건이고 정부제출 법률안은 1,693건이다. 접수 건수 총계 면에서 15대 1,951건, 16대 2,507건, 17대 7,489건이었던 데 비하면 괄목할 만한 증가추세라 할 수 있다. 의원발의법률안이 양적으로 급증하였지만 반작용으로 가결비율 면에서는 현저하게 낮아졌다. 의원발의법률안 12,220건 중 1,663건이 가결되어 14%의 가결률을 보였다. 정부제출법률안은 1,693건이 접수되어 690건이 가결됨으로써 41%의 가결률을 보였다.

제18대 국회는 중증장애인의 생활 안정 지원과 복지 증진 및 사회통합을 위해 장애로 인하여 생활이 어려운 중증장애인에게 장애인연금을 지급하는 「장애인연금법」을 2010년 3월 31일 의결하였다. 수도권의 과도한 집중에 따른 부작용을 시정하고 지역개발 및 국가 균형발전과 국가경쟁력 강화에 이바지하기 위하여 세종특별자치시를 설치하는 「세종특별자치시 설치 등에 관한 법률」을 2010년 12월 8일 의결하였다. 국가·지방자치단체 또는 공공기관이 개발도상국의 발전과 복지증진을 위하여 협력대상국에 직접 또는 간접적으로 제공하는 무상 또는 유상의 개발협력과 국제기구를 통하여 제공하는 다자간 개발협력에 관한 기본적인 사항을 규정하는 「국제개발협력기본법」을 2009년 12월 29일 의결하였다. 또한 시장기능을 활용하여 효과적으로 국가의 온실가스 감축목표를 달성하기 위하여 온실가스 배출권을 거래하는 제도를 도입하는 「온실가스 배출권의 할당 및 거래에 관한 법률」을 2012년 5월 2일 의결하였다.

제8장

우리국회의 입법심의 현황과 과제

I. 입법심의 현황

1. 개황

우리 제헌국회는 "국회의 구성과 국회준칙에 관한 결의안"을 의결하여 입법 활동을 시작한 이후 국회법, 헌법, 정부조직법을 단기간 내에 제정하여 국 가의 기본조직과 운영에 관한 기틀을 마련하였다. 그간 국회는 1948년 5월 31일 제헌국회 개원 이래 19대에 걸쳐 구성되었으며, 정치적 격변기에 3차의 비상 입법기구(국가재건최고회의, 비상국무회의, 국가보위입법회의)가 설치되어 입법활동 을 계속하였다.

우리국회의 입법현황을 먼저 국회에 법률안으로 접수된 건수와 국회의 입법과정을 거쳐 처리된 비율(처리율) 및 접수된 건수 중에 국회에서 가결된 비율(가결률)을 의원 발의법률안과 정부제출법률안으로 나눠 비교해보면 〈표 8-1〉에서 보는 바와 같이 제

〈표 8-1〉 역대 국회 법률안 접수·처리·기결 현황

(기간: 1948.5.31~2012.5.29)

대별/구분	총계			의원발의							정부제출						
	(A) 접수	(B) 처리 (B/A)	(C) 가결 (C/A)	(D) 접수	처리						(J) 접수	처리					
					(E) 가결 (의원화인)	가결률 (%) (E/D)	(F) 부결 폐기 등 (의원화안)	(G) 처리소계 (의원화안) (E+F)	(H) 처리율 (%) (G/D)	(I) 미처리		(K) 가결	가결률 (%) (K/J)	(L) 부결폐기 기능	(M) 처리 소계 (K+L)	(N) 처리율 (%) (M/J)	(R) 미처리
제헌	234	191 (82%)	149 (64%)	89 (21)	43 (18)	48% (85.7%)	30 (1)	73 (19)	82% (90%)	16 (2)	145	106	73%	12	118	81%	27
제2대	398	340 (85%)	214 (54%)	182 (61)	77 (44)	42% (72.1%)	80 (14)	157 (58)	86% (94%)	25 (3)	216	137	63%	46	183	85%	33
제3대	410	216 (53%)	157 (38%)	169 (53)	72 (42)	43% (79.2)	29 (4)	101 (46)	63% (87%)	68 (7)	241	85	35%	30	115	48%	126
제4대	322	108 (34%)	75 (23%)	120 (29)	31 (27)	26% (93.1%)	18	49 (27)	41% (93%)	71 (2)	202	44	22%	15	59	29%	143
제5대	296	103 (35%)	70 (24%)	137 (33)	30 (16)	22% (48.5%)	30 (5)	60 (21)	44% (64%)	77 (12)	159	40	25%	3	43	27%	116
최고 회의	1,162	1,162 (100%)	1,015 (87%)	554	514	93%	40	554	100%	0	608	501	82%	107	608	100%	0
제6대	658	508 (77%)	332 (50%)	416 (104)	178 (102)	43% (98.1%)	105 (1)	283 (103)	68% (99%)	133 (1)	242	154	64%	71	225	93%	17
제7대	535	442 (83%)	357 (67%)	244 (60)	123 (59)	50% (98.3%)	47 (1)	170 (60)	70% (100%)	74	291	234	80%	38	272	93%	19
제8대	138	47 (34%)	39 (28%)	43 (2)	6 (2)	14% (100%)	6	12 (2)	28% (100%)	31*	95	33	35%	2	35	37%	60*

제9대	633	591 (93%)	544 (86%)	154 (40)	84 (40)	55% (100%)	35	119 (40)	77% (100%)	35	479	460	96%	12	472	99%	7
제10대	129	101 (78%)	100 (78%)	5	3	60%	0	3	60%	2	124	97	78%	1	98	79%	26
입법회의	189	189 (100%)	189 (100%)	33 (26)	33 (26)	100% (100%)	0	33 (26)	100% (100%)	0	156	156	100%	0	156	100%	0
제11대	489	430 (88%)	340 (70%)	202 (39)	83 (39)	41% (100%)	65	148 (39)	73% (100%)	54	287	257	90%	25	282	98%	5
제12대	379	299 (79%)	222 (59%)	211 (29)	66 (29)	31% (100%)	68	134 (29)	64% (100%)	77	168	156	93%	9	165	98%	3
제13대	938	806 (86%)	492 (52%)	570 (108)	171 (108)	30% (100%)	276	447 (108)	78% (100%)	123 (1)	368	321	87%	38	359	98%	9
제14대	902	763 (85%)	656 (73%)	321 (69)	119 (68)	37% (98.5%)	77	196 (68)	61% (99%)	125 (1)	581	537	92%	30	567	98%	14
제15대	1,951	1,561 (80%)	1,120 (57%)	1,144 (337)	461 (337)	40% (100%)	330	791 (337)	69% (100%)	353 (0)	807	659	82%	111	770	95%	37
제16대	2,507	1,753 (70%)	948 (38%)	1,912 (261)	517 (258)	27% (98.8%)	682 (2)	1,199 (260)	63% (100)	713 (1)	595	431	72%	123	554	93%	41
제17대	7,489	4,335 (58%)	1,915 (26%)	6,387 (659)	1,352 (655)	21% (99.4%)	2,091 (3)	3,443 (658)	54% (100%)	2,944 (1)	1,102	563	51%	329	892	81%	210
제18대	13,913	7,612 (55%)	2,353 (17%)	12,220 (1029)	1,663 (1,024)	14% (99.5%)	4,635 (2)	6,298 (1,026)	52% (100%)	5,922 (3)	1,693	690	41%	624	1,314	78%	379
총계	33,672	21,557 (64%)	11,287 (34%)	25,113 (2,960)	5,626 (2,894)	22% (97.8%)	8,644 (33)	14,270 (2,927)	57% (98.8)	10,812 (33)31*	8,559	5,661 (66%)	66%	1,626	7,287	85%	1,212 / 60*

* 비상국무회의로 이관된 법률안임 ─ 제8대 국회의 31건, 60건 미처리함께와 별도처리 필요
** 미처리 법률안은 회기불계속 및 임기만료로 인한 폐기
자료: 국회사무처, 『의정자료집』(2012) 재구성

헌부터 제18대 임기 만료일(1948.5.31~2012.5.29)까지 총 33,672건의 법률안이 접수되고 21,557건이 처리되어 64%의 처리율을 보이고 있으며, 이 중 11,287건이 가결되어 접수 대비 34%의 가결률을 보이고 있다. 처리대비 가결률은 52.4%이다. 그러나 접수 대비 36%에 이르는 12,024건이 회기불계속 및 임기만료로 미처리된 채 폐기되었다(8대 91건은 비상국무회의로 이관). 이러한 현상은 접수 건수가 급증한 15대 국회 이후 특히 심화되고 있어 국회입법과정의 효율성에 큰 문제점으로 지적되고 있다.

의원발의법률안은 25,113건이 접수되고, 14,270건이 처리되어 접수 대비 57%가 처리되었으며 이 중 5,626건이 가결되어 접수 대비 22%의 가결률을 보이고 있으며, 처리대비 38.72%의 가결률을 보이고 있다. 의원발의법률안은 가결률이 접수 대비나 처리대비 모두 22%~39%로 저조한 실적이다.

정부제출법률안은 8,559건이 접수되고 7,287건이 처리되어 85%의 처리율을 보이고 있으며, 이 중 5,661건이 가결되어 접수 대비 66% 가결률을 보이고 있으며, 처리대비로는 77.7%가 가결되었다. 정부제출법률안은 처리율도 85%로 의원발의법률안 처리율 57%에 비해 높은 처리율을 보이고 있으며 가결률도 접수 대비나 처리대비로 66%~78%의 높은 가결실적을 보이고 있다. 정부제출법률안은 준비단계부터 여당과의 협의를 거쳐 정책필요성을 검토하고 성안과정에서 정부 내 법제처 등 법제기구의 심사를 거쳐 완성도가 높은 형태의 법률안을 만들기 때문에 처리율, 가결률이 높을 수밖에 없는 실정이다.

이에 비하면 의원발의법률안은 발의 동기가 의원 개인별로 지역구 사정, 이해관계인의 부탁, 이익단체의 요청 등 국민 각계 각층의 소외된 의견을 반영하게 하여 발의되기 때문에 정책필요성에 대해 의회 전반의 공감을 얻기가 용이하지 않고 성안과정도 의욕에 비해 전문가의 조언이나 전문기관의 검토를 받기가 쉽지 않아 형식 면에서도 여러 가지 미비한 상태로 발의되는 경우가 많아 의회심사를 통과하기가 어려운 경우가 많을 것으로 보인다. 그러나 이러한 법률안의 형식적 틀을 갖추는 문제는 16대 이후 국회 법제실 등 입법지원기구의 지원이 확충되어 크게 완화된 것으로 보인다.

2. 법률안 처리율 및 가결률 변동의 요인 비교

처리율 및 가결비율을 국회의 대별로 비교해 보면 〈표 8-1〉과 같이 14대 국회 총계

가결률 73%를 보인 이후 15대 국회 57%, 16대 국회 38%, 17대 국회 26%, 18대 국회 17%로 가결비율이 현저히 낮아짐을 알 수 있다.

가결비율이 급격히 낮아진 원인은 15대 이후 상대적으로 가결률이 낮은 의원발의법률안의 접수 건수가 급증하면서 전체 가결률을 떨어뜨린 데 있다고 볼 수 있다.

제14대 국회 의원발의법률안의 가결비율은 37%에 불과했으나, 총 접수 건수(902건) 대비 의원발의법률안의 접수 건(321건)수가 36%를 점유하고 있어 전체 가결률에 미치는 영향이 크지 않았다. 즉 상대적으로 정부제출법률안이 581건으로 총 접수 건수 902건 대비 64%로 높은 점유율을 보인 데다 가결률도 92%로 높았기 때문에 총 법률안 접수 건수 대비 가결률이 73%를 유지할 수 있었다.

제15대 국회 이후 의원발의법률안이 총 법률안 접수에서 차지하는 점유율이 15대 1,951건 대 1,144건으로 59%, 16대 2,507건 대 1,912건으로 76%, 17대 7,489건 대 6,387건으로 85%, 18대 13,913건 대 12,220건으로 88%로 90%대에 가깝게 급증하고 있다. 반면에 의원발의법률안의 접수 건수 대비 가결비율은 15대 40%, 16대 27%, 17대 21%, 18대 14%대로 낮아지고 있다. 이러한 현상이 총 접수 건수 대비 가결률(C/A)을 낮추는 주요 요인이 되고 있다.

이때도 정부제출법률안의 가결률(K/J)은 14대 92%, 15대 국회의 82%, 16대 국회 72%, 17대 국회 51%, 18대 국회 41%로 상대적으로 높은 수준을 유지하고 있다. 그러나 정부제출법률안 역시 가결률이 낮아지고 있는 경향을 보이고 있는 바 이는 제출 건수의 급증이 그 원인으로 보인다. 정부제출법률안 접수 건수는 16대 국회 595건에서 17대 국회에서는 1,102건으로, 18대 국회에는 1,693건으로 직전 국회 대비 500건 내지 600건이 증가하였으며, 정부제출 건수 급증이 가결률을 40%~50%대로 떨어뜨린 요인으로 보인다.

전반적으로 가결률이 20%대를 보인 4대 국회, 5대 국회 및 8대 국회를 살펴보면,

4대 국회(가결률 23%)는 1960년 4·19혁명으로 인해 임기(1958.5.31~1960.7.28)가 단축되었으며 임기 초부터 정쟁의 격화로 입법활동이 저조했던 것으로 보인다. 4대 국회는 회기불계속 및 임기만료로 인한 폐기법률안이 214건으로 총 접수 건수 322건의 66%를 차지하고 있다는 점에서도 이러한 설명을 뒷받침해주고 있다.

제5대 국회는 그 임기가 1960년 7월 29일부터 1961년 5월 16일까지 10여 개월 활동했으며, 1961년 5·16군사정변으로 국회가 해산됨으로 말미암아 가결률은 24%, 임기만료로 인한 폐기법률안은 193건으로 접수 건수 296건 대비 65%를 차지하고 있다

는 점에서 국회가 입법활동을 활발히 하기 전에 국회가 해산된 데 따른 결과로 보인다.

제8대 국회 또한 접수 138건 중 39건이 가결되어 28%의 낮은 법률안 가결률을 보이는데 유신헌법공포 등으로 정체(政體)가 급변하면서 의원임기가 1971년 7월 1일부터 1972년 10월 17일로 단축되고 국회의 입법권이 정지되었으며 법률안 접수 총 138건 중 미처리된 91건(66%)은 비상국무회의로 이관되었다(통계상 별도 표기하였음). 이와 같이 가결률의 저하에는 의원발의법률안의 증가와 정치적 환경의 변화가 크게 영향을 미친 것으로 보인다.

반면에 행정부가 입법을 주도하던 시기에는 정부제출법률안이 다수를 차지하고 처리율 및 가결률도 높다. 제9대 국회부터 제12대 국회는 행정부가 입법을 주도하던 시기로 보인다. 9대 국회는(1973년 3월 12일부터 1979년 3월 11일까지 6년 임기) 유신헌법체제에서 구성된 국회로서 국회에 접수된 법률안 633건 중 정부제출 건수가 479건으로 76%를 차지하고 있으며 가결률도 정부제출법안은 460건이 가결되어 96% 가결률을 보이고 있다. 의원발의법률안은 154건으로 총 접수 건수 대비 24%에 불과했으며 가결률도 84건에 55%를 나타냈다.

제10대 국회(1979.3.12~1980.10.27)는 이른바 1979년 10·26사태 이후 1980년 5월 17일 비상계엄조치로 국회의 입법권이 정지되었다. 1년 6개월 남짓 임기 중 129건의 법률안이 국회에 접수되었으며, 이 중 96%인 124건이 정부제출법률안이고 의원발의 법률안은 5건이다. 정부제출법률안은 97건이 가결되어 78%의 가결률을 보이고 있다.

제11대 국회와 제12대 국회에서는 의원발의법률안이 총 접수 건수의 41%와 56%를 차지하여 역대 국회에 비해 평균적인 의정활동 참여율을 보이고 있으나, 법안 가결률에서는 정부제출법률안이 제11대 국회 90%(의원발의법률안 가결률 41%), 제12대 국회 93%(의원발의법률안 가결률 31%)로 압도적인 통과비율을 보이고 있어 국회 입법활동이 정부·여당에 의해 주도되었음을 알 수 있다.

의원발의법률안이 활성화된 시기를 보면 제12대 국회부터 의원발의법률안 건수가 211건으로 총 법률안 접수 건수에 차지하는 비율이 56%가 되면서 정부제출법률안을 앞지르기 시작하였다. 제12대 국회(1985.4.11~1988.5.29)는 1987년 10월 대통령직선제 개헌을 확정하면서 임기 중 민주화과정을 주도한 국회였다.

제13대 국회(1988.5.30~1992.5.29)는 제9차 헌법개정으로 성립된 제6공화국의 첫 번째 국회로서 국회 구성에서 여당이 과반수의석 획득에 실패한 이른바 '여소야대 국회'인 만큼 국회에서 의원들의 입법활동이 활발하게 이뤄졌다. 따라서 의원발의법률안이 접수 건수 면에서 61%를 차지하였다.

제14대 국회(1992.5.30~1996.5.29)는 정부제출법률안이 총 접수 건수의 64%를 차지하고 있는데, 김영삼 대통령의 문민정부 출범과 함께 추진된 사회 각 분야 개혁조치의 일환으로 정부제출법률안이 581건으로 직전 제13대 국회 368건에 비해 213건(57%)이나 급증한 데 따른 결과로 보인다.

제15대 국회(1996.5.30~2000.5.29)부터 시민단체와 언론이 국회의원의 의정활동 평가요소로 법안발의 건수를 사용하기 시작했으며, 국회사무처에서 1994년 8월 법제예산실이 신설됨으로써 의원발의법률안 입안에 직접적인 도움을 제공할 수 있게 되었다. 의정활동 평가방식의 변화와 국회 내 정부의 법제처에 비견할 만한 법제기구가 신설된 것은 의원입법 활성화에 획기적인 전기가 된 것으로 보인다.

제16대 국회(2000.5.30~2004.5.29)는 야당인 한나라당이 제1당이 되었으나 과반 의석을 차지하지 못하여 여·야의 타협으로 의회가 운영되었다. 여야의 의석차가 크지 않고 의원들도 자율적인 의정활동이 드러난 시기였다. 16대에는 의원발의법률안이 1,912건으로 총 접수 건수 2,507건의 76%를 차지하면서 가결건수 면에서도 517건으로 정부 제출법률안 가결건수 431건을 앞지르기 시작했다. 이러한 경향은 제17대 국회와 제18대 국회에서는 더욱 심화되었다.

의원발의법률안의 증가추세에 따른 문제점은 접수 건수 대비 가결비율이 저조하다는 점에서 입법과정의 능률성 측면에서의 문제점으로 대두되었다. 제16대 국회에서 27%의 가결률을 나타냈으나 그나마 위원회 제안법률안 258건이 가결(가결률 98.8%)된 데 따른 것이며 순수하게 의원발의법률안만 보았을 때에는 1,651건이 접수되어 259건이 가결되어 15.7%의 낮은 가결률을 보이고 있다. 17대는 의원발의법률안 중 위원회 제안법률안을 제외한 순수 의원발의법률안은 5,728건 접수 대비 가결 697건으로 가결률 12.1%, 18대는 11,191건 접수 대비 639건 가결로 5.7%의 낮은 가결률을 보이고 있다.

제17대 국회와 제18대 국회에서도 의원발의법률안의 가결률은 21%, 14%로 각각 낮은 가결률을 보이고 있는데, 특히 18대 국회의 경우 의원발의법률안이 12,220건 접수되어 직전 제17대 국회 6,387건 접수 대비 91.3%나 급증함으로써 가결률이 10%대로 떨어지는 비효율성을 보였다.

정부제출법률안의 가결률 또한 제16대 국회 72%에서, 제17대 국회 51%, 18대 국회 41%로 떨어졌는데 이는 정부제출법률안 또한 의원발의법률안에 대응하여 그 접수 건수가 급증한 데 따른 현상으로 보인다. 접수 건수 면에서 볼 때 제16대 595건에서 제17대는 1,102건으로, 제18대 국회에는 1,693건으로 국회임기가 바뀔 때마다 500건 정도 증가한 것으로 정부정책에 변동이 많고, 의원발의법률안의 문제제기에 따른 정부의 대응책으로 법률안을 제출한 데 따른 증가현상으로 보인다.

정부제출법률안의 가결률이 40%~50%대로 떨어진 것은 과거 추세로 보아 매우 이례적인 현상으로 보이지만 국회의 입법활동이 여·야당을 불문하고 정부제출법률안에 대해서도 엄밀하게 심사하고 있음을 보여주고 있다. 다시 말하면 국회가 통법부에서 벗어나 국민의 대표로서 민주적인 입법활동을 하고 있다는 표시로 보인다.

3. 법률안 가결유형(원안·수정안) 비교

국회는 법률안을 심사하면서 가결 또는 부결시킴으로써 국회의 최종의사를 결정한다. 그러나 법률안 가결비율은 총 접수 건수 대비 16대 38%에서 제17대 국회 26%, 제18대 국회 17%, 19대 전반기는 12%로 낮아지고 있다. 그러나 총 가결건수에서는 16대 948건에서, 17대 1,915건, 제18대 2,353건, 19대 전반기는 1,276건으로 현저하게 증가되어 가결건수 면에서 볼 때 국회의 입법활동 실적이 저조하다고 판단하기는 어려운 것으로 보인다.

가결된 법률안에 대해서도 원안 또는 수정의결 유형에 따라 국회의 법률안 심사태도를 분석할 수 있다. 〈표 8-1〉에서 보는 바와 같이 제헌부터 18대 국회에 이르기까지 국회에서 법률안 가결비율은 평균 34%이며 이 중 역대 총 가결건수 대비 의원발의법률안 가결건수의 비율은 총 11,287건 중 5,626건으로 50%를 차지하고 있다.

제헌부터 18대까지 의원발의법률안 총 접수 건수 25,113건 대비 의원발의법률안의 가결건수는 5,626건으로 22%의 가결비율을 보이고 있다. 정부제출법률안은 총 접수 건수 8,559건에 5,661건이 가결되어 66%의 가결률을 보여주고 있다. 이와 같이 정부제출법률안의 가결비율이 현저히 높다는 것은 정부가 정책을 주도하고 있으며, 정책의 필요성과 적시성을 파악하여 법률안으로 제출한다는 것을 보여주고 있다.

정부정책주도현상에도 불구하고 〈표 8-2〉에서 보는 바와 같이 6대부터 제19대 국회 전반기까지의 정부제출법률안 가결건수 대비 수정건수를 비교해 보면 33% 내지 77%에 이르고 있으며 최근 국회인 15대부터 19대 전반기를 비교해보면 15대 수정비

〈표 8-2〉 법률안 가결유형(원안·수정안)비교(제6대 국회 이후)

대별 / 구분	총계				정부제출			의원발의		
	접수(A)	가결(B) (B/A)	원안(C) (C/B)	수정(D) (D/B)	가결(E) (E/B)	원안(F) (F/E)	수정(G) (G/E)	가결(H) (H/B)	원안(I) (I/H)	수정(J) (J/H)
제6대	658	332 (50%)	179 (54%)	153 (46%)	154 (46%)	60 (39%)	94 (61%)	178 (54%)	119 (67%)	59 (33%)
제7대	535	357 (67%)	170 (48%)	187 (52%)	234 (66%)	84 (36%)	150 (64%)	123 (34%)	86 (70%)	37 (30%)
제8대	138	39 (28%)	15 (38%)	24 (62%)	33 (85%)	12 (36%)	21 (64%)	6 (15%)	3 (50%)	3 (50%)
제9대	633	544 (86%)	311 (57%)	233 (43%)	460 (85%)	256 (56%)	204 (44%)	84 (15%)	55 (65%)	29 (35%)
제10대	129	100 (78%)	55 (55%)	45 (45%)	97 (97%)	54 (56%)	43 (44%)	3 (3%)	1 (33%)	2 (67%)
입법 회의	189	189 (100%)	133 (70%)	56 (30%)	156 (83%)	104 (67%)	52 (33%)	33 (17%)	29 (88%)	4 (12%)
제11대	489	340 (70%)	174 (51%)	166 (49%)	257 (76%)	123 (48%)	134 (52%)	83 (24%)	51 (61%)	32 (39%)
제12대	379	222 (59%)	116 (52%)	106 (48%)	156 (70%)	73 (47%)	83 (53%)	66 (30%)	43 (65%)	23 (35%)
제13대	938	492 (52%)	256 (52%)	236 (48%)	321 (65%)	138 (43%)	183 (57%)	171 (35%)	118 (69%)	53 (31%)
제14대	902	656 (73%)	350 (53%)	306 (47%)	537 (82%)	271 (50%)	266 (50%)	119 (18%)	79 (66%)	40 (34%)
제15대	1,951	1,120 (57%)	574 (51%)	546 (49%)	659 (59%)	215 (33%)	444 (67%)	461 (41%)	359 (78%)	102 (22%)
제16대	2,507	948 (38%)	402 (42%)	546 (58%)	431 (40%)	117 (27%)	314 (73%)	517 (55%)	285 (55%)	232 (45%)
제17대	7,489	1,915 (26%)	954 (50%)	961 (50%)	563 (29%)	131 (23%)	432 (77%)	1,352 (71%)	823 (61%)	529 (39%)
제18대	13,913	2,353 (17%)	1,634 (69%)	719 (31%)	690 (29%)	369 (53%)	321 (47%)	1,663 (71%)	1,265 (76%)	398 (24%)
제19대	10,361	1,276 (12%)	773 (61%)	503 (39%)	204 (16%)	71 (35%)	133 (65%)	1,072 (84%)	702 (65%)	370 (35%)

* 19대: 2012.5.30~2014.5.30
** 자료: 임종훈, 앞의 책, p.103 〈표 4-3〉 수정보완; 국회사무처, 의정자료집(2012)

율은 정부제출법률안 가결건수 대비 67%, 16대 수정비율은 73%, 17대 수정비율은 77%, 18대 수정비율은 47%, 19대 전반기 65%를 나타내고 있다.

이는 정부제출법률안에 대해 국회심사과정에서 여·야당을 가리지 않고 다수의 안건의 수정에 동의하고 있음을 알 수 있다. 동 시기에 의원발의법률안의 수정비율이 22%에서 45%로 비교적 낮은 것은 의원발의법률안에 다수의 위원회안이 포함되어 있고, 위원회안은 이미 위원회 제안 당시 여·야당 의원들의 의견을 수렴하여 성안된 내용이므로 본회의과정에서 가결률이 90% 이상을 차지할 뿐만 아니라 수정하는 경우가 흔치 않기 때문이다. 순수하게 의원들이 발의한 법률안은 전술한 바와 같이 가결비율도 낮지만(16대 이후 18대까지 15.7%에서 5.7%까지 낮아졌다). 또한 수정비율은 매우 높을 것으로 추정된다.

이러한 추정은 위원회안을 제외한 순수 의원발의법률안은 지역구민원 등 발의의원 개인의 관심사를 반영한 것이 대부분이므로 국회 전체차원에서는 의원발의안 내용을 그대로 받아들이기가 쉽지 않을 것이라는 일반론에 근거한다. 이러한 문제점에도 불구하고 의원발의법률안은 정부제출법률안에 비하여 소수자의 권리를 보호하거나 소외계층을 지원하는 긍정적인 역할을 하고 있으며 사회적으로 중요한 입법과제를 주도하는 등의 장점도 분명히 존재한다.[1]

이와 같이 정부제출법률안 수정비율을 놓고 보면 국회의 법률안 심의가 내실있게 발전하고 있다고 말할 수 있다. 정부제출법률안에 대한 수정은 위원회 심사과정에서 야당 소속의원이 정부안과 다른 수정안을 제시하거나 전문위원이 해당 법률안에 대한 검토보고를 하면서 수정의견을 제시하는 등 다양한 계기로 이루어지고 있다.[2] 또한 최근의 경향은 여당의원 역시 정부와 다른 의견이 있는 경우 야당의원과 동조하는 등으로 이를 반영하기 위해 노력한다는 점도 수정률을 높이는 요인으로 작용하고 있다.

---

1) 석인선·이인호·권건보·최희경, 「국회입법과정의 혁신에 관한 연구」, 국회운영위원회(2007.2), p.188.
2) 임종훈, 앞의 책, p.102.

4. 주요국 의회의 의원입법 현황[3]

주요국 의회의 법안 가결률을 가장 최근에 임기만료된 의회를 중심으로 살펴보면 〈표 8-3〉과 같다. 이 표에서 두드러진 점은 의원내각제를 채택하고 있는 국가들의 경우 정부안의 가결률은 상당히 높은 반면, 상대적으로 의원안의 가결률은 낮다는 점이다. 이는 의원내각제 국가에서 입법주도권을 내각이 행사한다는 점을 반영하는 것이다.

미국의회의 경우 제112대 의회 임기 2년 동안 1만 건이 넘는 법안이 발의되었으며, 이 중 8.7%인 917건의 법안이 통과되었다. 제112대 의회 이전까지 통상 법안 가결률이 5%를 넘지 못했던 것과 비교하면 이는 상당히 높은 가결률이다. 그런데 미국의회와의 비교에서 주의해야 할 점은 정부의 법안제출권이 없기 때문에 의원안에는 사실

〈표 8-3〉 주요국의 법안 가결률 현황

국가	임기	정부안 (가결/제출)	의원안 (가결/발의)
미국	2011~2012	-	8.7%(917/10,439)
영국	2006~2010	85%(108/127)	4.7%(18/384)
프랑스	2007~2012	47%(385/762)	1.5%(90/6070)
독일	2005~2009	90.5%(488/539)	25.1%(108/431)
일본	2009~2012	75.6%(223/295)	36.4%(92/253)
한국	2008~2012	40.8%(690/1,693)	13.6%(1,663/12,220)

1) 미국: Congressional Record-Daily Digest, Résumé of Congressional Activity 각 연도별 자료
2) 영국: House of Commons Library 제공 자료
3) 프랑스: Statistique de l'activité parlementaire à l'Assemblée Nationale, 각 연도별 자료
4) 독일: Statistik der Gesetzgebung, Überblick 16
5) 일본: 일본 중의원, 참의원, 내각법제국 자료
자료: 전진영, 앞의 글

---

[3] 전진영, "국회의 의원입법현황과 주요국사례의 비교,"『이슈와 논점』671호(2013.6.17), 국회입법조사처.

상 정부안도 포함되어 있다.

한편 영국의 경우 의원안 가결률은 4.7%, 프랑스는 1.5%로 가장 낮게 나타난 반면, 독일(25.1%)과 일본(35.4%)의 의원안 가결률은 상대적으로 높았다.

의원안 가결률에만 주목하면 13.6%인 한국이 독일이나 일본보다 낮지만, 가결된 법안의 수를 보면 한국이 다른 주요국들보다 압도적으로 많음을 알 수 있다.

II. 미처리 법률안 증가에 따른 문제점과 대책

1. 문제점

〈표 8-1〉과 같이 제헌부터 제18대 국회까지 의원발의법률안은 국회접수법률안 총 33,672건 중 25,113건으로 74.6%를 차지하고 있다. 미처리 법률안 12,024건 중 의원발의법률안은 10,812건으로 90%를 차지하고 있으며, 이러한 현상은 〈표 8-4〉와 같이 의원발의법률안 접수 건수가 12,220건으로 최고치를 기록한 18대 국회 통계를 보면 더욱 분명하게 드러난다. 의원발의법률안의 급증은 동시에 미처리 법률안의 급증을

〈표 8-4〉 제18대 국회 의원발의 및 정부제출법률안 접수 및 처리 현황

(단위: 건)

| | 접수 | 처리 | 처리 내용 | | | | | | | 임기만료폐기 |
| | | | 가결 | | | 부결 | 폐기 | | 철회 | |
			계	원안	수정		대안반영폐기	일반폐기		
의원발의	12,220	6,298	1,663	1,265	398	5	3,227	900	503	5,922
정부제출	1,693	1,314	690	369	321	2	598	19	5	379
계	13,913	7,612	2,353	1,634	719	7	3,825	919	508	6,301

자료: 모주영, 앞의 글, 『국회보』(12.7), p.88

초래하고 있어 입법의 효율성 측면에서 의원입법의 문제점으로 지적되어 왔다.

의원입법의 증가는 민주화 이후 행정부 주도의 국정운영과 통법부라는 오명을 벗어나고 입법부의 기능회복이라는 차원과 다원화된 사회에서 한 가지 사안에 대해 다양한 의견을 제시할 수 있다는 점에서 긍정적으로 평가할 수 있으나, 입법활동의 비효율성 측면에서 신중하게 고려되어야 할 사안임은 분명하다.

정부제출법률안은 법률안 입안절차가 관계기관 협의, 입법예고, 규제심사, 법제처 심사, 국무회의를 거쳐야 하는 등 복잡하고 장시간 소요되어 그동안 이해관계자 및 관계기관의 의견이 조율될 수 있으나, 의원입법의 경우 입법예고, 공청회 등 사전적으로 당사자들의 의견을 정확하게 파악하는 절차가 미흡하고 국회 제출 이후 실제 심사 단계에서 이해관계자의 이견이 표출되고 관련 부처의 입장을 확인하는 공식적인 논의가 이루어지면서 상대적으로 심사기간이 지연되고 처리율 및 가결률이 낮아지게 되면서 결과적으로 미처리 법률안을 다수 발생시키게 된 것으로 파악된다.

또한 시민단체가 법률안 제출 건수로 의원의 의정활동을 평가하면서 의원들이 제출 실적을 늘리기 위해 동일한 사안에 대해 다수 의원의 중복 발의가 이뤄지고 용어의 변경 등 경미한 사항을 담은 유사개정 법률안이 다수 발의되는 경우가 있었다. 이와 같은 법률안은 중요도와 시급성이 낮은 것으로 평가되어 상임위원회 의사일정에서 밀려나는 경향이 있었다. 따라서 의원입법의 양적성장을 넘어 질적 수준을 제고하는 의원입법의 내실화 및 질적 수준 제고 방안이 마련되어야 할 것이다.4)

2. 대책의 모색

〈표 8-1〉과 같이 의원발의법률안의 가결률이 제16대 국회에서 27%, 제17대 국회에서 21%, 제18대 국회에서 14%였다는 점에 비춰보면 의원입법의 가결률이 하락하고 있는 추세임은 분명하다. 이러한 현상의 주요 원인은 의원발의안의 급증에 있으며, 이러한 추세가 계속되면 당분간 의원입법의 가결률 하락은 불가피해 보인다.

그러나 의원발의법률안의 가결률이 낮은 것 자체를 의원입법에 대한 비판의 근거로 삼는 것은 타당하지 않은 측면이 있다. 〈표 8-3〉에서 보는 바와 같이 의회정치의 역

---

4) 모주영, "제18대 국회 미처리 법률안 그 의미와 남겨진 과제," 『국회보』(2012.7), p.88.

사가 오랜 선진국 국회의 법률안 가결률이 우리국회보다 결코 높지 않다는 점에서도 더욱 그러하다. 물론 의원안이 내용이나 형식 면에서 부실하게 발의되는 것에 대한 비판은 제기될 수 있을 것이다.

그리고 최근에는 이전 국회에서 임기만료로 폐기되었던 법안이 다음 국회에서 발의 자를 바꿔서 재발의 되는 사례가 다수 발생하고 있다. 법안이 임기만료로 폐기되는 것은 다수 의원들의 지지나 관심을 받지 못한 경우일 수도 있고, 국회에서 상당한 논의가 있었으나 의결에 이르기까지 적정 수준의 동의를 받지 못했기 때문일 수도 있다. 그런데 이런 입법의제들이 다음 국회에서 다수당의 변동이나 사회경제적 상황의 변화, 국민적 관심의 변화 등으로 인해서 쟁점의제로 부각될 수 있다. 그리고 해당 의제에 대한 다수 의원들의 법안발의는 높은 정책적 관심도를 반영하는 것으로 볼 수 있다는 점에서 다음 국회에서 재발의하는 것을 재활용이라고 비판하는 것은 재고 의 여지가 있다.

끝으로 의원이 얼마나 많은 법안을 발의하고 입법에 성공시키는가를 측정하는 양적 인 측면에 치중된 평가를 지양할 필요가 있다. 성공적인 의회란 많은 법을 만들어 내기 보다는 합의와 타협의 입법과정을 통해 반드시 입법이 필요한 법을 만들어 내는 의회 이기 때문이다.5) 법률안의 양적 증대와 질적 저하라는 의원입법의 문제점을 효과적으 로 예방·억제하기 위해서는 다양하고 효과적인 입법평가를 제도화할 필요가 있다.6)

제출된 법률을 사전에 평가하고 이러한 평가에 입각하여 상임위원회에서 심사를 한다면 법률안심의와 의결의 효율성이 높아질 것이다. 의원발의법률안의 입안이 정부 제출법률안 입안보다 상대적으로 간편하기 때문에 실질적으로 정부제출법률안이나 의원입법 형식을 취하는 소위 우회입법 또는 청부입법현상을 개선하기 위해서도 의원 발의법률안에 대한 입법평가의 필요성이 증가하고 있다.

시민단체나 이익단체 등에서는 국회의원의 의정평가를 수행하고 있다. 시민단체는 국회의원이 얼마나 많은 법안을 발의하였나 평가 기준으로 하였고, 이를 의식한 국회 의원들이 법안을 많이 발의하였다는 것이다. 이러한 양적평가에 관한 문제점 지적에 따라 최근에는 가결률 또는 제정안·일부개정안·전부개정안 등 법률안의 개정유형에 따라 배점을 달리하는 방법을 보완하였다.7) 양적 평가에 따른 의정평가가 의원들의

---

5) 전진영, 앞의 글.
6) 김수용, 『입법평가의 개념에 관한 연구』(한국법제연구원, 2008), p.133.

입법활동에 관한 관심을 제고하였다는 측면에서 일부 기여한 점이 없지 않으나 입법의 효율성 증대를 위해서는 질적인 평가 방법을 도입하는 방안을 검토해야 할 것이다. 즉, 소위 '부실법안 : 표절법안'에 대한 감점제도를 도입하고, 법률안의 국회통과 여부뿐만 아니라 법률안 입안과정에서 적절한 사전 심사절차 이행여부, 국회의 법률안 심사과정에서 제기된 문제점과 시행된 이후에 법안의 영향을 분석하여 의원발의법률안에 전주기적인 평가가 이뤄진다면 의원입법은 법률의 효과에 관한 정교한 예측으로부터 체계의 정당성 등 형식적 완비성, 의견수렴과정을 거친 민주적 정당성과 정책내용의 합리성까지 평가함으로써 의원입법의 질적 개선효과를 시킬 수 있을 것이다.

　의원발의법률안에 대한 정부의 협의과정을 제도화함으로써 의원발의법률안의 실효성을 제고할 수 있다. 현재 정부 내에서 의원입법에 관한 검토업무는 법제처에서 총괄하고 있다.[8] 법제처는 의원발의법률안이 국회에 접수되면 그 사실을 모니터링하여 소관부처와 관련 부처에 통보하고 그 내용을 검토하여 검토의견서를 제공하고 있다.

　법제처의 검토의견에는 법률안의 체계 등 형식적 사항은 물론 예산지출, 조세의 감면, 정부조직 확대, 규제에 관한 내용을 포함한다. 법제처 통보를 받은 소관부처는 관련 부처와 협의하고 결과를 법제처에 통보한다. 법제처는 부처 간 이견이 있는 법률안에 대해서는 정부입법정책협의회를 소집하여 이견을 조정한다.

　의원발의법률안이 국회의 심의를 통과하기 위해서는 정부·여당의 찬성이 필수요소이다. 발의자가 여당의원이나 야당의원을 막론하고 정부의 동의를 받지 못하는 법안은 여당을 통해 국회심사과정에서 입법이 저지된다. 따라서 어떤 이념이나 주장을 선언하기 위한 법률안이 아니라면 입안단계에서부터 소관부처와의 협의를 통해 정부의 검토의견을 반영하는 것이 해당 법률안이 미처리 또는 부결되는 운명을 피할 수 있다. 예를 들면 국회법 제58조 제7항은 "위원회는 안건이 예산상의 조치를 수반하는 경우에는 정부의 의견을 들어야 한다"라고 규정하고 있으나 사전협의는 미흡한 실정이다. 국회 심의과정에서 위원회 대안 등으로 신속히 처리되거나 수정·가결되는 사례가 증가하고 있는데, 이러한 경우 신속하게 정부의견을 조정·반영할 수 없는 어려

---

7) 홍완식, "의원 발의 법안 폭증에 따른 대응과제," 「국회입법의 발전방향과 주요과제」 학술세미나 제3주제발표자료, 국회입법조사처·한국입법학회(2012), p.137.

8) 법제처의 의원입법 검토업무총괄은 국무총리훈령인 "정부입법정책 수행의 효율성 제고 등에 관한 규정"을 근거로 하고 있다.

움이 있다. 의원발의법률안 관련 국회 심의자료의 진행상황에 관한 자료가 정부에 신속히 제공될 수 있도록 정부 내 의원입법 지원시스템과 국회시스템의 연계 등 입법 정보 공유 확대, 행정부와 입법부 간 전문가 인력교류 확대 등 협력 강화가 필요하다 는 견해가 있다.[9]

그러나 이러한 견해에 대해 국회 내에서의 법안의 형성에 있어서 정부와 국회의 효율적 협력 방안의 모색은 필요한 것으로 보이지만 삼권분립체계하에서 국회에 대한 정부의 입법관여는 국회의 입법권을 침해할 소지가 있다는 반대의견도 있다.[10]

III. 현행 법령 현황

1. 현행 법령 통계

우리나라 법률체계는 헌법을 정점으로 하여 그 밑에 법률-명령(규칙포함)-지방자 치법규의 순으로 상하의 질서를 이루고 있다.[11] 위계를 형성하고 있으므로 하위에 위치하고 있는 규범이 상위규범에 위반되어서는 안 될 것이다. 법률은 헌법에 위배되 어서는 안 되고, 대통령령은 헌법과 법률에, 총리령·부령은 헌법, 법률, 대통령령에 위반되어서는 안 된다.[12]

이러한 입법체계 속에서 2016년 2월 19일 기준으로 우리나라 법령의 수는 헌법을 포함하여 법률 1,366개, 대통령령 1,608개, 총리령 128개, 부령 1,115개, 규칙 등 335 개로 총 4,553개다.

〈표 8-6〉과 같이 2011년부터 2016년까지 5년간 연도별 법령 증가추이를 보면 법률 은 5년간 총 184개, 연평균 23개 증가하였고, 대통령령은 5년간 총 163, 연평균 33개

---

9) 김수인, "세미나 토론자료 2," pp.154-157.

10) 조규범, "세미나 토론자료 3," pp.161-163.

11) 홍성방, 앞의 책.

12) 법제처, 앞의 책, p.5.

〈표 8-5〉 현행 법령 통계

(2016.2.19 현재)

구분		건수
헌법		1
법령	법률	1,366
	대통령령	1,608
	총리령	128
	부령	1,115
	기타(국회규칙 등)	335
	소계	4,552
	계	4,553

* 이 통계는 유효기간이 지난 법령은 제외하고 국가법령정보센터에 수록된 현재 유효한 법령만을 기준으로 집계한 통계임
자료: 법제처 홈페이지(www.moleg.go.kr)

〈표 8-6〉 연도별 법령 통계

(2016.2.19 현재)

연도/구분	법률		대통령령		총리령·부령		계	
	법령수	전년대비 증감	법령수	전년대비 증감	법령수	전년대비 증감	법령수	전년대비 증감
2016	1,397	3	1,618	2	1,255	2	4,270	7
2015	1,394	52	1,616	59	1,253	39	4,263	150
2014	1,342	38	1,557	39	1,214	25	4,113	102
2013	1,304	18	1,518	26	1,189	38	4,011	82
2012	1,286	73	1,492	37	1,151	16	3,929	126

* 이 통계는 법령 공포대장을 기준으로 집계한 통계로서 유효기간이 지난 법령도 명시적으로 폐지절차를 밟지 않는 한 현황에 포함되어 있으므로 위 국가법령정보센터에 수록된 현재 유효한 법령을 기준으로 집계한 통계와 다르다.
자료: 법제처 홈페이지(www.moleg.go.kr)

가 증가하였으며, 총리령·부령은 5년간 총 120개, 연평균 24개 증가하였다. 통계로 볼 때 법률 1개가 증가함에 따라 이를 시행하기 위한 대통령령 등은 1.54개가 파생적으로 증가함을 알 수 있다. 이러한 현상은 과학기술의 발달과 복지정책의 확대에 따라 법령의 규율대상이 매년 증가하는 현상을 반영한 것으로 이해할 수 있다.

2. 법령 공포 통계

〈표 8-7〉과 같이 제헌 이후 법령은 총 65,344건이 공포되었으며, 이 중 법률은 13,934건이 공포되었다. 〈표 8-8〉과 같이 연도별로는 2012년 이후 2,000건 이상의 법령이 공포되고 있음을 볼 수 있다. 이러한 법령의 급증현상은 사회의 다양화, 기술의 전문화에 따라 불가피한 현상이다 하더라도 국민의 법생활 안정이라는 측면에서는 장기적, 안정적인 입법정책이 필요한 것으로 보인다.

〈표 8-7〉 법령별 공포 통계

(2016.2.19 현재)

구분		건수
헌법		10
법령	법률	13,934
	대통령령	26,938
	국무원령	257
	각령	1,765
	총리령	1,251
	부령	21,189
	소계	65,334
	계	65,344

자료: 법제처 홈페이지(www.moleg.go.kr)

〈표 8-8〉 연도별 법령 공포 통계

(2016.2.19 현재)

연도 / 구분	법률	대통령령	총리령·부령	계
	법령 수	법령 수	법령 수	법령 수
2016	231	83	69	383
2015	744	897	911	2,552
2014	809	902	776	2,487
2013	550	770	736	2,056
2012	455	802	739	1,996

자료: 법제처 홈페이지(www.moleg.go.kr)

부 록

【 부록 1 】

법률용어의 표준화 기준

2010.12.27 국회사무처예규 제31호 전문개정

법률용어의 표준화 기준 전부를 다음과 같이 개정한다.

제1조(목적) 이 기준은 국회의 법률안 입안·접수 및 심사와 의안의 정리에 필요한 용어
와 법문 표현 등에 관하여 표준화된 우리말과 한글 맞춤법에 따른 기본 원칙을 정함으
로써 입법 업무의 통일성·체계성·효율성을 높이고 국민 친화적 입법 문화를 조성하
는 것을 목적으로 한다.

제2조(적용 범위) 법률안의 입안·접수·심사와 의안의 정리에 관하여 다른 법규에서 정
한 것을 제외하고는 이 기준으로 정하는 바에 따른다. 다만, 이 기준에 따를 수 없는
특별한 사유가 있는 경우에는 이 기준을 변형하여 사용할 수 있다.

제3조(법률 용어의 표준화에 관한 기본 원칙) ① 법률안의 용어는 원칙적으로 한글로 표
기한다.

② 법률안의 용어는 원칙적으로 한글 맞춤법 및 표준어 규정 등 어문 규정에 따라
표기한다.

제4조(법률 용어의 한글화에 관한 기준) ① 법률안의 용어는 알기 쉬운 우리말로 표현하
고 어려운 한자식 용어, 권위적·비민주적 용어 및 일본식 한자어는 사용하지 아니한
다. 다만, 관행화된 용어나 우리말로 표현하기 어려운 외래어는 예외로 한다.

> **예시**
>
> • 어려운 한자어: 그 임무를 <u>해태하여</u> 재단에 손해를
>   → 그 임무를 <u>게을리하여</u> 재단에 손해를
> • 일본식 한자어: <u>가도(假道)</u>로 일시 사용할 수 있는
>   → <u>임시 도로로</u> 일시 사용할 수 있는

② 한글만으로 쓸 경우 그 뜻을 알 수 없거나 혼동할 우려가 있는 용어는 괄호 안에 한자를 함께 기재할 수 있다. 이 경우 제명 및 조 제목을 제외한 부분에서 해당 용어가 처음 나오는 곳에만 한자를 함께 기재하고, 이후의 동일한 용어에 대하여는 한자를 함께 기재하지 아니한다.

> **예시**
>
> • 확답할 것을 <u>최고</u>할 수 있다
>   → 확답할 것을 <u>최고(催告)</u>할 수 있다
> • 동의를 처리할 때에는 본회의 또는 위원회의 <u>동의</u>를 얻어야 한다.
>   → <u>동의(動議)</u>를 처리할 때에는 본회의 또는 위원회의 <u>동의(同義)</u>를 얻어야 한다.

③ 축약된 한자어는 알기 쉽게 풀어 쓴다.

> **예시**
>
> • <u>개폐</u> → <u>개정·폐지</u>
> • <u>해면</u> → <u>해임 또는 면직</u>

제5조(법문 표현의 표준화에 관한 기준) ① 법문 표현은 한글 맞춤법 등 어문 규정에 따라 표기한다. 다만, 관행화된 법문 표현으로서 어문 규정에 따라 표기하는 것이 적절하지 아니한 것은 관행에 따라 표기한다.

예시

- 어문 규정에 따른 표기
  - <u>각호</u> 가운데 어느 하나 / <u>각호</u>의 1 → <u>각∨호</u>의 어느 하나
  - <u>회사간</u> → <u>회사∨간</u>
- 관행화된 법문 표현
  - <u>제4조∨제2항</u> → <u>제4조제2항</u>
  - 교수·부교수·조교수 및 전임강사(이하 이 조에서 "<u>교수등</u>"이라 한다)
  - <u>1천만∨원</u> 이하의 과태료 → <u>1천만원</u> 이하의 과태료

② 같거나 비슷한 법문 표현은 한글 맞춤법 또는 관행에 맞추어 그 표현을 통일하여 쓴다.

예시

- 관련 기관 / 유관 기관 / 관계 기관 → 관계 기관

제6조(문장부호 사용에 관한 기준) 문장부호는 다음 각 호의 기준에 따라 표기한다.
  1. 문장 중에서 대등한 단위·수준의 단어를 열거할 때는 '가운뎃점(·)'을 사용한다.

예시

- 「국가공무원법」 제67조·제68조, 같은 법 제78조제1항제1호,
  같은 조 제2항 및 같은 법 제80조제6항·제7항
- 교수·부교수·조교수

  2. 구나 절을 연결할 때는 '쉼표(,)'를 사용한다.

> 예시
>
> - 약국제제 및 <u>조제실제제의 범위·조제실 시설</u>
>   → 약국제제 및 <u>조제실제제의 범위, 조제실 시설</u>
> - 의사소견서의 발급비용·비용부담방법·발급자의 범위
>   → 의사소견서의 <u>발급비용, 비용부담방법, 발급자의 범위</u>

3. 한자를 함께 기재하거나 법문 표현을 간결하게 만들기 위한 약칭을 하는 경우에는 '괄호(( ))'를 사용하고, 묶음표 안의 말과 바깥 말의 음이 다르거나 묶음표 안에 다른 묶음표가 있을 때는 '대괄호([ ])'를 사용한다.

> 예시
>
> - "병성감정"(病性鑑定)이란
> - [이하 "적기시정조치"(適期是正措置)라 한다]
> - 이스포츠[전자스포츠]

제7조(법률 제명 사용에 관한 기준) 법률 제명은 다음 각 호의 기준에 따라 쓴다.

1. 조사 뒤, 어미 뒤, 부사 앞뒤, 의존명사 앞(의존명사 뒤에 조사가 없는 경우는 의존명사 뒤에서도 띄어 쓴다)에서 띄어 쓴다.

> 예시
>
> - 국정감사∨및∨조사에∨관한∨법률

2. 명사만으로 이루어진 법률 제명은 의미 단위로 띄어 쓰되 가독성을 고려하여 최대 8음절까지 붙여 쓸 수 있다. 다만, 조직·기구·단체·기금·특별회계 등 특정한 명사구가 하나의 실체를 갖는 명칭인 경우에는 8음절 이상인 경우라도 붙여 쓴다.

> 예시
>
> - 각급∨법원판사∨정원법
> - 공공자금관리기금법, 한국보훈복지의료공단법

3. 법률안에서 다른 법률의 제명을 인용할 경우 그 법률의 제명이 한자이거나 한글·
   한자의 혼용이더라도 인용되는 제명은 한글로 쓰고 제명의 첫 글자 앞과 끝 글자의
   뒤에 '낫표(「 」)'를 붙인다.

> **예시**
>
> • 경찰관이 「경찰관직무집행법」 제2조제2호에 따른
>   (현행 제명: 警察官職務執行法)

제8조(법률의 조문 번호 체계 기준) 법률에서 사용하는 "호" 아래의 번호 체계는 다음과
   같이 한다. 다만, 일부개정인 경우 기존 번호 체계와 혼동이 없는 경우에 한하여 적용
   한다.

> 1. ⇒ 가. ⇒ 1) ⇒ 가) ⇒ (1) ⇒ (가)

부칙 〈제31호, 2010.12.27〉

이 기준은 2011년 1월 1일부터 시행한다.

【부록 2】

의안 서식

_ 자료 출처: 국회사무처, 『국회의안편람』(2012)에서 발췌

[법률안 관련 서식]

1. 서식일람표

서식번호	서식명	비고
서식 1	법률안 발의 공문(의원발의)	(대표)발의자 → 의장
서식 2	법률안 제출 공문(정부제출)	대통령 → 의장
서식 3	법률안 표지부 예시문	
서식 4	법률안 본문부 예시문(전부개정)	
서식 5	법률안 본문부 예시문(일부개정)	
서식 6	신·구조문대비표 예시문	
서식 7	비용추계서 예시문(의원발의 법률안)	
서식 8	비용추계서 예시문(정부제출 법률안)	
서식 9	소관 위원회 회부 공문(관련위원회가 없는 경우)	의장 → 소관 위원장
서식 10	관련위원회 회부 공문	의장 → 관련위원장
서식 11	법률안 체계·자구심사 의뢰 공문 (원안·수정안의 경우)	소관 위원장 → 법제사법위원장
서식 12	법률안 체계·자구심사결과 통보 공문	법제사법위원장 → 소관 위원장
서식 13	법률안 심사보고 공문(원안·수정안의 경우)	소관 위원장 → 의장
서식 14	법률안 심사보고서 예시문	
서식 15	위원장 법률안 심사보고 예시문	본회의(위원장)
서식 16	법률안 이송 공문(의원발의 법률안)	의장 → 대통령
서식 17	법률공포 통지 공문	대통령 → 의장

2. 서식

〈서식 1〉 법률안 발의 공문(의원발의)

접 수	의안과(e)- (20 . . .)

수 신 : 의 장

제 목 : ○○○법 일부(전부)개정법률안[1]
        (○○○의원 (대표)발의)

　　　　위의 법률안을 「국회법」 제79조에 따라 붙임과 같이
발의합니다.

붙임 법률안 1부. 끝.

20 년 월 일

(대표)발의자 : ○ ○ ○ ⑩[2]
(발의자 : 　　　　인)[3]
찬성자 : 　　　　인[4]
(발의자·찬성자 서명부 붙임)[5]

						의 장
담당자	의안2담당	과 장	국 장	차 장	총 장	

※ 1) 제정법률안의 경우에는 「○○○법(률)안」, 전부개정법률안의 경우에는 「○○○법 전부개정법률안」, 일부개정법률안의 경우에는 「○○○법 일부개정법률안」, 폐지법률안의 경우에는 「○○○법 폐지법률안」으로 각각 기재함.
　2) 반드시 등록인장으로 날인하여야 하며 발의자가 1인일 경우에는 「발의자」로, 발의자가 2인 이상인 경우에는 「대표발의자」로 기재함.
　3) 발의자수 기재(공동발의일 경우 대표발의자 제외).
　4) 찬성자수 기재.
　5) 발의자 또는 찬성자 서명부는 〈서식 1-10〉 참조.

〈서식 2〉법률안 제출 공문(정부제출)

대 한 민 국 정 부

수신자 국회의장
(경유)
제목 ○○○법 일부(전부)개정법률안 제출

---

　　　　20 . . . 제00회 국무회의의 심의를 거친 ○○○법 일부(전부)개정법률안을 이에 제출합니다.

붙임 ○○○법 일부(전부)개정법률안 100부. 끝.

대　　　통　　　령

기 안　　　　　　　담당관　　　　　　　법제관　　　　　　실 장
책임자
차 장　　　　　　법제처장
국무위원·국무총리 부서 및 대통령 재가
○○장관　　　　　　국무총리　　　　　　대통령
시행　법제총괄담당관-　　　　　(　.　.　.)　접수
우　110-760　서울특별시 종로구 세종로 77-6
전화　(02)2100-0000　　전송　(02)2100-0000

〈서식 3〉 법률안 표지부 예시문

○○○법 일부(전부)개정법률안

(○○○의원 (대표)발의)[1]

의 안 번 호	

발의연월일[2] : 20 . . .
발 의 자[3] : ○○○ · △△△
　　　　　　　□□□ ·…의원(00인)
찬 성 자[4] :　　00인

제안이유

---.

주요내용

가. ------------------------------(안 제00조).
나. ------------------------------(안 제00조).

※ 1) 의원발의 법률안으로서 발의자가 1인인 경우에는 "○○○의원 발의"로, 발의자가 2인 이상인 경우에는 그중 대표자를 "○○○의원 대표발의"로 각각 기재함.

2) 의원발의의 경우에는 발의연월일, 정부제출의 경우에는 제출연월일, 위원회안의 경우에는 제안연월일로 각각 기재함.

3) 의원발의의 경우에는 모든 발의의원을 가운데 점(·)으로 연결하여 나열하고 마지막에 '의원'을 명기하며(예 - 발의자: ○○○ · △△△ · □□□ 의원), 정부제출의 경우에는 정부로(예 - 제출자: 정부), 위원회 제안의 경우에는 ○○○위원장으로(예 - 제안자: ○○○위원장) 각각 기재함.

4) 찬성자란은 찬성자의 숫자를 기재함.

〈서식 4〉 법률안 본문부 예시문(전부개정)

법률 제   호

○○○법 전부개정법률안

○○○법 전부를 다음과 같이 개정한다.

○○○법

제1장 총칙

제1조(목적) …
제2조(   ) …

- •
- •
- •

부   칙

제1조(시행일) 이 법은 공포한 날부터 시행한다.
제2조(경과조치) ……

- •
- •
- •

〈서식 5〉 법률안 본문부 예시문(일부개정)

법률 제   호

○○○법 일부개정법률안

○○○법 일부를 다음과 같이 개정한다.

제00조제0항 중 "○○○"을 "△△△"으로 하고, ……

부   칙

제1조(시행일) 이 법은 공포한 날부터 시행한다.

제2조(적용례) 제00조의 개정규정은 같은 개정규정 시행 후
　　최초로 부과하는 제0기분 000세부터 적용한다.

〈서식 6〉 신·구조문대비표 예시문

신·구조문대비표[1]

현 행	개 정 안
第122條(政府에 대한 書面質問) ① ~ ③ (생 략) <신 설> ④ (생 략)	第122條(政府에 대한 書面質問) ① ~ ③ (현행과 같음) ④ 정부는 서면질문에 대하여 답변할 때 회의록에 게재할 답변서와 그 밖의 답변 관계 자료를 구분하여 국회에 제출하여야 한다. ⑤ (현행 제4항과 같음)

※ 1) 신·구조문대비표는 일부개정법률안인 경우에 작성하며 "현행"과 "개정안"으로 란을 구분함.

※ 현행란의 표기는 현행 법률의 표기(한자표현은 한자표현) 그대로 하여야 하며, 개정안란에 위치하는 개정되지 아니하는 조 번호 및 제목은 현행대로 표기하여야 함.

〈서식 7〉 비용추계서 예시문(의원발의 법률안)

○○○법 일부개정법률안 비용추계서

Ⅰ. 비용추계 요약

1. 재정수반요인

2. 비용추계의 전제

3. 비용추계의 결과

<예 시>

구 분 \ 연 도		2012	2013	2014	2015	2016	합 계
지출	○ ---						
	○ ---						
	소계(a)						
수입	○ ---						
	○ ---						
	소계(b)						
□ 총비용(a + b)							

4. 부대의견

5. 작성자

<예 시>

작성자 이름	○○○의원실 보좌관 □□□
연락처	788-0000

Ⅱ. 비용추계의 상세내역

〈서식 8〉 비용추계서 예시문(정부제출 법률안)

○○○법 일부개정법률안 비용추계서

Ⅰ. 비용추계 요약

1. 재정수반요인

2. 비용추계의 전제

3. 비용추계의 결과

<예 시>

구 분 \ 연 도		2012	2013	2014	2015	2016	합 계
지출	○ ---						
	○ ---						
	소계(a)						
수입	○ ---						
	○ ---						
	소계(b)						
□ 총비용(a + b)							

4. 부대의견

5. 작성자

<예 시>

작성자 이름	○○○부 ○○○국 ○○○과장 □□□
연락처	2100-0000

Ⅱ. 비용추계의 상세내역

○○○법 일부개정법률안 재원조달계획서

1. 부문별 재원분담계획

<예 시>

연 도 구 분	2012	2013	2014	2015	2016	합 계
□ 중앙정부						
○ 일반회계						
○ ○○특별회계						
○ ○○기금						
□ 지방자치단체						
□ 그 밖의 공공단체						
□ 민 간						
□ 합 계						

2. 재원조달의 구체적 방안

(조세수입, 세외수입, 국채발행, 일반회계·특별회계 및 기금으로부터의 전입, 차입, 예비비 등 구체적인 재원조달방안 작성)

3. 부대의견

4. 협의사항

5. 작성자

〈서식 9〉 소관 위원회 회부 공문(관련위원회가 없는 경우)

대 한 민 국 국 회

수신자   ○○○위원장
(경유)
제목   ○○○안 회부

 20 . . . ○○○의원 등 00인 외 00인으로부터 발의
(정부로부터 제출)된 "○○○안"(의안번호 제00호)을 「국회법」
제81조에 따라 붙임과 같이 회부하니 심사보고하여 주시기 바
랍니다.

 붙임 ○○○안 1부. 끝.

국   회   의   장

주무관   의안2담당   의안과장   의사국장   전결
협조자
시행   의안과(e)-   (.   . .)   접수
우   150-701   서울특별시 영등포구 의사당대로 1 국회(본관 701호)   /
전화 (02)788-2459   전송   (02)788-3383 /   /

〈서식 10〉 관련위원회 회부 공문

대 한 민 국 국 회

수신자   ○○○위원장
(경유)
제목   ○○○안 관련위원회 회부

　　　　20 . . .○○○의원 등 00인 외 00인으로부터 발
의(정부로부터 제출)되어 「국회법」 제81조에 따라 ○○○위
원회에 회부한 "○○○안"(의안번호 제00호)이 귀 위원회의
소관 사항과 관련이 있다고 인정되어 「국회법」 제83조에 따
라 붙임과 같이 회부하니 소관 위원회에 20 . . .(심사의
결일 전일)까지 의견을 제시하여 주시기 바랍니다.

붙임 ○○○안 1부. 끝.

　　　　　국　　　회　　　의　　　장

주무관	의안2담당	의안과장	의사국장	전결

협조자

시행   의안과(e)-   (.   .   .)   접수
우   150-701   서울특별시 영등포구 의사당대로 1 국회(본관 701호)   /
전화 (02)788-2459   전송   (02)788-3383 /   /

〈서식 11〉 법률안 체계·자구심사 회부 공문(원안·수정안의 경우)

○ ○ ○ 위 원 회

수신자   법제사법위원장
(경유)
제목   ○○○법(률)안 체계·자구심사 회부

　　　20 . . . ○○○의원 등 00인 외 00인으로부터 발의(정부로부터 제출)되어 우리 위원회에 회부된 "○○○법(률)안"(의안번호 제00호)을 심사한 결과 제000회국회(○○회) 제00차 ○○○위원회(20 . . .)에서 원안(수정)의결하여 「국회법」 제86조제1항에 따라 붙임과 같이 회부하니 체계·자구를 심사하여 주시기 바랍니다.

붙임   ○○○법(률)안(에 대한 수정안) 70부. 끝.

○ ○ ○ 위 원 장

입법조사관보　　　입법조사관　　　전문위원　　　수석전문위원
위원장
협조자
시행　○○○(e)-　　　(. . .)　　접수
우　150-701　서울특별시 영등포구 의사당대로 1 국회　　　/
전화 (02)788-0000　전송 (02)788-0000　　　/　　　　/

〈서식 12〉 법률안 체계·자구심사결과 통보 공문

 법 제 사 법 위 원 회

수신자   ○○○위원장

(경유)

제목   ○○○법(률)안 체계·자구심사결과 통보

　　　○○○(e)-　　(20 . . .)로 체계·자구심사를 위하여
우리 위원회에 회부된 "○○○법(률)안"의 체계·자구를 심사
한 결과 제000회국회(○○회) 제00차 법제사법위원회(20 .
. .)에서 붙임과 같이 <u>원안(수정)의결(심사?)</u>하였음을 통보합
니다.

붙임   ○○○법(률)안 1부[1]. 끝.

　　　　　　법 제 사 법 위 원 장

입법조사관보　　　　　입법조사관　　　　　전문위원　　　　　수석전문위원

위원장

협조자

시행　○○○(e)-　　　　(. . .)　　접수

우　150-701　서울특별시 영등포구 의사당대로 1 국회　　　/

전화 (02)788-0000　　전송 (02)788-0000　　　/　　　　　/

※ 1) 원안의결의 경우에는 법(률)안을 붙이지 아니함.

〈서식 13〉 **법률안 심사보고 공문(원안·수정안의 경우)**

○ ○ ○ 위 원 회

수신자   의장

(경유)

제목   ○○○법(률)안 심사보고

　　　　의안과(e)-   (20   .   .   .)로 회부된 "○○○법(률)안" (의안번호 제00호)을 심사한 결과 제000회국회(○○회) 제00 차 ○○○위원회(20   .   .   .)에서 붙임과 같이 원안(수정)의결 하고 법제사법위원회의 체계·자구심사를 거쳐 보고합니다.

붙임   ○○○법(률)안 심사보고서 10부. 끝.

○ ○ ○ 위 원 장

입법조사관보　　　　입법조사관　　　　　전문위원　　　　　　수석전문위원

위원장

협조자

시행   ○○○(e)-　　　　(.   .   .)　　접수

우   150-701   서울특별시 영등포구 의사당대로 1 국회　　　　/

전화 (02)788-0000   전송 (02)788-0000　　　/　　　　　　/

〈서식 14〉 법률안 심사보고서 예시문

○ ○ ○ 법(률)안 심사보고서

20 . . .
○○○위원회

1. 심사경과
    가. 발의(제출)일자 및 발의(제출)자 : 20 년 월 일
           ○○○의원(등 00인) 외 00인(또는 정부)
    나. 회부일자 : 20 년 월 일
        (※의장이 소관 위원회에 회부한 일자)
    다. 상정 및 의결일자 : 제000회국회(○○회)
        [※( )내는 「정기회」 또는 「임시회」로 표시]
        제00차 ○○○위원회(20 년 월 일) 상정
        제00차 ○○○위원회(20 년 월 일) 대체토론 · 소위회부
             •
             •
        제00차 ○○○소위원회(20 년 월 일) ○○의결
        제00차 ○○○위원회(20 년 월 일) 소위 심사보고, 수정안제출
        제00차 ○○○위원회(20 년 월 일) ○○의결

2. 제안설명의 요지
    (제안설명 ○○○의원 또는 ○○부장관 ○○○)
    가. 제안이유
    나. 주요내용

3. 전문위원 검토보고의 요지
    (수석전문위원 ○○○)
    (주요요지)

4. 대체토론의 요지
  (질의자 및 답변자의 성명기재)
  ※(질의 및 답변 주요요지를 대비하여 기재할 것)

5. 소위원회 심사내용
  (소위원장 ○○○ 또는 심사보고자 ○○○)
  가. 심사보고요지
  나. 주요논의사항
※ 안건조정위원회를 구성하여 심사한 경우 그 심사내용을 소위
  원회의 예에 준하여 작성함.

6. 찬반토론의 요지
  가. 찬성(토론자성명 일괄기재)
    (주요요지)
  나. 반대(토론자성명 일괄기재)
    (주요요지)

7. 수정안의 요지
  가. 발의일자 및 발의자
  나. 수정이유
  다. 수정주요내용

8. 심사결과
  (원안가결, 수정안가결, 대안가결, 부결 또는 본회의에 부의하지
  아니하기로 의결함)
  ※ 표결 시는 투표결과 기재

9. 소수의견의 요지
  (주요요지)

10. 관련위원회의 의견 요지
  가. 관련위원회 회부일자 : 20 년 월 일
  나. 관련위원회 의견제시지정기간 : 20 년 월 일
                1차 연장기간 : 20 년 월 일

다. 관련위원회 의견요지
 ○의견요지(관련위원회 의견이 있는 경우)
 ○지정기간 내에 의견제시 없음(관련위원회가 특별한 이유
  없이 의견제시 지정기간 내에 의견제시가 없는 경우)

11. 법제사법위원회 체계 · 자구심사 내용
 체계 · 자구심사 주요사항은 아래 대비표와 같이 기록하고, 자
 구정리 사항은 「약간의 자구정리가 있었음」이라고 기재할 것

위원회 심사안	법사위 수정내용

12. 기타 사항
 ○예산상 또는 기금상의 조치를 수반하는 법률안의 경우(비
  용추계서 및 정부의견 기록할 것)
 ○공청회 또는 청문회를 개최한 경우 그 내용을 기록할 것
 ○연석회의 및 그 내용을 기재할 것
 ○전문가 위촉 관련 사항
  - 심사보조자로 위촉된 전문가의 인적사항
  - 위촉기간
  - 전문가 활동사항
 ※ 6 · 7 · 9 · 10 · 12항은 해당 사항이 없을 경우 난을 설치하지
  말 것
 ※ 심사보고서 붙임서류
 가. 원안가결의 경우 : 원안(일부개정의 경우 신 · 구조문대비표 붙임)
 나. 수정안가결의 경우 : 수정안 + 최종안
  ○수정안에는 제안연월일, 제안자, 수정이유, 수정주요내용
   을 포함하고 수정안 본문, 수정안조문대비표를 붙임.
  ○최종안에는 본문(수정부분 포함), 신 · 구조문대비표
  ○체계 · 자구심사 결과는 수정안에는 반영하지 않고, 최종안
   에만 반영함.

※ 동의(승인)안, 결의안 · 건의안 및 규칙안 등의 심사보고서도 법률안 심사보고서 서식을 준용함.
※ 심사보고서에 표지는 붙이지 아니함.

〈서식 15〉 위원장 법률안 심사보고 예시문

○○○위원회 ○○의원입니다.

○○○법 일부개정법률안에 대한 ○○○위원회의 심사결과를 보고 드리겠습니다.

이 법안은 20 . . . ○○○의원(등 00인) 외 00인(정부)(으)로부터 발의(제출)되어 20 . . . 자로 ○○○위원회에 회부되었습니다. 제안이유를 말씀드리면,
···
···
···

다음에 이 법(률)안의 주요내용를 말씀드리면,
첫째,·····························
둘째,·····························
셋째,·····························

우리 위원회에서는 20 . . . 제00차 위원회에 상정하여 ○○○의원(○○○부장관)의 제안설명과 (○○)전문위원의 검토보고를 듣고 ○○소위원회에 회부하여 이 법(률)안을 신중히 심사한 결과 20 년 00월 00일 제00차 위원회에서 원안에 대하여 소위원회가 심사보고한 대로 일부수정하기로 하고 나머지 부분은 원안대로 의결하였습니다.

수정된 주요내용를 말씀드리면,
첫째,·····························
둘째,·····························
셋째,·····························

그리고 이 법(률)안은 법제사법위원회의 체계·자구심사를 받았습니다. 아무쪼록 우리 위원회에서 수정의결한 대로 심의·의결하여 주시기 바랍니다.
감사합니다.

〈서식 16〉 법률안 이송 공문(의원발의 법률안)

대 한 민 국 국 회

수신자   대통령(법제처장)

(경유)

제목   ○○○법(률)안 이송

　　　　○○○의원(등 00인) 외 00인으로부터 발의된 "○○○
법(률)안"을 심의한 결과 제000회국회(○○회) 제00차 본회의
(20   .   .   .)에서 붙임과 같이 원안(수정)의결하여 「국회법」
제98조제1항에 따라 이를 이송합니다.

붙임   ○○○법(률) 2부.   끝.

국   회   의   장

주무관	의안2담당	의안과장	의사국장
차 장	총 장	의 장	

협조자

시행   의안과(e)-   (.   .   .)   접수

우   150-701   서울특별시 영등포구 의사당대로 1 국회(본관 701호)   /

전화   (02)788-2359   전송 (02)788-3383   /   /

⟨서식 17⟩ 법률공포 통지 공문

대 한 민 국 정 부

수신자 국회의장

(경유)

제목 법률공포 통지

　　　　제000회국회(○○회)에서 의결되어 정부로 이송된 「○○○법(률)」 등을 붙임과 같이 공포하였기에 「국회법」 제98조 제2항에 따라 이를 통지합니다.

붙임 1. 법률공포 목록 1부.
　　　 2. 공포법률 각 1부. 끝.

대　　　통　　　령

기안책임자	행정사무관	법제총괄담당관
기획조정관	차 장	전결 법제처장

시행　법제총괄담당관-　　　　　(. . .)　접수
우　110-760　서울특별시 종로구 세종로 77-6 법제처
전화　(02)2100-0000　　전송　(02)2100-0000

참고문헌

국내 단행본

강장석. 『국회제도개혁론』. 삼영사, 2008.

김영평. 『불확실성과 정책의 정당성』. 고려대학교 출판부, 1991.

김진학·한철영 공저. 『제헌국회사』. 신조출판사, 1954.

김철수. 『헌법학신론』. 박영사, 1988.

김현우. 『한국국회론』. 을유문화사, 2001.

남궁근. 『정책학』. 법문사, 2012.

박균성 외. 『입법과정의 선진화와 효율성 제고에 관한 연구』. 법제처, 2008.

박봉국. 『개정국회법』. 박영사, 2000.

박성득. "입법권과 헌법재판권의 조화적 관계정립을 위한 소고." 『공법학연구』 제12권 3호. 2011.8.

박수철. 『입법총론』. 한울, 2012.

박영도. 『입법학 입문』. 법령정보관리원, 2014.

박종흡. 『의회행정론』. 법문사, 1998.

법제처. 『법령입안심사기준』. 2007.

서병훈 외. 『왜 대의민주주의인가』. 이학사, 2012.

신봉기. 『행정법개론』. 삼영사, 2012.

안병옥. 『한국의회론』. 지방행정연구소, 2004.

우병규. 『입법과정론』. 일조각, 1970.

유병곤. 『갈등과 타협의 정치: 민주화 이후 한국의회정치의 발전』. 도서출판 오름, 2006.

임재주. 『국회에서 바라본 미국의회』. 한울, 2012.

임종훈. 『한국입법과정론』. 박영사, 2012.

정정길 외 4인 공저. 『정책학원론』. 대명출판사, 2010.

정종섭. 『헌법학원론』. 박영사, 2011.

정호영. 『국회법론』. 법문사, 2012.

주영진. 『국회법론』. 국회예산정책처, 2011.

한견우. 『현대행정법신론 1』. 세창출판사, 2014.

홍성방. 『법학입문』. 신론사, 2011.

홍완식. 『입법학연구』. 피앤씨미디어, 2014.

외국 단행본

〈영·미 문헌〉

Burnham, James. *Congress and American Tradition.* Kessinger publishing, 2009.

Davidson, Roger H., & Walter J. Oleszek (5th ed.). *Congress and It's Members.* Washington D.C.: CQ Press, 1996.

Elster, John. *Deliberative Democracy.* Cambridge Univ. Press, 1998.

Norton, P. *Parliament in Perspective.* Hull Univ, 1987.

Oleszek, Walter J. *Congressional Procedures and the Policy Process* (4th ed.). Washington D.C.: CQ Press, 1996.

Wildavsky, Aaron, & Naomi Caiden. *The New Politics of the Budgetary Process* (3rd ed.). Longman, 1996.

〈일본 문헌〉

岩井奉信. 『立法過程』. 東京大學出版會, 1988.

『日本の立法』. 法會編纂普及會, 1990.

국회사무처 등 기관 출판물

국회도서관. 『OECD국가 의회제도: 한눈에 보기』. 2014.12.

국회사무처. 『국회법해설』. 2012.

_____. 『국회선례집』. 2012.

_____. 『의정자료집』. 2012.

국회사무처 국제국. 『일본 의회』. 2006.

국회사무처 의사국. 『영국의회 의사규칙』. 2006.

국회운영위원회 수석전문위원실. 『주요국의 의회제도』. 2004.

국회입법조사처·한국입법학회. 「국회입법의 발전방향과 주요과제」 학술세미나 자료. 2015.
　　5.11.

바른사회. 「행정입법 수정권한 '국회법 개정안' 위헌논란 어떻게 볼 것인가?」 토론회 자료.
　　2015.

박균성 외. 「입법과정선진화와 효율성 제고에 관한 연구」 법제처 연구용역보고서. 2008.10.

박태우·강장석. 「행정입법에 대한 국회통제권 강화에 관한 연구」. 국회사무처, 2014.

의회발전연구회. 「국회내 정책지원기구(위원회 전문위원실, 법제실, 국회예산정책처, 국회입
　　법조사처)의 정책능력제고방안 고찰」 2012년도 국회사무처 연구용역보고서.

입법정책연구회. 「생산적·효율적인 입법을 위한 보좌조직의 활성화 방안」 국회사무처 연구
　　용역보고서. 2013.

한국사회여론연구소. 「의원발의 법률안에 대한 입법부와 행정부의 협의방식에 관한 연구」 법
　　제처 연구용역보고서. 2007.11.

논문

강장석. "국회의 행정입법에 대한 통제강화방안." 『의정논총』 제1권 제1호. 2006.12.

구자맹. "한국의회제도에 대한 소고." 경기대학 행정학회. 『행정논총』 제5호. 1983.3

권형준. "입법재량론에 관한 연구." 『헌법학연구』 제12권 제3호. 한국헌법학회. 2006.

김기진. "행정입법에 대한 입법 정비의 필요성에 관한 연구." 연세대 법학연구원. 『법학연구』
　　19권 2호. 2009.

김대현. "행정입법에 대한 의회통제: 국회동의권 유보를 중심으로." 『법제와 입법』 제5호. 2010/2011.

김미현. "영국의회의 중세적 기원." 성균관대교육대학원 석사학위논문. 1989.8.

김배원. "국가정책, 관습헌법과 입법권에 대한 헌법적 고찰: 신행정수도건설특별법 위헌결정 2004 헌마 554, 566(병합) 사건을 중심으로." 『공법학연구』 제5권 3호. 2004.12.

김병록. "국회의 위원회 제도에 관한연구: 민주성, 전문성, 효율성을 중심으로." 한국헌법학회. 『공법학연구』 제8권 제2호. 2002.8.

김병화. "위임입법의 통제에 관한 연구." 서울대학교 박사학위논문. 1999.

김선택. "법치주의를 위한 변론: 국회법 개정안 합헌론." 「행정입법수정권한 '국회법 개정안' 위헌 논란, 어떻게 볼 것인가?」. 토론회 발제문. 바른사회주관. 2015.

김운용. "권력분립과 위헌심사권." 『성균관법학』 7호. 서울: 성균관대학교 법학연구소, 1996.

김종두. "국회의 행정입법통제제도." 『행정법연구』 12호. 2004.

남민희. "예산심사 분석을 통한 국회 생산성 고찰." 서강대 경제대학원 석사학위논문. 2008.

류시조. "법치주의의 전개와 현대적 과제: 법치주의에 있어서 법인격성 문제를 중심으로." 『비교법학』 제11권. 부산외대 비교법학연구소, 2000.

모주영. "제18대 국회 미처리 법률안, 그 의미와 남겨진 과제." 『국회보』 2012.7.

문우진. "국회의원 개인배경과 입법: 입법 메커니즘과 16대와 17대 국회의 입법생산성." 한국 의회발전연구회. 『의정연구』 제16권 제1호. 2010.6.

문제풍. "영국의회의 입법과정(상)." 『국회보』. 2005.11.

_____. "영국의회의 입법과정(하)." 『국회보』. 2005.12.

박성득. "입법권과 헌법재판권의 조화적 관계정립을 위한 소고." 『공법학연구』 12권 제3호. 2011.8.

박정배. "행정입법에 대한 규범통제의 문제점에 관한 소고." 『법학논총』 제39권 제1호. 단국 대학교 법학연구소, 2015.

배정호. "일본형보신화사회와 자민당의 대응." 『일본연구 3』. 명지대 일본문제연구소, 1992.

배준상. "헌법재판소와 입법권자." 『법학논총』 제9집. 서울: 한양대학교 법과대학, 1992.10.

서원학. "입법과정 개선을 통한 국회의 경제적 효율성 제고 방안." 서강대 경제대학원. 석사학 위논문. 2009.8.

석인선. "국회법률안 심의 과정에서 민주성 확보에 관한 소고: 위원회 제도를 중심으로." 이화 여자대학교 법학연구소. 『법학논집』. 2008.3.

오수정. "입법권 위임의 헌법적 한계에 관한 연구." 중앙대 대학원 법학과 석사학위논문. 2006.

윤준호. "입법권과 헌법재판권의 관계에 관한 연구: 입법권과 헌법재판권의 갈등 및 해소방안.” 단국대 대학원 법학과 석사학위논문. 2006.

이발래. “입법형성권의 본질과 한계.”『일감법학』제5권. 2000.

이병화. “한국근대의회의 기원과 발달에 관한 연구.”『부산여대 논문집』제26집. 1988.

이부하. “입법자의 입법형성권의 내용과 한계.” 한국법정책학회.『법과정책』제13집 제1호. 2013.3.

이종원. “국회의 전문성제고를 위한 인적, 조직상의 제도와 장치.” 가톨릭대학교 사회과학 연구소.『사회과학연구』제19집. 2003.12.

이종장. “의회제도의 기원과 기능.”『국회보』통권 1호. 1949.11.

이한수. “제19대 국회평가: 국회선진화법과 입법활동.”『의정연구』제20권 제2호. 2014.

이현희. “한국의회제도의 기원과 민권운동의 전개: 독립협회의 의회적 기능을 중심으로.”『국회도서관보』6, 1(1969.1-2).

임종훈. “입법과 경제적 효율성: 침구사제도의 입법에 관한 비교제도분석을 중심으로.” 홍익대학교 법학연구소.『홍익법학』제10권 제2호. 2009.6.

_____. “영국에서의 의회입법에 대한 사법적 통제: 2000년 인권법 시행 이후의 변화.”『세계헌법연구』제16권 제3호. 2010.12.

장영수. “행정입법에 대한 국회 통제의 가능성과 한계: 국회법 제98조의 2 제3항 개정의 위헌 논란을 중심으로.”『세계헌법연구』제21권 제2호. 2015.

전진영. “국회의 의원입법 현황과 주요국 사례의 비교.” 국회입법조사처.『이슈와 논점』671호. 2013.6.17.

_____. “제19대 국회의정활동 평과와 쟁점.” 국회입법조사처.『이슈와 논점』제1088호. 2015.12.2.

조원용. “대의제 의회 입법과정에서 ‘민주’의 의미에 관한 일고찰.” 헌법학회.『헌법학연구』제20권 제2호. 2014.9.

차기환. “2015년 5월 29일자 국회법 개정 법률의 위헌성.” 바른사회주관 토론회 발제문. 2015.

한국정당학회. 「한국 의회제도의 기원과 변천에 관한 연구」 국회사무처 2010년 연구용역 최종보고서. 2010.5.

한수웅. “헌법재판의 한계 및 심사기준: 헌법재판소와 입법자의 관계를 중심으로.”『헌법논총』제8집. 서울: 헌법재판소, 1997.

홍석한. “위임입법의 헌법적 한계에 관한 고찰: 헌법재판소의 위헌심사기준에 대한 분석 및 평가를 중심으로.”『공법학연구』제11권 1호. 2010.2.

홍완식. “의원 발의 법안 폭증에 따른 대응과제.”「국회입법의 발전방향과 주요과제」. 학술세미나 제3주제발표자료. 국회입법조사처·한국입법학회, 2012.

색인

/ ㅈ /

지은이 소개

▌노재석 (盧在錫, jnoh55@kongju.ac.kr)

서울시립대 도시행정학과를 졸업하고, 단국대 경영대학원 석사(경영학), 미국 University of Wisconsin-Madison대학원에서 석사(공공정책 및 행정), 고려대 행정학과에서 행정학 박사(정책학 전공)학위를 취득하였다.

현재 국립공주대 행정학과 교수 및 국민권익위원회 위원(비상임)으로 재직하면서 입법정책, 예산과정, 정책형성 등을 연구하고 있다.

1981년 국회 입법고시에 합격하여 국회사무처 관리국장, 의사국장 및 교육과학기술위원회 수석전문위원, 공주대 특임부총장 등을 역임하였다.

대표논문으로 "정책형성과정의 복잡성과 의제지속성" 등이 있다.